最新
TEEMA
報告出爐

兩岸合贏 創商機

2009年中國大陸地區投資環境與風險調查

台灣區電機電子工業同業公會　著

台灣區電機電子工業同業公會
2009年中國大陸地區投資環境與風險調查
編審成員名單

理 事 長：焦佑鈞

大陸經貿委員會主任委員：沈尚弘

研 究 顧 問：許士軍

計畫主持人：呂鴻德

協同主持人：黃銘章

執 行 委 員：王美花、史芳銘、吳燦坤、呂榮海、
　　　　　　李永然、杜啟堯、杜紫軍、林祖嘉、
　　　　　　洪明洲、范良棟、凌家裕、徐鉦鑑、
　　　　　　袁明仁、高　　長、高孔廉、張寶誠、
　　　　　　陳文義、陳信宏、陳德昇、傅棟成、
　　　　　　曾欽照、黃志鵬、黃慶堂、葉雲龍、
　　　　　　詹文男、趙永全、蔡裕慶、鄭富雄、
　　　　　　賴文平、羅懷家

研 究 人 員：李宗韓、林怡嫥、柯元筑、唐國倫、
　　　　　　徐立斐、馬榕笥、高雅琳、張嘉容、
　　　　　　郭秋萍、陳弘揚、楊佳蓉、盧芊如

研 究 助 理：吳雅雯、林妤濃

兩岸合作齊發展　共創雙贏利民生

　　自2008年雷曼兄弟投資銀行倒閉引發全球金融海嘯以來，造成全球經濟發展的急遽衰退與緊縮，各國政府無不推出各種方案以為因應，在進入2009年第二季後，似乎看到主要國家的經濟情勢已渡過最危險時刻，呈現止跌回穩態勢，但世界經濟是否能全面平穩復甦仍有待觀察。

　　中國大陸面對歐美市場的大幅急遽萎縮，採取擴大內需的財政與貨幣政策，力求今年經濟成長達到8％，根據目前資料顯示上半年已達7.1％，其中第二季為7.8％，另根據大陸國家信息中心宏觀研究所預估第三季可達8.5％，以此觀察大陸達成年度規劃的經濟成長極有可能。大陸擴大內需的主要政策，包括擴大交通及通訊等基礎建設，與振興汽車、電子、紡織石化及裝備製造等產業發展規劃，以及家電與汽車下鄉政策等，均給台商，特別是已在大陸設廠的廠商帶來機會。

　　隨著2008年3月後兩岸關係改善，雙方均釋放相當多善意，特別是兩岸直航。台灣在經貿方面，陸續放寬對大陸投資金額限制、推動兩岸政府「搭橋」15項產業對接、共開兩岸主管機關參與的產品標準會議、准許陸資來台等重大措施；大陸方面除採取積極回應台灣政策外，也對台放寬許多農產品輸入檢測與運銷限制，並組成多次有關面板、滯銷農產品及綜合商品採購團及高科技與服務業投資考察團來台，對兩岸經貿互惠互補有著重要貢獻。我們認為從兩岸人民遭受汶川大地震及莫拉克颱風侵台之重大天災後，兩岸政府與民間積極提供各式協助與捐款，在在顯示兩岸濃郁的同胞情。為加速累積兩岸互信以促成兩岸進一步的經貿合作，我們期望加快兩岸間的長遠性與制度性的規劃，包括簽訂「兩岸經濟合作架構協議（ECFA）」及金融備忘錄，促成兩岸新興產業的研發推動與產業鏈組成、簽署兩岸智財權保護及兩岸投資保護及經貿糾紛處理等。

　　今（2009）年台灣區電機電子工業同業公會委託研究團隊，進行「中國大陸地區投資環境與風險調查」的研究案已邁入第十年。公會持續以「兩力兩度」之TEEMA模式為架構，以問卷調查內容為基礎，將大陸各主要地區投資環境及台商重視之投資風險，做一最新且客觀的評估及研究專題。本報告非常值得各界參考，不僅使台灣廠商及國際投資者得以掌握大陸投資環境，做投資與策略聯盟之決策，大陸主管部門及各地政府更可據以改善投資環境，共同促進兩岸產業經貿發展。然而研究報告缺失在所難免，並請各界產官學研不吝批評指正，再次感謝！

台灣區電機電子工業同業公會理事長

十年有成　邁向新局

2009年除受國際金融海嘯衝擊、歐美需求大幅縮小,且經營環境仍有許多衝擊,諸如原物料成本上升及油價持續高漲等,台商如何在這關鍵時刻做出適合的決策是一項高難度的挑戰。

電電公會進行是項研究已邁入第十年,這次的「中國大陸地區投資環境與風險調查」除了繼續以兩力兩度模式評估中國大陸城市綜合實力外,調查報告特別整理這十年來的一些變化與趨勢,值得大家重視,之一是越南再度成為未來台商佈局十大地區,其二為台商投資熱門地區與當地政府熱心程度及政策傾斜有正相關,以及兩岸經貿糾紛案例數依舊呈現居高不下的趨勢;各別廠商依照本身條件對於投資佈局的需求是相當不同的,但「高新開發區」與「經濟開發區」因具有較好的政策服務體系及具有事權統一的管理機制,加上明確的產業定位產生顯著的產業群聚效應,仍繼續受到台商的認同。

台灣區電機電子工業同業公會為服務全體會員,再度邀請中原大學企管研究所呂鴻德教授擔任計畫主持人,並請具有國際企業管理專長的靜宜大學企管系黃銘章教授協同主持,另外也敦聘許士軍教授擔任研究顧問,延續前九年的研究成果,將相關統計資料作一完整的分析比較,讓讀者對大陸各地區與各城市間的發展趨勢有一個更深入的認識。

經由研究團隊及所有評審委員的共同努力,以及眾多已赴大陸各地投資的台商先進熱忱支持及提出建議,本調查報告希望獲得海內外,有關機構及廠商的重視,並對決策參考有所助益,對參與本研究之所有人員,在此特別要表達感謝之意。

台灣區電機電子工業同業公會
大陸經貿委員會主任委員　　沈尚弘

迎向兩岸經貿挑戰　協助台商關鍵佈局

　　2009年全球經濟在歷經金融海嘯肆虐後，雖已逐漸緩和地進入復甦重建的階段，但隨著中國大陸的經濟崛起，新興經濟體積極開展全球策略佈局，亞洲經貿結盟網絡逐步成形，國際經濟貿易呈現出詭譎多變的局勢，台商企業所面臨的挑戰仍是相當險峻。

　　為因應全球經濟情勢變遷與兩岸經貿關係發展，新政府上任一年多以來，行政院團隊以積極、穩健的步伐推動兩岸政策，恢復海基、海協兩會制度化協商，大幅改善兩岸關係，目前已在陸客來台觀光、空運、海運、郵政、食品安全、共同打擊犯罪及司法互助、金融等相關議題，簽署9項協議，並開放陸資來台投資及購置房地產等。短期而言，不僅可增進兩岸互信合作基礎，強化雙方經貿交流；中長期而言，更將促進兩岸資源及市場整合，創造臺灣新的競爭優勢。政府未來仍將依循「深耕臺灣、連結全球」策略，堅持「以臺灣為主，對人民有利」的原則，持續推動兩岸經貿協商及政策、法規鬆綁，擴大台商輔導及服務措施，促進兩岸經貿關係正常化發展，協助台商企業在全球產業分工架構下，發揮整合綜效，提昇臺灣在國際和亞洲區域經貿體系的地位。

　　中國大陸是我廠商對外投資金額最大地區、第一大出口市場及最大順差來源地。如何掌握中國政經發展情勢，瞭解大陸各地區投資環境，以及如何規避相關的投資風險等，也就成為我廠商企業在大陸投資的重要課題。臺灣區電機電子工業同業公會自2000年開始，每年針對大陸地區投資環境及投資風險，進行專案調查，並編輯發行「中國大陸地區投資環境與風險調查」，今年適值第10年，除回顧過去豐碩成果外，更針對全球金融危機下，兩岸經貿整合的新契機及大陸投資環境的轉移與變遷等議題，進行有系統的調查研析，對於政府及企業因應兩岸新局勢及大陸政經環境變遷，提供許多寶貴的資訊，值得所有關心兩岸經貿的投資人及相關機構參閱。

行政院院長　劉兆玄

轉型升級　深耕品牌　佈局全球

　　台灣從60年代經濟起飛之後，可以說就是以貿易立國。企業努力為台灣賺進的大筆的外匯，才有了日後的各項建設與繁榮；企業本身的競爭力更是整體國力的重要一環。

　　在大陸開放之後，台灣區電機電子工業同業公會連續十年出版「中國大陸地區投資環境與風險調查」，揭露中國大陸各地區的投資環境與可能面臨的風險，無論是對有意前往大陸投資或是已經在大陸投資的台商，都有很重要的參考價值，對於國家也有很大的貢獻。

　　回顧過去十年大陸投資環境的變化，大陸各地的投資條件不斷在改變，原本台商投資重鎮珠三角，已經連續四年沒有任何城市進入TEEMA推薦的A級之列。長三角、環渤海取而代之成為投資條件最好的地區，大陸官方日前提出的海西經濟區，也讓台商寄予厚望。但無論是哪一個區域，「三缺」、「四漲」、「五法」、「六荒」、「七金」等增加台商投資成本的負面因素仍未消除，經濟糾紛案例數仍高居不下。

　　從全球的高度來看，中國大陸在全球經濟的份量與日俱增，2007年就已經超越德國，成為世界第三大經濟體，這兩年應該就會超過日本，成為世界第二大，國際間甚至已經有G2、Chinamerica等說法，將中國大陸與美國等量齊觀。

　　在崛起的過程中，中國大陸在全球經濟的角色也逐漸轉變，從原本「世界的工廠」，逐漸成為世界的主要市場之一，面對這樣經濟情勢的鉅變，台商在大陸的投資也必須要有截然不同的思維。2008年TEEMA報告中已經建議台商必須預擬的風險規避策略、轉型升級策略、兩岸競合策略、品牌深耕策略等四項策略，經過過去一年的情勢變化，這四項策略對所有台商而言，恐怕都更加迫切且必須。

　　今年八月份瑞銀集團公布的「價格與工資」報告中，上海的物價水準已經排名全球城市第41名，超過排名第46的台北。過去大陸薪資低、人力成本低等優勢，已經不若以往那樣顯著，而且未來還有人民幣持續升值、勞動法規、環境法規日趨嚴格等不利製造業發展的因素，可能進一步影響台商的獲利與生存。

　　去年馬總統上任以來，積極改善兩岸關係，包括開放大陸客觀光、兩岸直航等政策，就是要撤除台商全球佈局的障礙。在大家看到2009年TEEMA報告的同時，我們也希望台商能藉機重新檢視自己的投資佈局，做好分散風險以及上下游佈局的策略，或許現在就是將部分事業重心重新移回台灣，以台灣既有的優勢，

轉型升級、深耕品牌、佈局全球的適當時機。

　　十年是一個重要的里程碑，過去十年來，台灣區電機電子工業同業公會的TEEMA報告，一直見證著兩岸關係的變化、兩岸經貿的發展，也是台商佈局中國大陸的重要參考。金平要特別恭賀電電公會十年有成，也祝賀所有的企業投資順利，與兩岸政府共創三贏！

立法院院長　王金平

掌握契機　共創兩岸新局勢

中國大陸改革開放30年來，由封閉逐漸走向開放，經濟快速發展，深受各國重視。2008年金融風暴造成全球消費力減弱，惟中國大陸經濟成長相對強勁，為全球消費成長最快的地區之一，加上中國大陸在此期間採行各項擴大內需政策，全球企業競相進入此市場，我們必須正視中國大陸經濟崛起的事實。

2008年是兩岸關鍵的一年，隨著5月20日新政府上任後，持續改善兩岸關係，已完成簽署多項協議，促進兩岸人員往來及經貿正常化。為協助台商利用兩岸經貿開放契機進行產業分工，提升企業競爭力，經濟部並擴大辦理大陸台商輔導計畫，聘請專業顧問赴企業現場診斷，提供廠商生產管理、品質管理及人力資源管理等改善建議，以及辦理大陸投資法令研討會，增進國內企業對大陸投資規定的瞭解。此外，為因應廠商升級轉型需要，推動「台商回台投資技術升級轉型輔導計畫」，運用本部所屬16家財團法人之研發能量，辦理技術診斷輔導，協助業者研提計畫書，向本部申請研發補助。

本報告年度主題為「十年回顧、兩岸競合」，蒐集大陸經濟發展之新情勢與重要政策，分析兩岸企業競爭及合作案例，提醒廠商面對中國企業崛起，更應積極思考最有利之投資佈局。本部為協助廠商善用兩岸優勢、進行產業分工，自2008年起執行「搭橋專案」計畫，篩選包括汽車電子、太陽光電、資訊服務、航空、流通服務業等15個業別，藉由舉辦交流會議，探索兩岸在產業、法規、技術與標準等面向進行合作之可能模式。此外，2009年6月30日發布陸資來台投資許可辦法及業別項目，開放陸資企業來台投資，增進兩岸產業合作空間，為兩岸經貿關係正常化樹立新的里程碑。

電機電子工業同業公會執行「中國大陸地區投資環境與風險調查」迄今已10年，除提供赴大陸投資台商決策之重要風險指標外，亦契合兩岸經貿開放之新局勢，提供廠商最新資訊。在此，我們對公會同仁及許多專家學者多年來的努力，致上由衷的感謝。

經濟部部長　尹啟銘

做好準備　把握契機！

　　這本調查報告乃是TEEMA自2000年開始，針對中國大陸地區投資環境與風險所做的第十本報告，一般而言，這類報告的價值，有一大部份來自它的系統性和一致性的研究架構，使得使用者得以從中發現環境和市場的發展趨勢，然後據以釐訂本身的因應策略。至於相關政府怎樣參考調查結果，用於改進投資環境以利於招商和產業發展，則屬於更高層次的應用和收獲。事實上，據研究小組所知，本系列報告在這兩個層次上，已發揮某種程度的作用，顯示TEEMA在這方面所投下的心力和資源並沒有白費。

　　基本上，這一系列的調查是配合台商在中國大陸投資佈局的需要，做到「立足台灣，分工兩岸，佈局全球」的境界。事實上，這一策略構想是有其階段性和目的性的：所謂階段性，乃指台商以台灣地區為出發點，發展本身的核心能力進入中國大陸，配合大陸環境改變所產生的商機，一方面對大陸市場和經濟做出貢獻，另一方面也藉此吸取養分，不斷成長，成為兼跨兩岸的團隊性企業，有能力進行全球佈局。由於中國大陸經濟當前的快速崛起，帶給台商，也是中華企業，空前未有的機遇和挑戰。

　　這一發展過程是十分動態的，一個具有決定性影響的因素，在於兩岸間的政治關係和氣氛。毫無疑問地，自2008年五月以來，兩岸關係和氣氛已發生大幅度而快速的改善，兩地政府對於各種限制的放鬆，促使多方面和多層次頻繁地交往，這種情勢發展使得擁有較豐富全球化經營經驗的台商，得以施展本身專長，結合大陸實力朝全球化目標邁進一大步。因此，對於台商而言，當前所面臨的挑戰是，大環境改變了，企業本身應如何調整——甚至大幅度改變——原有的策略思維和決策方式。無可諱言地，在過去相當漫長的時期中，兩岸經貿活動從隔離到非正式交往，在高度限制和單向的開放情況下，企業為了適應政治情勢，使得它們所採取的思考方式和具體作為受到高度扭曲和不確定因素的影響，譬如人貨交往必須繞道，對大陸投資在金額和性質上受到一定限制。凡此種種，使企業無法充份利用外在有利條件，發揮企業經營效能。

　　在此並非樂觀地認為，今後兩岸關係在短期內可立即達到完全正常化狀態，而是說，目前似乎可以就可能到來的機會，抱有較樂觀的期望。具體言之，企業可以積極做好準備，除了可以從間接貿易或投資改採直接貿易或投資外，還可以規劃其他經營方式，如合資、購併、共同研發和市場開拓等，做為佈局全球的有力途徑。自策略管理觀點，支持上述策略思維和經營模式的升級，企業必須在人才、資訊、財務以及組織與管理制度方面配合升級。設如缺少這種基本條件和能力上的配合，徒有策略想法，也將無法落實，這應該是台商在好好利用TEEMA這份報告之後，更進一步的想法和努力方向。

本計劃研究顧問　許士軍

兩岸合　贏天下

「天下大勢，分久必合，合久必分」、「合則兩利，分則兩害」，兩岸阻隔將屆60載，然隨著經貿互動頻仍、高層互釋善意，在馬政府上任後，呈現出「潮平兩岸闊、風正一帆懸」的新局，追求和平、和諧的政治氣氛已成為兩岸領導人的共識，開創融合、整合的經濟綜效也成為兩岸產業發展必由之路。

2009年適值全球金融風暴最劇之時，台商佈局中國大陸正面臨前所未有的轉型升級壓力，具「中小企業結構、加工貿易型態、傳統製造思維、勞力密集導向」的「四合一型」台商，經營更陷困頓，然「逆境堅定力、風雨生信心」、「山窮水複疑無路，柳暗花明又一村」，在兩岸三次「江陳會談」、兩岸「搭橋計畫」推動下，兩岸產業朝「優勢互補、資源共享」、兩岸企業邁「策略聯盟、互利雙贏」之路，似乎為大勢所趨矣！2009《TEEMA調查報告》年度專題針對兩岸產業分工與企業競合進行深度調查結論顯示，「以合作取代競爭、以互補取代對抗、以雙贏取代零合」，將是兩岸產業未來發展重要選項。

回首《TEEMA調查報告》十載期間，兩岸互動之歷程，就猶如宋代詩人蘇軾《定風波》所繪「料峭春寒吹酒醒，微冷，山頭斜照卻相迎；回首向來蕭瑟處，歸去，也無風雨也無晴」之境界，兩岸雖有意識型態之迥異，然中華文化精隨的「和諧文化」，依舊是兩岸所共同追求的目標，唯有兩岸以謙卑之心、互信之情，共建交流平台，方能創造中華文化的復興。台灣有「視野國際化、人才優質化、經營效率化、研發專業化」的優勢，而中國大陸有「策略前瞻力、高效執行力、品牌發展力、內需市場力」的強項，兩岸經貿整合必能惠及兩岸產業發展與企業成長，相信2009年必為兩岸「合贏元年」。

後學七次承TEEMA之託，執行《TEEMA調查報告》，常懷戒慎恐懼之心，深怕錯誤資訊誤導台商佈局、深怕偏頗的評價對中國大陸受評城市不公、深怕建言的侷限性影響兩岸經貿互動的推進，因此，時刻秉持「精、細、實、嚴」的調查核心理念，以反應中國大陸台商最真實的心聲，掌握中國大陸城市發展的現勢，洞悉兩岸政策的推移趨勢為依歸，值此《TEEMA調查報告》第十本付梓之際，提筆濡墨為序，感恩之情油然，首先，要感謝TEEMA許勝雄榮譽理事長及現任焦佑鈞理事長的信任與付託，其次，要感謝32位審查委員的無私奉獻、恩師

許士軍教授愷切指導以及電電公會同仁齊心協力的付出，方能為《TEEMA調查報告》的第一個十年劃下圓滿的句點。然而，放眼未來，再次思索《TEEMA調查報告》的下一個十年，也就是「TEEMA Next 10」，相信「兩岸合、產業興、企業榮、人心歡」，寄盼「TEEMA Next 10」再創兩岸合贏的黃金新十年。

計畫主持人　呂鴻德

第一篇

兩岸契機——
2009兩岸整合共創全球影響力

第 **1** 章　2009兩岸互動關鍵時刻

　　台灣區電機電子工業同業公會（Taiwan Electrical and Electronic Manufacturers' Association; TEEMA），從2000年伊始，便以「城市競爭力」、「投資環境力」、「投資風險度」、「台商推薦度」的「兩力兩度」評估模式，探析中國大陸台商投資密集城市的投資環境與投資風險，希冀藉由此報告的「城市綜合實力」排行，提供台商佈局中國大陸，經略海峽兩岸投資之參鑑，從2000年至2009年，《TEEMA調查報告》歷經十載，2002至2009年共出版發行8本《TEEMA調查報告》，除2002年的發行版未賦予其年度主題外，其餘七年度均以台商拓展中國大陸「商機」為核心，結合當年度中國大陸投資主要議題以及TEEMA年度研究主題，分別完成2003《當商機遇上風險》、2004《兩力兩度見商機》、2005《內銷內貿領商機》、2006《自主創新興商機》、2007《自創品牌贏商機》、2008《蛻變躍升謀商機》以及2009《兩岸合贏創商機》調查報告發行版。

一、2009全球金融逆局與經貿版圖消長

　　2008年在全球經貿的領域中，是特殊的一個年份，全球經濟在2008年遭逢有史以來最嚴重的衝擊，隨著房地美（Freddie Mac）與房利美（Fannie Mae）的「兩房危機」，到貝爾斯登（The Bear Stearns）、美林證券（Merrill Lynch）、雷曼兄弟（Lehman Brothers）、AIG、華盛頓互惠銀行（Washington Mutual Bank）、富國銀行（Wells Fargo）等金融機構紛紛出現信用危機與金融危機，風險如滾雪球般波及到實體經濟層面，造成經濟危機、就業危機、信心危機及貨幣危機，此一全球金融「蝴蝶效應」衝擊層面之廣，影響波及之深，可謂前所未見。經歷此全球金融風暴，各國經貿實力勢必消長、世界經濟版圖終將推移變化。

國際貨幣基金會前主席 Michel Camdessus（2008）指出：「由於受美國次貸危機所引發金融海嘯等連鎖反應，使得全球經濟成長衰退，但亞洲的成長將有助全球經濟免於衰退」；此外，英國《經濟學人》（The Economist）首席經濟學家Robin Bew（2008）亦指出：「2008年亞洲新興市場國家如中國大陸、印度、東協等將成全球經濟發動機，美國的經濟走勢疲軟，全球經濟舞台逐漸往亞洲移轉的趨勢」。而在Kishore Mahbubani（2008）的著作《亞半球大國崛起：亞洲強權再起的衝擊與挑戰》中提及：「過去，西方國家主導兩百年的世界歷史，現在，中國大陸、印度等亞洲大國的崛起，站上世界經濟舞台。紐約華爾街的世界金融霸主地位漸成終曲，倫敦金融城亦逐漸失去昔日風采，杜拜、北京、上海、新加坡和孟買正逐漸朝向下一個世界金融中心邁進」，再次說明新興市場崛起的「磁吸效應」以及全球經貿板塊「向東傾斜」的趨勢。

二、2009大陸蛻變商機與兩岸整合契機

隨著全球經濟板塊的推移，從「西潮」到「東望」；從「亞洲四小龍」到「金磚四國」；台商企業的國際化思維亦由「固守台灣」到「經略大陸」、「佈局全球」，似乎全球經濟與企業經營的重心，隨著區域板塊的消長而有所變遷與位移。

中國大陸經濟改革開放、高成長率的發展模式，吸引全球的投資聚焦，中國大陸由改革之初的「貧瘠經濟」到1992年「小康經濟」現在正朝「共同富裕經濟」方向邁進。因此，隨著內外在環境的變遷，中國大陸政府隨時提出新的經濟發展思路，諸如：對外資的招商策略而言，從早期的「招商引資」到「招商選資」乃至於現階段的「挑商選資」；對台商的策略思維從早期的「築巢引鳳」到「引鳳築巢」乃至於現階段的「騰籠換鳥」的梯度發展策略；就中國大陸引進外資主要的目的而言，從最早的「以市場換就業」到「以市場換稅收」、「以市場換技術」的目的，演進至現今，中國大陸提出引進外資的目的就是能夠以中國大陸廣大的市場藉由跟外資競爭的機會，創造自己的自主創新能力，也就是採取「以市場支撐自主創新」的宏觀策略思維，中國大陸隨著經濟發展策略思路不斷的在調適與修正，其總體方向是往良善的、有序的、成長的目標邁進。

海基會副董事長兼秘書長高孔廉（2008）表示：「台商是台灣經濟實力的向外延伸，中國大陸不僅是一個世界工廠，也是世界市場，透過台商的努力，讓外商可以更快的進入中國大陸市場，成為外商在中國大陸的橋頭堡」。隨著兩岸關係的和緩，經貿交流互動的頻繁，但早期以成本為導向、加工貿易為主軸、傳統

製造為模式的台商企業，面臨當地內資企業的崛起，內資企業夾著豐沛的人脈網絡、模糊化的政商關係、非規範化的經營思維，因此內資企業的生產成本將低於台商企業的生產成本，因此台商企業將面臨經營的困境，尤其中國大陸內地企業所擅長的是以「價格競爭」為核心的「紅海策略」，而如何在兩岸產業分工架構之下，進行兩岸產業的整合綜效，創造以「價值創新」為核心的「藍海策略」，實為推進兩岸和平發展的重要關鍵。

三、兩岸互利合作與共克金融危機

就在兩岸關係邁向正常化發展之路，從美國次貸危機所引發的金融海嘯正肆虐全球，兩岸經貿亦無法倖免，均受波及，然而兩岸高層及經貿官員提出「攜手並進、互利合作、突破困境、共渡難關」的主張，希冀「兩岸合、轉逆境、渡危機」，茲將台灣高層提出兩岸攜手並進，共度金融風暴的主張彙整如下：

1. **總統馬英九先生**：2009年4月19日，博鰲亞洲論壇年會舉行「國際金融危機與兩岸金融合作」分議題的討論，由中國企業家聯合會榮譽會長、博鰲亞洲論壇首席顧問陳錦華和台灣兩岸共同市場基金會最高顧問錢復共同擔任主席，與會的金融專家針對兩岸如何合作共渡金融危機以及兩岸金融合作的前景展望等內容相互討論。總統馬英九透過錢復捎話：「同舟共濟，彼此扶持；深化合作，開創未來」，表達促進兩岸攜手，共渡危機之意。

2. **副總統蕭萬長先生**：2009年5月14日，「國際經濟金融論壇」在台北國際會議中心舉辦，副總統蕭萬長先生在論壇致辭表示：「台灣是海島型經濟，對外貿易及出口依賴度高，因此受到金融海嘯的衝擊相對嚴重，主要原因是台灣過度以中國大陸作為製造工廠，並以歐美為最終市場的『間接代工出口』經濟發展模式。因此，為因應情勢轉變，台灣應該正視中國大陸經濟崛起，將『以中國大陸為工廠』逐漸調整為『以中國大陸為市場』的發展模式；且應建立自有品牌與通路，藉以擺脫代工的角色，提升台灣產品的競爭力」。另外，2009年7月份總統府召開關於ECFA的議題，其認為兩岸應加快ECFA簽署的速度，以共渡此波經濟危機，否則將嚴重延滯台灣經濟。

3. **國民黨主席吳伯雄先生**：2008年12月21日，國民黨主席吳伯雄先生於「第四屆兩岸經貿文化論壇」閉幕儀式中指出：「兩岸合作因應國際金融危機，紛紛提出相互開放投資，擴增中國大陸居民赴台旅遊等措施，大家要有充分的耐心和決心，要鍥而不捨地繼續推動兩岸關係和平發展」。

4. **海基會江丙坤先生**：2008年11月5日，海基會董事長江丙坤先生在「兩岸

金融座談會」中表示：「在大中華經濟圈當中，兩岸三地的中國大陸、台灣及香港，都具有高外匯存底，在面對金融危機之際，如果能夠設置整合機制，將對提振金融信心以及克服金融困境具有安定之作用」。此外，其亦於2009年2月18日參加由中時媒體集團所舉辦的《投資新中國》高峰論壇再度指出：「世界面臨金融危機，危機即為轉機，希冀兩岸經由追求正常化、經貿合作協議以及兩岸民間產業合作三層次的發展，達成互惠互利，渡過金融危機」。

5. 海基會高孔廉先生：2009年2月19日，海基會副董事長兼秘書長高孔廉先生於香港光華新聞文化中心發表題為「台海新局與兩岸經貿發展」的專題演講，並表示：「面對金融海嘯的衝擊，全球景氣急速衰退，進而造成通貨緊縮，目前貿易保護主義蠢蠢欲動，對兩岸三地的進出口貿易都造成嚴重影響，台灣不會採取貿易保護主義，在金融危機面前，兩岸攜手合作、共渡難關，才是首要的課題」。

而中國大陸胡錦濤總書記也在「對外和平崛起」、「對內和諧社會」、「兩岸和平發展」的理念下，兩岸均釋出前所未有的「和平、和諧、合作」互動善意，兩岸「融冰雪為春暖、化僵局為玉帛」的關鍵時刻已至，如何掌握兩岸和平互動發展的新契機，是兩岸人民共同寄望。

1. 中國大陸胡錦濤先生：2008年11月21日於秘魯利馬召開的第16次APEC領導人會議，中國大陸總書記胡錦濤先生與中國國民黨榮譽主席連戰會面時表示：「國際金融危機正從局部地區向全球擴散，從已開發國家蔓延到新興市場，從金融領域擴散到實體經濟領域。兩岸同胞是一家人，在這個關鍵時刻，兩岸應把握當前難得的歷史機遇，應該加強溝通，積極推動互惠互利的經貿合作，努力化挑戰為機遇，為兩岸同胞做實事、做好事，切實為兩岸同胞謀福祉」。

2. 中國大陸溫家寶先生：2009年3月13日，中國大陸國務院總理溫家寶先生在2009年兩會之中外記者會上特別指出：「儘管金融海嘯衝擊，但兩岸經濟互動綿密，2008年兩岸貿易額仍有1,300億美元，在這樣緊密聯繫情況下，兩岸應該加強合作，共同應對此波金融危機，目的就是要實現互利共贏，並且建立適合兩岸特點的合作機制，也就是所謂三個適應，第一就是要適應兩岸關係發展的情況；第二就是要適應兩岸經貿交流的需求；第三要適應兩岸經濟貿易的特點」。

3. 中國大陸賈慶林先生：2008年12月20日，中國大陸政協主席賈慶林先生出席在上海舉辦的「第四屆兩岸經貿文化論壇」時指出：「兩岸經濟發展都面臨著全球金融海嘯衝擊帶來的嚴峻挑戰，兩岸同胞是手足兄弟，兄弟同心，其利斷金。在這個關鍵時刻，兩岸更應相互扶助，加強互惠互利經濟合作，共同應對國

際金融危機，穩定經濟，改善民生」。其亦針對兩岸經濟交流合作提出五項積極建議，分別為：（1）積極展開合作，共同應對國際金融危機的衝擊；（2）積極促進協商，推動兩岸金融業合作取得實質進展；（3）積極採取措施，拓展兩岸產業合作的層次和領域；（4）積極創造條件，加快實現兩岸經濟關係正常化；（5）積極進行探討，及早建立兩岸經濟合作機制。

4. **中國大陸王毅先生**：2008年12月21日，中國大陸國台辦主任王毅先生於「第四屆兩岸經貿文化論壇」中提出：「如何加強兩岸合作、共同應對國際金融危機，是此次論壇的主軸，在此關鍵時刻，兩岸應加強溝通，共克時艱，從同胞之情出發，擴大和深化兩岸經濟交流合作」。

5. **中國大陸陳雲林先生**：2008年11月5日，中國大陸海協會會長陳雲林先生來台進行「二次江陳會」之際，於台北圓山飯店舉行「兩岸金融座談會」時提出：「目前發生的全球金融危機波及全世界，兩岸實體經濟體質不錯，外匯儲備也很大，中國大陸政府現在已針對房市、股市等，實施一連串振興市場、擴大內需措施，相信台灣有很好的基礎條件，兩岸兄弟相扶，共同研究對策，兩岸的經濟一定可以度過困難，迎接兩岸經濟美好的明天」。

第**2**章 2009全球金融危機下中國大陸影響力

2008年金融海嘯重創全球經濟，各國經貿實力消長，世界經濟版圖亦產生推移，大前研一於2009年7月20日發表《全球經濟與兩岸合作展望》專題演講指出：「中國大陸快速崛起，尤其金融海嘯後，美國在全球勢力逐漸式微，以中國大陸為首的亞洲新興國家重要性激增」，許多學者專家、研究機構紛紛提出中國大陸成為此次金融風暴贏家之論述，顯示中國大陸在全球的經濟地位不容小覷。茲將全球政治領袖、各國媒體暨研究機構對中國大陸崛起與其影響力之論述彙整如下。

一、全球政治領袖論述中國大陸崛起

2008年初始，各國媒體紛紛將目光轉移至中國大陸，提出「中國年」的論述，根據里昂證券（2009）指出：「遭遇世界金融危機衝擊的亞洲新興市場國家，將以中國大陸、印度和印尼為實現經濟強勢反轉」，顯示中國大陸在國際經濟舞台上所扮演角色日愈重要，茲將各國政治領袖對中國大陸崛起的看法彙整如後。

1. **美國**：2009年5月1日，美國總統Obama表示：「中國大陸是國際社會重要的領導者，不是威脅或是敵人，如果沒有中國大陸，就不可能處理好國際問題」，中國大陸是崛起的強權，在社會上應享有更大的國際地位，但也必須對世界負起更多的責任，這才是身為一個強勢者應有的風範。2009年6月1日，美國財長Geithner亦在北京大學演講時提到：「在國際金融架構改革之際，美國將支持中國大陸在塑造國際體系的主要合作協議中，發揮更大的作用」，顯示中國大陸在全球分工角色已日漸突顯，在國際談判桌上不能沒有一個足以相襯其實力的席位。

2. **英國**：2009年5月18日，英國《衛報》以〈中美將成為世界兩強〉做為專

訪標題，訪問英國外交大臣Miliband，其表示：「中國大陸將成為21世紀不可或缺的力量，在未來的幾十年間，中國大陸將與美國成為兩支權威力量，而歐洲能否成為第三支制衡的力量，則要看歐洲是否能擁有一致對外的力量」，然而，相較於20世紀美國超越英國成為第一強國，中國大陸在金融體制、社會結構以及收入水準尚較美國低，因此中國大陸要在近期撼動美國的地位，似乎還需一段時間。

3. **法國**：2009年2月5日，法國總理Fillon在法國議會上宣稱：「我們需要中國大陸，世界也要靠中國大陸走出經濟衰退」，自2008年12月法國總統Sarkozy在與達賴會面後，中法關係便降至冰點，然而世界經濟愈趨嚴峻，而中國大陸表現愈趨強勢的態勢下，法國態度逐漸軟化，希望可以與中國大陸修復裂痕的關係。

4. **俄羅斯**：2009年5月22日，俄羅斯總統Medvedev表示：「中國大陸不僅是俄羅斯工業產品的強大市場，而且擁有巨大的金融資源可投資俄羅斯經濟領域，俄羅斯應當明確與中國大陸合作的優先地位」。

5. **德國**：2009年1月30日，德國總統Koehler會見中國大陸國務院總理溫家寶表示：「德中兩國應同舟共濟，攜手面對金融危機，並主張共同反對貿易保護主義。對於中國大陸政府採取的擴大內需等相關措施表示肯定，亦歡迎中國大陸增加從德進口。德國對中國大陸戰勝危機、保持經濟平穩較快發展有信心，相信中國大陸的發展對德國有利、對世界有利」。

6. **義大利**：2009年7月6日，在義大利進行國事訪問的中國大陸國家主席胡錦濤與義大利總統Napolitano於羅馬的義大利總統府內舉行會談，會晤結束後，義大利總統Napolitano隨即發表以下言論：「國際社會必須充分承認中國大陸在國際上的地位，中國大陸讓全世界擺脫國際金融危機所做出的重要貢獻，是其所由衷欣賞的」，2010年是中義建交40週年，在風雨飄搖之際，兩造雙方進行深入會晤，除了研討攜手合作邁過困頓局勢外，更大的含義在於增強政治互信，擴大務實合作，以為下一波經濟前景做好準備。

二、全球媒體論述金融危機與中國大陸影響力

2009年8月，美國《時代》雜誌以「中國大陸能否拯救世界」作為封面，進行專題探討，並引述英國記者Jacques撰寫題為〈當西方秩序終結，中國大陸統治世界〉的文章指出：「中國大陸將會愈來愈強大，並在半世紀下半葉崛起成全球的領導力量」。有關知名媒體論述金融危機中國大陸關鍵地位評論，茲敘述如

下：

1. **美國《紐約時報》**：2008年10月27日，美國《紐約時報》（The New York Times）刊載專文指出：「在全球經濟步入衰退的時候，中國大陸的經濟決定可能影響其他陷入低迷的國家的生活；促進消費可以幫助中國大陸熬過經濟風暴，但如果中國大陸可以增加進口，減少對出口的依賴，它還可以幫助全世界」。

2. **英國《每日電訊報》**：2009年1月29日，英國《每日電訊報》（The Daily Telegraph）刊登一篇文章，標題為〈在這場金融危機中我們必須將中國大陸作為朋友和盟友對待〉，該文章指出：「當許多西方國家效法英國首相布朗與經濟蕭條抗爭之際，中國大陸的經濟實力便成為西方穩定金融市場的一個重要因素，讓中國大陸更緊密地融入國際社會，受益的遠不止全球金融行業」。

3. **英國《衛報》**：2009年2月13日，英國《衛報》（The Guardian）刊載一篇題為〈全球經濟復甦取決美國對華的新態度〉的文章，探討金融危機背景下的中美關係，隨著世界權力推移與改變，美國不但要與中國大陸保持和平正面的關係，更要平等對待中國大陸，才能使全球經濟走出困境。

4. **新加坡《聯合早報》**：2009年2月17日，新加坡《聯合早報》報導表示，隨著經濟實力的增強，中國大陸的全球影響力和競爭力也隨之上升。美中兩國同舟共濟，建立生命共同體，攜手處理日益紛繁的世界性難題，這是全球金融危機下的外交新局，也是世界政治經濟秩序的新格局。而在未來新秩序中，中國大陸無疑將扮演關鍵角色。

5. **美國《國際先驅論壇報》**：2009年3月16日，美國《國際先驅論壇報》（International Herald Tribune）刊登題為〈金融危機後，中國大陸會更強大〉的文章，該文章指出：「中國大陸的經濟變化和中國大陸政府應對危機採取的措施以及中國大陸擁有良好的銀行體系和資金儲備，在這場危機中將獲取競爭優勢，變得更為強大」。

6. **美國《華盛頓郵報》**：2009年4月23日，美國《華盛頓郵報》（The Washington Post）發表〈中國大陸利用金融危機向世界昭示其影響力〉一文闡述，海外援助和貸款僅是中國大陸向全世界宣布其新角色-世界金融領袖的方法之一。當中國大陸不斷為自己的國際形象努力加分時，中國大陸國務院總理溫家寶和其他高層領導人紛紛發表言論指責，是西方國家造成經濟危機。中國大陸逐漸減少美元儲備，並警告其他國家，僅把一兩種貨幣作為外匯儲備是危險的行為。隨著經濟危機逐步削弱美國式資本主義的信心，就發展中國家如何管理經濟的問題上，新的「北京共識」將取代長期以來占優勢地位的「華盛頓共識」。

7. **德國《萊茵郵報》**：2009年5月6日，德國《萊茵郵報》（Rheinische Post）發表〈中國大陸強大不利於歐美論〉一文表示，中國大陸作為經濟危機的受益者及一個地區大國，將進一步提高全球影響力，而且中國大陸不僅在亞洲的地位會不斷穩固，在海灣地區、非洲、南美的力量也會成長，中國大陸將從世界取得能源、支配權等。中國大陸在經濟危機後進一步提高全球影響力，對歐洲和美國非常不利。

8. **法國《世界報》**：2009年5月21日，法國《世界報》（Le Monde）發表〈認為亞洲新興股市影響力逐步提升〉一文指出：「金融危機導致許多歐美上市公司股價大跌，一些傳統強勢證券交易所吸引力也有所下降。與此同時，由於受影響較小且經濟基本面相對穩固，新興市場特別是以中國大陸和印度為代表的亞洲新興經濟體股市的規模和影響力都在逐漸提升」。

9. **美國《新聞週刊》**：2009年5月22日，美國《紐約時報》（Newsweek）刊載文章指出：「許多國家媒體紛紛報導中國大陸的經濟地位和影響力越來越接近美國，預期中美將並駕齊驅成為世界兩強，中國大陸正在重塑世界經濟和金融秩序方面發揮重要作用，美國必須要學會適應中國大陸的強大」。

10. **英國《泰晤士報》**：2009年6月24日，英國《泰晤士報》（The Times）刊載名為〈貨幣、文化和孔子：中國大陸的權力將覆蓋全世界〉文章指出：「東方的崛起不僅會改變世界經濟，更會動搖人們的生活和思維方式。以英國和美國為例，在歷史上，一個國家的經濟崛起都預示它將發揮比原來大得多的政治和文化影響力。中國大陸的崛起標誌著一個截然不同的時代正緩慢來臨，中國大陸將對這個時代產生越來越深遠的影響。人民幣將取代美元成為世界主導貨幣，國際金融體系將在中國大陸金融中心上海重建」。

三、經濟專家論述金融危機與中國大陸影響力

2008年所引爆的全球金融危機仍繼續發酵，2009年7月23日，亞洲開發銀行發表《亞洲經濟監測》報告指出：「在世界大多數發達經濟體陷入經濟衰退之際，中國大陸是少數仍保持成長的大經濟體之一，這將為東亞經濟復甦提供迫切需要的動力」。全球知名經濟專家亦紛紛論述「金融危機中國大陸關鍵地位」的評論，茲彙整如下所述：

1. **諾貝爾經濟學獎得主**：2009年3月20日，2001年諾貝爾經濟學獎得主Stiglitz在北京演講表示：「中國大陸的刺激經濟方案做的比美國好，主因是中國大陸民眾對政府有信心，而美國民眾對政府卻已沒有什麼信心」。此外，其亦表

示，中國大陸在全球經濟復甦中將扮演關鍵角色，而金融危機之後，美國仍將會是世界最大的經濟體，但影響力將大不如前。由於中國大陸民眾對政府非常有信心，這使得中國大陸的刺激經濟方案，做得相對比美國要好的多。當中國大陸藉由適當的宏觀經濟政策保持其經濟的成長時，就是對世界經濟的一個重要貢獻。而中國大陸對其他「發展中國家」的援助，也有利於全球經濟的復甦。中國大陸參與G20和聯合國等國際組織，亦有利於促進本身的改革。

2. **世界銀行（The World Bank）**：世界銀行首席經濟學家林毅夫（2009）表示，對於中國大陸在應對這次全球金融危機中的表現，表達了強烈的信心，並認為中國大陸會最早復甦。但其亦警告，中國大陸雖然取得了很多成績，但也存在很多問題，尤其在社保領域、醫療領域，還有很多欠賬，所以應利用這個機會，通過積極財政政策，政府加大力度，進行這方面的投資。但相對來講，中國大陸存在三大有利因素：（1）龐大的外匯存底；（2）資本管制；（3）貨幣政策穩健。由於中國大陸政府過去四年都實現了財政盈餘，因此，在當前經濟背景下，中國大陸只要能保持穩定快速成長和刺激內需，就是對世界經濟的一大貢獻。

3. **國際貨幣基金（International Monetary Fund；IMF）**：國際貨幣基金總裁Kahn（2009）接受《瞭望東方週刊》採訪時表示，中國大陸在金融危機之下所採取的一系列措施讓全球經濟很受鼓舞。因為目前在全球各國中，有能力的國家如中國大陸採取刺激經濟的方案，帶頭做出強而有力且迅速的財政反應，對世界經濟來說是一種榜樣。由於中國大陸過去多年一直都採取負責任和審慎的財政政策，使其政府財政赤字和債務都很低，也使得中國大陸仍有空間採取有力的措施。加上中國大陸政府2008年11月所提出的一系列經濟刺激計畫，針對基礎設施和民生支出，不僅有助於應對當前的經濟下滑趨勢，同時也能夠促進經濟長遠的均衡發展。

4. **世界貿易組織（World Trade Organization；WTO）**：世界貿易組織秘書長Lamy（2009）在博鰲論壇2009年年會有關貿易保護的論壇中表示，在國際金融危機中，世界貿易的25％提供給亞洲地區，而世界貿易的32％來源於亞洲，亞洲的貿易能力儼然超過世界平均水準，且Lamy更進一步的稱讚中國大陸，並用「積極」和「活躍」來形容中國大陸在增加資本流通性所做出的努力，並希望其他國家能夠以中國大陸為借鏡，在貿易融資方面做出更大的努力。

5. **歐盟委員會（European Commission）**：歐盟委員會主席Barroso（2008）在中國大陸國家行政學院演說時表示，在改革全球金融體系方面，需要

得到全世界的協同回應以及前所未有的合作。同時其也表示希望中國大陸能為解決此次金融危機做出重要的貢獻，也是展示中國大陸作為一個負責任國家的重要機會。此外，Barroso也表示中國大陸應該且能夠在國際金融體制中有更多發言權，所以歐盟願意減少在國際金融機構中的代表權，為中國大陸騰出位置，讓中國大陸能夠有更多的發言權反應其經濟對全球的影響。

四、研究機構論述中國大陸「率先復甦論」

全球金融海嘯衝擊歐、美、日等主要經濟體，2009年前兩個季度同比仍為負成長，然而，中國大陸卻出現一連串的經濟回暖數據，諸如：中國大陸統計局在2009年7月19日所公布的第二季GDP成長7.9％、上半年GDP成長率7.1％、2009年7月3日上海A股市場再次站上3000點、2009年5月份中國大陸30個主要城市中，有一半以上城市的房屋成交面積比，漲幅超過10％。知名研究機構頻頻發表中國大陸已朝向復甦之路發展之言論，茲將研究機構對於中國大陸率先復甦論的論述彙整如下：

1. **世界銀行（The Word Bank）**：2009年6月22日，世界銀行在首爾發布《2009全球發展金融：制定全球復甦路線圖》，其內文指出：「由於中國大陸政府的救市經濟計劃，主要是針對基礎設施建設和投資領域，在短期內就收到很好的效果。因此，將中國大陸經濟的預測從6.5％提升到了7.2％」，然而，在該份報告也同時指出，2009年全球GDP將出現2.9％的負成長，比4月份預計-1.7％更為悲觀，雖然發展中的新興國家是未來世界經濟前進的基礎動力與成長點，但是新興國家的發展是倚靠在發達國家的購買上，在已開發國家前程尚處於混沌不明處時，中國大陸的經濟成長是否依舊令人驚艷，是未來可以持續觀察的。

2. **摩根大通（Morgan Chase）**：2009年6月30日，摩根大通董事總經理兼中國大陸證券市場主席李晶，在上海金茂君悅大酒店，發布《2009下半年中國大陸市場》展望報告時表示：「中國大陸經濟復甦趨勢確立，並將以驚人的速度恢復，V型反彈將是其經濟復甦的力道」，現階段中國大陸的經濟復甦是倚靠寬鬆貨幣政策來支持，並藉此增加企業投資信心，在經濟尚未完全穩定的情況下，寬鬆貨幣政策依舊將大行其道，在中國大陸經濟穩健復甦之際，對新興市場來說，將是重要的領漲指標與信心指標，對中國大陸依賴度越來越深的台灣來說，更是有鼓舞振奮之力。

3. **科法斯（Coface）**：2009年7月13日，國際信用保險及信用管理服務機構科法斯，發布經濟成長預測：「全球經濟衰退有見底跡象，亞太區經濟逐步回

溫，中國大陸更已出現復甦跡象」，然而，該報告亦指出全球將呈L字型的緩慢復甦，全球經濟於2009年為-2.5％，工業國家更衰退至-3.9％，在世界經濟依舊嚴峻下，中國大陸的復甦，是否能夠成為帶動世界經濟發展的引擎，是件令人關注的事情。

4. 瑞士銀行（UBS）：2009年7月16日，瑞銀經濟學家王濤指出：「中國大陸GDP第二季年成長7.9％，在基礎建設投資，資產投資在近幾個月快速回升的情況下，王濤分別調高2009年、2010年的GDP預估至8.2％、8.5％，並且認為中國大陸的經濟將呈現強勁的復甦力道」，然而，中國大陸此波經濟成長是信用膨脹以及投資增加所帶動，往後有可能觸發通貨膨脹、資產價值過高的擔憂，因此中國大陸在經濟政策上，勢必將有所變化，以做未雨綢繆之用。

五、研究機構論述中國大陸經濟發展前景

中國大陸自從改革開放後，透過計畫性的政策，持續吸引外資進駐投資，中國大陸的經濟成長率迅速上升，然而受到2008年金融海嘯影響，全球經濟無一倖免，中國大陸的經濟成長也因此受到影響轉而趨緩，然而，根據2009年7月16日中國大陸國家統計局公布2009年上半年度經濟指標數據，諸多數據皆呈回暖趨勢，許多研究機構紛紛提出對中國大陸未來經濟前景分析，茲分別敘述如下：

1. 聯合國（United Nations；UN）：2009年1月15日，聯合國公布《2009年世界經濟形勢與展望》報告，該報告指出：「2009年中國大陸經濟成長仍然是全球經濟的成長動力。預計2009年中國大陸對全球經濟的貢獻度將從2008年的22％成長至2009年的50％」。

2. 世界銀行（The World Bank）：根據世界銀行2009年6月18日發布的《中國大陸經濟季報》指出，中國大陸經過適時調整的財政和貨幣政策刺激下，中國銀行新增貸款增加，政府影響的投資大幅增加，房地產部門出現積極跡象，消費保持良好的增加情況，進口量也已恢復。世界銀行中國大陸首席經濟學家韓偉森表示，政府主導的投資有力支持中國大陸2009年經濟的成長，第一季度中國大陸消費保持強勁的增加速度，雖然出口依然十分疲軟，但是經濟刺激計畫提升對於原材料的需求，因此進口額開始迅速回升，預估2009與2010年的經濟成長仍會相當可觀。

3. 國際貨幣基金（IMF）：IMF在《2009世界經濟展望》報告中預測，2010年世界經濟增加可望回復至2.5％，國際貨幣基金組織研究部門的負責人Blanchard表示：「全球經濟仍在衰退中，但一步一步邁向復甦，各國必須繼續

現行的財政、貨幣與金融政策」，報告中對中國大陸經濟成長相當樂觀，中國大陸2009年與2010年經濟成長率仍呈現上升的狀況。

4. **經濟學人智庫（Economist Intelligence Unit；EIU）**：2009年5月23日，根據英國經濟學人預測報告對於中國大陸近期的經濟表現給予最大的評價，不僅調升中國大陸經濟成長預測值，更預估中國大陸可能為2009下半年中，成為第一個走出經濟衰退的主要經濟體，原因在於中國大陸受到全球貿易下滑的衝擊程度小於其他亞洲國家，且金融體系優於已開發國家，加上政府陸續頒布經濟振興方案。

5. **惠譽信評（Fitch Ratings）**：過去十多年來，中國大陸經濟始終維持在「高成長、低通膨」的狀況，然而受到金融海嘯的影響中國大陸經濟可能出現緊縮風險，全年通膨率將降至1.4％，惠譽國際信評於2009年1月8日發布報告指出，中國大陸2009年的經濟成長，恐怕無法達到中國大陸政府的「保八」，要等到2010年才可望復甦。

6. **野村證券（Nomura）**：野村證券中國區首席經濟學家孫明春（2009）表示，中國大陸經濟反轉開始而不是反彈，中國大陸經濟開始出現提升的狀況轉向V型曲線上升軌跡，由於2009年1月中國大陸的採購經理人指數（PMI）上升4.1％，證明中國大陸經濟成長速度增加，中國大陸政府的刺激方案可協助2009年經濟成長率達到8％。

7. **科法斯（Coface）**：2009年7月13日，科法斯發布經濟成長預測，預測報告中表示亞太地區經濟好轉情況明顯，而中國大陸出現復甦跡象。然而，考慮到內地私營企業拖欠貸款的風險較高，科法斯仍維持2009年1月份對中國大陸A3級的負面觀察，且中國大陸的大型建設投資經濟效應已經全部浮現，目前最重要的是建立持續穩定的內在需求，中國大陸的經濟成長趨緩的情況已經見底，不排除出現W型的復甦。

8. **摩根大通（JPMorgan）**：2009年6月30日，摩根大通董事、總經理兼中國證券市場部主席李晶於上海金茂君悅大酒店發布《2009下半年中國市場展望》報告表示，受到2009上半年大宗商品價格攀升及全球央行實行寬鬆貨幣政策的影響，下半年中國大陸通貨膨脹會重新顯現，且中國大陸的經濟以驚人的速度恢復，並呈現V字型的反彈，估計全年的經濟可以實現「保八」的目標。

9. **德意志銀行（Deutsche Bank）**：2009年4月9日，中國大陸經濟將呈現W型復甦，第一個底部為2008年第四季，由於中國大陸政府2008年底推出4兆人民幣拉動經濟措施，帶動短暫刺激作用，但由於大量貸款難以持續，使企業無法持

續投資，因此中國大陸經濟在2009年下半年經濟會開始出現下滑，直到2010年的第一季會再觸底，隨後再由企業投資拉動經濟復甦。

10. **渣打銀行（Standard Chartered Bank）**：渣打銀行2009年5月26日發布的中國大陸宏觀經濟報告表示，中國大陸4月份數據顯示經濟復甦的步伐放緩，整體經濟已經從2008年第四季的最低點反彈向上，但是不太可能迅速走出V字型，因此認為經濟復甦將呈現U字型回升，並在底部盤整一段時間。

六、從新創複合字隱現中國大陸影響力

全球媒體於十年前，對中國大陸的報導微乎其微，但當今的全球主流媒體，似乎每天都有中國大陸的相關報導，顯見中國大陸的崛起，牽動著全球的目光，畢竟，中國大陸廣大的市場是全球企業必然逐鹿的重心，近年來，學術媒體亦紛紛提出以China開頭的新創複合字，這更說明隱含在複合字背後的中國大陸在全球地位的影響力，尤其從「Chindia」、「Chimerica」、「Chaiwan」、「Chindonesia」四個複合字中，更可窺見其崛起的力量。茲將上述四個新創複合字的重要內涵敘述如下：

1. **中印聯盟（Chindia）**：2004年，印度商工部次長Jairam Ramesh以「China」加上「India」組合而成的新字，提出「Chindia」一詞，意味著中國大陸和印度共同前進與合作的契機，其後，以龍象之爭為主題的暢銷書不可勝數，以「Chindia」當論述的文章不斷推陳出新，畢竟，兩國人口共24億，占全球4成。根據2008年《紐約時報》刊登名為〈兩巨人試圖學著分享亞洲〉的專文指出：「中國大陸與印度兩國都熱切地希望增加雙邊貿易、增加雙方友誼，與此同時還要讓對方放心，亞洲足夠大，能容納兩國崛起的雄心」。聯強國際總裁杜書伍也在《遠見雜誌》（2008）的專訪中表示：「中國大陸和印度，是全世界最有潛力發展的兩大市場，都是成長的引擎。只有一個引擎不太夠，有兩個引擎就會成長很快，像是微軟Windows加上英特爾Intel成為Wintel，當兩個都有就會所向無敵」。當中國大陸與印度結合成為Chindia之後，對於全球經濟帶來的衝擊力將相當可觀。

2. **中美經濟共同體（Chimerica）**：2007年3月5日，哈佛大學教授Niall Ferguson在《洛杉磯時報》刊載標題為〈買下中美經濟共同體〉一文，首次提出「Chimerica」這個複合字，其主要是傳達中國大陸與美國已經進入經濟共生的新時代，強調兩國於經濟關係聯繫的緊密程度，由於美國為全世界最大的消費國，而中國大陸為全世界最大的儲蓄國，兩者構成利益共同體，而且這樣的利益

共同體對全世界的經濟產生極大的穩定效應。2009年4月1日，美國總統Obama與中國大陸國家主席胡錦濤於倫敦會晤，雙方瞭解中美兩國持續緊密合作對維持目前世界經濟的健全與未來世界經濟的發展都相當重要，中國大陸與美國需要與其它國家一起合作，促進國際金融體系的順利運作及世界經濟的穩定成長。

3. **兩岸經濟整合平台（Chaiwan）**：2007年南韓《北韓日報》即提出「Chaiwan」此一複合字，報導台灣與中國大陸經貿合作後所帶來的衝擊力，但受限於當時兩岸關係處於冰凍時期，該篇報導並未受到重視。2009年5月30日，南韓《朝鮮日報》以〈兇猛追擊的Chaiwan〉為標題，指出台灣與中國大陸經貿合作的威力，已對南韓的企業造成強大的震撼與衝擊，尤其是面板產業影響甚鉅。在Chaiwan這個複合字中，「Chai」代表中國大陸所擁有的龐大資金與市場，而「wan」則代表了台灣擁有卓越的產業經驗、人才技術與創新研發的能力，顯示兩岸在經濟條件各有其長且互補性非常強，藉由高度的互補與分工，相輔相成發揮出「一加一大於二」的綜效，共創雙贏的局面。

4. **大陸—印度—印尼鐵三角（Chindonesia）**：里昂證券（CLSA）亞太區市場機構總監Nicholas Cashmore（2009）在一份名為《中印尼（Chindonesia）：進入科莫多》的報告中指出：「中國大陸、印度和印尼將在2015年前為投資者創造10萬億美元的財富」，其亦表示中國大陸、印度和印尼將成為亞洲鐵三角，擔任亞洲新興市場經濟成長的引擎，帶領亞洲實現經濟強勢復甦，印尼在「中印度」的崛起中扮演一個共生作用，當這個角色在未來變得更明顯時，將促進印尼的經濟增長、投資和消費。

綜合上述四個新創複合字，中國大陸整合人口第二大的印度、經濟實力第一大的美國、同屬中華文化根源的台灣及經濟快速成長的印尼，如何掌握中國大陸與四個經濟體整合的契機，將是決定企業未來可持續發展與成長的重要動力，因此，從新創複合字背後的中國大陸影響力，似乎不容忽視！

第**3**章　2009全球金融危機與兩岸經貿整合

　　自金融風暴爆發以來，全球經貿環境瞬間改變，做為全球第一大消費國的美國、自工業革命以來引領全球工藝的西歐、精實製造的日本，均受到二次大戰以來最嚴峻的挑戰。然而，時事造英雄，中國大陸的改革有成，使之成為全球引頸期盼的救世主，澳大利亞媒體《澳大利亞新聞報》（2008）指出：「中國大陸可能成為資本主義世界的救世主」。以外貿出口為導向的台灣，也正抓緊機會、調整步伐，積極地修復過去與中國大陸「斷鏈」的八年。金融變局之下，兩岸經貿整合可從兩岸互釋善意的作法、兩岸共同舉辦的會議與三次江陳會談的成果等四個面向來剖析與探討：

一、台灣政府政策鬆綁加強經貿互動

　　隨著2008年兩岸一連串的融冰之旅，開啟兩岸「互動之年」，兩岸關係逐漸用「文明來說服」對方，中國大陸提出一系列惠台政策，而台灣也不再作繭自縛，以更積極、開拓的心胸去接納中國大陸。以台灣來說，從李登輝時期的「戒急用忍」，到陳水扁時期的「積極管理、有效開放」，都是以較防衛的姿態來看待兩岸關係的發展，然而，自從馬政府上台後，開啟兩岸嶄新的局面，透過釋出以下善意，希望藉由兩岸更積極的合作，共創兩岸經貿契機。

1. 行政院：

　　❶ **通過《台灣地區與大陸地區人民關係條例》**：2009年3月5日，行政院通過《台灣地區與大陸地區人民關係條例》修正草案，在兩岸人民關係條例互惠原則下，減免所得稅、營業稅；由於立法院於2008年12月8日審查海峽兩岸海運協議後，海運協議通過兩岸航商行駛兩岸間免稅，因此基於法源依據，行政院通過兩岸租稅互免的條例。

　　❷ **鬆綁大陸商務及專業人士來台規定**：2009年6月6日，行政院鬆綁中國大

陸商務及專業人士來台相關規定，包括：商務人士來台停留訪問期間，由14天放寬至1個月；放寬企業邀請中國大陸商務人士來台人數限制，營業額新台幣3,000萬元以下企業每年邀請人數放寬至45人；營業額新台幣3,000萬元以上企業，每年邀請來台人數上限放寬為200人，此外，中國大陸人士來台作業程序也予以簡化，商務人士申請時間從1個月縮短為10天；而專業人士的申請時間則由1個月縮短為14天。

2. 內政部：

❶ 修正《中國大陸地區人民來台觀光許可辦法》：2009年1月17日，內政部修正《中國大陸地區人民來台觀光許可辦法》條文，修正內容包含：（1）在台灣觀光停留時間由10日延長至15日；（2）最低組團人數由10人以上調至5人以上；（3）旅行業保證金由新台幣200萬調降至100萬；（4）旅客在台灣停留期間的保證金由新台幣20萬調降至10萬，藉由放寬、修正並鬆綁中國大陸人民來台旅行的相關辦法，塑造更友善的旅遊環境，便利中國大陸遊客來台觀光，獲取中國大陸遊客為觀光產業帶來之商機及效益。

❷ 宣布「放寬中國大陸人士來台探親對象」：2009年4月23日，內政部討論通過《大陸地區人民進入台灣地區許可辦法》，將放寬中國大陸地區人民來台探親、探病、奔喪以及停留時間，修正後的新法在以探親事由上，由一親等內血親放寬為有二親等內血親；以探病或奔喪為由來台方面，原來限制在台灣地區有二親等內血親，放寬至在台灣地區有三親等內血親。藉由放寬中國大陸來台探親，加深兩岸人民交流情感，成為兩岸互信互賴的基石。

❸ 修正《大陸地區人民進入台灣地區許可辦法》：2009年6月8日，內政部發布，自2009年6月10日起放寬中國大陸地區人民來台探親及停留期間、探病或奔喪的親等，除由二親等放寬為三親等外，停留時間每年最多來台3次，共6個月為限。另外，基於親子團聚權的考量，還增列經許可在台依親居留、長期居留的中國大陸配偶。此外，亦增列中國大陸地區人民來台接受醫療服務常態化，及因繼承遺產由機關管理者，得申請進入台灣地區、申辦領取遺產及停留期間等規定。

3. 經濟部：

❶ 通過《大陸地區人民來台投資許可辦法》：2009年6月30日，經濟部通過《大陸地區人民來台投資許可辦法》，秉持著「先緊後寬」、「循序漸進」、「有成果再擴大」三大原則，公告開放192項陸資企業來台投資清單，首波開放項目包括製造業、服務業、公共建設、以及國內發展成熟的產業為主，政府同時

宣布包含採取事前許可制、第三地區公司股份或出資額逾30％，或對該第三地區公司具有控制能力者，視為陸資、證券投資超過10％以上視同直接投資、並訂定防禦條款與建立後續查核機制等五大相關規定，搭配陸資購買不動產等授信鬆綁、不查資金來源等規範，正式宣告兩岸雙向投資時代的開始。從台灣的角度來看，希望能夠使兩岸的經貿關係能夠正常化，讓兩岸能夠在各具優勢的產業下共同合作，進而建構起「台灣研發、大陸製造」的完整供應鏈。同時解決兩岸資源或資金配置上的問題，讓台灣成為企業經營的決策中心與價值創造基地。對於中國大陸業者而言，將可以重新佈局全球營運模式，善用台灣的在研發和設計上的關鍵技術，提升企業本身的競爭能力。

❷ **通過《大陸地區之營利事業在台設立公司或辦事處許可辦法》**：2009年6月30日經濟部除公布《大陸地區人民來台投資許可辦法外》，亦通過《大陸地區之營利事業在台設立公司或辦事處許可辦法》，內文中詳細說明有關於中國大陸營利事業在台灣設立分公司或是辦事處者所應具備之條件、申請程序及相關文件，希望藉此增加兩岸經貿合作之機會、擴大雙方交流，將外部資金引進台灣，活絡台灣經濟動能增加就業機會。

4. **交通部：訂定《台灣地區與大陸地區空運直航許可管理辦法》**：根據2009年6月25日交通部訂定《台灣地區與大陸地區空運直航許可管理辦法》，內文中詳細說明關於兩岸民用航空運輸之定期航線與客、貨運包機之航權分配與管理，包括航線籌辦、航機務審查、試航、航線證書申請、繳還或註銷、航線暫停、終止或復航，定期飛航班機時間表報核、證書費及其有效期限等事項，文中亦規定中國大陸地區民用航空業於台灣設立分公司或是委託台灣總代理執行或處理業務之相關說明。

5. **金管會：**

❶ **宣布兩岸民間匯款不再限制特殊用途**：2009年6月30日，金管會為因應經濟部開放192項陸資企業來台投資，宣布兩岸民間匯款不再限制特殊用途。即日起，民眾或企業匯款到中國大陸，不限接濟或捐贈親友等項目，改採負面表列方式管理。兩岸匯款政策大幅鬆綁之後，台灣的「三角貿易」也可以直接匯到中國大陸，目前只剩下股權、證券投資及辦公費用須取得核准函才能匯出，銀行業估計兩岸2009年匯款金額就可望上探新台幣15兆元。

❷ **宣布金融人士來台資格鬆綁**：2009年6月30日金管會公布《行政院金融監督管理委員會辦理大陸地區金融專業人士來台參訪申請案審查作業處理原則》，對於中國大陸金融人士來台的條件給予放鬆。以往金管會對於中國大陸金融專業

人士來台的規定，是必須要隸屬於總機構、二級單位副主管以上者，才能申請來台參訪，而新規定則是中國大陸金融機構基層人員，只要有兩年的從業經驗就能夠申請來台參訪。主要原因在於兩岸金融機構交流互訪頻繁，來台灣交流的中國大陸金融業人士層級也有往下的趨勢，即使是基層人員也有交流的需求，故而修改相關審查規定。金管會更進一步表示，預期政策實施之後，兩岸的金融業交流將會更加頻繁。

❸ **宣布台灣銀行得與中國大陸人士新台幣往來**：2009年6月30日，金管會為配合開放陸資來台投資政策，公布《台灣地區與大陸地區金融業務往來許可辦法》，台灣地區銀行等金融機構可與中國大陸地區個人、法人進行新台幣金融業務往來，往來對象若取得台灣居留資格或登記證照，比照台灣地區個人、法人往來方式。修正案明定，經中央銀行許可辦理外匯業務的銀行（指定銀行）及中華郵政公司辦理對大陸地區匯出款業務，改採「負面表列」的方式管理。此外，指定銀行及中華郵政經主管機關許可進行的金融業務往來範圍，新增授信業務。

❹ **宣布開放中國大陸銀聯卡在台灣消費**：2009年7月15日，金管會修正發布《台灣地區與大陸地區金融業務往來許可辦法》，以提高中國大陸觀光客在國內消費的便利性，並擴大政府開放中國大陸觀光客來台的經濟效益，將開放國內信用卡業務機構可與中國大陸地區經營信用卡、轉帳卡（Debit Card）跨行資訊交換及資金清算業務的機構，從事信用卡、轉帳卡之業務往來。「銀聯卡」是中國大陸地區市場佔有率最高的信用卡及轉帳卡品牌，發卡總量已超過18億張，並且已經可以在61個國家或地區刷卡消費。金管會進一步表示，此辦法發布施行後，不僅可以提供中國大陸觀光客更便利的消費環境，更有助於提高中國大陸觀光客在國內消費的意願及能力，其所能產生的經濟效益，也相當可觀。

二、中國大陸政府釋出兩岸經貿善意措施

從中國大陸執政當局對台灣與中國大陸台商頻頻釋出的善意政策來看，兩岸的人民與經商之互動上，可看出兩岸之關係已由現在的合作協調取代過去的抗衡對峙，兩岸相處逐漸融洽之際，中國大陸已逐步拋開過往成見，並藉由以下善意，共同繁榮區域經貿：

1. **國務院：公布於福建開放台灣金融業設分行**：2009年5月14日，由中國大陸國務院公布的《國務院關於支持福建省加快建設海峽西岸經濟區的若干意見》，並發表32項內容，其最大的特點是在對台灣航運、經貿、旅遊、文化以及教育將採取更加靈活與開放的政策。而最重要的是在兩岸簽訂MOU前，台資金

融機構可以個案審核的方式放行進入，在該《意見》下，將優先批准台資銀行、保險與證券等金融機構在福建設立分支機構或參股福建金融企業，並且同時設立「海峽投資基金」，該基金將進一部擴大兩岸貨幣雙向兌換範圍，以達逐步建立兩岸貨幣清算機制。

2. 國台辦：

❶ 宣布三大陸銀保證融資台商：2009年1月7日，中國大陸國台辦在例行記者會上宣布由國家開發銀行、中國銀行和工商銀行負責承辦1,300億元的台商融資貸款，並且成立台商工作組，加速放款進度，最方便的是台商不但可以直接向該行各省分行提出貸款申請，亦可透過國台辦申請。在金融海嘯而流動資金告急的情況下，對金援若渴的台商而言，實為一大利多。

❷ 宣布「新增12省區赴台旅遊」：2009年1月21日，國台辦在例行記者會上發言人楊毅表示：「中國大陸在原開放13個省市居民赴台旅遊的基礎上，另外新增河南、湖北、四川等12個省區」，在擴大陸客來台觀光的區域後，勢必對台灣服務貿易有增值的作用。

❸ 推出支持台資企業八項措施：2009年4月8日，由國台辦和中國銀行聯合主辦的「中國銀行與台資企業合作推薦會」，中國銀行將推出支持台資企業發展的八項措施，包含：（1）篩選出50家台資企業，列為重點客戶或目標客戶，積極提供信貸支援；（2）珠三角、長三角及環渤海地區列為與台資企業業務合作的三大重點地區，在信貸資金、專業人才等方面給予充分支持；（3）採取客戶服務差異化政策，靈活應對台資企業的不同需求；（4）對於財務實力強、信用紀錄優良、技術處於行業領先地位的台資企業，優化授信流程，加強授信支援；（5）整合產品服務，提升服務契合度；（6）對於不同類型的台資客戶，分別採取「滲透機制」和「忠誠機制」，擴大優質中小台資企業客戶基礎；（7）加強與國台辦、銀監會和各地台協的交流，加強與台灣金融機構及信用仲介機構的互動，在台資企業資訊共用、資信調查等領域建立溝通管道，深化合作；（8）透過在台設立機構實現服務延伸。

❹ 推出八項具體惠台措施：2009年5月17日，中國大陸國務院台辦主任王毅宣布八項具體惠台方案，包括：（1）推動中國大陸企業赴台灣投資，明確赴台投資的辦理方式；（2）擴大對台產品採購，將組農產品採購團採購水果、蔬菜、水產及農產加工品，另由企業組成採購團，洽商採購台灣工業消費品、日常生活用品、食品深加工產品和特色工藝商品；（3）鼓勵和支援有條件的台資企業拓展中國大陸市場並參與中國大陸擴大內需基礎設施和重大工程建設；

（4）增加中國大陸居民赴台灣旅遊；（5）推動協商建立兩岸經濟合作機制；（6）進一步開放專業技術人員資格考試項目；（7）加強兩岸農業合作平台建設；（8）許可台灣地區律師事務所在福州、廈門兩地試點設立分支機構，從事民事法律諮詢服務。

❺ **國台辦宣布支持台商參與大陸重大工程建設**：2009年5月17日，國台辦主任王毅於福建論壇表示將支持台商參與中國大陸重大工程建設後，7月15日湖北和寧夏兩地率先公布台商可參與的基礎建設推薦項目。其中涵蓋重要橋樑、高速公路和機場物流中心等12項，主要針對輔導台商，投資總額達385億人民幣。而其他省份將陸續公布相關項目，將可為台灣營建、鋼鐵、水泥、物流等行業帶來龐大商機。中國大陸此次對台商釋放重大工程商機，是透過地方政府遒行公布，顯示國台辦已將相關政策下達地方台辦，而在第一波由湖北、寧夏率先公布當地台商可參與的項目後，預計其他29個省、市、自治區也將陸續公布當地的項目，工程數量和商機皆相當可觀。

3. **財政部宣布免徵企業所得稅和營業稅**：2009年2月3日，中國大陸財政部宣布，台灣航商行駛兩岸間免徵企業所得稅和營業稅，而此處所言之「台灣航商」，是指登記地址在台灣且取得中國大陸交通運輸部頒發的「台灣海峽兩岸間水路運輸許可證」的航運公司。此法的頒布，將可有效的降低運貨成本，提升台灣的商品在國際的競爭力。

4. **交通部發布對閩台三通給予特殊扶持**：2009年7月15日至17日，中國大陸交通運輸部部長李盛霖對福建交通運輸建設進行考察，並與福建省政府舉行會談。雙方貫徹國務院《關於支持福建省加快建設海峽西岸經濟區的若干意見》，支援福建交通建設，為海峽西岸經濟區發展創造條件等問題達成了共識，並簽署《加快海峽西岸經濟區交通運輸發展會議紀要》。明確地表示將對閩台「三通」繼續給予特殊扶持，並提出加強福建省與周邊省份包括對台的通道銜接，集中力量加快海峽西岸高速公路網絡的建設，以及推動京台高速公路(建甌至福州閩侯)延伸至台灣的路線規劃建設。

三、兩岸搭橋計畫促進產業交流

經濟部於2008年8月行政院院會通過推動「搭橋專案」政策，其目的為從個別產業開始，讓兩岸產業以交流會議的方式搭建雙方交流橋樑，讓民間企業可以在這個平台上進行產業之間的互補合作，初步選定15項優先交流項目辦理兩岸產業交流會議，包含：（1）太陽光電；（2）風力發電；（3）通訊；（4）LED照

明；（5）中草藥；（6）車載資通訊；（7）車輛；（8）電子產業清潔生產及廢電子回收；（9）精密機械；（10）流通服務業；（11）食品；（12）光儲存；（13）資訊服務；（14）航空；（15）生醫等產業。搭橋專案的時程規劃為第一年先進行兩岸產業交流，第二年進行商務洽談，第三年邁入實質合作，也就是採取「一年交流，二年洽商，三年合作」的方式，希冀藉由兩岸產業交流研討會，搭起兩岸產業合作模式，進而創造兩岸商機，共造兩岸雙贏產業。而搭橋專案至今已成功舉辦數場，茲將兩岸搭橋計劃彙整如下。

1. **兩岸中草藥合作及技術交流論壇**：2008年12月17日，「兩岸中草藥合作及技術交流論壇」於台北圓山飯店舉行，開啟兩岸產業搭橋的第一波。中國大陸由「海峽中醫藥合作發展中心」李大寧名譽主任領軍60人來參與這場盛會，開幕首日總計超過500名兩岸企業界以及重量級人士與會討論。雙方在18日的論壇閉幕典禮上，共同簽署：（1）中藥原料供應策略聯盟；（2）科研技術合作研發；（3）中藥產業合作等三項合作意向書。在中藥原料供應策略聯盟上，為使中藥材以及相關產品的產銷供應鏈完整，由中國大陸廣東康美藥業公司與台灣中華醫藥產業股份有限公司雙方代表，簽署中藥材供應合作意向書，確保台灣民眾用藥的供給，保障大眾健康；在科研技術合作研發上，由台灣工研院生醫所與中國大陸中醫科學院共同簽署合作意向書，並在中藥新成分研發、中藥藥材研發、中藥活性研發、中藥臨床等領域加強合作；在中藥產業合作意向書上，以廈門作為中醫藥交流發展合作平台，由廈門中藥廠與台灣三大藥廠順天、勝昌以及莊榮共同簽署合作意向書，希冀藉由廈門中藥商的通路，讓台灣的中藥品與保健食品進入中國大陸市場。

2. **兩岸太陽能光電產業合作及交流會議**：2009年3月24日，「兩岸太陽能光電產業合作及交流會議」在台北國際會議中心舉辦，中國大陸由發改委張國寶以「國家發改委能源所」名譽所長的名義，率領60多人的代表團以及湖南設備業者共100多人與會，兩岸共有500餘人參與討論，共有253家廠商代表參與討論。雙方在25日閉幕上由台灣太陽光電產業協會理事長藍崇文，以及中國大陸可再生能源產業工作委員會秘書長李俊峰共同簽署五項合作意向書，包含：（1）發揮各自優勢，優化整合產業鏈；（2）建立引領太陽光電產業發展的產品標準、品質檢測與認證制度；（3）加強兩岸產業界技術交流與合作，共同研究解決太陽光電產業面臨的技術與製造問題；（4）合作進行太陽光電技術和管理人才的教育與培訓；（5）定期舉辦兩岸太陽光電產業交流會議。經濟部能源局葉惠青局長表示：「兩岸在矽晶太陽電池產量上，占全球超過40％的佔有率，經過這幾天的

產業交流與議題演講，雙方將繼續推動兩岸太陽能光電產業的交流，並且希望在2011年兩岸可邁入實質合作」。

3. **兩岸車載資通訊產業合作及交流會**：2009年4月13日，資策會邀集中國汽車工業協會常務副會長董揚等80多名中國大陸汽車業與資通訊產業的專業人士，與工研院和經濟部技術處共同舉辦「兩岸車載資通訊產業合作及交流會」。經濟部次長黃重球指出：「汽車產業將朝資通訊化的方向邁進，而車載資通訊產業的未來發展，將使汽車電子從原來佔汽車成本19％提升到40％；也由於兩岸在車載資通訊產業上各有專長領域，將有助於雙方的互惠、互補與整合，使兩岸攜手成為全球車載系統主要供應者跟整體方案的輸出者」。

4. **兩岸通訊產業合作及交流會議**：2009年6月3日，在台北晶華飯店舉辦「兩岸通訊產業合作及交流會議」，中國大陸由「中國通訊企業協會」會長劉立清會同「北京通信資訊協會」代表團共約80人來台參與會議，中國電信、中國聯通與中國移動也都派員參與，台灣業界重量級企業均匯聚一堂，包含電信三雄中華電信、台灣大哥大、遠傳電信，以及威寶與威邁斯電信均參與這場盛會，可見兩岸電信服務業者對此會議重視的程度，此次會議共吸引通訊領域產官學研約500人、兩岸20餘家廠商與會，並且舉行70幾場的直接對接交流會議。在4日的閉幕式上，雙方簽署數項會議記要，並由大會主席工研院院長李鍾熙代表宣讀：（1）在台灣設立TD-SCDMA試驗網；（2）城市資訊化經驗交流；（3）成立產業交流合作平台；（4）未來兩岸將輪流舉辦交流會議；（5）成立行動工作組執行合作交流；（6）兩岸電信業者進行業務合作。此外台灣區電機電子工業同業公會與北京通信資訊協會簽署合作意向書，兩造雙方將在城市資訊化的相關機會上進行合作，而工研院亦與中國大陸大唐電信簽署合作意向書，雙方將共同探究在台灣建立TD-SCDMA試驗網的可能性，根據《工商時報》2009年5月25日指出：「估計兩岸商談會促成的採購商機達新台幣300至400億」，顯示該會議對台灣電信業確實有正面助益。

5. **兩岸LED照明產業搭橋計劃**：兩岸LED照明產業合作及交流會議於2009年6月9日舉行，中國大陸國家科技部高新技術發展及產業化司司長馮記春以榮譽團長名義，率中國大陸LED照明頂尖企業，以及半導體照明學界先進80人出席活動；包括中國大陸前10大LED照明業者，如大連路明科技集團、東莞勤上光電、廈門三安電子、上海藍寶光電等皆參團來台。台灣方面有近350人報名參與研討，包括晶電、中電、台達電、光寶集團等業者，於會中提供經驗參與研討。經濟部能源局局長葉惠青表示：「透過兩岸搭橋，盼加速建立兩岸LED（發光二極

體）共通性標準及規範，並進行檢測技術交流」。

6. **兩岸航空產業搭橋計劃**：中國大陸航空產業於2009年8月來台進行首次航空業商機交流研討會。兩岸航太產業搭橋計畫未來合作機會有三：（1）飛機整機合作；（2）廣體、窄體飛機及系統件維修能量互補；（3）系統、零組件合作。經濟部航太工業發展推動小組則透露，預期由漢翔航空等單位，分別與中國航空工業集團、中國商用飛機、空客中國等公司洽談合作機會，並爭取合作開發中國大陸150人座大型飛機與直昇機等合作開發案。

四、三次「江陳會談」成果豐碩

1998年二次辜汪會談後，由於2000年台灣政權轉移，使得兩岸關係降至冰點，2008年隨著馬政府上台，兩岸關係出現重大轉折，透過積極溝通、建立互信對話，為兩岸交流合作寫下新的篇章，而共同追求和平、和諧與合作的目標，為兩岸經貿關係的長遠發展奠立紮實基礎，才開啟兩岸協商機制。2008年5月江陳會的舉行受到全球的注目，美國媒體CNN更以「馬總統持續改善與中國大陸的關係」為標題，做大篇幅的報導，兩岸對話機制的展延更對台海和平、區域發展有重要的影響，對台灣的經濟更有積極、實質的正面助益。

1. **第一次江陳會**：1998年10月第二次辜汪會談於上海、北京會晤後，相隔9年後，於2008年6月亦在北京舉行第一次江陳會，延續、傳承歷史的意味頗為濃厚。兩岸在9年的互相猜忌後，終於以包容與互信之姿，面對面展開協商，其象徵意義大於實質效益，兩岸新紀元也就此展開。在此次會晤中兩岸簽署了《海峽兩岸包機會談紀要》、《海峽兩岸關於中國大陸居民赴台灣旅遊協議》，此次江陳會為兩岸制度性協商機制的重新建立，以及兩岸和平發展的格局，均邁出歷史性、前瞻性的步伐，亦顯示兩岸關係正進入全新的時代。

❶ 就海峽兩岸包機會談紀要而言，凡持有效旅行證件往返兩岸的旅客均可搭乘客運包機，儘快協商開通兩岸直達航路和建立雙方空管方面的直接交接程式，雙方同意包機承運人得在對方航點設立辦事機構。

❷ 就海峽兩岸關於中國大陸居民赴台灣旅遊協議而言，雙方同意赴台旅遊以組團方式實施，採取「團進團出」形式，團體活動，整團往返，並同意雙方互設旅遊辦事機構，處理旅遊相關事宜，以提供快捷、便利、有效的服務。

2. **第二次江陳會**：此次江陳會的議題，對台灣未來發展的重要性，更超越第一次江陳會，海基會董事長江丙坤先生與海協會會長陳雲林先生於11月4日共同簽署《海峽兩岸空運協議》、《海峽兩岸海運協議》、《海峽兩岸郵政協議》及

《海峽兩岸食品安全協議》四項協議。在全球化潮流與國際政經環境快速變化下，對台灣產生不小的助益。

❶ 在兩岸空運協議中，將週末包機直航，擴展至平日包機，航班由36班增至108班，開放的航點從5個增至21個，如杭州、桂林、深圳、福州、昆明等，此外在貨運包機上，雙方每月往返共60個班次，台灣開放桃園及高雄小港機場，而中國大陸則開放上海浦東機場及廣州機場做為貨運包機航點。根據《貿易雜誌》2008年12月號所提及：「兩岸直航後所節省的航運成本共計新台幣525.4億元，其中直航後空運客運成本將節省503.9億元，空運貨運部分則將節省12.3億元，海運成本將節省9.2億元」。

❷ 在兩岸食品安全協議上，以「有保障、反黑心、嚴把關」為三大主軸，例如對中國大陸大宗銷台的產品逐步建立產銷履歷、雙方將建立常態化業務交流機制與中國大陸進口食品將依台灣標準檢驗等，確保中國大陸產品安全無虞。

❸ 在兩岸海運協議中，台灣將開放11個港口，而中國大陸則開放63個港口，並且雙方達成在運輸收入相互免徵營業稅與所得稅的協議。根據陸委會資料顯示：「彎靠第三地，每一航次要簽證費30萬元，以一年4,000航次計算，一年可省下12億簽證費，不彎靠每趟航行時間可減少16至27個小時左右，企業花費在兩岸貨運運輸上的成本可節省15％至30％」。

❹ 在兩岸郵政協議上，兩岸通郵協議將包含網購及郵購等公司，可利用兩岸郵政的龐大網路，將購買物品直接送到收件人手中，且有利於中、小企業開拓商品市場並降低生產成本。

3. 第三次江陳會：第三次江陳會談於2009年4月26日在南京舉辦，並且簽署了《海峽兩岸空運補充協議》、《海峽兩岸共同打擊罪犯及司法互助協議》與《海峽兩岸金融合作協議》三項協議，並且達成初步的陸資來台投資共識。空運補充協議與金融合作協議主要是在促進兩岸經貿關係連結，強化台灣經濟與國際市場的接軌，而共同打擊罪犯及司法互助協議則是著眼於建立區域秩序，完備兩岸法制面的機制。

❶ 在空運補充協議中，兩岸直航班機從每週108班增至270班，並且兩岸航空公司可以混合經營載運旅客、貨物、行李以及郵件等業務，中國大陸新增南昌、貴陽、哈爾濱、合肥、寧波以及濟南等6個客運航點，總客運航點已達27個，而台灣除了桃園與高雄屬定期航班外，松山、台中、澎湖、花蓮、台東以及金門為包機航點，航點的擴大可將中國大陸轉機客帶來台灣，深化台灣國際化程度。

❷ 在共同打擊罪犯及司法互助協議上，兩岸共同打擊犯罪有四個要素：（1）擴大合作範圍，重點打擊兩岸罪犯；（2）建立情資交換平台，即時通報阻止犯罪；（3）共同查辦與協助偵防，維護兩岸治安；（4）共同協助遣返罪犯；在司法互助協議上有六個要素（1）送達相關文書，保障應訴之權力；（2）協助調查取證，順利解決爭議；（3）犯罪所得協助移轉，使損害賠償得以補償；（4）合法權益制度保障；（5）給予人道探視，適法保障人權；（6）罪犯重返社會時，完成人道接返，此協議簽署後，從今此後，任何台灣的罪犯已經無躲藏於中國大陸的棲身之地，使人民「免於恐懼的自由」大大提升。

❸ 在兩岸金融合作協議上，主要為：（1）雙方同意就期貨業、銀行業、證券業以及保險業建立金融管理機構；（2）逐步建立貨幣清算機制；（3）在現鈔防偽技術上展開合作；（4）就金融機構准入及開展業務進行磋商；（5）雙方提供金融監督管理與貨幣管理機制，此協議被視為最複雜且推展有限的項目，因為金融業的多面投資組合難以概括於一個監理工作所需的「合作備忘錄」（MOU）中，因此往後勢必有一番激烈的攻防、妥協才能共取認同。

五、兩岸經濟合作架構協議

台灣貿易依存度較高，對外出口占國內生產毛額70％以上，是一個高度出口導向型的國家，近年來國際間經濟區域整合成為經貿活動的重點，國家與國家之間簽署區域貿易協定（Regional Trade Agreements；RTA）與雙邊自由貿易協定（Free Trade Agreement；FTA），使得簽署國之間享有較優惠的貿易待遇，而至2008年底全球向WTO提出通知且有效的RTA高達230個。有鑒於亞洲的東協自由貿易區（AFTA）與東協加一、東協加三相繼成型，彼此之間的關稅減免甚至零關稅，對於以出口貿易為動能的台灣而言，無疑是一大挑戰。

1. ECFA之簽署重點

根據經濟部與行政院大陸委員會於2009年3月29日舉辦「全球區域經濟整合與兩岸經濟合作展望座談會」中，經濟部長尹啟銘指出：「未來『東協加一』與『東協加三』形成後，將迫使台灣產業外移，使台灣的經濟成長率下降1％，喪失數以萬計的工作機會，若兩岸簽署ECFA將可使台灣的國內生產毛額（GDP）增加1.374％，並大幅提升石化、機械、汽車零組件等產業部門對中國大陸的出口」，因此，要在這般競爭的國際市場下生存，「兩岸經濟合作架構協議」（ECFA；Economic Cooperation Framework Agreement）有其簽定的必要性，且台灣的貿易競爭力才不至於被削弱或邊緣化。茲針對ECFA之簽署重點整理如

下：

❶ 簽署ECFA之主要理由：台灣與東亞經貿往來日漸頻繁，中國大陸、日本、韓國及東協合計佔台灣總出口比重為65％，且受到金融海嘯的影響，東亞逐漸成為台灣的主要出口市場，因此2010年開始東協加一、東協加三等相繼成立後，對台灣已形成一股莫大的壓力。ECFA簽定之後，市場開放對於農業與傳統產業或多或少會造成衝擊，卻可降低中台雙方的關稅、增加國際間合作與促進產業升級並強化台灣與全球市場的競爭優勢。故台灣積極簽署ECFA有三大理由：（1）提升台灣產品競爭力：隨著東協與中國大陸、日本、韓國區域經濟整合成型，加上國際間雙邊貿易協定的擴大實施，且各國仍在觀望台灣與中國大陸簽署ECFA的內容與協議，簽署ECFA可使台灣與中國大陸進行關稅減免與談判，也可是台灣與其它國家展開貿易條件、關稅互惠的洽談，確保台灣產品於國際市場受到平等之待遇；（2）出口貿易直接受惠：台灣是出口為導向的國家，ECFA的簽定可使列入「早期收穫」的出口產業，如汽車零組件、石化與機械等，對於2010年東協加一與東協加三的零關稅之衝擊降低，避免產業大量外移，也有利台灣簽署其他區域自由貿易協定；（3）保障台商權益：避免中國大陸投資之台商受到雙重課稅，而針對智慧財產權透過雙方簽署也可受到保護，關於商品檢驗檢疫與產品標準制定等都有一定的保障，台商的權益可大大的提升。

❷ 推動ECFA的主要重點：台灣與中國大陸同為WTO會員國，但是為保護各自國內的產業成長與利益，雙方目前在經貿上仍有諸多限制，為加強兩岸經貿的優勢，在簽署ECFA時的評估重點有下列四項：（1）商品貿易部分：採取逐步開放政策，針對開放商品的敏感度高低訂定降稅時程，首先由早期收穫計畫中詳列雙方早期降稅貨品及時間，再來考慮兩岸貨品正常化與保留項目部分，對於市場進入的時間安排談判時程；最後針對原產地規則、貿易救濟措施、非關稅措施等進行協商；（2）服務貿易部分：針對服務貿易市場進入開放之項目與時程進行談判安排，不排除訂定服務貿易早期收穫計畫；（3）投資部分：逐漸實現投資領域的自由化，增加投資領域的合作，強化投資的便利性，提高投資法規的透明度，建立投資保護計畫，逐漸邁向投資自由化；（4）經濟合作部分：針對智慧財產權的保護、爭端解決機制、關務合作、電子商務、貿易便捷化與避免雙重課稅等議題進行洽談。

❸ 簽定ECFA的主要目的：兩岸經濟合作架構（ECFA）的原意是，在WTO的架構下規劃兩岸特殊經貿合作關係，推動兩岸經濟更緊密結合，以解決重要的經濟議題達到雙贏的局面，除此之外，台灣推動ECFA的簽定，對於將台灣與各

國經貿更趨緊密有更多考量點：（1）推動兩岸經貿正常化：台灣與中國大陸雖都是WTO的會員國，但是貿易的往來仍受限於彼此的政策，無法達到所謂的自由化，近期兩岸關係趨於友好，中國大陸是全球注目的重要市場，因此建立兩岸經貿平台為台灣首要之任務；（2）避免區域經濟邊緣化：放眼全球經濟市場，無論是北美自由貿易區（NAFTA）、歐盟（EU）、東協自由貿易區（AFTA）等區域市場的建立，都說明區域經濟的整合，已成為未來趨勢，且全球目前已有230多個區域貿易協定。WTO杜哈回合談判破局，多邊貿易合作受挫，全球市場的開放延宕，取而代之的是區域經濟的深化，因此較不易與外國簽定貿易協定的台灣，透過ECFA簽署搭起東協市場的橋樑，避免於區域經濟整合中被邊緣化，喪失本身建立多年之優勢；（3）增進經貿投資國際化：台灣接觸國際市場較中國大陸早，與外資合作上具有優勢，而中國大陸自改革開放後，亦成為全球不可忽視的新力量。「台灣比中國大陸更瞭解全世界，又比全世界更瞭解中國大陸」，故兩岸洽簽ECFA，不但台商於全球佈局如同增添有力的羽翼，更可吸引外商於台灣投資成為外資營運總部聚集地，整合全球與中國大陸之商機，並提升台灣的國際地位。

❹ 關於ECFA的早期收穫：兩岸經濟合作架構協議（ECFA）為兩岸開放三通後，積極簽署的經貿政策，然而之所以稱為「架構協議」是指簽署正式協議前所擬訂之綱要，由於協商簽署正式協議需較多的時間進行評估與洽談，緩不濟急，因此考慮到實際的需要先以綱要式之架構協議，並針對協議雙方最急迫且有共識的工業品項目減免關稅，此部分稱為早期收穫（Early Harvest）。而ECFA的早期收穫清單，根據《工商時報》2009年7月22日報導中指出：「原則上訂出3至10項，雙方認為較急迫的項目，列入簽署協議中，台灣提出的早期收穫項目包含石化、汽車、電子零件等項目」。雖然早期收穫的計畫涵蓋內容，均集中於商品貿易部分，然而依循WTO之規範亦無明顯禁止納入非商品貿易部分，故台灣與中國大陸洽談早期收穫計畫條款時，可針對攸關生存關鍵產業，先進行免關稅或是優惠市場開放條件之協商，也可視需要將服務貿易納入考量，因此也有可能將MOU的項目納入。

台灣與中國大陸簽署ECFA是採取分次完成方式，搭配「早期收穫」條款，在架構協議中，依照台灣產業特別注重項目要求中國大陸先行開放，以利優先進入市場。雙方於6月底前完成個別研究，台灣由中華經濟研究院，中國大陸則由中國商務部的海峽兩岸經貿交流協會，預計9月底前完成共同研究，10月經濟部將與中國大陸商務部展開協商。

2. ECFA之簽署對產業造成之影響

　　台灣自1991年開放中國大陸投資以來，逐年增加投資比例，加上最近兩岸關係友好，雙方開放大三通與投資，經貿往來逐漸頻繁，根據經濟部投資業務處統計，累積至2008年底台灣對於中國大陸投資金額高達755.6億美元，2008年台灣出口至中國大陸高達668.8億美元，顯示雙方經濟交流緊密，而中國大陸受限於WTO的「最惠國待遇」無法單獨給予台灣零關稅之優惠，因此ECFA的簽署即可解決此問題，對於台灣貿易業者而言是一大利多，然而對於傳統產業與農業卻造成壓力，簽署ECFA對於台灣產業而言有利也有弊，茲針對台灣機構對於ECFA簽署之衝擊評估說明如下：

　　❶ **遠景基金會**：研究兩岸關係與國際情勢權威智庫、財團法人兩岸交流遠景基金會2009年6月份出版的《ECFA：開創兩岸互利雙贏新局面》指出：「兩岸經貿正常化與自由化後，對台灣實質國內生產毛額（GDP）、進出口量、貿易餘額、貿易條件及社會福利都有正面效益，預計可使台灣實質GDP增加1.83％。台灣產業影響方面，有利於塑化、機械、紡織、石油、煤製品及鋼鐵業發展，主因是該產業為具出口競爭力產業且出口多集中於中國大陸，中國大陸對此產業課徵的稅率較高，兩岸貿易自由化後，中國大陸的需求會大幅增加，進而帶動台灣生產大幅擴張；然而對台灣會造成負面衝擊的產業，包括電機及電子產品、木材、蔬菜水果及其他運輸工具」。

　　❷ **中華經濟研究院**：2009年7月29日，中華經濟研究院公布《兩岸經濟合作架構協議之影響評估》報告，針對ECFA之影響進行GTAP模型模擬，該報告指出：「解除中國大陸物品進口管制的模擬效果大於維持管制現況，但是短期內全面解除管制，會造成台灣部分敏感產業衝擊過大時，應可採行逐步開放的處理方式，然而在『維持農工管制現況，已開放之農工產品自由化』以及『維持農業部門管制且不降稅，工業部門解除進口管制且自由化』進行動態模擬的結果，考慮資本累積的動態情境下，台灣實質GDP上升1.65％至1.72％總出口量上升4.87％」，因此，簽訂ECFA有助於增進台灣的經貿實力。同時，該報告亦指出，在個別產業之部分製造業生產金額增幅較大者，依序為機械業、化學塑膠橡膠業、紡織業、鋼鐵業與石油及煤製品業，生產金額減少幅度較大者，依序為電機及電子產品業、其他運輸工具業、木材製品業。

　　政策之推動必定有其正面的效益與反面之衝擊，ECFA之簽定可保護台灣產業在中國大陸市場上具有競爭力，也可能因為兩岸市場的開放，造成台灣較敏感的產業面臨生存威脅，政府必須有相應的配套措施因應。首先電子業言，台灣電

子業已經是零關稅，而大陸電子產品之零組件，仍有關稅，例如面板為3％，若兩岸簽署後，對台灣與南韓在大陸面板市場競爭，對台灣應較為有利。其次，兩岸應會建立協調機制，避免開放後物品供應速度過快，對產業產生負面衝擊。再者，根據經濟部工業局評估洽簽ECFA衝擊的產業包括毛巾、製鞋、寢具、織襪、內衣、毛衣、家電、成衣、泳裝、袋包箱等，將由技術處提撥一億元經費，協助業者優先爭取延長降稅時程、運用貿易救濟、提供資金融資協助、建立國產品共同標章、提供技術輔導以加快企業轉型速度等，於2009年10月即可正式執行產業輔導與轉型。另外，經濟部也將設立「因應貿易自由化產業結構調整基金」，至少編列新台幣300億元預算協助台灣傳統產業，顯示台灣政府除積極洽簽ECFA外，對於面臨衝擊的產業亦提出相對的政策拯救，以期待台灣能夠調整產業結構，於國際市場上更具競爭力。

第 **4** 章　2009 中國大陸擴大內需十大措施

中國大陸為對抗金融風暴，透過擴大內需消費與振興產業活動，推動二項重要規劃，分別為：（1）擴大內需的十項規劃；（2）十個重要產業的調整振興規劃，合稱「雙十規劃」。2008年11月5日國務院常務會議上，溫家寶提出的「擴大內需的十項規劃」，預計至2010年年底投入總計約四兆人民幣，主要目的是擴大投資及拉動消費。十項擴大內需措施分別為：（1）加快建設保障性安居工程；（2）加快農村基礎設施建設；（3）加快鐵路、公路和機場等重大基礎設施建設；（4）加快醫療衛生、文化教育事業發展；（5）加強生態環境建設；（6）加快自主創新和結構調整；（7）加快地震災區災後重建各項工作；（8）提高城鄉居民收入；（9）鼓勵企業改造；（10）加大金融對經濟增長的支持力度等，茲將其內容敘述如後：

1. **加快建設保障性安居工程**：加強支援廉租住房建設，加速改造棚戶區，實施遊牧民定居工程，擴大改造農村危房。預計新建200萬套廉租房和400萬套經濟適用房，同時完成約220萬戶林業、農墾和礦區的棚戶區改造；總投資將超過9,000億元，平均每年3,000億元。

2. **加快農村基礎設施建設**：預計新增340億元用於加快農村民生工程和基礎設施建設、加強農村沼氣、飲水安全工程、完善農村電網、加快南水北調水利工程建設、加強大型灌區節水改造。

3. **加快鐵路、公路和機場等重大基礎設施建設**：重點建設客運專線、煤運通道專案和西部幹線鐵路，完善高速公路網，安排中西部幹線機場和支線機場建設，加快城市電網改造。預計新增100億元用於公路建設、2010年投入6,000億元於鐵路建設且新增開工項目約70個。

4. **加快醫療衛生、文化教育事業發展**：加強基層醫療衛生服務體系建設，加速改造中西部農村初中校舍，推進中西部地區特殊教育學校和鄉鎮綜合文化建

（右側邊欄）第4章　2009 中國大陸擴大內需十大措施

設。

5. **加強生態環境建設**：加強城鎮污水、垃圾處理設施和重點流域水污染防治，加強重點防護林和天然林資源保護工程建設，支援節能減排工程建設。

6. **加快自主創新和結構調整**：支援高技術產業化建設和產業技術，支援服務業發展。

7. **加快地震災區災後重建各項工作**：執行2008年5月份的四川地震災後重建工作，投資比例高達四兆內需投入總金額的25％。

8. **提高城鄉居民收入**：提高糧食最低收購價格，提高農資綜合直補、良種補貼、農機具補貼等標準，增加農民收入。提高低收入居民社保待遇水準，增加城市和農村低保補助，提高企業退休人員基本養老金水準和優撫物件生活補助標準。

9. **全面實施增值稅轉型改革**：2007年中國大陸增值稅收入超過1.5萬億元，約占當年度總稅收的31％，由此可見，增值稅是中國大陸第一大稅種，若再加上進口增值稅部分，占總稅收則超過四成。然而，增值稅是由消費者負擔，而不是由企業承擔，因此，調整增值稅可以降低企業成本、抑制物價上漲幅度。

10. **加大金融對經濟增長的支援力度**：靈活運用貨幣信貸政策工具，放寬銀行業金融機構信貸規模限制，預計增加10％，主要用於中小企業、三農和災後重建等領域。另外，銀監會建立並完善對中小企業金融服務的六項機制，加強金融服務工作。

上述十項擴大內需措施規劃可歸納為五大方向：（1）三大民生問題：教育、衛生和住房是民眾最關心的議題，十大措施中提到的有加快建設保障性安居工程，加快醫療衛生、文化教育事業發展；（2）基礎設施建設：加快鐵路、公路和機場等基礎設施建設，及加快城鎮污水、垃圾處理設施建設和重點流域水污染防治等，都是著眼於基礎建設發展；（3）提高居民收入：為縮短貧富差距，透過政策提高城鄉低收入者的收入，以對抗金融海嘯的衝擊；（4）金融稅制改革：如取消對商業銀行的信貸規模限制，實施增值稅轉型改革；（5）落實災區重建：2009年6月24日，國家發展和改革委員會主任張平指出：「截至2009年4月底，汶川災後重建項目已開工約21,000個，完工項目約9,400個，完成投資約3,600億元人民幣，災後重建工作目前已完成階段性成果」。

第 **5** 章　2009 中國大陸產業振興十大規劃

　　受到金融風暴影響，景氣直落谷底，為了防止中國大陸經濟快速下滑，且達成2009年的「保八」目標，國務院陸續頒布十大重要產業調整與振興規劃。2009年2月25日，最後二個重要產業有色金屬業和物流業的振興規劃獲國務院通過後，紡織業、鋼鐵業、汽車業、船舶業、裝備製造業、電子資訊產業、輕工業、石化產業、物流業、有色金屬業等十大重要調整與振興產業已全數確定。另外，十項規劃《細則》則是從2009年3月20日至6月4日陸續頒布完畢。各項產業政策皆是促進產業發展的重要推手，茲將其內容敘述如後：

　　1. **鋼鐵產業調整振興規劃**：2009年1月14日國務院常務會議通過《鋼鐵產業調整振興規劃》，細則也於3月20日頒布。其內容提到實施適度靈活的出口稅收政策，淘汰落後產能，推進企業聯合重組，前五名鋼鐵集團產量需達到總市占率45％，培育具有國際競爭力的大型和特大型鋼鐵集團。

　　2. **汽車產業調整振興規劃**：2009年1月14日國務院常務會議通過《汽車產業調整振興規劃》，細則也於3月20日頒布。其內容提到減徵車輛購置稅及安排50億元補貼農民購置車輛，並推進汽車產業重組，形成2至3家產銷規模超過200萬輛的大型企業，培育4至5家產銷規模超過100萬輛的汽車企業，產銷規模總市占率90％以上的汽車企業數量由14家減少至10家以內。

　　3. **紡織業調整振興規劃**：2009年2月4日國務院常務會議通過《紡織業調整振興規劃》，細則也於4月24日頒布。其內容提到將紡織業出口退稅率由14％提高至15％，對基本面較好但暫時出現經營和財務困難的企業給予信貸支持。同時提出至2011年前，紡織產業的八項主要任務，包含：穩定國內外市場、提高自主創新能力、加快實施技術改造、淘汰落後產能、優化區域佈局、完善公共服務體系、加快自主品牌建設、提升企業競爭實力。

　　4. **裝備製造業調整振興規劃**：2009年2月4日國務院常務會議通過《裝備製

造業調整振興規劃》，細則也於5月12日頒布。其內容指出以核電、風電為代表的高效發電裝備和特高壓輸變電裝備是中國大陸未來裝備製造業的發展重點，並加強在裝備製造業的資金支援、購置國產設備稅收優惠、研發經費支持與重組支持。

5. **船舶工業調整振興規劃**：2009年2月11日國務院常務會議通過《船舶工業調整振興規劃》，細則也於6月4日頒布。其內容提到加大船舶出口買方信貸資金投放、將現行內銷遠洋船財政金融支持政策延長至2012年、研擬鼓勵老舊船舶報廢更新和單殼油輪強制淘汰政策、在中央投資中安排產業振興和技術改造專項，支持高技術新型船舶、海洋工程裝備及重點配套設備研發。

6. **電子資訊產業調整振興規劃**：2009年2月18日國務院常務會議通過《電子資訊調整振興規劃》，細則也於4月15日頒布。其內容提到強化自主創新、完善產業發展環境、加快資訊化與工業化融合、取消軟體企業營業稅等。另外，規劃中提出七大政策目標，包括：落實擴大內需措施、加大國家投入、加強政策扶持、完善投融資環境、支援優勢企業並購重組、進一步開拓國際市場、強化自主創新能力建設。

7. **石化產業調整振興規劃**：2009年2月19日國務院常務會議通過《石化業調整振興規劃》，細則也於5月18日頒布。其主要內容為提高部分高附加值產品的出口退稅率，解決石化行業累積的產能過剩、無序競爭等問題。細則中提出石化產業調整和振興的十項主要任務，包含：保持產業平穩運行、提高農資保障能力、穩步開展煤化工示範、抓緊實施重大專案、統籌重大專案佈局、大力推動技術改造、加快淘汰落後產能、加強生態環境保護、支援企業聯合重組、增強資源保障能力、提高企業管理水準。

8. **輕工業調整振興規劃**：2009年2月19日國務院常務會議通過《輕工業調整振興規劃》，細則也於5月18日頒布。其內容提到將重組以形成10個年收入150億元以上的大型輕工企業集團、增加輕工業特色區域和產業集群100個、協調發展東中西部輕工業、新增自主品牌100個。另外，細則提到進一步擴大「家電下鄉」補貼品種；提高不屬於「兩高一資」輕工產品的出口退稅率；繼續禁止「兩高一資」產品加工貿易；擴大食糖國家儲備量等。

9. **有色金屬調整振興規劃**：2009年2月25日國務院常務會議通過《有色金屬調整振興規劃》，細則也於5月11日頒布。其內容提到支持大型骨幹企業實施跨地區兼併重組、區域內重組和企業集團之間的重組；支持鋁企業與煤炭、電力企業進行跨行業的重組、鼓勵再生金屬企業間重組。

10. **物流業調整振興規劃**：2009年2月25日國務院常務會議通過《物流業調整振興規劃》，細則也於4月24日頒布。振興物流業共有九大重點工程，包括：多式聯運和轉運設施、物流園區、城市配送、大宗商品和農村物流、製造業和物流業聯動發展、物流標準和技術推廣、物流公共資訊平台、物流科技攻關及應急物流等。

中國大陸產業業經濟在經歷2008年11月至2009年2月的低瀰時期，在《十大重要產業調整與振興規劃》實施之後，出現回穩的跡象，2009年3月至5月規模以上工業企業增加值分別成長8.3％、7.3％與8.9％，由此可見，產業調整規劃有效減緩金融危機對中國大陸產業面的衝擊。

第6章　2009 中國大陸區域發展十大方案

　　中國大陸自2005年6月「上海浦東新區綜合配套改革試驗區」獲得中國大陸國務院批准開始，到2008年12月共有六個區域發展規劃獲批。其他五個分別為：「天津濱海新區綜合配套改革試驗區」、「成渝全國統籌城鄉綜合配套改革試驗區」、「武漢城市圈的全國資源節約型和環境友好型社會建設綜合配套改革試驗區」、「長株潭城市圈的全國資源節約型和環境友好型社會建設綜合配套改革試驗區」和「廣西北部灣經濟區」。2009年中國大陸更積極的推出一連串區域振興方案以拉動整體經濟成長，茲將2009年1月到7月獲中國大陸國務院通過的區域振興方案說明如後：

　　1. 珠三角一體化：2009年1月18日，中國大陸國務院公布《珠江三角洲地區改革發展規劃綱要（2008－2020年）》，目的在於推動珠江三角洲地區轉型升級及經濟社會一體化，著力增強城市群整體競爭力。主要內涵包括：（1）支援珠江三角洲地區與港澳地區現代服務業領域深度合作；（2）利用現有基礎和港口條件，重點發展資金技術密集、關聯度高、帶動性強之產業；（3）實施改造提升、名牌帶動、以質取勝及轉型升級策略；（4）加快轉變農業方式，優化農業產業結構，發展外向型現代農業產業體系；（5）加強產業轉移示範園區建設，推動珠江三角洲地區勞動密集型、資金密集型企業向東西北地區轉移。

　　2. 重慶兩江新區：2009年2月5日，中國大陸國務院公布《關於推進重慶市統籌城鄉改革和發展的若干意見》，佔地面積約960平方公里，重慶對於「兩江新區」的策略定位是：「立足重慶市、服務大西南、依託長江經濟帶、面向國內外」，形成「一門戶兩中心三基地」，主要目標為至2012年人均地區生產總值達到全國平均水準、城鄉居民收入達到西部地區較高水準，收入差距逐步縮小；至2020年，在西部地區率先實現全面建設小康社會的目標。主要內涵包括：（1）著力解決三農問題；（2）加快推進產業結構優化升級，提高自主創新能力，形

成產業新格局；（3）大力發展社會事業，促進基本公共服務均等化；（4）著力解決勞動就業、社會保障、教育公平、醫療衛生、居民住房、庫區移民、扶貧開發等重要民生問題，維護社會穩定。

3. **上海兩中心規劃**：2009年3月25日，國務院常務會議通過《關於推進上海加快發展現代服務業和先進製造業、建設國際金融中心和國際航運中心的意見》，2008年7月中國大陸總理溫家寶在視察上海洋山港時表示：「上海是建成東北亞國際樞紐港的目標，並且發展現代航運服務體系，打造航運服務資源集聚中心，因此要加快上海國際航運中心的建設」，其亦進一步的提出：「發展上海成為國際金融中心是中國大陸的策略任務，應該要加強輔導與協調，並靠地方共同的努力」。國際航運中心與國際金融中心是相輔相成的，例如紐約、倫敦、東京、新加坡與香港等世界著名五大國際航運中心，同時也是著名的國際金融中心，主要的原因乃是國際航運中心的建設將帶來物流業發展，在此基礎上進一步促進貿易和相關服務業的發展，最終帶動國際金融中心的建設。

4. **海峽西岸經濟區**：2009年5月4日，國務院常務會議通過《關於支援福建省加快建設海峽西岸經濟區的若干意見》，將海峽西岸經濟區定位為兩岸交流合作先行先試區域，服務中西部發展新的對外開放綜合通道，東部沿海地區先進製造業的重要基地。主要內涵包括：（1）發揮獨特對台優勢，加強兩岸產業合作和文化交流；（2）積極承接台灣現代服務業轉移；（3）加快現代化基礎設施建設；（4）加強海峽西岸經濟區與長三角、珠三角的經濟聯繫與合作。

5. **成渝經濟帶**：2009年5月21日，國務院批復《成都統籌城鄉綜合配套改革試驗總體方案》，目的是要使成都帶動四川全面發展，促進成渝經濟區以及中西部地區協調發展，把成都建設成為西南物流和商貿中心、金融中心、科技中心及交通樞紐；把成都建設成為中國大陸重要的高新技術產業基地、現代製造業基地、現代服務業基地和現代農業基地。

6. **深港四中心規劃**：2009年5月26日，國務院批准《深圳市綜合配套改革總體方案》，提出深圳與香港將發揮功能互補、錯位發展的優勢，形成全球性的物流中心、貿易中心、創新中心和國際文化創意中心等四大中心，深圳亦獲得四項「先行先試權」，分別為：（1）對國家深化改革、擴大開發的重大舉措先行先試；（2）對符合國際慣例和通行規則，符合中國大陸未來發展方向，需要試點探索的制度設計先行先試；（3）對深圳經濟社會發展有重要影響，對全國具有重大示範帶動作用的體制創新先行先試；（4）對國家加強內地與香港經濟合作的重要事項先行先試。

7. **江蘇沿海經濟區**：2009年6月10日，國務院常務會議通過《江蘇沿海地區發展規劃》，江蘇沿海地區是長江三角洲的重要組成部分，區位優勢獨特，土地資源豐富，策略地位重要，因此要加快江蘇沿海地區發展、加快連雲港、鹽城和南通三個中心城市建設，集中佈局臨港產業、推進城鄉一體化，縮小城鄉和南北地區差距，促進協調發展、促進先進製造業和生產性服務業發展、完善全國沿海地區生產力佈局，促進中西部地區發展。

8. **珠海橫琴一體化**：2009年6月24日，國務院常務會議通過《橫琴總體發展規劃》，將橫琴島納入珠海經濟特區範圍，對口岸設置和通關制度實行分線管理，逐步把橫琴建設成為「一國兩制」下探索粵港澳合作新模式的示範區、深化改革開放和科技創新的先行區、促進珠江口西岸地區產業升級的新平台。

9. **關中天水經濟區**：2009年6月26日，中國大陸國務院批准《關中天水經濟區發展規劃》，總面積6.96萬平方公里，預計到2020年，關中天水經濟區的經濟總量將成長一倍，占西北地區經濟總量的比重超過三分之一，人均地區生產總值與城鄉居民收入水平將為2008年的兩倍以上。該經濟區定位為「全國內陸型經濟開發開放策略高地、統籌科技資源改革示範基地、全國製造業重要基地、全國現代農業高技術產業基地和彰顯華夏文明的歷史文化基地」。

10. **遼寧沿海經濟帶**：2009年7月1日，中國大陸國務院通過《遼寧沿海經濟帶發展規劃》，包括大連、丹東、錦州、營口、盤錦、葫蘆島等沿海城市的遼寧沿海經濟帶，地處環渤海地區及東北亞經濟圈重要位置，資源稟賦優良，工業實力較強，基礎建設發達。加快遼寧沿海經濟帶發展，對於振興東北老工業基地，完善沿海經濟佈局，促進區域協調發展和擴大對外開放，具有重要意義。

根據上海證券報（2009）報導指出：「2009年上半年海西經濟區、北部灣、江蘇沿海地帶等區域經濟的表現超越長三角；北部灣經濟區以16.3％的經濟成長傲視群雄，而海西經濟區主體的福建省達8.5％，成渝經濟區所在的四川、重慶分別成長13.5％、12.6％、江蘇成長11.2％、長株潭亦成長13.6％左右，顯示新興經濟區域已成為中國大陸經濟成長的領頭羊」。此外，中國人民大學區域與城市經濟研究所所長陳秀山（2009）亦表示：「區域經濟對經濟成長的刺激作用在2008年底已經顯現，而在2009年上半年則更為突出，中國大陸陸續推出的區域振興規劃，將持續對經濟產生刺激作用」。區域振興規劃不僅整合區域內部資源，協調區域內各個城市的發展目標，加之，政府給予許多優惠政策，吸引更多資金流入，提振企業對該地的投資信心。海西經濟區、江蘇沿海經濟區、遼寧沿海經濟帶等新興經濟區域的出現將成為帶動區域經濟發展的新力量。

第 **7** 章　2009 中國大陸經濟發展十大隱憂

2009年7月16日，中國大陸國家統計局發表國內生產毛額（GDP）之數值，上半年GDP成長率為7.1％；第二季GDP成長率為7.9％；若作季度環比則高達17％，由此可見，中國大陸2009年年初高喊的「保八」似乎已無懸念。值此同時，瑞士信貸（CSFB）董事總經理兼亞洲區首席經濟學家陶冬（2009）表示：「目前中國大陸的經濟已觸底，但要走出危機，仍需一段時間（bottom but not out）」。而一陣歡欣鼓舞的經濟狂熱氛圍之下，中國大陸經濟發展到底存在哪些隱憂與危機，茲彙整如後：

1. **超額信貸隱憂**：2009年7月21日，在瑞士銀行（UBS）舉行的中國分析師見面會上，瑞銀中國區首席經濟學家汪濤對於「保八」目標給予肯定，同時表示：「中國大陸下半年若再新增二億元信貸，那麼2009年全年度接近9.5兆人民幣的銀行貸款總量，完全足夠支撐GDP保八的目標」。然而，根據中國大陸央行公布之數據顯示，2009年上半年，中國大陸金融機構發出相當於2008年GDP四分之一的新增貸款，額度高達736億人民幣，其中，非金融性公司及其他部門貸款增加63,096億人民幣，同比增加43,189億人民幣；同時，非金融性公司存款增加58,723億人民幣，同比增加42,403億人民幣，由此可知，實際上，原本作為企業擴充產能的新增信貸，並未完全流入實體經濟。銀河證券首席經濟學家左小蕾（2009）對此表示：「上半年企業貸款增加，存款也增加，此說明企業擴大生產後並沒有獲得太多利潤，因而失去投資驅動力，而這些貸款又以存款形式回到銀行」。此顯示中國大陸的貨幣政策未達原本的預期效果，此外，金融機構借貸出實體經濟無法消化的龐大資金，將推高中國大陸資產價格與股市，並可能催生另一波泡沫化危機。而過度擴張的信貸，將提高壞帳的風險，標準普爾（S&P）發表《信貸快速增長是否會威脅到中國銀行業的改革進程？》報告時表示：「隨著信用風險程度加大，將可能使銀行的資產品質惡化」。

2. **產能過剩隱憂**：中國大陸經濟成長具有明顯的政府主導性，從中國大陸的「投資佔GDP比重」及「政府投資佔國投資比重」都是最高，便可一探究竟，然而，高度的投資成長與投資佔GDP比重過高，都將造成產能過剩。中央政策研究室前副主任鄭新立於2009年7月25日接受《華夏時報》專訪時表示：「中國大陸拉升經濟成長的主要部分，目前以投資部分獨大，上半年投資對GDP貢獻率為87.6％，拉動GDP成長6.2％，但民間投資卻按兵不動，此已造成嚴重的失衡現象」。據工業和資訊化部（2009）公布數據顯示，中國大陸投資聚集的產業已經嚴重產能過剩，最主要的前三個產業為：（1）鋼鐵；（2）水泥；（3）船舶。中國大陸船舶一年有效需求約5,000萬噸左右，但是船舶的生產能力已經達到6,600萬噸，產能過剩1,600萬噸，占總能力的1/4；中國大陸水泥投資同比增長78.6％，目前在建水泥生產線超過200多條，新增產能超過2億噸。

3. **出口低迷隱憂**：2009年7月19日，日本《獨賣新聞》的社論報導指出：「中國大陸政府2008年提出的大型刺激景氣方案雖然奏效，但是支持經濟成長的出口依舊低迷」。從出口貿易來看，中國大陸上半年的出口總額與2008年同期相比，負成長高達21.8％；從經濟成長率的角度來看，2009年上半年的GDP成長率為7.1％，而淨出口的貢獻度為-2.9％，由此可知，在中國大陸經濟成長率接近「保八」目標的一片歡呼聲中，拉升經濟三駕馬車中的「淨出口」仍然呈現低迷態勢。未來的出口若沒有成長，中國大陸的製衣、玩具等出口型製造業景氣將持續低落，進而影響到勞工就業與社會治安問題。

4. **通貨膨脹隱憂**：經濟復甦快或是貨幣供給增加幅度多，通常伴隨著通貨膨脹風險也提升，國際清算銀行（Bank for International Settlement；BIS）於2009年6月29日指出：「若各國沒能及時調整當前的寬鬆貨幣政策，則全球通貨膨脹將難以避免」。中國大陸國務院總理溫家寶於2009年6月初在湖南考察時提出：「要堅定不移地實施積極的財政政策和適度寬鬆的貨幣政策」，此段話已透露中國大陸下半經濟調控政策方向，然而，持續的寬鬆貨幣政策意味著通貨膨脹風險正逐漸擴大。野村證券發表研究報告（2009）表示：「預期中國大陸2009年第四季度至2010年將會出現溫和的通貨膨脹，但是，因為充裕的流動性供給可能會影響通貨膨脹的預期，且拉升資產價格通脹的風險」。雖然，各國央行都聲稱，當看到通貨膨脹訊號時，可以及時調整貨幣政策，但世界銀行發展預測局局長Hans Timmer表示：「準確觀測市場並不那麼簡單」。

5. **企業倒閉隱憂**：中國大陸宣布2009年上半年的經濟成長率為7.1％，是為了要宣告中國大陸距「保八」的目標已近在咫尺，如此高度成長率足以傲視全球

的經濟體。然而，佔中國大陸企業總數99.8％的中小企業，似乎繳不出漂亮的成績單。2009年6月11日在《UPS亞洲商業監察》公布會上，中國社科院中小企業研究中心主任陳乃醒表示：「中國社科院進行一個關於『中小企業在金融危機復甦中的作用』的研究，顯示中國大陸的中小企業已出現『四四二』狀況，亦即有40％的中小企業在此次金融危機中倒閉，有40％的企業正徘徊在生死線上，另外剩餘的20％企業尚未受到金融危機的影響。而沿海地區倒閉的比例大於內陸，中西部地區倒閉的比例最小」。根據2008年中國大陸中小企業總數為4,300萬來估算，中國大陸已有1,720家左右的企業在此金融危機中倒閉，倘若占中國大陸企業總數高達99.8％的中小企業失去支撐的力量，將使中國大陸的經濟嚴重衰退。

6. **社會治安隱憂**：經濟奇蹟與經濟危機看似極端，在中國大陸卻是緊緊相扣著。中國大陸不斷傳出經濟數據的好消息，國際機構指出中國大陸率先帶領全球走出衰退，朝向復甦之路邁進，但在漂亮經濟數據背後，卻仍存在著許多隱憂，諸如：2008年金融海嘯衝擊與中國大陸政府推出《勞動合同法》等新政策，導致東南沿海外貿工廠大量倒閉，造成農民工失業。找不著工作的農民工很可能鋌而走險，成為「違法犯罪的高危險群」。中國大陸相關部門意識到社會危機四伏，治安工作的加強迫在眉睫，因而於2009年2月4日發布《2009年全國社會治安綜合治理工作要點》，加強治安整頓工作。此外，經濟高度傾斜造成的財富分配不均加劇、出口不振造成出口型製造業景氣低落、中小企業缺乏支撐的著力點而倒閉等，都是進一步引發社會治安等內部危機的導火線。

7. **環境污染隱憂**：近年來中國大陸GDP年均增長率是發達國家的二至三倍，但是環境污染則是發達國家的30倍；隨著經濟成長快速，但環境污染和廢棄物排放問題也同樣以驚人的速度在惡化。在空氣污染方面，由於中國大陸經濟成長所需的能源消耗量，使之成為僅次於美國的世界第二大石油消費國、世界上最大的煤碳生產國和消費國，同時因為經濟發達，使之成為全球第二大的汽車消費市場，因此，大量的燃煤與快速成長的私人汽車擁有量，造成中國大陸城市空氣污染超過標準的二至六倍；在水污染方面，中國大陸有90％的河川呈現嚴重污染跡象，有62％的河水不適於魚類生存，世界自然基金會(World Wide Fund for Nature；WWF)（2008）稱，中國大陸現在是太平洋最大的污染源。據世界銀行資料（2007）顯示，全球20個污染最嚴重的城市中，中國大陸就占16個。另外，根據2007年世界銀行（World Bank）與中國大陸環保總局共同撰寫的《中國污染代價》（Cost of Pollution in China）報告指出，中國大陸每年約有39萬4千人因為空氣污染而死亡，約有6萬6千人因為水污染而死亡，按總數來估計，每

年約有75萬人因環境污染而提早死亡（premature mortality）。據世界銀行估算1997年中國大陸在空氣及水污染造成的損失約540億美元，占當年GDP的8％；然而，中國大陸GDP每年以8％至10％的速度快速發展的同時，也為其經濟奇蹟付出生態環境的代價。

8. **貧富差距隱憂**：根據中國大陸權威部門報告（2009）顯示：「中國大陸0.4％的人掌握70％的財富，中國大陸已成為財富最集中的國家」，政協委員兼清華大學政治經濟研究中心主任蔡繼明（2009）對此表示：「不到1％的人口卻握有70％的財富，這將導致中國的畸型消費現象」。從經濟成長率來分析，2009年上半年GDP成長率為7.1％，投資部分貢獻達6.2％，最終消費貢獻3.8％，淨出口則貢獻-2.9％。長期以來，中國大陸的經濟成長主要仰賴投資，而最終消費部分佔GDP的比重一直很低，這說明民眾收入並未隨著經濟成長而提高，卻伴隨著社會貧富差距不斷拉大。改革開放以來，中國大陸在經濟增長的同時，中國大陸的財富及收入分配不均程度逐年提高，已是不爭的事實。從中國大陸的基尼係數（Gini Coefficient）逐年提高的情況，便可得知一二，1978年中國大陸基尼係數為0.317，從2001年開始，中國大陸的基尼係數就超過0.4的國際警戒線，接下來幾年更是不斷升高，至2007年更攀升至0.480。

9. **股市泡沫隱憂**：據中國證券登記結算有限責任公司公布的數據顯示，2009年7月13日至17日新增開戶數接近50萬戶，創下2008年1月以來的最高水準，同時市場的交易活躍度亦創下2008年以來的新高，由此可看出，中國大陸民眾對於股市的狂熱程度。然而，2009年年初至七月中，中國大陸股市漲幅已經超過75％，顯然，資本市場的漲幅已經超過實體經濟恢復速度。經濟學家謝國忠（2009）表示：「目前中國大陸股市價格已呈現泡沫價」。

10. **房市泡沫隱憂**：國務院發展研究中心金融研究所副所長巴曙松（2009）表示：「在當前國際市場流動性異常充裕和國內貨幣信貸大幅成長的情況下，中國大陸資產泡沫化形成的先決條件已經具備，這一次房地產的泡沫化可能會比2007年還要大」。國際遊資流入中國大陸，再加上快速擴充的信貸，有大部分資金移往房市，因而大幅度拉抬房市價格，中國大陸2009年1月至6月完成房地產開發投資為14,505億元人民幣，同比增長9.9％；商品房銷售面積為34,109萬平方米,同比增長31.7％；房地產開發的企業本年資金來源為23,703億元,同比增長23.6％。中國大陸目前的房市，可以「瘋狂」來形容，一線城市的房價用「野馬脫韁」來表示是最貼切的形容詞，而少數的二線城市房價也直逼一線城市的房價。對此，國巨資本總裁兼首席經濟學家孫飛表示：「如果銀行收縮銀根，房地

產市場的資金斷鏈後，將導致銀行的呆帳率大幅上升，而形成系統性風險」。根據歷史經驗，房價跌幅20％，不良貸款將增加0.9％；房價下跌40％時，不良貸款將增加8.7％，故房市的泡沫危機再倒灌回銀行體系之風險，千萬不可忽視。

第二篇

兩力兩度——
2009 TEEMA中國大陸城市排行

第 **8** 章　2009 TEEMA 兩力兩度評估模式

《TEEMA調查報告》根據相關研究國家競爭力、城市競爭力、國家投資風險度的研究報告，建構《TEEMA調查報告》有關「兩力兩度」的核心構面與指標，《TEEMA調查報告》主要的「城市競爭力」構面，主要包括：基礎條件、財政條件、投資條件、經濟條件、就業條件等五大構面，而「投資環境力」的評估構面包括：自然環境、基礎環境、公共設施、社會環境、法制環境、經濟環境、經營環境等七大構面，而「投資風險度」主要的衡量構面有社會風險、法制風險、經濟風險和經營風險等四大構面，此外，有關「台商推薦度」的衡量指標經過學者專家以及台商會會長的評估結果，《TEEMA調查報告》採取十個重要的推薦指標，分別為：城市競爭力、投資環境力、投資風險度、城市發展潛力、整體投資效益、國際接軌程度、台商權益保護、政府行政效率、內銷市場前景、整體生活品質，茲將TEEMA「兩力兩度」評估模式構面與衡量指標圖示如圖8-1所示。

圖8-1　TEEMA「兩力兩度」評估模式構面與衡量指標

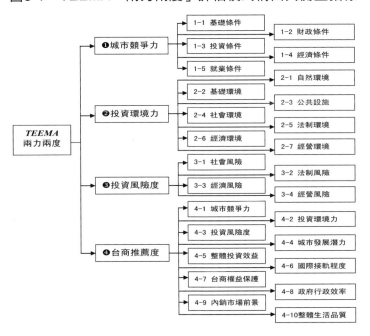

第9章　2009 TEEMA 調查樣本結構剖析

　　本研究將針對登錄在台灣區電機電子工業同業公會會員,中國大陸台商名錄中的台商,以隨機取樣的方式,寄發研究問卷,但有些問卷填答不完整,本研究再以電話和填答人聯繫,將問卷填答完整。

　　2009《TEEMA調查報告》共計回收2,908份問卷,其中有效問卷為2,588份,較2008年的2,612份問卷略少,而2009年回收之無效問卷計有320份,而無效問卷又分為四類,分別為:(1)填答未完整者:42份;(2)填答有違反邏輯者:58份;(3)電腦偵測填答者有操弄填答問卷,而非依據真實情況填答者:155份;(4)未超過15份回卷門檻的城市其回卷的總數:65份,2009《TEEMA調查報告》將上述四類型問卷視為無效問卷處理,以利區別超過15份樣本回收數列入此次93個調查城市分析的回卷數。此外,在有效問卷中,2009年超過15份的城市數方列入統計分析,2009年TEEMA調查可茲使用進入15份以上城市數的回卷數總共有2,588份,其中經由固定樣本(panel)系統回收的有1195份,而經由問卷郵寄、傳真、人員親訪、中國大陸台商協會協助發放填答之問卷回收數共計1,393份,有關2009列入調查評比的城市數總共有93個城市,比2008年的90個城市,成長3.33%。

一、2009 TEEMA樣本回卷台商兩岸三地產銷分工模式分析

　　由表9-1顯示,就兩岸三地產銷分工模式而言:台商充分利用兩岸三地取得經營優勢,進行最適的分工專業化,兩岸三地的產銷分工為:(1)台灣地區以接單(48.26%)、行銷(41.54%)和研發(37.98%)為主;(2)大陸地區則以生產(72.84%)、接單(54.21%)和出口(53.63%)為重;(3)香港或第三地則以財務調度(15.34%)及接單(13.87%)為產銷價值鏈的重心。

表9-1　2009 TEEMA報告調查受訪廠商經營現況：產銷模式　（N＝2588）

❶ 台灣地區			❷ 大陸地區			❸ 香港與第三地		
產銷模式	樣本	百分比	產銷模式	樣本	百分比	產銷模式	樣本	百分比
接　　單	1,249	48.26％	生　　產	1,885	72.84％	財務調度	397	15.34％
行　　銷	1,075	41.54％	接　　單	1,403	54.21％	接　　單	359	13.87％
研　　發	983	37.98％	出　　口	1,388	53.63％	押　　匯	293	11.32％
財務調度	864	33.38％	行　　銷	1,298	50.15％	行　　銷	210	8.11％
生　　產	719	27.78％	研　　發	895	34.58％	出　　口	196	7.57％
出　　口	679	26.24％	財務調度	647	25.00％	生　　產	80	3.09％
押　　匯	499	19.28％	押　　匯	446	17.23％	研　　發	75	2.90％

二、2009 TEEMA台商在中國大陸發生經貿糾紛分析

　　2009《TEEMA調查報告》針對回收的2,588份有效問卷，進行台商經貿糾紛案例剖析，根據表9-2顯示，共有2,839件經貿糾紛案例，所謂2,839件是指在2,588份台商問卷中，其所勾選的經貿糾紛案例類型，因為本次調查問卷設計總共有12項糾紛案例類型，且此問項採取「複選題」方式，因此填答回卷者有可能在這12項糾紛案例類型全部發生，也有可能這12項都沒有發生，因此2009年《TEEMA調查報告》將根據2,839件案例作為統計的基礎。

　　從地區別來看，表9-2中可發現發生經貿糾紛比例在不同的地區是有明顯的差異，糾紛次數佔樣本次數比例的經濟區域依次為：（1）東北地區（187.49％）；（2）華中地區（176.03％）；（3）西南地區（168.21％）；（4）西北地區（148.89％）；（5）華北地區（118.10％）；（6）華南地區（109.82％）；（7）華東地區（84.68％）。而就區域經貿糾紛次數佔全部2,839件經貿糾紛案例，比例最高為華東地區，共有1,036件，佔36.49％，其次是華南地區的697件，佔24.55％，造成這兩個區域經貿糾紛數最多的原因乃是由於這兩個地區是台商群聚最多的地區。

表9-2　2009 TEEMA調查區域別經貿糾紛發生分佈

| 地區 | 樣本次數 | 糾紛次數 | 發生糾紛比例 | 佔糾紛比例 | 解決途徑 | | | | | 滿意度之比例 |
					司法途徑	當地政府	仲裁途徑	台商協會	私人管道	
❶ 華東	1,223	1,036	84.68%	36.49%	265	190	114	79	61	71.30%
❷ 華南	635	697	109.82%	24.55%	104	106	59	87	62	66.80%
❸ 華北	296	349	118.10%	12.29%	37	48	26	52	13	61.90%
❹ 華中	189	333	176.03%	11.73%	34	55	21	38	18	63.46%
❺ 西南	124	209	168.21%	7.36%	17	27	17	22	5	63.49%
❻ 東北	91	170	187.49%	5.99%	20	18	14	13	16	58.49%
❼ 西北	30	45	148.89%	1.59%	3	3	4	3	1	57.14%
總和	2,588	2,839	109.70%	100.00%	480	447	255	295	176	67.01%

　　從表9-3顯示，2009年的調查中，在12項台商曾經發生經貿糾紛的類型，仍然以「勞動糾紛」所佔的糾紛比例最高，達到681案，佔23.99％，其次為「合同糾紛」，達350案，佔12.33％，而居第三的是「買賣糾紛」，達329案，佔11.59％。綜合而言，2009《TEEMA調查報告》所分析的台商經貿糾紛類型以勞動糾紛、合同糾紛、買賣糾紛、土地糾紛、債務糾紛為前五大經貿糾紛類型。

　　從2008年到2009年，台商在中國大陸投資所面對的經貿糾紛類型中，成長比例最快的前五大糾紛類型，若以調整後（由於每年回卷的數值不一，為了將兩年度做比較，茲將樣本數標準化後，再進行成長百分比的計算）的成長百分比而言，12項指標中上升的分別為：（1）商標糾紛（23.00％）；（2）合營糾紛（11.86％）；（3）勞動糾紛（1.76％），此趨勢值得在中國大陸投資的台商特別注意，以免發生上述類型的經貿糾紛，但值得慶幸的是，多數經貿糾紛皆呈現下降的趨勢。

　　《TEEMA調查報告》為瞭解台商企業在中國大陸面對經貿糾紛問題解決的途徑及其滿意度，特別針對經貿糾紛解決途徑與經貿糾紛解決滿意度進行次數分配，其統計結果如表9-4所示，就台商在中國大陸遇到經貿糾紛問題所採取的解決途徑，所採用的比例依次為：（1）司法途徑（29.04％）；（2）當地政府（27.04％）；（3）台商協會（17.85％）；（4）仲裁途徑（15.43％）；（5）私人管道（10.65％）。而在解決經貿糾紛途徑中，「非常滿意」的比例依次為：（1）台商協會（34.92％）；（2）司法途徑（14.79％）；（3）私人管道（11.36％）；（4）當地政府（10.07％）；（5）仲裁途徑（7.84％），顯示台商遇到經貿糾紛時，仍是以透過台商協會以及求助於司法途徑作為解決經貿糾紛

的滿意度最高，而透過仲裁或是當地政府此兩種途徑的滿意度則是較低的。

表9-3　2008-2009台商在中國大陸投資經貿糾紛成長比例分析

糾紛類型	2009（N=2588）	2009調整值	2008（N=2612）	調整後成長百分比	調整前成長百分比	成長排名
❶ 勞動糾紛	681	687	681	1.762%	0.000%	03
❷ 合同糾紛	350	353	367	-2.997%	-4.632%	05
❸ 買賣糾紛	329	332	358	-6.425%	-8.101%	06
❹ 土地廠房	278	281	461	-38.395%	-39.696%	10
❺ 債務糾務	270	273	280	-1.429%	-3.571%	04
❻ 關務糾紛	212	214	383	-43.603%	-44.648%	11
❼ 稅務糾紛	184	186	274	-31.387%	-32.847%	09
❽ 知識產權	163	165	320	-47.813%	-49.063%	12
❾ 商標糾紛	121	122	100	23.000%	21.000%	01
❿ 貿易糾紛	99	100	117	-13.675%	-15.385%	07
⓫ 醫療保健	88	89	106	-15.094%	-16.981%	08
⓬ 合營糾紛	64	65	59	11.864%	8.475%	02
糾紛總數	2,839	2,865	3,506	-17.456%	-19.025%	-

表9-4　2009 TEEMA台商經貿糾紛滿意度與解決途徑次數分配表

糾紛解決途徑	尚未解決	非常不滿意	不滿意	滿意	非常滿意	總和
❶ 司法途徑	46	31	212	120	71	480
	9.58%	6.46%	44.17%	25.00%	14.79%	29.04%
❷ 當地政府	14	62	182	144	45	447
	3.13%	13.87%	40.72%	32.21%	10.07%	27.04%
❸ 仲　裁	14	19	74	128	20	255
	5.49%	7.45%	29.02%	50.20%	7.84%	15.43%
❹ 台商協會	12	35	65	80	103	295
	4.07%	11.86%	22.03%	27.12%	34.92%	17.85%
❺ 私人管道	12	36	48	60	20	176
	6.82%	20.45%	27.27%	34.09%	11.36%	10.65%
總　和	98	183	581	532	259	1,653
	5.93%	11.07%	35.15%	32.18%	15.67%	100.00%

三、台商未來佈局中國大陸城市分析

2009《TEEMA調查報告》有關台商未來佈局中國大陸城市調查項目，分析結果顯示在填答者所填寫的佈局城市1,668個城市數中，上海為企業未來佈局中國大陸或其他地區最想投資的城市，其比例為15.87％，其次分別為：昆山（12.73％）、杭州（6.45％）、北京（6.36％）、蘇州（5.93％）、越南（4.80％）、成都（4.71％）、青島（4.01％）、天津（3.31％）、廈門（2.27％）。有關台商未來佈局中國大陸的城市詳如表9-5所示。

此外，值得關切的是台商在中國大陸的佈局策略隨著中國大陸沿海地區城市的「六荒環境」：民工荒、水電荒、原料荒、融資荒、人才荒、土地荒所導致的投資成本的增加，以及中國大陸於2008年實施企業所得稅法、勞動合同法、調降出口退稅等多項經貿新制，讓台商營運壓力大增，讓台資企業思索未來佈局時，考量另外的投資地點。中國大陸近年來實施產業結構調整，使得具有勞力密集、加工貿易、中小企業、製造導向四種特質的企業，將面臨嚴苛的經營環境，因此，必須思索轉型升級，從2007至2009《TEEMA調查報告》顯示，越南這三年中成為中國大陸台商除了「中國唯一」以外，「中國加一」考量的重要國家，2007年排名第15名，佔2.14％、2008年排名第5名，佔6.82％、2009年排名第6名，佔4.80％，顯示越南已成為除了中國大陸城市外，台商未來佈局首選的據點，根據2009年《TEEMA調查報告》顯示，除了越南以外，今年列入台商未來考慮佈局的城市，計有印度（0.72％）、泰國（0.26％）、馬來西亞（0.17％）、印尼（0.09％）等東亞及東南亞國家。

表9-5　2009 TEEMA調查報告受訪廠商未來佈局城市分析

排名	2009（N=1668）			2008（N=1700）			2007（N=1493）		
	佈局城市	次數	百分比	佈局城市	次數	百分比	佈局城市	次數	百分比
❶	上　海	265	15.87%	上　海	280	16.47%	上　海	298	19.96 %
❷	昆　山	212	12.73%	昆　山	237	13.94%	昆　山	223	14.94 %
❸	杭　州	108	6.45%	北　京	128	7.53%	蘇　州	198	13.26 %
❹	北　京	106	6.36%	杭　州	128	7.53%	北　京	112	7.50 %
❺	蘇　州	99	5.93%	越　南	116	6.82%	成　都	96	6.43 %
❻	越　南	80	4.80%	蘇　州	84	4.94%	廈　門	87	5.83 %
❼	成　都	79	4.71%	天　津	43	2.53%	天　津	76	5.09 %
❽	青　島	67	4.01%	成　都	43	2.53%	青　島	71	4.76 %
❾	天　津	55	3.31%	青　島	41	2.41%	寧　波	69	4.62 %
❿	廈　門	38	2.27%	廈　門	40	2.35%	杭　州	56	3.75 %

四、台商佈局中國大陸城市依產業別分析

《TEEMA調查報告》從2006年開始，針對目前在中國大陸投資的台商未來的佈局主要城市依產業類型進行投資城市分析，TEEMA 2009研究報告將台商投資中國大陸的產業分為三類型：（1）高科技產業；（2）傳統產業；（3）服務產業，依據表9-6統計結果顯示。

1. **就高科技產業而言**：2009年的排行順序為：蘇州、昆山、上海、北京、廈門、寧波、深圳、杭州、中山、南京，而2008年前五名的順序，依次為：蘇州、昆山、寧波、上海、廈門，換言之，2009年台商未來佈局的城市中，寧波被擠出前五名，取而代之的是北京，在高科技未來佈局的前十個城市中，似乎可以發現有七個城市都是座落在長三角，分別是：蘇州、昆山、上海、寧波、無錫、南京、北京。這顯示，基於產業供應鏈、產業群聚的理論思維，企業未來佈局一定選擇具有產業完整價值鏈的經濟區域去進行投資佈局，因此可知高科技產業仍是以長三角為首選的地方。

2. **就傳統產業而言**：2009年的排行順序為：昆山、上海、蘇州、天津、成都、杭州、青島、武漢、廈門、無錫，而2008年前五名的順序，依次為：昆山、蘇州、上海、杭州、無錫，由於產業群聚效應，使得企業不易轉換佈局城市，其中，北京從2008年的傳統產業佈局城市跳到2009年的高科技產業佈局城市，表示中國大陸2008年積極執行的的產業升級計劃已產生初步成效。

3. **就服務產業而言**：2009年的排行順序為：上海、北京、廣州、蘇州、杭州、天津、成都、青島、廈門及深圳。而2008年前五名的順序，依次為：上海、成都、蘇州、北京、深圳。其中，上海、北京、深圳是中國大陸三大超級都會區，隨著經濟的發展必然帶動服務業的發展，再加上舉辦國際盛大的活動，勢必，首先是2008年北京奧運會吸引全球企業爭相投入北京的觀光旅遊、餐飲、禮品等服務業；接著是2010年5月1日至10月31日的「上海世界博覽會」，預計全球有234個國家或組織參展，將舉辦2萬場左右的文藝及各種論壇活動，預估吸引超過7,000萬人次參觀，將會帶來一波又一波的服務業商機；2011年7月15至26日舉辦的「深圳世界大學運動會」，促使深圳市五星級酒店發展，預期2010年將到30家以上；2010年11月12日至27日舉辦的「廣州亞運會」是北京奧運會後在中國大陸舉辦規模最大、級別最高的國際盛會，其間預計有大量的旅客和運動員湧入廣州，將帶來龐大的服務業商機。

4. **就產業別佈局而言**：比較2008與2009高科技產業、傳統產業以及服務業之

台商未來佈局的主要城市，第一名的城市似乎都沒有改變，高科技是蘇州、傳統產業是昆山、服務業是上海，這也顯示台商對於企業永續經營尋找轉型升級的路徑與佈局城市，從長期的觀點而言是一致的。

表9-6　2009 TEEMA調查報告受訪廠商產業別佈局城市分析

高科技產業（N=680）				傳統產業（N=814）				服務產業（N=248）			
排名	城市	樣本	百分比	排名	城市	樣本	百分比	排名	城市	樣本	百分比
❶	蘇州	124	18.24%	❶	昆山	169	20.76%	❶	上海	80	32.26%
❷	昆山	114	16.76%	❷	上海	121	14.86%	❷	北京	27	10.89%
❸	上海	98	14.41%	❸	蘇州	111	13.64%	❸	廣州	22	8.87%
❹	北京	82	12.06%	❹	天津	42	5.16%	❹	蘇州	22	8.87%
❺	廈門	79	11.62%	❺	成都	33	4.05%	❺	杭州	16	6.45%
❻	寧波	37	5.44%	❻	杭州	29	3.56%	❻	天津	15	6.05%
❼	深圳	27	3.97%	❼	青島	25	3.07%	❼	成都	12	4.84%
❽	杭州	17	2.50%	❽	武漢	24	2.95%	❽	青島	12	4.84%
❾	中山	16	2.35%	❾	廈門	23	2.83%	❾	廈門	10	4.03%
❿	南京	15	2.21%	❿	無錫	22	2.70%	❿	深圳	6	2.42%

第**10**章 2009 TEEMA 中國大陸「城市競爭力」

　　2009《TEEMA調查報告》進行中國大陸各城市之總體競爭力分析。2009依回卷超過15份城市且是地級市、省會、副省級城市、直轄市共計61個，並依此進行總體競爭力分析，依加權分數之高低分為A至D四個等級，如表10-1所示。

　　1. **就A級競爭力城市而言**：A級競爭力城市共計11個，前五名的城市分別為上海、北京、廣州、天津及蘇州。2008年B級競爭力城市共有四個上升至A級城市，包括南京上升至A級的第8名；寧波上升至A級的第9名；瀋陽上升至A級的第10名及青島上升至A級的第11名。整體而言，A級城市仍然以沿海、靠江及重要直轄市或大都會城市為主，且主要落在長三角經濟區、珠三角經濟區及環渤海經濟區，此三大經濟區正好是台商聚集最密的地區，除擁有優越的地理位置、完備的交通建設，加上北京、上海、廣州及深圳為舉辦世界級的活動而大量投入基礎建設，因而吸引外資爭相搶入投資，進而提升城市整體競爭力。

　　2. **就B級競爭力城市而言**：B級競爭力城市入榜個數共計21個城市，但排名與2008年B級競爭力城市有所差異，原本2008年B級城市前四躍升至A級城市外，其餘的九個城市名列2009年B級城市前九名，排名順序大致保持不變，武漢則為2009年B級城市的榜首。此外，2008年的C級城市計有12個城市往上攀升至B級城市，包括廈門、東莞、西安、長春、常州、溫州、紹興、福州、哈爾濱、南通、嘉興與石家莊等。整體而言，B級競爭力城市中，除了沿海地區之外，西部大開發、中部崛起與振興老東北都可發現有B級城市的蹤跡，此顯示中國大陸的開發內陸地區策略已逐漸見其成效。

　　3. **就C級競爭力城市而言**：2009年C級競爭力城市排名入榜數為16個，比2008年少了5個。在排名變動方面，原C級城市的前13名都上升至B級城市，唯威海仍留在C級城市中，而從D級城市進步至C級城市的有徐州、鎮江、揚州、惠州、蘭州、泰州與泰安等七個城市。整體而言，在C級城市中，除以中國大陸東

半部之沿岸省市城市為主，亦可發現屬於中國大陸內陸的城市，諸如：南寧、蘭州等，雖然自然環境上有所限制，但仍存在著許多發展潛力。

4. **就D級競爭力城市而言**：2009年的D級競爭力城市入榜有13個城市，分別為：江門、廊坊、連雲港、淮安、宜昌、漳州、桂林、贛州、汕頭、九江、莆田、吉安與北海。其中，連雲港與贛州是2009年度首次進榜的城市，連雲港是中國大陸十大港之一，海上交通便利，且是中國大陸最重要的原材料和散裝港口之一；而贛州的排名與中國社會科學院發布的《2009年中國城市競爭力藍皮書》是一致的，可見首次進榜的贛州還有努力空間。

表10-1 2009 TEEMA中國大陸城市競爭力排名分析

城　市	❶基礎條件20%		❷財政條件10%		❸投資條件20%		❹經濟條件30%		❺就業條件20%		城市競爭力		等級
	評分	排名	評分	排名	評分	排名	評分	排名	評分	排名	評分	排名	
上海市	90.325	02	99.323	01	99.546	01	98.324	01	96.435	03	96.690	01	A01
北京市	89.991	03	97.990	02	97.768	02	94.324	05	98.212	01	95.291	02	A02
廣　州	92.991	01	93.324	06	91.547	06	95.324	04	95.991	04	94.035	03	A03
天津市	88.991	04	97.324	03	91.991	05	90.658	07	91.547	05	91.436	04	A04
蘇　州	66.661	22	93.324	06	95.546	03	97.657	02	85.325	07	88.136	05	A05
深　圳	65.328	24	95.991	04	83.548	12	96.990	03	96.879	02	87.847	06	A06
杭　州	83.659	07	87.325	10	87.547	08	88.325	08	89.769	06	87.425	07	A07
南　京	81.659	08	87.992	09	84.436	10	84.659	11	80.437	10	83.503	08	A08
寧　波	72.993	18	89.325	08	82.214	14	87.325	09	82.659	08	82.703	09	A09
瀋　陽	80.326	10	83.325	14	94.657	04	79.326	14	71.993	19	81.526	10	A10
青　島	75.660	14	83.992	13	83.548	12	84.325	12	79.104	12	81.359	11	A11
武　漢	87.325	05	80.659	16	80.881	16	74.993	17	78.659	13	79.937	12	B01
大　連	74.993	15	85.325	12	87.992	07	78.993	15	71.105	21	79.048	13	B02
成　都	85.658	06	86.658	11	86.214	09	68.994	22	72.438	16	78.226	14	B03
無　錫	57.662	34	83.325	14	82.214	14	91.324	06	64.883	28	76.682	15	B04
重慶市	80.992	09	94.657	05	83.992	11	69.327	21	60.439	33	75.349	16	B05
佛　山	62.661	27	77.326	17	70.216	22	86.992	10	67.105	24	73.827	17	B06
濟　南	79.992	11	69.994	22	58.662	32	70.327	20	79.548	11	71.738	18	B07
煙　台	63.328	25	67.327	25	69.772	23	76.326	16	66.661	25	69.583	19	B08
長　沙	75.993	13	75.993	18	73.771	18	61.995	30	66.216	26	69.394	20	B09
廈　門	58.662	30	75.993	18	67.994	25	63.994	28	81.770	09	68.483	21	B10
東　莞	50.996	38	74.660	20	67.550	26	80.659	13	55.551	36	66.483	22	B11
西　安	73.660	16	60.662	30	73.771	18	52.329	39	73.771	14	66.005	23	B12
長　春	70.994	20	62.661	28	74.215	17	60.995	32	58.662	34	65.339	24	B13
常　州	52.663	37	65.994	26	71.993	20	72.660	18	57.329	35	64.794	25	B14
溫　州	63.328	25	69.994	22	54.218	36	65.661	25	68.438	22	63.895	26	B15
紹　興	50.996	39	55.995	36	59.106	31	71.327	19	71.549	20	63.328	27	B16
福　州	65.661	23	61.995	29	63.106	28	61.995	31	62.661	31	63.084	28	B17
哈爾濱	69.994	21	71.327	21	55.107	35	55.995	34	67.994	23	62.550	29	B18
南　通	57.662	33	60.662	30	70.660	21	65.328	26	51.996	42	61.728	30	B19

表10-1 2009 TEEMA中國大陸城市競爭力排名分析（續）

城市	❶基礎條件20% 評分	排名	❷財政條件10% 評分	排名	❸投資條件20% 評分	排名	❹經濟條件30% 評分	排名	❺就業條件20% 評分	排名	城市競爭力 評分	排名	等級
嘉興	46.663	45	52.663	37	63.550	27	64.994	27	72.438	16	61.295	31	B20
石家莊	71.327	19	59.328	32	57.329	33	62.995	29	50.218	43	60.606	32	B21
泉州	50.330	42	57.329	33	52.440	38	67.661	24	64.883	27	59.562	33	C01
太原	77.993	12	56.662	34	38.664	48	51.663	40	71.993	18	58.895	34	C02
昆明	73.327	17	65.328	27	53.329	37	44.664	47	63.550	29	57.973	35	C03
合肥	57.995	31	69.994	22	68.438	24	48.996	43	52.440	41	57.473	36	C04
威海	50.663	41	44.664	43	57.329	34	68.661	23	50.218	43	56.707	37	C05
南昌	55.662	36	51.329	38	59.551	30	52.329	38	54.662	39	54.807	38	C06
珠海	56.329	35	37.998	48	41.775	46	55.329	35	72.882	15	54.596	39	C07
中山	50.663	40	45.330	40	44.886	44	60.662	33	61.773	32	54.196	40	C08
徐州	57.662	32	56.662	34	49.330	40	49.330	41	44.886	45	50.841	41	C09
鎮江	49.996	43	38.664	46	47.552	42	53.329	36	55.551	37	50.485	42	C10
揚州	45.997	46	45.330	40	51.107	39	53.329	37	44.441	46	48.841	43	C11
惠州	36.665	56	38.664	45	49.330	40	48.996	42	62.661	30	48.296	44	C12
南寧	61.661	28	47.330	39	42.219	45	34.665	50	52.885	40	46.486	45	C13
蘭州	60.995	29	33.332	51	30.665	54	36.665	48	54.662	38	43.597	46	C14
泰州	43.664	49	45.330	40	45.775	43	46.997	44	34.220	50	43.364	47	C15
泰安	48.330	44	43.330	44	30.221	56	45.330	46	39.109	48	41.464	48	C16
江門	35.331	57	32.665	53	36.887	50	45.663	45	41.775	47	39.764	49	D01
廊坊	44.664	47	33.998	50	41.331	47	36.331	49	33.332	53	38.164	50	D02
連雲港	40.664	53	32.665	52	60.439	29	25.999	57	32.443	55	37.776	51	D03
淮安	40.664	52	35.998	49	38.664	49	29.665	54	34.220	50	35.209	52	D04
宜昌	43.330	50	27.332	56	27.999	57	33.665	52	33.776	52	33.854	53	D05
漳州	34.665	58	27.999	55	35.554	51	32.998	53	35.109	49	33.765	54	D06
桂林	41.331	51	32.665	53	30.221	55	27.332	55	31.999	57	32.176	55	D07
贛州	43.664	48	38.664	47	32.887	53	23.666	59	29.332	59	32.143	56	D08
汕頭	29.665	60	26.666	57	26.221	58	33.998	51	32.443	55	30.532	57	D09
九江	37.331	55	25.999	58	32.887	52	25.333	58	29.332	58	30.110	58	D10
莆田	39.664	54	20.000	61	24.444	60	26.999	56	32.887	54	29.499	59	D11
吉安	32.332	59	24.000	59	24.888	59	21.333	61	20.444	61	24.333	60	D12
北海	28.666	61	21.333	60	20.000	61	22.666	60	24.000	60	23.466	61	D13

第11章 2009 TEEMA 中國大陸「投資環境力」

一、2009 TEEMA中國大陸投資環境力評估指標分析

2009《TEEMA調查報告》是以中國大陸投資環境力七大構面及47個指標所作的分析研究，其建構項目為：（1）3個自然環境構面指標；（2）5個基礎建設構面指標；（3）4個公共設施構面指標；（4）5個社會環境構面指標；（5）法制環境構面有13個指標；（6）經濟環境構面有7個指標；（7）經營環境構面有10個指標。表11-1為針對93個調查分析城市，進行投資環境力所作之各構面以及細項指標評分。

由表11-2可知，以93個為評比基準城市之2009《TEEMA調查報告》所分析之投資環境力評分為3.694，高於2008年之評分3.490，顯示中國大陸整體的投資環境由2008年逐漸轉為較佳的趨勢，且企業對於中國大陸的投資也開始有信心，從過去幾年的《TEEMA調查報告》中可以發現，從2005年至2009年中國大陸投資環境力由3.320提高至3.694，其成長幅度高達11.14％。整體而言，台商對中國大陸城市投資環境力之評分，除2008年遭受全球景氣影響略降之外，其餘均呈現正向成長。中國大陸改革開放後，由沿海經濟區開始往西部內陸開拓，企業無論是基於消費市場考量或是生產因素考量，皆受到優惠的招商條件前往設點，而台商與中國大陸的地理位置相近，且具有語言文化的優勢，快速進入佈局拓展事業版圖，進一步帶動中國大陸經濟快速成長，加上中國大陸政府對於基礎建設與投資環境的改善不遺餘力，因此台商對於中國大陸投資環境力之評分也愈來愈高，從表11-2、表11-3以及表11-4的分析即可瞭解，2008年中國大陸因為人民幣快速升值以及通貨膨脹的影響，使得整體的投資環境力有些許下滑的狀況。2009年不論是從表11-2的「平均觀點」或是從表11-3的「整體觀點」來看，七大投資環境力構面指標評比皆呈現成長的趨勢，顯示台商對於中國大陸的投資環境仍具

有很高的期待與信心。

　　由表11-1、表11-2、表11-3、表11-4的綜合分析顯示，2009《TEEMA調查報告》針對中國大陸投資環境力之七大評估構面、47項細項指標、平均觀點剖析投資環境力以及整體觀點等分析論述如下：

　　1. **自然環境構面而言**：2009《TEEMA調查報告》中，由表11-2看出自然環境的評分為3.677分名列第4，雖與2008年排名相同，但較2008年的3.510分高出0.167分，表示台商對於中國大陸的自然環境評價已有所提升，而從表11-1可知，自然環境指標當中「當地生態與地理環境符合企業發展的條件」與「當地水電、燃料等能源充沛的程度」分別為第6名與第7名，台商仍然重視中國大陸自然資源的可利用程度，然而在「當地土地取得價格的合理程度」的細項指標名次敬陪末座，土地是重要的生產要素，由於土地本身具有稀有性的特徵，雖然中國大陸的幅員遼闊，分配於農用與商用終究有限，且政府執行嚴格的土地管理制度，包括土地規劃與用途管理制度、城鄉建設用地調整和總量控制制度，及進一步加強對於土地所有權制度等，政府對於工業化和城市化發展的土地管理愈趨嚴格，土地取得價格已經不如過去的低廉，尤其在沿海一帶城市或是經濟開發區，土地成本逐年上升，對於台商設廠成本產生重大的影響，也是自然環境中最大的困難點。

　　2. **基礎建設構面而言**：中國大陸自1978年改革開放以來，逐漸擴大對於基礎建設的投資，根據大陸統計局資料顯示，中國大陸政府對於基礎建設的投資，累積30年對大陸基礎產業和基礎設施之投資達到29.79萬億人民幣，2008年底中國大陸所提出的4兆人民幣救市方案，其中有37.5％用於基礎建設，說明中國大陸政府對於基礎設施的用心程度。2009《TEEMA調查報告》由表11-2與表11-3顯示，基礎建設於投資環境力構面平均觀點與整體觀點分別為3.796分與3.803分均名列第一，不但分數逐年增加且排名均名列前茅。而表11-1詳列的細項指標中，「當地海、陸、空交通運輸便利程度與通訊設備」為2005年至2009年的總排名第一，而「通訊設備、資訊設施、網路建設完善程度」的分數也逐年攀升，顯示台商對於中國大陸政府的國家基礎建設滿意程度提高，而基礎建設的完備亦有助於投資與居住，使得愈來愈多的外資進駐。然而，「當地的污水、廢棄物處理設備完善程度」是基礎建設構面的細項指標中，分數最落後的，早期中國大陸為發展經濟，開放許多產業進駐，近年來因為環保意識的崛起，對於所謂的「三高」產業（高汙染、高耗能、高危險）進行限制，表示中國大陸政府對於環境保護的注重。

表11-1 2009 TEEMA中國大陸投資環境力指標評分與排名分析

投資環境力評估構面與指標	2009 評分	2009 排名	2008 評分	2008 排名	2007 評分	2007 排名	2006 評分	2006 排名	2005 評分	2005 排名	2005-2009 排名平均	2005-2009 總排名
自然-01） 當地生態與地理環境符合企業發展的條件	3.813	06	3.600	08	3.660	07	3.550	02	3.650	01	4.800	05
自然-02） 當地水電、燃料等能源充沛的程度	3.810	07	3.520	16	3.640	10	3.380	22	3.420	07	12.400	13
自然-03） 當地土地取得價格的合理程度	3.409	47	3.420	34	3.560	19	3.400	16	3.380	09	25.000	29
基礎-01） 當地海、陸、空交通運輸便利程度	3.890	02	3.740	01	3.720	01	3.560	01	3.600	03	1.600	01
基礎-02） 通訊設施、資訊設施、網路建設完善程度	3.884	03	3.740	01	3.680	06	3.540	05	3.560	04	3.800	03
基礎-03） 當地的污水、廢棄物處理設備完善程度	3.630	33	3.440	31	3.430	39	3.320	39	3.180	32	34.800	37
基礎-04） 當地的倉儲物流處理能力	3.757	13	3.610	06	3.590	15	3.490	06	3.370	10	10.000	08
基礎-05） 未來總體發展及建設規劃完善程度	3.819	04	3.600	08	3.690	05	3.540	03	3.490	05	5.000	06
公共-01） 醫療、衛生、保健設施的質與量完備程度	3.571	43	3.490	23	3.480	32	3.310	40	3.160	36	34.800	37
公共-02） 學校、教育、研究機構的質與量完備程度	3.691	19	3.610	06	3.580	17	3.360	30	3.290	21	18.600	16
公共-03） 當地的銀行商務環境便捷程度	3.727	14	3.600	08	3.590	15	3.430	11	3.370	10	11.600	12
公共-04） 當地的城市建設的國際化程度	3.659	30	3.550	15	3.530	25	3.370	25	3.290	21	23.200	24
社會-01） 當地的社會治安	3.777	10	3.480	24	3.550	20	3.380	22	3.290	21	19.400	18
社會-02） 當地民眾生活素質及文化水準程度	3.625	35	3.430	32	3.410	43	3.290	43	3.160	36	37.800	41
社會-03） 當地社會風氣及民眾的價值觀程度	3.594	40	3.350	42	3.370	46	3.300	42	-	-	42.500	44
社會-04） 當地民眾的誠信與道德觀程度	3.594	40	3.330	43	3.380	45	3.280	44	-	-	43.000	45
社會-05） 民眾及政府歡迎台商投資設廠態度	3.896	01	3.600	08	3.710	03	3.540	03	3.630	02	3.400	02
法制-01） 行政命令與國家法令的一致性程度	3.600	39	3.600	08	3.600	13	3.410	15	3.300	18	18.600	16
法制-02） 當地的政策優惠條件	3.724	15	3.470	25	3.540	23	3.420	12	3.330	13	17.600	15
法制-03） 政府與執法機構秉持公正執法態度	3.665	26	3.450	28	3.440	37	3.390	20	3.250	25	27.200	30
法制-04） 當地解決糾紛的管道完善程度	3.609	38	3.400	37	3.440	37	3.340	35	3.180	32	35.800	40
法制-05） 當地的工商管理、稅務機關行政效率	3.662	28	3.460	27	3.490	31	3.370	25	3.230	27	27.600	31
法制-06） 當地的海關行政效率	3.671	22	3.510	18	3.530	25	3.390	20	3.220	28	22.600	22

表11-1 2009 TEEMA中國大陸投資環境力指標評分與排名分析（續）

投資環境力評估構面與指標	2009 評分	2009 排名	2008 評分	2008 排名	2007 評分	2007 排名	2006 評分	2006 排名	2005 評分	2005 排名	2005-2009 排名平均	2005-2009 總排名
法制-07）勞工、工安、消防、衛生行政效率	3.646	32	3.400	37	3.470	35	3.360	30	3.170	34	33.600	35
法制-08）當地的官員操守清廉程度	3.450	46	3.450	28	3.420	41	3.370	25	3.160	36	35.200	39
法制-09）當地地方政府對台商投資承諾實現程度	3.722	16	3.500	19	3.550	20	3.440	10	3.300	18	16.600	14
法制-10）當地環保法規規定且合理程度	3.664	27	3.470	25	3.510	28	3.400	16	3.240	26	24.400	27
法制-11）當地政府政策穩定性及透明度	3.670	25	3.430	32	3.480	32	3.370	25	3.190	30	28.800	33
法制-12）當地政府對智慧財產權重視的態度	3.617	37	3.380	40	3.420	41	3.340	35	3.040	40	38.600	43
法制-13）當地政府積極查處違劣仿冒品的力度	3.519	45	3.300	47	3.340	47	-	-	-	-	46.333	47
經濟-01）當地人民的生活條件及人均收入狀況	3.774	11	3.730	03	3.720	01	3.420	12	3.270	24	10.200	09
經濟-02）當地的商業及經濟發展程度	3.766	12	3.620	04	3.600	13	3.420	12	3.320	16	11.400	11
經濟-03）金融體系完善的程度且貸款取得便利程度	3.623	36	3.360	41	3.430	39	3.310	40	3.170	34	38.000	42
經濟-04）當地的資金匯兌及利潤匯出便利程度	3.648	31	3.410	36	3.470	35	3.330	37	3.190	30	33.800	36
經濟-05）當地經濟環境促使台商經營獲利程度	3.675	20	3.450	28	3.530	25	3.380	22	-	-	23.750	26
經濟-06）該城市未來具有經濟發展潛力的程度	3.815	05	3.620	04	3.710	03	3.470	07	-	-	4.750	04
經濟-07）當地政府改善投資環境積極程度	3.804	08	3.580	13	3.660	07	3.450	08	3.420	07	8.600	07
經營-01）當地的基層勞力供應充裕程度	3.693	18	3.400	37	3.620	11	3.330	37	3.330	13	23.200	24
經營-02）當地的專業及技術人才供應充裕程度	3.586	42	3.310	45	3.400	44	3.220	45	3.140	39	43.000	45
經營-03）環境適合台商發展內貿、內銷市場的程度	3.712	17	3.500	19	3.480	32	3.370	25	3.330	13	21.200	20
經營-04）台商企業在當地之勞資關係和諧程度	3.671	22	3.310	45	3.550	20	3.400	16	3.350	12	23.000	23
經營-05）經營成本、廠房與相關設施成本合理程度	3.627	34	3.330	43	3.540	23	3.350	32	3.300	18	30.000	34
經營-06）有利於形成上、下游產業供應鏈完整程度	3.560	44	3.560	14	3.580	17	3.400	16	3.310	17	21.600	21
經營-07）當地的市場未來發展潛力優異程度	3.790	09	3.500	19	3.650	09	3.450	08	3.430	06	10.200	09
經營-08）同業、同行間公平且正當競爭的環境條件	3.674	21	3.420	34	3.510	28	3.350	32	3.220	28	28.600	32
經營-09）當地台商享受政府自主創新獎勵的程度	3.671	22	3.520	16	3.510	28	3.350	32	-	-	24.500	28
經營-10）當地政府獎勵台商自創品牌措施的程度	3.660	29	3.500	19	3.610	12	-	-	-	-	20.000	19

表11-2 2009 TEEMA中國大陸投資環境力構面平均觀點評分與排名

投資環境力評估構面	2009		2008		2007		2006		2005		2005-2009	
	評分	排名	評分	排名	評分	排名	評分	排名	評分	排名	評分	排名
❶自然環境	3.677	4	3.510	4	3.620	1	3.450	2	3.510	1	3.567	2
❷基礎建設	3.796	1	3.630	1	3.620	1	3.490	1	3.420	2	3.591	1
❸公共設施	3.662	6	3.560	2	3.550	4	3.390	3	3.340	3	3.500	4
❹社會環境	3.697	3	3.440	6	3.550	4	3.360	6	3.310	4	3.471	5
❺法制環境	3.632	7	3.450	5	3.480	7	3.390	3	3.230	7	3.442	7
❻經濟環境	3.729	2	3.540	3	3.590	3	3.390	3	3.270	6	3.504	3
❼經營環境	3.664	5	3.440	6	3.550	4	3.360	6	3.300	5	3.465	6
平均值	3.694		3.490		3.540		3.410		3.320		3.506	

表11-3 2009 TEEMA中國大陸投資環境力構面整體觀點評分與排名

投資環境力評估構面	2009		2008		2007		2006		2005		2005-2009	
	評分	排名	評分	排名	評分	排名	評分	排名	評分	排名	評分	排名
❶自然環境	3.768	2	3.620	2	4.110	1	3.500	1	3.610	1	3.722	1
❷基礎建設	3.803	1	3.650	1	3.720	5	3.500	1	3.480	2	3.631	2
❸公共設施	3.671	6	3.600	3	3.810	2	3.440	4	3.420	3	3.588	3
❹社會環境	3.690	5	3.520	6	3.760	4	3.410	6	3.390	4	3.554	5
❺法制環境	3.668	7	3.530	5	3.790	3	3.450	3	3.390	4	3.566	4
❻經濟環境	3.745	3	3.590	4	3.620	7	3.410	6	3.350	6	3.543	6
❼經營環境	3.727	4	3.510	7	3.690	6	3.430	5	3.270	7	3.525	7
平均值	3.724		3.500		3.570		3.440		3.370		3.590	

表11-4 2008-2009 TEEMA投資環境力平均觀點與總體觀點差異分析

投資環境力平均觀點	2009評分	2008評分	2008-2009差異分析	投資環境力整體觀點	2009評分	2008評分	2008-2009差異分析
❶自然環境	3.677	3.510	+0.167	❶自然環境	3.768	3.620	+0.148
❷基礎建設	3.796	3.630	+0.166	❷基礎建設	3.803	3.650	+0.153
❸公共設施	3.662	3.560	+0.102	❸公共設施	3.671	3.600	+0.071
❹社會環境	3.697	3.440	+0.257	❹社會環境	3.690	3.520	+0.170
❺法制環境	3.632	3.450	+0.182	❺法制環境	3.668	3.530	+0.138
❻經濟環境	3.729	3.540	+0.189	❻經濟環境	3.745	3.590	+0.155
❼經營環境	3.664	3.440	+0.224	❼經營環境	3.727	3.510	+0.217
平均值	3.694	3.490	+0.204	平均值	3.724	3.500	+0.224

3. **公共設施構面而言**：2009《TEEMA調查報告》中，由表11-2與表11-3可得知，公共設施構面的評比為3.662分名列第六，相較於2008年的第二名，此構面為七大構面下滑最多的衡量構面，且構面平均分數皆低於平均值，表示台商對於中國大陸各公共設施整體而言滿意度是下降的。而就表11-1的細項指標觀察得知，「醫療、衛生、保健設施的質與量完備程度」（3.571分）排名較為落後，顯示台商對於中國大陸的醫療環境是不甚滿意的，由於中國大陸醫療環境與台灣醫療環境，無論是用藥習慣、診斷與藥品的使用方面均有所差異，有將近七成的台商，因不信任中國大陸的醫療體系，多選擇回台灣進行診斷與醫療諮詢，自從2000年中國大陸政府頒布《中外合資合作醫療機構管理暫行辦法》，目前已有少數台商進駐中國大陸醫療市場，就近提供台商與台商家屬們較安心的醫療環境，而東莞台商協會推動的台心醫院於2009年6月21日動工興建，東莞台協亦希望在中國大陸的台商都能夠享受台灣的健保福利，並呼籲未來兩岸兩會協商將「健保議題」列入協商範圍。而「當地城市建設的國際化程度」（3.659分）下降15個名次，表示台商仍期望中國大陸政府於城市建設的國際化步伐仍需加快，以利台商的事業佈局。

4. **社會環境構面而言**：根據2009《TEEMA調查報告》表11-2顯示，以平均觀點而言，社會環境構面是屬較佳的，構面以3.697分排名第三，優於2008年的排名，然而就整體觀點而言，社會環境構面的投資環境力仍是不具優勢，以3.690分名列第五。而此構面的細項指標差異頗大，表11-1顯示「民眾及政府歡迎台商投資設廠態度」以3.896分名列第一，而「當地的社會治安」則以3.777分名列第10，兩項指標相較於2008年皆有很大的躍進，也是影響投資環境力構面平均觀點評分與排名重要關鍵，而對於「當地民眾生活素質及文化水準程度」（3.625）、「當地社會風氣及民眾的價值觀程度」（3.594）、「當地民眾的誠信與道德觀程度」（3.594）三者而言，競爭力就顯得相當薄弱，故對於台商而言，中國大陸整體的社會環境仍是有待加強。

5. **法制環境構面而言**：由表11-2可得知，2009《TEEMA調查報告》中法制環境構面以3.632分位居七大構面的最末位，以分數而論，法制環境構面分數由2005年開始不斷向上攀升，且成長的幅度較其他構面為大。就排名而言，除了2006年排名第三較佳之外，其於皆落在較後段之排名，顯示中國大陸的法規政策雖已趨向完善，但是台商對於中國大陸的法制環境仍不具信心。而在法制環境構面中的13個細項指標而言，以「當地的官員操守清廉程度」3.450分位居最後，根據國際透明組織（Travsparency Internation；TI）於2008年底公布的《2008年

全球貪腐印象指數排行》，各國工商人士、學者與國情分析專家對於一國的公務人員與政治人物廉潔的認可評價調查並針對全球180國家進行評比，中國大陸名列第72，而根據中國大陸最高檢察院統計（2009）：「2003年有15,000名公職人員人被中國大陸檢察機關偵查在貪汙案件上被判有罪、2004年23,000多人、2005年25,200多人、2006年25,600多人、2007年23,000多人、2008年有33,953人」，在中國大陸經濟高速成長的當下，官員操守仍為大家關切。對於台商而言，中國大陸政府依舊「人治重於法治」，而「當地政府積極查處違劣仿冒品的力度」（3.519）與「當地政府對智慧財產權重視的態度」（3.617），排名皆優於2008年，表示中國大陸政府對於智財權的重視逐年增加，也積極嘗試改變全球對於中國大陸對於仿冒品的印象。

6. **經濟環境構面而言**：根據2009《TEEMA調查報告》表11-2表示，經濟環境構面以3.729排名第二，說明台商對於中國大陸的整體經濟環境給予較高的評價，而細項指標方面均有不錯的表現，指標中以「該城市未來具有經濟發展潛力的程度」（3.815）得分最高，表示台商佈局中國大陸已經開始重視未來城市與市場發展的可能性，如此才能於該城市拔得頭籌，取得市場上的先佔優勢。而此構面指標中的「金融體系完善的程度且貸款取得便利程度」（3.623）得分最低，表示台商於中國大陸融資方面有較大的困難，由於台商多數的固定資產與擔保品仍在台灣，因此在中國大陸的企業貸款有限，而且較不便利，目前台灣與中國大陸商議金融MOU簽訂的可能性，未來雙方一旦簽署完畢，早先在中國大陸設立辦事處銀行亦升格成為分行，預期將為台商提供更便捷的融資管道。

7. **經營環境構面而言**：2009《TEEMA調查報告》中國大陸投資環境力構面平均觀點，經營環境構面得到3.664分，七項構面中名落第五，由表11-2中可看出自2005年開始中國大陸的經營環境評比逐年上升，由2005年的3.300分達到2009年的3.664分，成長11.03％，表示經營環境已逐步的改善當中。而在表11-1詳列本構面的十項指標當中，「當地的市場未來發展潛力優異程度」（3.790）排名較佳，與上述之經濟環境構面「該城市未來具有經濟發展潛力的程度」兩者相呼應，更印證了台商佈局中國大陸將重心轉向市場的觀點。另外「當地的專業及技術人才供應充裕程度」（3.586），表示台商於中國大陸經營專業的人才不足，根據2005-2009《TEEMA調查報告》顯示該項指標排名均位於47項指標的排名後10位之列，顯示缺乏專業人才是長期以來台商的困境。而「有利於形成上、下游產業供應鏈完整程度」（3.560）2009年排名急速下降，顯示2008年受到金融海嘯的影響，加上中國大陸許多政策頒布，台商紛紛轉往中國大陸內陸佈局或

是東協市場而影響供應鏈的完整性，造成斷鏈之危機。

8. **就投資環境力而言**：依2009《TEEMA調查報告》顯示，針對七大投資環境力構面之評價的順序為：（1）基礎建設；（2）經濟環境；（3）社會環境；（4）自然環境；（5）經營環境；（6）公共設施；（7）法制環境。此排名之中，基礎建設構面與經濟環境構面仍名列前茅，表示中國大陸政府對於基礎建設之用心，台商給予最直接的認同，基礎建設也拉動著中國大陸的經濟復甦；而公共設施則一路下滑到第六，法制環境更是連續兩年坐落尾端，雖然中國大陸的法規已經趨向完備，但是台商對於法令政策與法制環境仍不具信心，而公共設施方面則有退步的趨勢。

二、2008-2009 TEEMA中國大陸投資環境力比較分析

表11-5為2008-2009TEEMA中國大陸投資環境力之比較，此外，為更加瞭解2008-2009 TEEMA中國大陸投資環境力七大構面之間的關係差異，2009《TEEMA調查報告》針對中國大陸投資環境力之七大構面進行分析，其分析結果以及排名變化如表11-6所示。由表11-5及表11-6可歸納下列之評述：

1. **就47項評估指標而言**：針對2009《TEEMA調查報告》在投資環境力的47項評估指標評價結果，其中有43項指標均比2008年評價高，其中包括：自然環境2項、基礎環境5項、公共設施4項、社會環境5項、法制環境11項、經濟環境7項以及經營環境9項；在其他指標中，唯一下降的僅有自然環境1項，而與2008年維持相同評價為法制環境2項、經營環境1項。

2. **就47項評估指標差異分析而言**：2009《TEEMA調查報告》表11-5與2008年的評估指標進行差異分析後，發現上升最多為經營環境構面的「台商企業在當地之勞資關係和諧程度」，由2008年的3.310分增加到2009年的3.671分，提高0.361分，其次為「當地的社會治安」與「經營成本、廠房與相關設施成本合理程度」，主要因為勞動合同法頒布實施，勞資雙方對於彼此的未知與不安全感下降，雙方關係趨於穩定，加上金融海嘯席捲而來，全球經濟體皆受波及，中國大陸政府制定許多救市方案，如家電下鄉等刺激經濟復甦，許多企業諸如面板廠商、家電廠商、機車廠商因而受惠，且中國大陸許多地方政府為因應經濟不景氣，亦提供台商諸多優惠，上海市即以地方財政補貼作為吸引企業投資的利器，也是台商降低投資成本的重要關鍵。而下降的項目為自然環境的「當地土地取得價格的合理程度」，由2008年的3.420分降到2009年的3.409分，目前中國大陸人民所得不斷上漲，房地產價格持續上升，相對的土地價格亦呈現飆漲狀況，而中

國大陸政府以稅費政策改善房地產調控的重要工具，土地增值稅清算、土地使用稅和新增建設用地使用費的提高，三者構成的「一費二稅」亦提高廠商對於土地的使用價格。

3.**就47項評估指標進步比例分析**：若以2009年之47項細項評估指標為基數，指標數上升的比例為91.49％，與2008年評估指標的31.91％相比，中國大陸的經濟實力仍是穩固的，中國大陸振興經濟方案已逐漸發揮效用，雖然出口仍然呈現疲軟的狀況，但內需市場的拉提，不但帶動消費也增加企業的信心。

4.**就七項評估構面而言**：依據2009《TEEMA調查報告》表11-6中可看出2008年與2009年的差異，在七項投資環境力評估構面中，全部呈現成長的趨勢，中國大陸統計局2009年7月15日公布2009年上半年經濟成長7.1％，許多國際知名機構皆表示中國大陸2009年下半年將會出現成長的趨勢。而投資環境力總平均2009比2008上升5.8％，就七大構面而言，以社會環境提升最多，由2008年的3.440分增加到2009年的3.697分，提高0.257分，該構面的五項細項指標亦全部呈現上升趨勢，其次為經營環境的評比，由2008年的3.440分增加到2009年的3.664分提高0.224分，細項指標內有九項上升一項持平；第三名則為經濟環境的改善，由2008年的3.540分增加到2009年的3.729分，提高0.189分，表示中國大陸仍不斷的改善其投資條件以利外資進駐。而基礎建設則增加最少，由2008年的3.630分增加到3.796分，提高0.166分，顯示中國大陸的基礎建設成長速度漸緩，因此給予台商的差異性逐漸縮小。

表11-5 2008-2009 TEEMA投資環境力差異與排名變化分析

投資環境力評估構面與指標	2009 評分	2008 評分	2008-2009 差異分析	差異變化排名 ▲	▼	一
自然-01）當地生態與地理環境符合企業發展的條件	3.813	3.600	0.213	24	-	-
自然-02）當地水電、燃料等能源充沛的程度	3.810	3.520	0.290	06	-	-
自然-03）當地土地取得價格的合理程度	3.409	3.420	-0.011	-	01	-
基礎-01）當地海、陸、空交通運輸便利程度	3.890	3.740	0.150	35	-	-
基礎-02）通訊設備、資訊設施、網路建設完善程度	3.884	3.740	0.144	38	-	-
基礎-03）當地的污水、廢棄物處理設備完善程度	3.630	3.440	0.190	31	-	-
基礎-04）當地的倉儲物流處理能力.	3.757	3.610	0.147	36	-	-
基礎-05）未來總體發展及建設規劃完善程度	3.819	3.600	0.219	22	-	-
公共-01）醫療、衛生、保健設施的質與量完備程度	3.571	3.490	0.081	41	-	-
公共-02）學校、教育、研究機構的質與量完備程度	3.691	3.610	0.081	42	-	-
公共-03）當地的銀行商旅等商務環境便捷程度	3.727	3.600	0.127	39	-	-
公共-04）當地的城市建設的國際化程度	3.659	3.550	0.109	40	-	-
社會-01）當地的社會治安	3.777	3.480	0.297	02	-	-
社會-02）當地民眾生活素質及文化水準程度	3.625	3.430	0.195	28	-	-
社會-03）當地社會風氣及民眾的價值觀程度	3.594	3.350	0.244	14	-	-
社會-04）當地民眾的誠信與道德觀程度	3.594	3.330	0.264	09	-	-
社會-05）民眾及政府歡迎台商投資設廠態度	3.896	3.600	0.296	04	-	-
法制-01）行政命令與國家法令的一致性程度	3.600	3.600	0.000	-	-	01
法制-02）當地的政策優惠條件	3.724	3.470	0.254	11	-	-
法制-03）政府與執法機構秉持公正執法態度	3.665	3.450	0.215	23	-	-
法制-04）當地解決糾紛的管道完善程度	3.609	3.400	0.209	26	-	-
法制-05）當地的工商管理、稅務機關行政效率	3.662	3.460	0.202	27	-	-
法制-06）當地的海關行政效率	3.671	3.510	0.161	32	-	-
法制-07）勞工、工安、消防、衛生行政效率	3.646	3.400	0.246	13	-	-
法制-08）當地的官員操守清廉程度	3.450	3.450	0.000	-	-	01
法制-09）當地的地方政府對台商投資承諾實現程度	3.722	3.500	0.222	20	-	-
法制-10）當地環保法規規定適宜且合理程度	3.664	3.470	0.194	30	-	-
法制-11）當地政府政策穩定性及透明度	3.670	3.430	0.240	15	-	-
法制-12）當地政府對智慧財產權重視的態度	3.617	3.380	0.237	17	-	-
法制-13）當地政府積極查處違劣仿冒品的力度	3.519	3.300	0.219	21	-	-
經濟-01）當地人民的生活條件及人均收入狀況	3.774	3.730	0.044	43	-	-
經濟-02）當地的商業及經濟發展程度	3.766	3.620	0.146	37	-	-
經濟-03）金融體系完善的程度且貸款取得便利程度	3.623	3.360	0.263	10	-	-
經濟-04）當地的資金匯兌及利潤匯出便利程度	3.648	3.410	0.238	16	-	-
經濟-05）當地經濟環境促使台商經營獲利程度	3.675	3.450	0.225	18	-	-
經濟-06）該城市未來具有經濟發展潛力的程度	3.815	3.620	0.195	29	-	-
經濟-07）當地政府改善投資環境積極程度	3.804	3.580	0.224	19	-	-
經營-01）當地的基層勞力供應充裕程度	3.693	3.400	0.293	05	-	-
經營-02）當地的專業及技術人才供應充裕程度	3.586	3.310	0.276	08	-	-
經營-03）環境適合台商發展內需、內銷市場的程度	3.712	3.500	0.212	25	-	-
經營-04）台商企業在當地之勞資關係和諧程度	3.671	3.310	0.361	01	-	-
經營-05）經營成本、廠房與相關設施成本合理程度	3.627	3.330	0.297	03	-	-
經營-06）有利於形成上、下游產業供應鏈完整程度	3.560	3.560	0.000	-	-	01
經營-07）當地的市場未來發展潛力優異程度	3.790	3.500	0.290	07	-	-
經營-08）同業、同行間公平且正當競爭的環境條件	3.674	3.420	0.254	12	-	-
經營-09）當地台商享受政府自主創新獎勵的程度	3.671	3.520	0.151	34	-	-
經營-10）當地政府獎勵台商自創品牌措施的程度	3.660	3.500	0.160	33	-	-

表11-6　2008-2009 TEEMA投資環境力細項指標變化排名分析

投資環境力構面	2009 評分	2008 評分	2008-2009 差異分析	名次	評估指標升降			
					指標數	▲	▼	—
❶ 自然環境	3.677	3.510	0.167	❺	3	2	1	0
❷ 基礎建設	3.796	3.630	0.166	❻	5	5	0	0
❸ 公共設施	3.662	3.560	0.102	❼	4	4	0	0
❹ 社會環境	3.697	3.440	0.257	❶	5	5	0	0
❺ 法制環境	3.632	3.450	0.182	❹	13	11	0	2
❻ 經濟環境	3.729	3.540	0.189	❸	7	7	0	0
❼ 經營環境	3.664	3.440	0.224	❷	10	9	0	1
投資環境力平均值	3.694	3.490	0.204	-	47	43	1	3
百分比					100.00%	91.49%	2.13%	6.38%

　　2009《TEEMA調查報告》有關投資環境力的評估結果顯示，投資環境力名列前10佳的評估指標，分別為：（1）民眾及政府歡迎台商投資設廠態度；（2）當地海、陸、空交通運輸便利程度；（3）通訊設備、資訊設施、網路建設完善程度；（4）未來總體發展及建設規劃完善程度；（5）該城市未來具有經濟發展潛力的程度；（6）當地生態與地理環境符合企業發展的條件；（7）當地水電、燃料等能源充沛的程度；（8）當地政府改善投資環境積極程度；（9）當地的市場未來發展潛力優異程度；（10）當地的市場未來發展潛力優異程度。茲整理如表11-7所示。由上述排名可以發現，投資環境力名列前10大優勢的評估指標仍是以基礎建設為主，該構面囊括三項指標，其次為社會環境，表示中國大陸基礎建設發展仍具期待。

表11-7　2009 TEEMA投資環境力排名10大最優指標

投資環境力排名10大最優指標	2009		2008	
	評分	排名	評分	排名
社會-05） 民眾及政府歡迎台商投資設廠態度	3.896	01	3.600	08
基礎-01） 當地海、陸、空交通運輸便利程度	3.890	02	3.740	01
基礎-02） 通訊設備、資訊設施、網路建設完善程度	3.884	03	3.740	01
基礎-05） 未來總體發展及建設規劃完善程度	3.819	04	3.600	08
經濟-06） 該城市未來具有經濟發展潛力的程度	3.815	05	3.620	04
自然-01） 當地生態與地理環境符合企業發展的條件	3.813	06	3.600	08
自然-02） 當地水電、燃料等能源充沛的程度	3.810	07	3.520	16
經濟-07） 當地政府改善投資環境積極程度	3.804	08	3.580	13
經營-07） 當地的市場未來發展潛力優異程度	3.790	09	3.500	19
社會-01） 當地的社會治安	3.777	10	3.480	24

此外，表11-8為2009《TEEMA調查報告》，針對投資環境力47項細項指標排名最劣的10項指標加以剖析，其分別為：（1）當地土地取得價格的合理程度；（2）當地的官員操守清廉程度；（3）當地政府積極查處違劣仿冒品的力度；（4）有利於形成上、下游產業供應鏈完整程度；（5）醫療、衛生、保健設施的質與量完備程度；（6）當地的專業及技術人才供應充裕程度；（7）當地社會風氣及民眾的價值觀程度；（8）當地民眾的誠信與道德觀程度；（9）行政命令與國家法令的一致性程度；（10）當地解決糾紛的管道完善程度。由上述可知投資環境力名列前10大劣勢的評估指標主要為自然環境、社會環境、經營環境與法治環境四大方面，其中以法治環境四項指標最多，雖然中國大陸法規已漸有改善，且政策執行力具有效率，但是政府的政策更動與政府清廉程度，皆影響台商的投資，因此中國大陸的法規政策仍需要一段時間才能趨於穩定。

表11-8　2009 TEEMA投資環境力排名10大劣勢指標

投資環境力排名10大劣勢指標		2009		2008	
		評分	排名	評分	排名
自然-03）	當地土地取得價格的合理程度	3.409	01	3.420	13
法制-08）	當地的官員操守清廉程度	3.450	02	3.450	18
法制-13）	當地政府積極查處違劣仿冒品的力度	3.519	03	3.300	01
經營-06）	有利於形成上、下游產業供應鏈完整程度	3.560	04	3.560	34
公共-01）	醫療、衛生、保健設施的質與量完備程度	3.571	05	3.490	25
經營-02）	當地的專業及技術人才供應充裕程度	3.586	06	3.310	02
社會-03）	當地社會風氣及民眾的價值觀程度	3.594	07	3.350	06
社會-04）	當地民眾的誠信與道德觀程度	3.594	07	3.330	04
法制-01）	行政命令與國家法令的一致性程度	3.600	09	3.600	36
法制-04）	當地解決糾紛的管道完善程度	3.609	10	3.400	09

2009《TEEMA調查報告》針對2009投資環境力調查指標與2008之指標進行差異分析，表11-9為上升幅度最高的前十項指標。從表11-9之分析顯示，包含四個構面：自然環境、社會環境、經營環境與經濟環境，而上升幅度最高的前10項指標依序分別為：（1）台商企業在當地之勞資關係和諧程度；（2）當地的社會治安；（3）經營成本、廠房與相關設施成本合理程度；（4）民眾及政府歡迎台商投資設廠態度；（5）當地的基層勞力供應充裕程度；（6）當地的市場未來發展潛力優異程度；（7）當地水電、燃料等能源充沛的程度；（8）當地的專業及技術人才供應充裕程度；（9）當地民眾的誠信與道德觀程度；（10）金融體系

完善的程度且貸款取得便利程度。其中以經營環境的五項指標最多，其次則為社會環境構面，其包含三個指標。由此可見，台商與投資地的政府、民眾彼此關係趨向良好，且基層勞力的供應仍充裕，這也是金融海嘯發生而台灣對中國大陸投資不減的原因。

表11-9　2008-2009 TEEMA投資環境力指標上升前10佳排名

投資環境力評分上升幅度前10指標	2008-2009 評分上升	2008-2009 上升排名
經營-04） 台商企業在當地之勞資關係和諧程度	0.361	1
社會-01） 當地的社會治安	0.297	2
經營-05） 經營成本、廠房與相關設施成本合理程度	0.297	2
社會-05） 民眾及政府歡迎台商投資設廠態度	0.296	4
經營-01） 當地的基層勞力供應充裕程度	0.293	5
經營-07） 當地的市場未來發展潛力優異程度	0.290	6
自然-02） 當地水電、燃料等能源充沛的程度	0.290	6
經營-02） 當地的專業及技術人才供應充裕程度	0.276	8
社會-04） 當地民眾的誠信與道德觀程度	0.264	9
經濟-03） 金融體系完善的程度且貸款取得便利程度	0.263	10

三、2009 TEEMA中國大陸城市投資環境力分析

2009《TEEMA調查報告》將針對93個列入評比的城市進行投資環境力分析，其結果如表11-10所示，有關投資環境力之重要內涵評述如下：

1. **就投資環境力10佳城市而言**：2009《TEEMA調查報告》顯示投資環境力排名前10名城市依序為：（1）天津濱海區；（2）蘇州昆山；（3）南京江寧；（4）南昌；（5）杭州蕭山；（6）寧波北侖；（7）上海閔行；（8）蘇州工業區；（9）寧波市區；（10）北京亦莊。2009年城市變化狀況較大，其中與2008年同時名列前10佳的城市有：天津濱海區、蘇州昆山、南京江寧、南昌、杭州蕭山、蘇州工業區等六個評估城市，2008年名列第五的蘇州新區，2009年排名第26，而天津濱海工業區取代蘇州工業區成為第一優城市，由於天津市政府批准於天津濱海新區內，由市政府提供土地，協助台商成立首座工業園區，全方位引進金融、服務、高科技及物流等，提升天津的產業競爭力。

2. **就投資環境力10劣城市而言**：由2009《TEEMA調查報告》顯示，投資環境力排名前10劣的城市依序為：（1）蘭州；（2）哈爾濱；（3）長春；（4）東莞厚街；（5）深圳龍崗；（6）東莞虎門；（7）東莞石碣；（8）深圳

兩岸合贏創商機——2009年中國大陸地區投資環境與風險調查

表11-10 2009 TEEMA中國大陸城市投資環境力排名分析

排名	城市	省市自治區	地區	❶自然環境 評分	排名	❷基礎建設 評分	排名	❸公共設施 評分	排名	❹社會環境 評分	排名	❺法制環境 評分	排名	❻經濟環境 評分	排名	❼經營環境 評分	排名	投資環境力 加權分數
01	天津濱海	天津市	華北	4.427	01	4.408	01	4.423	01	4.472	01	4.368	01	4.261	05	4.421	01	99.344
02	蘇州昆山	江蘇省	華東	4.384	03	4.382	03	4.158	05	4.284	03	4.284	02	4.264	03	4.241	04	97.677
03	南京江寧	江蘇省	華東	4.304	07	4.374	04	4.239	02	4.287	02	4.195	06	4.307	01	4.275	03	97.031
04	南　昌	江西省	華中	4.306	06	4.217	12	4.125	08	4.256	04	4.235	03	4.198	09	4.288	02	95.041
05	杭州蕭山	浙江省	華東	4.318	05	4.365	05	4.077	12	4.223	05	4.180	09	4.283	02	4.037	16	93.480
06	寧波北侖	浙江省	華東	4.382	04	4.246	09	4.125	08	4.183	07	4.205	04	4.089	15	4.171	05	92.404
07	上海閔行	上海市	華東	4.133	19	4.295	07	4.213	04	4.115	13	4.188	07	4.211	06	4.128	09	91.974
08	蘇州工業區	江蘇省	華東	4.181	11	4.268	08	4.061	14	4.175	08	4.202	05	4.196	10	4.149	06	91.651
09	寧波市區	浙江省	華東	4.386	02	4.332	06	4.153	06	4.084	18	4.085	15	4.263	04	4.091	12	91.113
10	北京亦莊	北京市	華北	4.131	20	4.159	15	4.232	03	4.137	10	4.181	08	4.209	07	4.141	07	90.468
11	大　連	遼寧省	東北	4.219	08	4.238	10	4.133	07	4.194	06	4.091	14	4.170	11	4.130	08	90.360
12	成　都	四川省	西南	4.125	21	4.125	20	4.056	15	4.090	17	4.109	13	4.086	16	4.128	09	85.142
13	無錫江陰	江蘇省	華東	4.159	15	4.141	16	3.968	24	4.155	09	4.017	20	4.199	08	4.116	11	84.980
14	蘇州市區	江蘇省	華東	4.160	14	4.225	11	4.098	10	4.136	11	4.067	17	4.071	17	3.983	23	84.066
15	揚　州	江蘇省	華東	4.162	13	4.123	21	3.987	19	4.097	16	4.110	12	4.029	22	4.072	13	83.850
16	杭州市區	浙江省	華東	3.984	31	4.390	02	4.095	11	4.105	15	4.011	23	4.102	13	3.986	21	81.967
17	廈門島外	福建省	華南	4.190	10	4.104	22	4.050	16	4.057	21	3.984	25	4.095	14	4.057	14	81.914
18	鎮　江	江蘇省	華東	4.136	18	4.136	18	3.977	21	4.082	19	4.031	19	4.123	12	4.000	18	81.645
19	淮　安	江蘇省	華東	4.148	17	4.013	29	3.843	30	4.081	20	4.167	10	3.923	31	3.986	22	78.309
20	青　島	山東省	華北	4.070	24	4.139	17	3.961	25	4.026	24	4.012	22	4.004	27	4.037	15	77.879
21	蘇州張家港	江蘇省	華東	3.997	29	4.095	23	3.976	22	4.019	25	4.015	21	4.054	20	3.995	20	77.502
22	廈門島內	福建省	華南	4.167	12	4.173	14	3.983	20	4.135	12	3.881	32	4.070	18	3.949	27	77.233
23	重　慶	重慶市	西南	3.992	30	4.042	28	3.924	28	3.944	32	4.068	16	4.024	23	3.998	19	76.265
24	煙　台	山東省	華北	4.204	09	4.057	27	4.001	17	3.978	29	3.927	29	3.992	30	3.967	25	74.920

表11-10 2009 TEEMA中國大陸城市投資環境力排名分析（續）

排名	城市	省市自治區	地區	❶自然環境 評分	排名	❷基礎建設 評分	排名	❸公共設施 評分	排名	❹社會環境 評分	排名	❺法制環境 評分	排名	❻經濟環境 評分	排名	❼經營環境 評分	排名	投資環境力 評分	加權分數
25	無錫市區	江蘇省	華東	4.047	26	4.068	26	3.955	26	4.000	26	3.962	26	4.052	21	3.949	26	3.995	74.220
26	蘇州新區	江蘇省	華東	4.002	27	4.177	13	3.864	29	3.961	31	3.941	28	4.012	26	4.006	17	3.988	73.898
27	連雲港	江蘇省	華東	4.157	16	3.929	33	3.754	37	4.106	14	4.145	11	3.840	39	3.847	36	3.976	73.306
28	常州	江蘇省	華東	4.090	23	4.078	24	4.067	13	4.031	23	3.863	33	4.066	19	3.852	35	3.973	72.714
29	廊坊	河北省	華北	4.000	28	4.000	30	4.000	18	4.042	22	4.053	18	3.872	35	3.852	34	3.969	72.660
30	無錫宜興	江蘇省	華東	4.091	22	3.945	32	3.818	32	3.855	39	3.927	30	3.994	29	3.927	30	3.937	68.894
31	泰州	江蘇省	華東	3.913	36	3.871	38	3.772	35	3.965	30	3.987	24	4.019	24	3.913	31	3.934	68.410
32	泰安	山東省	華北	3.771	41	3.888	36	3.781	34	3.988	27	3.947	27	3.875	34	3.856	33	3.882	66.366
33	上海浦東	上海市	華東	3.969	32	4.134	19	3.929	27	3.805	45	3.697	45	3.996	28	3.781	42	3.864	63.299
34	上海市區	上海市	華東	3.744	46	4.077	25	3.972	23	3.808	44	3.615	47	4.016	25	3.942	29	3.855	62.600
35	合肥	安徽省	華中	3.880	38	3.751	47	3.710	41	3.852	40	3.903	31	3.768	44	3.968	24	3.854	62.169
36	威海	山東省	華北	3.936	35	3.914	34	3.786	33	3.857	38	3.799	39	3.905	32	3.814	38	3.848	62.168
37	濟南	山東省	華北	3.613	51	3.840	41	3.750	38	3.840	42	3.834	37	3.806	41	3.944	28	3.822	61.093
38	南京市區	江蘇省	華東	3.561	55	3.782	45	3.841	31	3.873	36	3.850	34	3.843	37	3.859	32	3.816	59.964
39	寧波奉化	浙江省	華東	3.751	44	3.880	37	3.763	36	3.910	33	3.846	35	3.843	38	3.730	45	3.814	59.695
40	南通	江蘇省	華東	4.058	25	3.870	40	3.717	40	3.826	43	3.756	41	3.795	42	3.791	41	3.814	58.619
41	嘉興	浙江省	華東	3.937	34	3.993	31	3.605	47	3.980	28	3.748	43	3.764	45	3.647	47	3.783	57.058
42	徐州	江蘇省	華東	3.961	33	3.776	46	3.591	48	3.841	41	3.841	36	3.626	50	3.806	39	3.782	56.843
43	蘇州大倉	江蘇省	華東	3.667	49	3.745	48	3.647	45	3.724	48	3.751	42	3.872	36	3.738	43	3.744	54.745
44	廣州天河	廣東省	華南	3.720	47	3.814	43	3.729	39	3.632	52	3.600	48	3.881	33	3.804	40	3.733	54.261
45	九江	江西省	華中	3.533	56	3.610	59	3.550	52	3.867	37	3.816	38	3.781	43	3.733	44	3.724	52.970
46	紹興	浙江省	華東	3.600	52	3.657	55	3.390	63	3.880	34	3.796	40	3.703	46	3.831	37	3.723	52.486
47	寧波慈溪	浙江省	華東	3.490	59	3.871	39	3.686	42	3.565	55	3.743	44	3.827	40	3.602	48	3.691	51.571
48	莆田	福建省	華南	3.889	37	3.819	42	3.679	43	3.733	47	3.571	50	3.585	53	3.529	53	3.648	49.150

表11-10　2009 TEEMA中國大陸城市投資環境力排名分析（續）

排名	城市	省市自治區	地區	❶自然環境 評分	❶自然環境 排名	❷基礎建設 評分	❷基礎建設 排名	❸公共設施 評分	❸公共設施 排名	❹社會環境 評分	❹社會環境 排名	❺法制環境 評分	❺法制環境 排名	❻經濟環境 評分	❻經濟環境 排名	❼經營環境 評分	❼經營環境 排名	投資環境力 評分	投資環境力 加權分數
49	吉安	江西省	華中	3.688	48	3.624	57	3.443	58	3.875	35	3.639	46	3.607	52	3.650	46	3.644	49.096
50	中山	廣東省	華南	3.817	40	3.910	35	3.562	51	3.535	56	3.525	54	3.659	47	3.600	49	3.632	48.827
51	蘇州吳江	江蘇省	華東	3.766	42	3.783	44	3.412	60	3.680	51	3.470	58	3.641	48	3.554	50	3.589	45.761
52	珠海	廣東省	華南	3.828	39	3.703	49	3.523	54	3.510	60	3.522	55	3.609	51	3.498	56	3.578	44.254
53	昆明	雲南省	西南	3.750	45	3.666	53	3.583	49	3.707	50	3.405	60	3.543	59	3.547	51	3.563	43.286
54	泉州	福建省	華南	3.390	62	3.663	54	3.645	46	3.712	49	3.549	53	3.634	49	3.441	60	3.562	43.232
55	南寧	廣西	西南	3.526	58	3.639	56	3.539	53	3.505	61	3.587	49	3.489	64	3.505	54	3.542	41.403
56	蘇州常熟	江蘇省	華東	3.598	53	3.614	58	3.402	61	3.793	46	3.570	51	3.527	61	3.372	63	3.537	40.488
57	福州市區	福建省	華南	3.754	43	3.702	50	3.450	57	3.630	53	3.469	59	3.507	62	3.405	61	3.528	40.219
58	贛州	江西省	華中	3.646	50	3.700	51	3.583	50	3.613	54	3.395	63	3.505	63	3.480	58	3.525	39.412
59	桂林	廣西	西南	3.438	61	3.471	63	3.484	56	3.525	57	3.476	57	3.455	66	3.494	57	3.478	37.798
60	汕頭	廣東省	華南	3.295	69	3.230	76	3.317	69	3.515	59	3.559	52	3.599	54	3.534	52	3.472	37.314
61	佛山	廣東省	華南	3.528	57	3.539	60	3.385	64	3.308	69	3.324	66	3.530	60	3.500	55	3.436	34.893
62	溫州	浙江省	華東	3.385	63	3.384	71	3.371	66	3.520	58	3.501	56	3.571	57	3.276	72	3.432	33.764
63	上海松江	上海市	華東	3.216	76	3.673	52	3.676	44	3.402	64	3.299	67	3.575	56	3.313	69	3.420	33.548
64	寧波餘姚	浙江省	華東	3.283	71	3.393	70	3.250	72	3.340	67	3.402	61	3.557	58	3.450	59	3.400	32.472
65	天津市區	天津市	華北	3.305	68	3.497	61	3.393	62	3.503	62	3.368	65	3.433	65	3.348	64	3.396	31.612
66	福州馬尾	福建省	華南	3.565	54	3.400	69	3.315	70	3.322	68	3.385	64	3.438	64	3.322	67	3.386	30.536
67	漳州	福建省	華南	3.483	60	3.444	66	3.413	59	3.430	63	3.400	62	3.221	74	3.276	71	3.365	30.482
68	東莞長安	廣東省	華南	3.316	66	3.484	62	3.313	71	3.231	73	3.286	68	3.371	71	3.319	68	3.325	29.083
69	上海嘉定	上海市	華東	3.133	82	3.460	64	3.375	65	3.267	71	3.154	71	3.605	53	3.337	65	3.320	27.415
70	北京市區	北京市	華北	3.271	72	3.441	67	3.500	55	3.288	70	3.061	78	3.482	65	3.326	66	3.303	26.985
71	武漢漢陽	湖北省	華中	3.185	78	3.278	73	3.250	72	3.356	66	3.141	72	3.397	70	3.394	62	3.281	25.855
72	廣州市區	廣東省	華南	3.259	74	3.457	65	3.361	67	2.992	83	3.113	76	3.397	69	3.243	74	3.243	22.466

表11-10 2009 TEEMA中國大陸城市投資環境力排名分析（續）

排名	城市	省市自治區	地區	❶自然環境 評分	❶自然環境 排名	❷基礎建設 評分	❷基礎建設 排名	❸公共設施 評分	❸公共設施 排名	❹社會環境 評分	❹社會環境 排名	❺法制環境 評分	❺法制環境 排名	❻經濟環境 評分	❻經濟環境 排名	❼經營環境 評分	❼經營環境 排名	投資環境力 評分	投資環境力 加權分數
73	武漢漢口	湖北省	華中	3.261	73	2.978	87	3.103	77	3.188	75	3.213	69	3.202	75	3.294	70	3.195	21.766
74	瀋 陽	遼寧省	東北	3.255	75	3.235	75	3.324	68	3.024	80	3.122	73	3.336	72	3.147	77	3.194	21.175
75	長 沙	湖南省	華中	3.294	70	3.213	77	2.926	85	3.238	72	3.113	75	3.328	73	3.247	73	3.194	20.690
76	石家莊	河北省	華北	3.356	64	3.008	84	3.217	74	3.400	65	3.118	74	3.019	81	3.113	79	3.153	20.475
77	武漢武昌	湖北省	華中	3.350	65	3.076	83	3.049	81	3.120	77	3.154	70	3.086	78	3.165	76	3.144	20.206
78	東莞市區	廣東省	華南	3.162	80	3.253	74	3.033	82	2.996	82	3.023	81	3.133	76	3.207	75	3.112	16.655
79	西 安	陝西省	西北	3.200	77	2.904	89	3.117	76	3.013	81	3.031	80	2.914	87	3.133	78	3.045	14.665
80	惠 州	廣東省	華南	3.170	79	3.103	81	2.938	84	3.207	74	2.992	82	3.014	82	3.000	80	3.042	14.342
81	北 海	廣 西	西南	3.044	84	3.093	82	3.050	80	3.040	78	3.036	79	3.029	79	2.947	84	3.025	14.288
82	宜 昌	湖北省	華中	2.917	88	2.988	86	3.063	79	3.038	79	3.067	77	3.027	80	2.994	81	3.020	14.019
83	江 門	廣東省	華南	3.316	67	3.211	78	2.842	88	3.147	76	2.887	84	2.970	83	2.963	83	3.011	13.966
84	深圳市區	廣東省	華南	3.124	83	3.403	68	3.130	75	2.746	85	2.828	85	3.116	77	2.978	82	3.010	13.966
85	太 原	山西省	華北	3.158	81	3.006	85	2.961	83	2.926	84	2.915	83	2.820	89	2.874	87	2.932	10.200
86	深圳寶安	廣東省	華南	2.981	85	3.286	72	3.093	78	2.681	87	2.668	86	2.939	85	2.740	90	2.860	9.823
87	東莞石碣	廣東省	華南	2.931	87	3.135	80	2.809	89	2.571	89	2.645	88	2.815	90	2.897	85	2.807	7.456
88	東莞虎門	廣東省	華南	2.951	86	2.923	88	2.790	90	2.579	88	2.596	90	2.967	84	2.880	86	2.794	7.294
89	深圳龍崗	廣東省	華南	2.833	89	3.143	79	2.848	87	2.421	92	2.658	87	2.937	86	2.778	89	2.786	6.918
90	東莞厚街	廣東省	華南	2.479	92	2.875	90	2.717	91	2.526	90	2.634	89	2.881	88	2.867	88	2.724	4.927
91	長 春	吉林省	東北	2.649	91	2.690	91	2.895	86	2.684	86	2.583	91	2.634	91	2.574	91	2.647	4.228
92	哈爾濱	黑龍江	東北	2.667	90	2.475	92	2.632	92	2.506	91	2.507	92	2.445	92	2.528	92	2.527	2.399
93	蘭 州	甘肅省	西北	2.222	93	2.158	93	2.400	93	2.413	93	2.226	93	2.210	93	2.233	93	2.254	1.000

寶安；（9）太原；（10）深圳市區；與2008年同時列名前10劣的城市有，蘭
州、哈爾濱、長春、東莞厚街與東莞石碣等五個評估城市。其中蘭州在2008年
《TEEMA調查報告》90個城市中排名第87，而目前卻直落至最後一名，顯示中
國大陸中西部競爭力的提升，仍需要進一步的加強。廣東省過去曾為台商進駐中
國大陸的重要據點，而有六個城市排名前10劣分別有：東莞厚街、東莞虎門、東
莞石碣、深圳龍崗、深圳寶安與深圳市區；顯示金融海嘯影響進出口與沿海經營
成本上升的影響力極大，使得許多傳統產業廠商面臨經營困境。

四、2009 TEEMA中國大陸區域投資環境力分析

2009《TEEMA調查報告》將針對中國大陸之七大經濟區域進行投資環境力
排名的分析，根據表11-11所示，2009年投資環境力評估綜合排名依次為：（1）
華東地區；（2）華北地區；（3）西南地區；（4）華中地區；（5）華南地
區；（6）東北地區；（7）西北地區。

表11-11　2009 TEEMA中國大陸區域投資環境力排名分析

環境力構面	華北地區	華東地區	華南地區	華中地區	東北地區	西北地區	西南地區
❶ 自然環境	3.771	4.006	3.376	3.604	3.356	2.711	3.752
❷ 基礎設施	3.812	4.068	3.466	3.534	3.332	2.535	3.757
❸ 公共設施	3.769	3.896	3.289	3.466	3.379	2.758	3.722
❹ 社會環境	3.797	3.983	3.208	3.619	3.274	2.713	3.744
❺ 法制環境	3.724	3.951	3.188	3.562	3.229	2.628	3.719
❻ 經濟環境	3.755	4.003	3.345	3.568	3.303	2.562	3.723
❼ 經營環境	3.747	3.921	3.276	3.618	3.252	2.683	3.742
環境力評分	3.768	3.976	3.307	3.567	3.304	2.656	3.737
環境力排名	2	1	5	4	6	7	3

表11-12為2005-2009《TEEMA調查報告》五年來七大經濟區域投資環境力
的排名變遷加以分析，中國大陸的七大經濟區域近三年變動幅度較小，華東已
連續五年蟬連第一，而西北地區除2005年有較佳的評比外，其餘四年皆排名居
末，由於中國大陸經濟改革由沿海城市設立經濟特區開始，因此華東經濟評價較
高，尤其是近年產業結構轉型升級，沿海城市多以服務業為主要發展方向，勞力
密集的產業朝向中西部移動，而沿海基礎建設多已完善，產業的轉型升級具有
加分作用，大型港口紛紛設立，加上兩岸直航的效益顯現，因此華東地區評比較
佳。然而，中西部的發展需要城市與開發區扶持成長，短期內無法看出其效益。

表11-12　2005-2009 TEEMA中國大陸區域投資環境力排名變化分析

地區	2009		2008		2007		2006		2005		2005-2009	
	評分	排名	評分	排名	評分	排名	評分	排名	評分	排名	總分	排名
❶ 華東地區	3.976	1	3.860	1	3.690	1	3.650	1	3.820	1	5	1
❷ 華北地區	3.768	2	3.810	2	3.680	2	3.630	2	3.620	3	11	2
❸ 西南地區	3.737	3	3.120	4	3.400	3	2.830	6	3.360	5	21	4
❹ 華中地區	3.567	4	3.240	3	3.250	5	3.320	3	3.760	2	17	3
❺ 華南地區	3.307	5	3.080	5	3.290	4	3.080	4	3.220	7	25	5
❻ 東北地區	3.304	6	3.060	6	3.200	6	2.920	5	3.230	6	29	6
❼ 西北地區	2.656	7	2.300	7	2.760	7	2.570	7	3.440	4	32	7

第12章 2009 TEEMA 中國大陸「投資風險度」

一、2009 TEEMA中國大陸投資風險度評估指標分析

　　2009《TEEMA調查報告》所採用的投資風險度四大構面之指標有：（1）社會風險有4項指標；（2）法制風險構面有8項指標；（3）經濟風險構面有7項指標；（4）經營風險構面有12項指標，總計有31題。2009《TEEMA調查報告》列入評估的93個城市，對其進行投資風險度調查，有關各指標及構面的評分結果，如表12-1所示。

　　根據表12-2顯示，93個接受評比的城市中，投資風險度的平均分數為2.256，相較於2008《TEEMA調查報告》之評分2.600，2009年中國大陸整體投資風險度比2008年低0.344，自2005年起，投資風險的評分即不斷增加，然而，從2009年開始有回穩的趨勢。

　　從表12-2、表12-3及表12-4顯示，不論從「平均觀點」或是「整體觀點」評估投資風險度，四大投資風險度的指標分數於2009年都下降，表示2009年的投資風險皆有呈現下滑的趨勢，以下分別探討說明TEEMA 2009年投資風險度31項指標、四大評估構面、平均觀點剖析投資風險度、整體觀點剖析投資風險度：

　　1. 就社會風險構面而言：2009《TEEMA調查報告》之評價分數為2.219，相較於2008年評分下降了0.451，該項構面從2003至2007《TEEMA調查報告》的結果皆為名列四項構面的第1位，雖然在2008年的調查結果落到最後一位，但在2009年的排名又躍升為第一位。表示中國大陸的社會風險在2009年又回復穩定，主要的原因是在於社會風險的四項指標評分，相較於2008年都要進步許多，其中又以「當地發生員工抗議、抗爭事件頻繁的風險」進步最多，比2008年低了0.465分，在31項評比條件中，排名更是由27名上升至今年的19名，主要的原因在於勞動合同法的實施已經逐漸步上軌道，中國大陸一系列振興方案的落實，也使得整體勞動環境有明顯的改善，加上勞動合同法實施一年之後，台商與勞工的互動也趨於良好。其次是因為各地政府為了配合政府的振興規劃並吸引更

多外商前往投資，故於當地整體治安和秩序投入資源改善，也使得「經常發生社會治安不良、秩序不穩的風險」進步許多。

2. 就法制風險構面而言： 2009《TEEMA調查報告》的評價分數為2.312，相較於2008年之2.530低了0.218分，在31項評比條件中，以「當地政府行政命令經常變動風險」、「違反對台商合法取得土地使用權承諾風險」與「與當地政府協商過程難以掌控的風險」三項指標最高，主要的原因是由於2009年以來中國大陸政府一系列的振興規劃和相關政策的落實，各地方政府為了因應中央政策，必須不斷更改與提出新的法令和政策來因應，有時會讓台商無法即時因應。而法制風險從2005到2008《TEEMA調查報告》可看出，一直以來都是風險四大構面中較為穩定的部份，然而，隨著2009年因為投資環境的改善使得其他社會風險明顯下降的情況，也使得法制風險在整體社會風險的衡量上敬陪末座。

3. 就經濟風險構面而言： 2009《TEEMA調查報告》的評價分數為2.229，相較於2008年的2.610下降0.381分，表示經濟風險已經有下降的趨勢；經濟風險構面的包括7項指標，由2009《TEEMA調查報告》顯示，風險最高的前三項分別為：（1）「台商藉由當地銀行體系籌措與取得資金困難（2.288）」；（2）「當地外匯嚴格管制及利潤匯出不易的風險（2.287）」；（3）「當地政府稅賦政策變動頻繁的風險（2.256）」，對照2008年，前兩項仍為經濟風險的主要問題，資金取得困難以及利潤的匯出不易這都是歷年來，台商反應的中國大陸投資的重要風險因素。但比起2008年來已經有大幅度的改善，目前陸續有台灣銀行業前進中國大陸經營的情況下，預期未來將能更進一步的改善。此外，由於中國大陸2009年來不斷提出新的政策和方案，使得「當地政府稅賦政策變動頻繁」指標由2008年的第10名一路下滑至今年的第20名，也是台商在未來必需要密切注意的。不過若能有效的掌握中國大陸這一波振興規劃，進而選擇適合的發展區域進行投資，對於台商而言又是另一大契機。

4. 就經營風險構面而言： 2009《TEEMA調查報告》的評價為2.262分，2009年調查顯示，經營風險為四大構面中，台商評比的第3位，該構面在四項構面中：2003、2004名列第2名、2005、2006則下降到第3名，2007與2008年更是敬陪末座，顯示經營風險仍為台商在投資中國大陸考量上最大的問題。但在各項衡量的指標上，比起2008年皆有明顯的改善。在12項的經營風險指標中，以「當地配套廠商供應不穩定」（2.470）的評價是風險最高，其次是「當地跨省運輸不當收費頻繁」（2.430）以及「員工缺乏忠誠度造成人員流動率頻繁」（2.348）。這些指標的排名與分數顯示，三個指標的經營風險無明顯的改

善，分數都與2008年相去不遠，故在2008年其他指標的風險性分數高的時候排名在前幾名，但隨著其他的經營風險衡量，都有明顯的改善尤其是在「當地政府干預台商企業經營運作」（2.091）與「貨物通關時，受當地海關行政阻擾」（2.158）等方面，在2009年的排名就明顯下降許多。

5. **就整體投資風險度而言**：2009《TEEMA調查報告》的評價為2.256分，比起2008年有明顯下降的趨勢，也使得中國大陸台商在新的一年能夠有更多發展的機會。從表12-2與表12-3的對比得知，從平均觀點與整體觀點的四個構面評分來看，細項指標平均後的四個「平均觀點」，皆高於四個「整體觀點」，此表示若針對細項指標來評比風險度，台商所認知的風險度都偏高，但是，若就「整體觀點」而言，台商對風險度的認知稍低一些。

6. **就投資風險度歷年排名變化而言**：依據表12-1所示，2009《TEEMA調查報告》針對2005至2009投資風險度評估指標進行排名比較分析，從排名中可以得知從2005至2009這五年之間，皆列於投資風險度最低的前10項指標有兩項，那就是社會風險構面中的「當地人身財產安全受到威脅」，2005年第6名，2006與2007年第3名，2008年第7名，2009年第6名；與法律風險構面中「當地常以刑事方式處理經濟案件」，2005年第3名，2006年第7名，2007年第9名，2008年第4名，2009年第2名。代表在這兩個議題上，台商對於該指標有相當程度的信心，主要的原因也是隨著中國大陸經濟的進步，遂使得治安和經營環境皆有改善的緣故。而投資風險自2005至2009年都列入倒數前十名的指標，有經營風險構面中的「員工道德操守造成台商企業營運損失」、「員工缺乏忠誠度造成人員流動率頻繁」、「當地適任人才及員工招募不易」，而五年的排名平均名列最後五名的指標依序為「員工道德操守造成台商企業營運損失」、「員工缺乏忠誠度造成人員流動率頻繁」、「當地適任人才及員工招募不易」、「當地企業信用不佳欠債追索不易」、「當地外匯嚴格管制及利潤匯出不易」，表示上述五項指標幾乎年年都是最差的幾個指標，過去的《TEEMA調查報告》也都不斷的呼籲台商應該謹慎考慮這些投資風險、也建議中國大陸各地政府應該重視員工的道德教育、誠信教育、倫理教育，但從上述之分析顯示，此一呼籲並沒有得到實質性的回應及改善，這些指標依舊年年位居末位，顯示要改善一個人的價值觀不是一蹴可及，而是必須長期的投入，以及不斷的自律才能達成。此外，雖然2009年中國大陸因為許多振興計劃的落實，使得各地投資環境和基礎建設皆有改善，但許多投資風險評量最低的仍然是屬於經營風險，也代表改善當地經營環境仍然是中國大陸政府必須積極努力改善的部份。

表12-1　2005-2009 TEEMA中國大陸投資風險度指標評分與排名分析

投資風險度評估構面與指標	2009 評分	2009 排名	2008 評分	2008 排名	2007 評分	2007 排名	2006 評分	2006 排名	2005 評分	2005 排名	2005-2009 排名平均	2005-2009 總排名
社會-01) 當地發生員工抗議、抗爭事件頻繁的風險	2.255	19	2.720	27	2.490	12	2.460	07	2.260	02	13.400	12
社會-02) 經常發生員工怠工安全不良、秩序不穩的風險	2.206	15	2.650	21	2.450	06	2.470	10	2.390	18	14.000	15
社會-03) 當地發生勞資或經貿糾紛不易排解的風險	2.254	18	2.670	24	2.460	08	2.480	13	2.330	06	13.800	14
社會-04) 當地人身財產安全受到威脅的風險	2.161	06	2.520	07	2.420	03	2.440	03	2.330	06	5.000	01
法制-01) 當地政府行政命令經常變動的風險	2.663	31	2.600	16	2.520	18	2.510	22	2.350	10	19.400	23
法制-02) 違反當地合法取得土地使用權承諾風險	2.520	29	2.480	04	2.410	02	2.430	02	-	-	9.250	06
法制-03) 官員對法令、合同、規範執行不一致的風險	2.181	10	2.540	10	2.450	06	2.480	13	2.360	12	10.200	07
法制-04) 與當地政府協商過程難以掌控的風險	2.520	29	2.520	07	2.490	12	2.480	13	2.370	14	15.000	16
法制-05) 政府調解、仲裁糾紛對台商不公平程度風險	2.170	09	2.540	10	2.480	10	2.490	18	2.360	12	11.800	10
法制-06) 機構無法有效執行司法及仲裁結果的風險	2.187	11	2.530	09	2.520	18	2.440	03	2.390	18	11.800	10
法制-07) 當地政府以不當方式要求台商回饋的風險	2.130	03	2.510	06	2.500	15	2.450	05	2.320	05	6.800	05
法制-08) 當地常以刑事方式處理經濟案件的風險	2.121	02	2.480	04	2.470	09	2.460	07	2.310	03	5.000	01
經濟-01) 當地外匯嚴格管制及利潤匯出不易的風險	2.287	21	2.660	23	2.690	30	2.500	19	2.490	25	23.600	27
經濟-02) 當地的地方稅賦政策變動頻繁的風險	2.256	20	2.540	10	2.500	15	2.610	28	2.390	18	18.200	22
經濟-03) 台商藉由當地銀行體系籌措與取得資金困難	2.288	22	2.670	24	2.550	23	2.460	07	2.530	28	20.800	26
經濟-04) 當地政府對台商優惠政策無法兌現的風險	2.164	07	2.540	10	2.480	10	2.510	22	2.340	08	11.400	09
經濟-05) 台商企業在當地發生經貿糾紛頻繁的風險	2.200	14	2.600	16	2.510	17	2.480	13	2.340	08	13.600	13
經濟-06) 當地政府保護主義濃厚影響企業獲利的風險	2.192	12	2.630	20	2.520	18	2.510	22	2.370	14	17.200	20
經濟-07) 當地政府收費、攤派、罰款項目繁多的風險	2.213	16	2.610	18	2.570	24	2.500	19	2.430	23	20.000	25
經營-01) 當地水電、燃氣、能源供應不穩定的風險	2.199	13	2.690	26	2.590	26	2.450	05	2.520	27	19.400	23
經營-02) 當地物流、運輸、通路狀況不易掌握的風險	2.147	04	2.440	02	2.390	01	2.500	19	2.310	03	5.800	03
經營-03) 當地跨省運輸收費頻繁的風險	2.430	27	2.430	01	2.420	03	2.470	10	2.370	14	11.000	08
經營-04) 當地配套廠商供應不穩定的風險	2.470	28	2.470	03	2.490	12	2.520	26	2.350	10	15.800	19
經營-05) 當地企業信用不佳欠債追索不易的風險	2.296	24	2.750	28	2.660	28	2.640	30	2.390	18	25.600	28
經營-06) 員工道德操守造成台商企業損失的風險	2.299	25	2.890	31	2.830	31	2.610	28	2.590	29	28.800	31
經營-07) 當地適任人才及員工招募不易的風險	2.294	23	2.780	29	2.610	27	2.650	31	2.500	26	27.200	29
經營-08) 員工缺乏忠誠度造成人員流動率頻繁的風險	2.348	26	2.820	30	2.680	29	2.540	27	2.590	29	28.200	30
經營-09) 當地經營企業維持人際網絡成本過高的風險	2.245	17	2.650	21	2.570	24	2.410	01	2.440	24	17.400	21
經營-10) 當地政府干預台商企業經營運作的風險	2.091	01	2.610	18	2.420	03	2.470	10	2.250	01	6.600	04
經營-11) 當地台商因經貿、稅務糾紛被羈押的風險	2.166	08	2.590	15	2.520	18	2.480	13	2.400	22	15.200	17
經營-12) 貨物通關時、受當地海關行政阻礙的風險	2.158	05	2.580	14	2.530	22	2.510	22	2.370	14	15.400	18

表12-2　2009 TEEMA中國大陸投資風險度構面平均觀點評分與排名

投資風險度評估構面	2009		2008		2007		2006		2005		2005-2009	
	評分	排名	評分	排名	評分	排名	評分	排名	評分	排名	評分	排名
❶社會風險	2.219	1	2.640	3	2.460	1	2.460	1	2.330	1	2.422	1
❷法制風險	2.312	4	2.530	1	2.480	2	2.470	2	2.350	2	2.428	2
❸經濟風險	2.229	2	2.610	2	2.550	3	2.520	3	2.430	4	2.468	3
❹經營風險	2.262	3	2.640	3	2.560	4	2.520	3	2.410	3	2.478	4
平均值	2.256		2.600		2.530		2.500		2.400		2.449	

表12-3　2009 TEEMA中國大陸投資風險度構面整體觀點評分與排名

投資風險度評估構面	2009		2008		2007		2006		2005		2005-2009	
	評分	排名	評分	排名	評分	排名	評分	排名	評分	排名	評分	排名
❶社會風險	2.200	3	2.680	2	2.620	3	2.420	1	2.280	1	2.440	1
❷法制風險	2.173	1	2.640	1	2.610	2	2.540	4	2.320	2	2.457	2
❸經濟風險	2.207	4	2.730	3	2.680	4	2.530	3	2.370	3	2.503	4
❹經營風險	2.189	2	2.750	4	2.600	1	2.510	2	2.390	4	2.488	3
平均值	2.192		2.700		2.630		2.500		2.340		2.472	

表12-4　2008-2009 TEEMA投資風險度平均觀點與總體觀點差異分析

投資風險度平均觀點	2009評分	2008評分	2008-2009差異分析	投資風險度整體觀點	2009評分	2008評分	2008-2009差異分析
❶社會風險	2.219	2.640	-0.421	❶社會風險	2.200	2.680	-0.480
❷法制風險	2.312	2.530	-0.218	❷法制風險	2.173	2.640	-0.467
❸經濟風險	2.229	2.610	-0.381	❸經濟風險	2.207	2.730	-0.523
❹經營風險	2.262	2.640	-0.378	❹經營風險	2.189	2.750	-0.561
平均值	2.256	2.600	-0.344	平均值	2.192	2.700	-0.508

二、2008-2009 TEEMA中國大陸投資風險度比較分析

　　2009《TEEMA調查報告》之2008-2009中國大陸投資風險度比較分析結果，如表12-5所顯示，2009年的問卷對投資風險透過31項評估指標，探討TEEMA 2008-2009中國大陸投資風險度四大構面，並對四大構面進行差異分析，其結果以及排名變化如表12-5所示。

　　1. 就31項評估指標而言：2009《TEEMA調查報告》在投資風險度的31項評估指標排名中，共有26項指標是較2008年進步的，佔31項指標中的83.87％，除了「當地政府行政命令經常變動」、「為反對台商合法取得土地使用權承諾」、「與當地政府協商過程難以掌控」、「當地跨省運輸不當收費頻繁」、「當地配

套廠商供應不穩定」等五項指標之外，2009年的投資風險度排名較2008年有明顯的進步，各城市投資風險下降是值得讚許的。代表這一年以來，台商在中國大陸所有經營條件，對於台商而言已經逐漸的走出2008年的負面感受，整體投資環境也逐步的改善，加上中國大陸2009年提出一系列振興規劃，都讓中國大陸的投資風險開始逐漸下降。

2. **就31項評估指標差異分析而言**：從表12-5可知，評估指標與2008年進行差異分析，發現下降最多的是經營風險構面的「員工道德操守造成台商企業營運損失」的風險下降達0.591分，而「當地政府干預台商企業經營運作」的0.519分，以及「當地水電、燃氣、能源供應不穩定」的0.491分，代表的是在中國大陸2009年整體投資環境和基礎建設的改善之下，資源上的供應也較充足，而員工道德雖然仍是所有風險最令人頭痛的，但目前已有明顯的改善。

3. **就10項最優指標排名變化分析而言**：從表12-5可知，投資風險度排名第一的是經營風險構面的「當地政府干預台商企業經營運作」（2.091），比2008年排名18名大幅度提升，顯示中國大陸的經營環境越來越顯自由，台商較不用擔心會因為政府政策上之干預而影響企業的運作；其次為法制風險構面的「當地常以刑事方式處裡經濟案件」（2.121），與2008年排名第4名相比略顯進步；而第三名的是法制風險構面中的「當地政府以不當方式要求台商回饋」，該項指標評分為2.130。

4. **就10項最劣指標排名變化分析而言**：從表12-8可知，投資風險度排名最後的是法制風險構面的「當地政府行政命令經常變動」（2.663），在2009年大幅下降，另外倒數第二及第三的指標是「違反對台商合法取得土地使用權承諾」、「與當地政府協商過程難以掌控」，顯示隨著中國大陸2009年以來許多政策的落實，往往會使得台商在第一時間難以因應法令與政策的快速變動。

5. **就四項評估構面而言**：2009年比2008年在四項投資風險度評估構面的所有風險評分相對於2008年的評分全面呈現風險下降的趨勢，2009年投資風險度總平均比2008降低了0.344分，其中又以社會風險構面的下降幅度最多，從2008年的2.64到2009的2.219，降低0.421；總體來說，2009《TEEMA調查報告》分析評估的結果顯示，台商在中國大陸投資過程所感受到的中國大陸環境之投資風險度，其四個構面的風險大小依次為：（1）法制風險；（2）經營風險；（3）經濟風險；（4）社會風險。

表12-5 2008-2009 TEEMA投資風險度差異與排名變化分析

投資風險度評估構面與指標	2009評分	2008評分	2008-2009差異分析	排名		
				▲	▼	—
社會-01）當地發生員工抗議、抗爭事件頻繁的風險	2.255	2.720	-0.465	-	06	-
社會-02）經常發生社會治安不良、秩序不穩的風險	2.206	2.650	-0.444	-	08	-
社會-03）當地發生勞資或經貿糾紛不易排解的風險	2.254	2.670	-0.416	-	12	-
社會-04）當地人身財產安全受到威脅的風險	2.161	2.520	-0.359	-	21	-
法制-01）當地政府行政命令經常變動的風險	2.663	2.600	0.063	01	-	-
法制-02）違反對台商合法取得土地使用權承諾風險	2.520	2.480	0.040	02	-	-
法制-03）官員對法令、合同、規範執行不一致的風險	2.181	2.540	-0.359	-	21	-
法制-04）與當地政府協商過程難以掌控的風險	2.520	2.520	0.000	-	-	01
法制-05）政府調解、仲裁糾紛對台商不公平程度風險	2.170	2.540	-0.370	-	20	-
法制-06）機構無法有效執行司法及仲裁結果的風險	2.187	2.530	-0.343	-	24	-
法制-07）當地政府以不當方式要求台商回饋的風險	2.130	2.510	-0.380	-	17	-
法制-08）當地常以刑事方式處理經濟案件的風險	2.121	2.480	-0.359	-	21	-
經濟-01）當地外匯嚴格管制及利潤匯出不易的風險	2.287	2.660	-0.373	-	19	-
經濟-02）當地的地方稅賦政策變動頻繁的風險	2.256	2.540	-0.284	-	26	-
經濟-03）台商藉由當地銀行體系籌措與取得資金困難	2.288	2.670	-0.382	-	16	-
經濟-04）當地政府對台商優惠政策無法兌現的風險	2.164	2.540	-0.376	-	18	-
經濟-05）台商企業在當地發生經貿糾紛頻繁的風險	2.200	2.600	-0.400	-	14	-
經濟-06）當地政府保護主義濃厚影響企業獲利的風險	2.192	2.630	-0.438	-	09	-
經濟-07）當地政府收費、攤派、罰款項目繁多的風險	2.213	2.610	-0.397	-	15	-
經營-01）當地水電、燃氣、能源供應不穩定的風險	2.199	2.690	-0.491	-	03	-
經營-02）當地物流、運輸、通路狀況不易掌握的風險	2.147	2.440	-0.293	-	25	-
經營-03）當地跨省運輸不當收費頻繁的風險	2.430	2.430	0.000	-	-	01
經營-04）當地配套廠商供應不穩定的風險	2.470	2.470	0.000	-	-	01
經營-05）當地企業信用不佳欠債追索不易的風險	2.296	2.750	-0.454	-	07	-
經營-06）員工道德操守造成台商企業營運損失的風險	2.299	2.890	-0.591	-	01	-
經營-07）當地適任人才及員工招募不易的風險	2.294	2.780	-0.486	-	04	-
經營-08）員工缺乏忠誠度造成人員流動率頻繁的風險	2.348	2.820	-0.472	-	05	-
經營-09）當地經營企業維持人際網絡成本過高的風險	2.245	2.650	-0.405	-	13	-
經營-10）當地政府干預台商企業經營運作的風險	2.091	2.610	-0.519	-	02	-
經營-11）當地台商因經貿、稅務糾紛被羈押的風險	2.166	2.590	-0.424	-	10	-
經營-12）貨物通關時，受當地海關行政阻擾的風險	2.158	2.580	-0.422	-	11	-

表12-6　2008-2009 TEEMA投資風險度細項指標變化排名分析

投資風險度構面	2009 評分	2008 評分	2008-2009 差異分析	名次	細項指標			
					指標數	▲	▼	─
❶ 社會風險	2.219	2.640	-0.421	❶	4	0	4	0
❷ 法制風險	2.312	2.530	-0.218	❹	8	2	5	1
❸ 經濟風險	2.229	2.610	-0.381	❷	7	0	7	0
❹ 經營風險	2.262	2.640	-0.378	❸	12	0	10	2
投資風險度平均	2.256	2.600	-0.344	-	31	2	26	3
百分比					100.00%	6.45%	83.87%	9.68%

　　2009 TEEMA投資風險度的前10佳指標評估結果及該項指標2008年的排名與分數，如表12-7所示，分別為：（1）當地政府干預台商企業經營運作的風險；（2）當地常以刑事方式處理經濟案件的風險；（3）當地政府以不當方式要求台商回饋的風險；（4）當地物流、運輸、通路狀況不易掌握的風險；（5）貨物通關時，受當地海關行政阻擾的風險；（6）當地人身財產安全受到威脅的風險；（7）當地政府對台商優惠政策無法兌現的風險：（8）當地台商因經貿、稅務糾紛被羈押的風險；（9）政府調解、仲裁糾紛對台商不公平程度風險；（10）官員對法令、合同、規範執行不一致的風險。依據表12-7統計分析結果，2008、2009連續兩年都名列投資風險度最優的10大指標之列的指標有七項，分別是「當地常以刑事方式處理經濟案件的風險」、「當地政府以不當方式要求台商回饋的風險」、「當地物流、運輸、通路狀況不易掌握的風險」、「當地人身財產安全受到威脅的風險」、「當地政府對台商優惠政策無法兌現的風險」、「政府調解、仲裁糾紛對台商不公平程度風險」、「官員對法令、合同、規範執行不一致的風險」。

　　2009 TEEMA投資風險度的前10劣指標評估結果及該指標2008年的排名與分數，如表12-8所示，分別為：（1）當地政府行政命令經常變動的風險；（2）排名第二名的有兩個，分別是「違反對台商合法取得土地使用權承諾風險」與「與當地政府協商過程難以掌握的風險」；（4）當地配套廠商供應不穩定的風險；（5）當地跨省運輸不當收費頻繁的風險；（6）員工缺乏忠誠度造成人員流動率頻繁的風險；（7）員工道德操守造成台商企業營運損失的風險；（8）當地企業信用不佳欠債追索不易的風險；（9）當地適任人才及員工招募不易的風險；（10）台商藉由當地銀行體系籌措與取得資金困難。

表12-7 2009 TEEMA投資風險度排名10大最優指標

投資風險度排名10大最優指標	2009		2008	
	評分	排名	評分	排名
經營-10）當地政府干預台商企業經營運作的風險	2.091	01	2.610	18
法制-08）當地常以刑事方式處理經濟案件的風險	2.121	02	2.480	04
法制-07）當地政府以不當方式要求台商回饋的風險	2.130	03	2.510	06
經營-02）當地物流、運輸、通路狀況不易掌握的風險	2.147	04	2.440	02
經營-12）貨物通關時，受當地海關行政阻擾的風險	2.158	05	2.580	14
社會-04）當地人身財產安全受到威脅的風險	2.161	06	2.520	07
經濟-04）當地政府對台商優惠政策無法兌現的風險	2.164	07	2.540	10
經營-11）當地台商因經貿、稅務糾紛被羈押的風險	2.166	08	2.590	15
法制-05）政府調解、仲裁糾紛對台商不公平程度風險	2.170	09	2.540	10
法制-03）官員對法令、合同、規範執行不一致的風險	2.181	10	2.540	10

資料來源：本研究整理

表12-8 2009 TEEMA投資風險度排名10大劣勢指標

投資風險度排名10大劣勢指標	2009		2008	
	評分	排名	評分	排名
法制-01）當地政府行政命令經常變動的風險	2.663	01	2.600	15
法制-02）違反對台商合法取得土地使用權承諾風險	2.520	02	2.480	27
法制-04）與當地政府協商過程難以掌控的風險	2.520	02	2.520	24
經營-04）當地配套廠商供應不穩定的風險	2.470	04	2.470	29
經營-03）當地跨省運輸不當收費頻繁的風險	2.430	05	2.430	31
經營-08）員工缺乏忠誠度造成人員流動率頻繁的風險	2.348	06	2.820	02
經營-06）員工道德操守造成台商企業營運損失的風險	2.299	07	2.890	01
經營-05）當地企業信用不佳欠債追索不易的風險	2.296	08	2.750	04
經營-07）當地適任人才及員工招募不易的風險	2.294	09	2.780	03
經濟-03）台商藉由當地銀行體系籌措與取得資金困難	2.288	10	2.670	07

2009《TEEMA調查報告》針對2009投資風險度調查指標與2008進行差異分析，列出下降幅度最多的前10項指標整理如表12-9所示。風險下降幅度最多的前10項指標依序分別為：（1）員工道德操守造成台商企業營運損失的風險（下降0.591分）；（2）當地政府干預台商企業經營運作的風險（下降0.519分）；（3）當地水電、燃氣、能源供應不穩定的風險（下降0.491分）；（4）員工缺乏忠誠度造成人員流動率頻繁的風險（下降分0.486）；（5）員工缺乏忠誠度造成人員流動率頻繁的風險（下降0.472分）；（6）當地發生員工抗議、抗爭

事件頻繁的風險（下降0.465分）；（7）當地企業信用不佳欠債追索不易的風險
（下降0.454分）；（8）經常發生社會治安不良、秩序不穩的風險（下降0.444
分）；（9）當地政府保護主義濃厚影響企業獲利的風險（下降0.438分）；
（10）當地台商因經貿、稅務糾紛被羈押的風險（下降0.424分）。

表12-9　2008-2009 TEEMA投資風險度指標變化前10佳排名

投資風險度細項指標	2008-2009 差異分數	風險下降 前10名
經營-06）員工道德操守造成台商企業營運損失的風險	-0.591	01
經營-10）當地政府干預台商企業經營運作的風險	-0.519	02
經營-01）當地水電、燃氣、能源供應不穩定的風險	-0.491	03
經營-07）當地適任人才及員工招募不易的風險	-0.486	04
經營-08）員工缺乏忠誠度造成人員流動率頻繁的風險	-0.472	05
社會-01）當地發生員工抗議、抗爭事件頻繁的風險	-0.465	06
經營-05）當地企業信用不佳欠債追索不易的風險	-0.454	07
社會-02）經常發生社會治安不良、秩序不穩的風險	-0.444	08
經濟-06）當地政府保護主義濃厚影響企業獲利的風險	-0.438	09
經營-11）當地台商因經貿、稅務糾紛被羈押的風險	-0.424	10

三、2009 TEEMA中國大陸城市投資風險度分析

　　2009《TEEMA調查報告》針對列入評估的93個城市進行投資風險分析調查，結果如表12-10所示，有關投資風險度之總結評論如下：

　　1. 就投資風險度10佳城市而言：依據2009《TEEMA調查報告》顯示投資風險度排名前10名的城市依序為：（1）蘇州昆山；（2）蘇州工業區；（3）揚州；（4）南京江寧；（5）南昌；（6）寧波北侖；（7）廈門島外；（8）青島；（9）上海閔行；（10）杭州市區；其中2007與2008年同時名列投資風險度前10佳的城市有蘇州昆山、蘇州工業區、揚州、南京江寧、南昌等五個評估城市，顯示城市風險排名有逐漸固定的趨勢，尤其以江蘇省為最佳。近年來，重點城市都不離排行榜外，南京江寧則是連續第3年進榜，寧波北侖、廈門島外、青島、上海閔行與杭州市區也都是2009年中國大陸振興規劃方案中的重點區域，並有其優勢存在。從表12-10得知，蘇州昆山再度擠下蘇州工業區，奪回第一名寶座，近五年來兩個區域排名互不相讓競爭激烈，都是台商在中國大陸進行投資的首選區域。

2. 就投資風險度10劣城市而言：依據2009《TEEMA調查報告》顯示投資風險度排名前10劣的城市依序為：（1）蘭州；（2）哈爾濱；（3）太原；（4）深圳龍崗；（5）長春；（6）宜昌；（7）東莞厚街；（8）東莞石碣；（9）東莞虎門；（10）武漢漢口；而其中2009與2008同時名列投資風險度前10劣的城市有：蘭州、哈爾濱、長春、宜昌等四個評估城市，此四個城市較屬於台商投資的第二線或是第三線城市，不過整體而言的投資風險比起2008年皆下降許多，值得一提的是北海的投資風險評比從2008年的最後一名到2009年已經跳脫到數十名之外，隨著北部灣經濟區的崛起，廣西與東盟國家的合作不斷加強，北海的投資環境也有明顯的改善，越來越多的企業和人士到北海投資設廠。而廣東東莞雖然在四項風險指標的評價比2008年皆有進步，但由於其他城市的風險也相對減少，所以東莞有許多地區仍列為最末幾名，也是未來台商到東莞投資需要密切注意的。

四、2009 TEEMA中國大陸區域投資風險度分析

2009《TEEMA調查報告》針對中國大陸七大經濟區域進行投資風險度排行分析，根據表12-11所示，2009年投資風險度評估綜合排名依次為：（1）華東地區；（2）華北地區；（3）西南地區；（4）華中地區；（5）東北地區；（6）華南地區；（7）西北地區。

華東地區2009年再度蟬聯區域風險排名第一名，而華北則維持在第二名，西南地區進步至第三名。以分數而言，除華東地區的風險分數低於2分，其他六大地區的分數皆超過2分。西北地區從2006年至2009年皆敬陪末座，整體投資風險對於台商而言仍然太高，而西南地區的進步最為明顯，主要的原因仍是在於隨著2009年中國大陸西部大開發的政策之下，由重慶、西安、成都所組成的西三角經濟區在基礎建設和整體投資環境的改善上都有明顯的進步，加上梯度轉移的產業政策使得許多台商紛紛前往當地投資，整體評價也隨之提高。至於華東及華北地區，為台商投資的熱點，地區的優勢以及政策的加持，雖較晚開發，但完善的規劃，使其近年來也成為台商心目中低風險的代表。

表12-10 2009 TEEMA中國大陸城市投資風險度排名分析

排名	城市	省市自治區	地區	❶社會風險		❷法制風險		❸經濟風險		❹經營風險		投資風險度	
				評分	排名	評分	排名	評分	排名	評分	排名	評分	加權分數
01	蘇州昆山	江蘇省	華東	1.607	01	1.440	01	1.544	01	1.539	01	1.523	99.990
02	蘇州工業區	江蘇省	華東	1.697	04	1.610	02	1.652	02	1.689	03	1.659	98.322
03	揚州	江蘇省	華東	1.635	02	1.657	03	1.766	10	1.650	02	1.685	96.224
04	南京江寧	江蘇省	華東	1.728	05	1.683	04	1.689	03	1.713	06	1.700	96.063
05	南昌	江西省	華中	1.653	03	1.698	06	1.781	11	1.690	04	1.715	94.072
06	寧波北侖	浙江省	華東	1.740	07	1.708	08	1.696	04	1.767	10	1.729	93.104
07	廈門島外	福建省	華南	1.810	13	1.760	14	1.735	05	1.694	05	1.734	92.404
08	青島	山東省	華北	1.737	06	1.747	12	1.747	07	1.738	07	1.743	92.297
09	上海閔行	上海市	華東	1.794	09	1.747	13	1.745	06	1.751	08	1.752	91.651
10	杭州市區	浙江省	華東	1.845	17	1.744	11	1.782	12	1.766	09	1.773	89.015
11	杭州蕭山	浙江省	華東	1.848	18	1.717	09	1.759	09	1.824	18	1.780	87.240
12	蘇州市區	江蘇省	華東	1.782	08	1.697	05	1.757	08	1.862	24	1.781	87.024
13	無錫江陰	江蘇省	華東	1.806	11	1.702	07	1.834	16	1.823	17	1.794	86.433
14	天津濱海	天津市	華北	1.830	15	1.805	18	1.800	13	1.810	15	1.808	84.765
15	成都	四川省	西南	1.801	10	1.785	17	1.842	17	1.808	14	1.812	84.657
16	連雲港	江蘇省	華東	1.824	14	1.721	10	1.882	22	1.819	16	1.814	83.743
17	北京亦莊	北京市	華北	1.866	20	1.839	23	1.832	15	1.794	13	1.824	82.990
18	廊坊	河北省	華北	2.026	33	1.770	16	1.865	19	1.833	20	1.846	79.708
19	徐州	江蘇省	華東	1.831	16	1.765	15	1.844	18	1.929	26	1.853	79.600
20	大連	遼寧省	東北	1.906	23	1.820	20	1.866	20	1.852	23	1.854	79.546
21	無錫市區	江蘇省	華東	1.991	29	1.834	22	1.874	21	1.827	19	1.859	78.094
22	無錫宜興	江蘇省	華東	1.807	12	1.972	32	1.909	23	1.769	11	1.865	78.065
23	常州	江蘇省	華東	2.038	34	1.822	21	2.011	31	1.788	12	1.889	77.233
24	廈門島內	福建省	華南	1.983	27	1.882	27	1.940	24	1.837	21	1.893	75.404
25	蘇州新區	江蘇省	華東	1.936	25	1.883	28	1.951	25	1.840	22	1.894	75.243
26	寧波市區	浙江省	華東	2.053	36	1.868	25	1.820	14	1.961	28	1.904	74.489
27	鎮江	江蘇省	華東	1.898	22	1.869	26	1.987	30	1.864	25	1.905	74.220
28	淮安	江蘇省	華東	1.856	19	1.812	19	1.965	26	1.963	30	1.915	72.606
29	濟南	山東省	華北	1.930	24	1.885	29	1.966	27	1.953	27	1.938	71.799
30	福州市區	福建省	華南	1.889	21	1.986	33	1.976	28	1.963	29	1.965	69.970
31	嘉興	浙江省	華東	2.014	31	1.851	24	2.107	35	2.078	34	2.024	67.173

表12-10 2009 TEEMA中國大陸城市投資風險度排名分析（續）

排名	城市	省市自治區	地區	❶社會風險 評分	排名	❷法制風險 評分	排名	❸經濟風險 評分	排名	❹經營風險 評分	排名	投資風險度 評分	加權分數
32	煙台	山東省	華北	1.986	28	2.035	36	2.087	34	1.995	32	2.032	65.344
33	南通	江蘇省	華東	2.054	37	1.957	31	2.037	32	2.101	35	2.041	65.236
34	蘇州張家港	江蘇省	華東	2.083	40	2.024	35	2.054	33	2.052	33	2.049	65.021
35	泰州	江蘇省	華東	2.000	30	1.995	34	1.981	29	2.163	38	2.050	64.268
36	南京市區	江蘇省	華東	2.148	45	2.080	38	2.110	36	1.966	31	2.056	62.707
37	蘇州太倉	江蘇省	華東	2.060	39	2.103	40	2.133	39	2.126	36	2.116	59.964
38	寧波奉化	浙江省	華東	2.053	35	1.950	30	2.114	37	2.278	46	2.124	59.894
39	重慶	重慶市	西南	2.087	41	2.143	41	2.160	40	2.152	37	2.146	58.780
40	合肥	安徽省	華中	2.185	46	2.071	37	2.120	38	2.220	43	2.149	57.704
41	蘇州常熟	江蘇省	華東	2.103	42	2.095	39	2.177	42	2.198	40	2.157	57.435
42	泰安	山東省	華北	2.016	32	2.211	46	2.171	41	2.182	39	2.170	57.327
43	莆田	福建省	華南	2.214	48	2.179	43	2.238	45	2.214	42	2.213	53.992
44	蘇州吳江	江蘇省	華東	2.143	44	2.246	50	2.237	44	2.221	44	2.224	52.109
45	上海浦東	上海市	華東	2.211	47	2.250	51	2.253	46	2.202	41	2.230	52.001
46	威海	山東省	華北	2.226	50	2.274	54	2.190	43	2.242	45	2.233	50.334
47	寧波餘姚	浙江省	華東	2.250	52	2.188	44	2.264	47	2.350	55	2.274	48.881
48	九江	江西省	華中	2.117	43	2.258	52	2.333	51	2.289	48	2.277	47.913
49	寧波慈溪	浙江省	華東	2.426	59	2.212	47	2.273	48	2.286	47	2.278	47.751
50	上海市區	上海市	華東	2.058	38	2.178	42	2.346	53	2.390	58	2.291	46.729
51	南寧	廣西	西南	2.329	55	2.270	53	2.326	50	2.303	50	2.304	45.922
52	紹興	浙江省	華東	2.217	49	2.188	45	2.343	52	2.383	57	2.306	45.438
53	瀋陽	遼寧省	東北	1.971	26	2.213	48	2.395	59	2.402	59	2.310	44.093
54	天津市區	天津市	華北	2.243	51	2.240	49	2.348	54	2.367	56	2.317	43.878
55	珠海	廣東省	華南	2.267	53	2.293	55	2.350	55	2.322	51	2.318	43.770
56	汕頭	廣東省	華南	2.317	54	2.327	57	2.302	49	2.340	54	2.323	43.609
57	廣州天河	廣東省	華南	2.460	63	2.365	60	2.357	56	2.293	49	2.347	41.618
58	昆明	雲南省	西南	2.438	61	2.336	58	2.455	61	2.336	53	2.382	39.251
59	中山	廣東省	華南	2.468	64	2.319	56	2.378	57	2.409	61	2.383	38.498
60	泉州	福建省	華南	2.421	58	2.428	61	2.466	63	2.333	52	2.406	37.745
61	佛山	廣東省	華南	2.573	65	2.359	59	2.452	60	2.429	62	2.433	35.593
62	福州馬尾	福建省	華南	2.609	67	2.516	63	2.391	58	2.406	60	2.449	35.485

表12-10 2009 TEEMA中國大陸城市投資風險度排名分析（續）

排名	城市	省市自治區	地區	❶社會風險 評分	排名	❷法制風險 評分	排名	❸經濟風險 評分	排名	❹經營風險 評分	排名	投資風險度 評分	加權分數
63	溫 州	浙江省	華東	2.406	57	2.512	62	2.488	64	2.525	65	2.499	33.118
64	漳 州	福建省	華南	2.613	69	2.631	68	2.457	62	2.454	63	2.515	31.612
65	上海松江	上海市	華東	2.434	60	2.566	66	2.589	66	2.525	64	2.545	31.450
66	贛 州	江西省	華中	2.450	62	2.550	64	2.571	65	2.644	67	2.579	30.966
67	北京市區	北京市	華北	2.376	56	2.563	65	2.682	68	2.626	66	2.602	30.751
68	廣州市區	廣東省	華南	2.625	70	2.583	67	2.619	67	2.653	68	2.623	28.276
69	桂 林	廣 西	西南	2.609	68	2.648	69	2.714	70	2.708	69	2.685	26.608
70	西 安	陝西省	西北	2.650	71	2.775	74	2.759	72	2.739	70	2.745	24.456
71	武漢漢陽	湖北省	華中	2.861	78	2.694	70	2.706	69	2.796	72	2.750	23.918
72	武漢武昌	湖北省	華中	2.700	74	2.750	73	2.729	71	2.843	76	2.771	21.928
73	長 沙	湖南省	華中	2.706	75	2.778	75	2.773	73	2.804	73	2.778	21.928
74	東莞市區	廣東省	華南	2.790	76	2.746	72	2.829	77	2.769	71	2.783	21.766
75	惠 州	廣東省	華南	2.664	72	2.710	71	2.786	75	2.883	78	2.789	20.637
76	上海嘉定	上海市	華東	2.592	66	2.854	79	2.871	78	2.855	77	2.833	18.538
77	江 門	廣東省	華南	2.961	83	2.808	76	2.789	76	2.908	81	2.853	16.655
78	東莞長安	廣東省	華南	2.909	80	2.867	82	2.905	80	2.831	75	2.870	16.333
79	石家莊	河北省	華北	2.933	81	2.867	81	2.781	74	2.956	83	2.879	15.418
80	吉 安	江西省	華中	2.672	73	2.984	84	2.902	79	2.904	80	2.900	14.988
81	北 海	廣 西	西南	2.800	77	2.858	80	2.952	83	2.922	82	2.903	13.589
82	深圳寶安	廣東省	華南	3.035	86	2.893	83	2.914	81	2.902	79	2.917	13.427
83	深圳市區	廣東省	華南	2.952	82	2.833	78	2.929	82	2.962	84	2.919	13.159
84	武漢漢口	湖北省	華中	2.868	79	2.809	77	2.983	84	3.127	87	2.978	12.567
85	東莞虎門	廣東省	華南	3.020	85	3.045	87	3.169	87	2.817	74	3.000	11.975
86	東莞石碣	廣東省	華南	3.009	84	3.020	85	3.055	86	2.970	85	3.012	9.393
87	東莞厚街	廣東省	華南	3.323	89	3.026	86	3.033	85	3.056	86	3.068	8.532
88	宜 昌	湖北省	華中	3.297	88	3.102	88	3.286	89	3.135	88	3.188	6.057
89	長 春	吉林省	東北	3.276	87	3.263	90	3.192	88	3.157	89	3.206	5.573
90	深圳龍崗	廣東省	華南	3.398	90	3.120	89	3.317	90	3.158	90	3.221	4.497
91	太 原	山西省	華北	3.434	91	3.289	91	3.444	91	3.303	91	3.355	3.152
92	哈爾濱	黑龍江	東北	3.594	92	3.625	92	3.634	93	3.625	92	3.625	1.753
93	蘭 州	甘肅省	西北	3.767	93	3.642	93	3.600	92	3.689	93	3.658	1.323

表12-11　2009 TEEMA中國大陸區域投資風險度排名分析

環境力構面	華東地區	華北地區	西南地區	華中地區	東北地區	華南地區	西北地區
❶ 社會風險	1.934	2.156	2.220	2.445	2.539	2.645	3.208
❷ 法制風險	1.878	2.160	2.208	2.455	2.557	2.570	3.208
❸ 經濟風險	1.943	2.193	2.286	2.506	2.597	2.606	3.181
❹ 經營風險	1.942	2.187	2.240	2.529	2.575	2.566	3.214
風險度評分	1.924	2.174	2.238	2.484	2.567	2.597	3.203
風險度排名	1	2	3	4	5	6	7

資料來源：本研究整理

表12-12　2005-2009 TEEMA中國大陸區域投資風險度排名變化分析

地　　區	2009		2008		2007		2006		2005		2005-2009	
	評分	排名	評分	排名	評分	排名	評分	排名	評分	排名	總分	排名
❶華東地區	1.924	1	2.130	1	2.490	2	2.200	1	2.230	1	6	1
❷華北地區	2.174	2	2.260	2	2.320	1	2.390	2	2.500	3	10	2
❸西南地區	2.238	3	3.060	5	2.620	3	2.960	5	2.520	4	20	4
❹華中地區	2.484	4	2.820	3	2.730	4	2.480	3	2.320	2	16	3
❺東北地區	2.567	5	3.150	6	2.760	5	3.070	6	2.540	5	27	5
❻華南地區	2.597	6	2.930	4	2.940	6	2.730	4	2.800	7	27	5
❼西北地區	3.203	7	3.920	7	3.110	7	3.520	7	2.550	6	34	7

資料來源：本研究整理

第**13**章 2009 TEEMA 中國大陸「台商推薦度」

　　TEEMA 2009年延續以城市競爭力和投資環境力的「兩力」以及投資風險度和台商推薦度的「兩度」評估模式，對中國大陸城市台商推薦度做分析，有關「台商推薦度」構面的主要衡量目的是針對已赴中國大陸投資的台灣企業母公司做調查，評價其過去對該城市之整體投資環境和投資風險，就已在該城市投資台商的觀點給未來準備赴中國大陸投資的台商企業做為投資決策的參考。有關台商推薦度的指標在2005年《TEEMA調查報告》中特別將「台商推薦度」擴大成為6項衡量指標：（1）城市競爭力；（2）城市環境力；（3）投資風險度；（4）城市發展潛力；（5）投資效益；（6）內貿與內銷市場開拓。2006年《TEEMA調查報告》經過與學者、專家及台商協會會長討論，為了使衡量指標更加周延，因而將「台商推薦度」指標再延伸擴展成為10項衡量指標系統，包括：（1）城市競爭力；（2）投資環境力；（3）投資風險度；（4）城市發展潛力；（5）城市投資效益；（6）內銷市場前景；（7）國際接軌程度；（8）台商權益保護；（9）政府行政效率；（10）整體生活品質。經過2006年的調查結果，能夠充分反應台商推薦度之構面內涵，因此，2009《TEEMA調查報告》仍然延續2006年所建構的指標，完成台商推薦中國大陸城市排名。

　　依據2009《TEEMA調查報告》對已在中國大陸投資的2,588位台商調查結果顯示2009年台商推薦度的城市排名順序，如表13-1所示，有關分析結果之重要內涵如下述：

　　1. **就推薦度前10佳城市而言**：2009《TEEMA調查報告》之結果顯示，在台商推薦度構面上，名列前10佳的城市依序是：（1）蘇州昆山；（2）無錫江陰；（3）南昌；（4）成都；（5）廈門島外；（6）寧波北侖；（7）重慶；（8）蘇州工業區；（9）杭州蕭山（10）揚州。2008及2009兩年皆列入台商推薦度前10名的城市，有蘇州昆山、無錫江陰、南昌、成都、蘇州工業區、杭州蕭

山、揚州等七個城市。蘇州昆山自2008年晉升至第一名後，2009年持續以領頭羊之姿在調查城市中獨領風騷，探究其原因在於，昆山政府為了升級轉型，利用自主創新的內生動力帶動產業升級，因此推出一系列輔導台商轉型升級的政策，使得許多的台商受惠匪淺，此外，昆山政府「親商、安商、富商」理念與有效率的服務，亦獲得台商一致的好評，諸如：昆山市政府設立「馬上辦」中心，其口號是「提供台商保姆式的服務」，從辦廠選址、電力供應到孩子就學問題，一籃子解決台商、台幹在昆山所遇到的困難。昆山市委書記張國華曾表示：「凡是台商的事我們都管」，顯示昆山市政府對台商之重視。無錫江陰則因2009年通過實施「屬地申報、口岸驗放」以及「轉關運輸」，進一步簡化區內企業從對方港口進出口的通關手續，因而提高通關效率，降低企業通關成本，因此在2009參評的93個城市中，名列第二，且連續五年入選為「極力推薦」城市。上述顯示城市想要持續獲得台商的高度評價，必須持之以恆的降低投資風險、優化投資環境、完善法律制度、加強國際接軌以及保障台商投資權益的親商理念。

2. **就推薦度前10劣城市而言**：2009《TEEMA調查報告》之結果顯示，在台商推薦度構面上，名列前10劣的城市依序是：（1）蘭州；（2）哈爾濱；（3）東莞厚街；（4）長春；（5）東莞石碣；（6）深圳龍崗；（7）東莞虎門；（8）太原；（9）江門；（10）深圳寶安。在2008至2009名列台商推薦度前10劣的城市有蘭州、哈爾濱、長春以及東莞石碣等四個城市。其中最差的城市為蘭州，由於：（1）地處偏遠，身處大內陸，運輸成本繁重，缺乏吸引外資誘因；（2）社會發展落後，人才教育、訓練數量不足等問題；（3）總體經濟落後，城市化、工業化實力較低，高科技與現代化產業不足，缺乏特色產業帶動城鎮發展；（4）金融市場結構不健全，以致資金流動困難，致使創業氛圍薄弱等問題，造成其對於台商而言，並不是優良的投資環境。

3. **就台商推薦度10項指標分析而言**：2009《TEEMA調查報告》在台商推薦度的10項細項指標中，蘇州昆山除在整體台商推薦度指標名列第一外，投資風險度（4.497）、整體投資效益（4.548）、國際接軌程度（4.503）、台商權益保護（4.542）、政府行政效率（4.554），這5項細項指標亦是93個列入評估城市中的榜首。在「城市發展潛力」上，由於中國大陸將打造上海成為「兩個中心」因此順勢拉抬整個江蘇地區，其次，2009年5月江陰與台灣的集裝箱班輪正式開通，實現了無錫地區對台貿易的直通對流，截彎取直將減少物流中轉環節，縮短貨物運輸成本、降低企業佈局兩岸的經營成本，強化經濟合作基礎，這些條件也成為無錫江陰未來城市發展的動力，此外，無錫江陰在內銷市場前景（4.600）

以及整體生活品質（4.600）這兩項細項指標亦是93個列入評估城市中的榜首。南昌市自2004年便大力推行「創模六大工程」，開始加強城市環境基礎設施建設力度和城市污染治理設施，在環境改善後，南昌充分利用友善的環境資源、區位優勢和生產要素成本方面的特點，以現有的產業為招商基礎，極力拉進外來企業與本土經濟和文化的相互融合發展，因此在「投資環境力上」此細項指標上評分為4.694，為93個列入評估城市中的榜首。

4. **就台商推薦度評分升降變化而言**：2009《TEEMA調查報告》為瞭解2008至2009有關台商推薦度評分變化，進行比較分析。從排名分析得知，台商推薦度的評分上，2008至2009年進步最多的城市依序為：（1）重慶市、秦州；（2）上海市區、莆田；（3）瀋陽；（4）廈門外島；（5）上海浦東，其中，上海浦東在中國大陸中央將上海定位為「兩個中心」後，浦東新區將建設為金融和航運中心核心功能區，並與外高橋港區、上海浦東國際機場空港、洋山深水港區以及外高橋保稅區、浦東空港物流園區以及洋山保稅港區等「三港三區」達成密切連動，此新區將成為中國大陸特色社會主義勇往向前發展的成功實踐，亦使其在台商推薦評分上進步大幅躍升的主因。而台商推薦度退步最多的城市則是：（1）溫州；（2）南京市區、無錫宜興；（3）威海；（4）泰安、佛山；（5）徐州。退步最多城市中，南京市區、無錫宜興因相較於其他城市並沒有顯著的進步，在其他城市紛紛急起直追之際，排擠效應自然產生，進而成為台商推薦度較低的城市。

5. **就台商推薦度排名上升而言**：2009《TEEMA調查報告》結果顯示，2009比2008台商推薦度排名進步最多的城市依序分別為：重慶市（+48名，從55名上升到7名）、秦州（+48名，從81名上升到33名）、上海市區（+27名，從43名上升到16名）、莆田（+27名，從70名上升到43名）、廈門外島（+25名，從30名上升到5名）、瀋陽（+24名，從56名上升到32名）、上海浦東（+23名，從51名上升到28名）；其中由於中國大陸開始實施「梯度轉移」因此內陸城市逐漸受到重視，此外重慶對台商更是大送秋波，為了協助台商融資2009年2月更成立「台資企業融資擔保公司」，提供80至100億的人民幣額度，除此之外「寸灘保稅港」是中國大陸唯一的水、陸、空三位一體的保稅港，使其在2009年台商推薦度評分上進步快速。在秦州市則因當地政府積極推動「秦州區西十里物流園區建設」、「秦州區七裏墩傢俱城建設」以及「現代化建材、五金、電器綜合倉儲庫建設」，而得到台商的青睞。

6. **就台商推薦度排名下降而言**：台商推薦度排名退步較多的城市則分別是：

溫州（-34；從42名下降到76名）、無錫宜興（-23；從18名下降到41名）、南京市區（-23；從21名下降到44名）、威海（-21；從14名下降35名）、泰安（-20；從27名下降到47名）、佛山（-20；從48名下降68名）、徐州（-18；從18名下降36名）。其中退步最多的城市溫洲，台商在溫州幾乎以技術密集型的傳統產業為主，如服裝與鞋業，在遭受金融海嘯後，出口訂單大幅下降，導致許多廠商周轉不靈，尤其許多中小企業更勝為之，在政府部門服務效率不高、產業配套措施不完善及融資困難的情況下，以致其在台商推薦城市中列居退步第一名。由上述分析可以發現，若城市政府機關的效率不佳、沒有立即反應廠商需求、無完善安商意識，將造成該城市台商推薦度評分降低，並且大幅度退步。

表13-1 2009 TEEMA中國大陸城市台商推薦度細項指標排名分析

排名	城市	省市	地區	❶競爭力	❷環境力	❸風險度	❹發展潛力	❺投資效益	❻國際接軌	❼權益保護	❽行政效率	❾內銷市場	❿生活品質	台商推薦度
01	蘇州昆山	江蘇省	華東	4.407	4.548	4.497	4.548	4.548	4.503	4.542	4.554	4.458	4.520	4.512 / 98.161
02	無錫江陰	江蘇省	華東	4.419	4.419	4.452	4.600	4.433	4.467	4.367	4.400	4.600	4.600	4.476 / 96.977
03	南 昌	江西省	華中	4.583	4.694	4.556	4.529	4.353	4.206	4.500	4.412	4.529	4.382	4.475 / 96.224
04	成 都	四川省	西南	4.487	4.564	4.487	4.487	4.436	4.342	4.513	4.436	4.513	4.385	4.465 / 95.256
05	廈門島外	福建省	華南	4.500	4.450	4.300	4.526	4.316	4.474	4.474	4.421	4.579	4.368	4.441 / 95.148
06	寧波北侖	浙江省	華東	4.292	4.458	4.292	4.391	4.391	4.261	4.522	4.435	4.304	4.478	4.382 / 92.673
07	重 慶	重慶市	西南	4.302	4.442	4.465	4.372	4.372	4.349	4.395	4.302	4.349	4.372	4.372 / 92.351
08	蘇州工業區	江蘇省	華東	4.439	4.404	4.404	4.386	4.351	4.281	4.386	4.386	4.281	4.316	4.363 / 90.629
09	杭州蕭山	浙江省	華東	4.440	4.440	4.408	4.380	4.160	4.340	4.320	4.300	4.320	4.320	4.343 / 89.338
10	揚 州	江蘇省	華東	4.333	4.333	4.282	4.395	4.263	4.237	4.342	4.395	4.342	4.342	4.326 / 88.692
11	南京江寧	江蘇省	華東	4.304	4.304	4.286	4.348	4.304	4.348	4.348	4.304	4.304	4.348	4.320 / 88.369
12	寧波市區	浙江省	華東	4.316	4.421	4.105	4.579	4.368	4.263	4.263	4.158	4.158	4.263	4.289 / 84.926
13	鎮 江	江蘇省	華東	4.238	4.286	4.286	4.350	4.250	4.250	4.350	4.400	4.250	4.200	4.286 / 84.281
14	廊 坊	河北省	華北	4.105	4.474	4.579	4.263	4.316	4.368	4.211	4.158	4.158	4.211	4.284 / 83.528
15	天津濱海	天津市	華北	4.280	4.240	4.080	4.458	4.360	4.280	4.280	4.333	4.167	4.240	4.272 / 83.312
16	上海市區	上海市	華東	4.269	4.308	4.200	4.346	4.231	4.385	4.154	4.038	4.346	4.346	4.262 / 82.559
17	蘇州新區	江蘇省	華東	4.314	4.314	4.286	4.286	4.200	4.286	4.286	4.171	4.171	4.257	4.257 / 81.806
18	上海閔行	上海市	華東	4.282	4.282	4.256	4.282	4.256	4.231	4.231	4.256	4.179	4.256	4.251 / 81.698
19	廈門島內	福建省	華南	4.279	4.256	4.209	3.944	4.214	4.262	4.143	4.238	4.190	4.214	4.234 / 79.654
20	青 島	山東省	華北	4.324	4.243	4.297	4.333	4.167	4.306	4.167	4.083	4.167	4.222	4.231 / 79.546
21	杭州市區	浙江省	華東	4.300	4.250	4.250	4.350	4.150	4.050	4.250	4.250	4.200	4.150	4.220 / 79.008
22	蘇州市區	江蘇省	華東	4.298	4.383	4.319	4.250	4.104	4.167	4.083	4.104	4.208	4.167	4.208 / 76.641
23	北京亦莊	北京市	華北	4.222	4.185	4.333	4.185	4.259	4.111	4.111	4.185	4.148	4.296	4.204 / 76.534
24	大 連	遼寧省	東北	4.125	4.250	4.219	4.250	4.156	4.219	4.281	4.094	4.125	4.250	4.197 / 75.458
25	無錫市區	江蘇省	華東	4.179	4.089	4.143	4.214	4.232	4.143	4.196	4.143	4.143	4.179	4.166 / 73.091
26	寧波奉化	浙江省	華東	3.850	4.150	4.150	4.300	4.100	4.211	4.200	4.200	4.158	4.150	4.147 / 72.445
27	煙 台	山東省	華北	4.000	4.167	4.278	3.944	4.167	4.111	4.222	4.111	4.222	4.222	4.144 / 71.692
28	上海浦東	上海市	華東	4.132	4.158	4.000	4.231	4.026	4.205	4.103	4.103	4.103	4.154	4.121 / 69.109
29	濟 南	山東省	華東	3.800	4.000	4.040	4.160	4.080	3.960	4.160	4.200	4.280	4.320	4.100 / 67.711
30	淮 安	江蘇省	華東	4.231	4.308	4.231	4.120	4.000	3.880	4.080	4.160	4.040	3.800	4.085 / 67.388
31	常 州	江蘇省	華東	3.962	4.192	4.154	4.115	4.115	4.038	4.120	3.923	4.040	4.115	4.078 / 66.635
32	瀋 陽	遼寧省	東北	3.765	3.882	4.000	4.059	4.059	4.176	4.176	4.118	4.176	4.353	4.076 / 65.989
33	泰 州	江蘇省	華東	4.000	4.000	4.130	4.261	3.957	3.783	4.130	4.087	4.043	4.174	4.057 / 65.451
34	蘇州張家港	江蘇省	華東	4.050	4.250	4.100	4.095	4.000	3.952	4.095	4.143	3.905	3.905	4.050 / 63.730

表13-1 2009 TEEMA中國大陸城市台商推薦度細項指標排名分析（續）

排名	城市	省市	地區	❶競爭力	❷環境度	❸風險度	❹發展潛力	❺投資效益	❻國際接軌	❼權益保護	❽行政效率	❾內銷市場	❿生活品質	台商推薦度
35	威海	山東省	華北	3.905	4.048	4.000	4.095	4.190	4.190	4.000	3.905	4.000	4.048	4.038	62.761
36	徐州	江蘇省	華東	4.118	4.206	4.000	4.235	4.088	3.647	4.118	4.059	4.059	3.735	4.026	62.116
37	南通	江蘇省	華東	3.957	4.174	4.043	4.130	3.957	3.913	4.000	4.130	3.913	3.913	4.013	61.578
38	連雲港	江蘇省	華東	4.235	4.294	4.235	4.059	4.000	3.529	4.118	4.000	3.941	3.706	4.012	61.147
39	寧波慈溪	浙江省	華東	3.882	3.824	3.882	4.125	4.000	3.938	4.125	4.125	4.125	4.000	4.003	60.932
40	合肥	安徽省	華中	3.968	4.161	4.065	4.129	3.903	3.710	4.161	4.065	3.968	3.839	3.997	60.717
41	無錫宜興	江蘇省	華東	3.909	4.045	4.045	4.000	3.818	3.864	4.045	3.955	3.955	4.045	3.968	58.134
42	嘉興	浙江省	華東	3.950	4.000	4.100	4.050	3.850	3.579	3.950	3.900	4.100	4.100	3.958	56.736
43	莆田	福建省	華南	3.857	3.900	3.900	4.000	3.905	4.000	4.000	3.952	3.952	3.952	3.942	55.660
44	南京市區	江蘇省	華東	3.773	3.864	4.000	3.955	3.682	3.909	3.864	3.955	3.909	4.091	3.900	54.584
45	蘇州常熟	江蘇省	華東	3.862	3.862	3.897	4.107	3.750	3.679	3.964	3.964	3.821	4.000	3.891	51.894
46	紹興	浙江省	華東	4.000	4.000	4.143	3.786	4.143	3.857	3.786	3.500	3.714	3.929	3.886	51.894
47	泰安	山東省	華北	3.563	3.813	3.875	3.938	3.938	3.813	4.000	3.875	3.875	4.000	3.869	50.710
48	南寧	廣西	西南	3.789	3.895	3.789	3.895	4.053	3.842	3.895	3.842	3.789	3.842	3.863	49.634
49	蘇州太倉	江蘇省	華東	3.897	4.000	3.793	3.759	3.759	3.862	3.828	3.759	3.793	3.759	3.821	48.989
50	上海松江	上海市	華東	3.912	3.676	3.529	4.000	3.588	3.971	3.529	3.735	3.971	3.970	3.788	46.944
51	天津市區	天津市	華北	3.886	3.657	3.629	4.029	3.800	3.829	3.657	3.743	3.600	3.800	3.763	44.362
52	蘇州吳江	江蘇省	華東	3.886	3.771	3.800	3.829	3.686	3.514	3.771	3.829	3.714	3.800	3.760	44.254
53	珠海	廣東省	華南	3.966	3.793	3.724	3.786	3.786	3.714	3.778	3.536	3.536	3.786	3.740	43.501
54	九江	江西省	華中	3.667	3.867	3.867	3.667	3.867	3.533	3.733	3.667	3.867	3.667	3.740	43.178
55	福州市區	福建省	華南	3.737	3.632	3.737	3.947	3.632	3.579	3.947	3.579	3.632	3.842	3.726	42.533
56	桂林	廣西	西南	3.688	3.938	3.938	3.563	3.688	3.750	3.688	3.563	3.688	3.688	3.719	41.780
57	廣州天河	廣東省	華南	3.800	3.880	3.960	3.560	3.720	3.640	3.640	3.600	3.680	3.640	3.712	41.242
58	昆明	雲南省	西南	3.467	3.733	3.600	3.533	3.800	3.667	3.867	3.733	3.733	3.667	3.680	38.767
59	中山	廣東省	華南	3.710	3.774	3.742	3.710	3.613	3.419	3.774	3.645	3.419	3.710	3.652	38.336
60	寧波餘姚	浙江省	華東	3.800	3.700	3.750	3.800	3.650	3.700	3.400	3.500	3.550	3.600	3.645	37.906
61	吉安	江西省	華中	3.438	3.875	4.000	3.438	3.813	3.625	3.500	3.313	3.688	3.750	3.644	37.260
62	汕頭	廣東省	華南	3.600	3.760	3.760	3.615	3.577	3.692	3.538	3.577	3.577	3.500	3.620	36.722
63	泉州	福建省	華南	3.500	3.833	3.667	3.588	3.471	3.529	3.647	3.588	3.647	3.706	3.618	36.077
64	贛州	江西省	華中	3.667	3.733	3.667	3.643	3.500	3.643	3.571	3.643	3.357	3.500	3.592	34.678
65	上海嘉定	上海市	華東	3.700	3.600	3.467	3.567	3.400	3.733	3.467	3.533	3.567	3.633	3.567	32.957
66	石家莊	河北省	華北	3.533	3.533	3.533	3.400	3.733	3.533	3.467	3.600	3.600	3.667	3.560	32.634
67	北京市區	北京市	華北	3.781	3.750	3.750	3.469	3.438	3.484	3.375	3.469	3.625	3.226	3.537	31.988
68	佛山	廣東省	華南	3.583	3.542	3.500	3.583	3.417	3.500	3.500	3.333	3.542	3.458	3.496	29.083

表13-1 2009 TEEMA中國大陸城市台商推薦度細項指標排名分析（續）

排名	城市	省市	地區	❶競爭力	❷環境力	❸風險度	❹發展潛力	❺投資效益	❻國際接軌	❼權益保護	❽行政效率	❾內銷市場	❿生活品質	台商推薦度
69	漳州	福建省	華南	3.650	3.750	3.650	3.450	3.500	3.200	3.250	3.500	3.450	3.350	3.475	28.545
70	福州馬尾	福建省	華南	3.522	3.609	3.696	3.348	3.478	3.174	3.261	3.348	3.261	3.348	3.404	25.855
71	長沙	湖南省	華中	3.471	3.412	3.412	3.471	3.294	3.294	3.412	3.412	3.412	3.412	3.400	25.102
72	西安	陝西省	西北	3.400	3.267	3.400	3.267	3.400	3.333	3.400	3.400	3.400	3.333	3.360	23.165
73	東莞長安	廣東省	華南	3.370	3.286	3.357	3.286	3.321	3.321	3.250	3.357	3.250	3.222	3.302	21.228
74	武漢漢陽	湖北省	華中	3.056	3.500	3.667	2.944	3.278	3.333	3.278	3.056	3.167	3.389	3.267	20.475
75	惠州	廣東省	華南	3.190	3.333	3.286	3.318	3.273	3.273	3.182	3.364	3.136	3.273	3.263	19.937
76	溫州	浙江省	華東	3.333	3.333	3.208	3.583	3.208	3.167	3.208	3.042	3.250	3.292	3.263	19.830
77	東莞市區	廣東省	華南	3.345	3.138	3.107	3.345	3.400	3.267	3.172	3.241	3.414	3.172	3.260	19.507
78	武漢漢口	湖北省	華中	2.941	3.588	3.412	3.118	3.353	3.294	3.176	3.118	3.118	3.118	3.224	18.646
79	武漢武昌	湖北省	華中	3.100	3.500	3.500	3.150	3.350	3.000	3.000	2.900	3.100	3.050	3.165	16.817
80	廣州市區	廣東省	華南	3.056	3.056	3.056	3.167	3.056	3.056	3.056	3.111	3.444	3.167	3.122	16.064
81	宜昌	湖北省	華中	3.063	2.938	3.063	3.133	2.933	3.000	2.867	3.067	3.067	2.867	3.000	11.975
82	北海	廣西	西南	2.933	2.867	2.867	3.000	2.867	2.933	3.067	3.133	3.067	3.200	2.993	11.867
83	深圳市區	廣東省	華南	3.167	2.929	2.786	3.095	2.976	3.143	2.786	2.857	3.190	2.976	2.990	11.007
84	深圳寶安	廣東省	華南	2.971	3.000	3.029	3.000	2.886	3.029	2.943	2.829	3.057	2.771	2.951	9.823
85	江門	廣東省	華南	2.765	3.235	3.235	2.941	3.000	2.706	2.824	2.824	3.059	2.882	2.947	9.608
86	太原	山西省	華北	2.684	3.158	3.263	3.000	3.211	3.053	2.632	2.789	2.789	2.737	2.932	9.308
87	東莞虎門	廣東省	華南	2.760	3.160	3.111	2.962	2.923	3.000	2.808	2.769	2.778	2.885	2.916	8.639
88	深圳龍崗	廣東省	華南	3.036	2.929	2.964	2.857	2.964	3.036	2.821	2.929	2.893	2.643	2.907	8.426
89	東莞石碣	廣東省	華南	2.900	2.900	2.969	2.821	2.786	2.750	2.786	2.857	2.967	2.929	2.866	7.025
90	長春	吉林省	東北	2.737	2.842	2.842	2.947	3.000	2.789	2.842	2.579	2.842	2.842	2.826	6.703
91	東莞厚街	廣東省	華南	2.889	2.793	2.593	2.815	2.778	2.889	2.704	2.759	3.069	2.704	2.799	5.196
92	哈爾濱	黑龍江	東北	2.375	2.500	2.313	2.563	2.750	2.625	2.375	2.313	2.438	2.563	2.481	1.861
93	蘭州	甘肅省	西北	2.333	2.533	2.467	2.400	2.333	2.467	2.200	2.000	2.200	2.400	2.333	1.215

註：
[1] 問卷評分轉換：「非常同意＝5分」、「同意＝4分」、「沒意見＝3分」、「不同意＝2分」、「非常不同意＝1分」。

[2] 投資風險度＝【城市競爭力×10％】＋【投資環境力×10％】＋【投資風險度×10％】＋【城市發展潛力×10％】＋【整體投資效益×10％】＋【國際接軌程度×10％】＋【台商權益保護×10％】＋【政府行政效率×10％】＋【內銷市場前景×10％】＋【整體生活品質×10％】

[3] 台商推薦度評分越高，代表台商對該城市願意推薦給下一個來投資的台商之意願強度越高，換言之，也代表這個城市的台商推薦程度是越高。

第**14**章 2009 TEEMA 中國大陸「城市綜合實力」

一、2009 TEEMA中國大陸城市綜合實力排名

　　2009《TEEMA調查報告》計算方式仍然是延續過去TEEMA調查報告中所使用的「兩力兩度」模式：（1）城市競爭力；（2）投資環境力；（3）投資風險度；（4）台商推薦度等四個構念，依據93個城市在四個構念所獲得的原始分數之高低排列順序後，透過百分位數轉換來計算其加權分數，除城市競爭力是以20.00到99.99為百分位數加權計算之外，其他三個構念皆是以1.00到99.99為百分位數加權計算，再個別乘以構念的權重後，將四個構念之分數加總並予以排名，最後將得到每一個城市的「城市綜合實力」綜合評分與排名。關於「兩力兩度」構面權重的分配，分別為：（1）城市競爭力（15%）；（2）投資環境力（40%）；（3）投資風險度（30%）；（4）台商推薦度（15%）。

　　2009《TEEMA調查報告》城市綜合實力排名如表14-1所示，此排名所得到的結果，可做為給未來要赴中國大陸投資的台商，一個非常重要的參考依據。2009《TEEMA調查報告》以25分為一級距，將「城市綜合實力」依分數級距轉換成「城市推薦等級」，並延用過去TEEMA的推薦等級劃分為四大推薦等級，其分別為：（1）75分以上城市為【A】級城市，稱之為「極力推薦」城市；（2）50分到75分（含）城市為【B】級城市，歸屬於「值得推薦」等級城市；（3）25分到50分（含）之城市為【C】級城市，歸類為「勉予推薦」等級城市；（4）25分（含）以下之城市則為【D】級城市，則劃歸於「暫不推薦」等級城市。有關2009《TEEMA調查報告》列入調查評估的93個城市，其【A】、【B】、【C】、【D】四個推薦等級的城市亦如表14-1所示。

　　2009《TEEMA調查報告》中國大陸「城市綜合實力」評估結果顯示，中國大陸2009年「城市綜合實力」前十佳的城市依序為：（1）蘇州昆山；（2）南京江寧；（3）蘇州工業區；（4）天津濱海；（5）寧波北侖；（6）上海閔

行；（7）杭州蕭山；（8）南昌；（9）北京亦莊；（10）無錫江陰。而2009年「城市綜合實力」排名最後的前十名分別為：（1）蘭州；（2）哈爾濱；（3）長春；（4）宜昌；（5）北海；（6）太原；（7）東莞厚街；（8）東莞石碣；（9）東莞虎門；（10）江門。

中國大陸為活絡經濟而投入四兆人民幣進行國內投資，而其中絕大部分資金都是用在基礎建設上，其中，交通建設的擴大將加速城市化的進行，並藉由便捷的交通網絡，使鄉下偏遠地區可納入城市之腹地，達成區域一體化的格局。在中國大陸眾多城市紛紛自立自強，招商引資，擴大實力之際，2009《TEEMA調查報告》將針對昆山、廈門、重慶、南寧、東莞等五個城市排名上升加以探究。

1. **昆山**：昆山位於中國大陸最發達的長三角經濟區中，也是台商投資中國大陸的主要重點城市。尤其是昆山高新區以科技創新為核心動力，並積極推動產業群聚化、高端化，2008年的綜合實力更躍居江蘇省開發區的第一名，也成為昆山整體重要經濟發展的一環。隨著近幾年來昆山不斷轉變經濟發展方式，致使經濟效益不斷提高，服務業與高新技術產業產值也大幅度提升，更令昆山每年在台商的投資環境評比都名列前矛，2009《TEEMA調查報告》昆山更被台商選為93個列入評估城市的第一名，其主要理由為：

❶ **理由一：重視對台商的轉型升級**：在金融風暴來襲與中國大陸產業結構調整衝擊下，昆山政府很早就提出應變措施，推出一系列輔導台商轉型升級的政策，首先在政府部門成立專門領導小組，並與台商協會組成指導委員會，對於改制上市成功的企業提供資金獎勵，給予台商企業實質補貼，並計劃提供技術升級的台商減免部分土地使用費，對台商進行研發、打造品牌等計畫也有資金獎勵。目前昆山設置的科技獎勵金辦法，對於符合條件的個人提供人民幣100萬元、企業提供人民幣500萬元的獎勵。

❷ **理由二：給予台商較多融資機會**：由於2008年中國大陸實施勞動合同法、調降加工貿易進出口退稅、人民幣升值，再加上美國次貸風暴引發金融危機等，使得台商受到極大的衝擊，為協助台商改善經營環境，昆山市長管愛國直接與銀行行長溝通，全力協助解決台商資金流動不足之問題，並針對全昆山市140多家重點企業進行走訪，另於2008年12月23日與13間商業銀行簽定融資協議，獲得20.88億人民幣的融資，根據《昆山日報》2009年7月13日報導指出：「截至2009年6月底昆山市金融機構貸款餘額首次突破千億大關，達到1,046.73億人民幣，居蘇州五縣市之首」，而人民銀行昆山分行也推動四個方面15項措施，全力促進地方經濟發展。

❸ **理由三：政府政策的支援**：目前昆山有3,300多家台商在此投資，投資金額高達316億美元，金融風暴席捲全球的情況下，台商企業也受到影響，昆山市政府於2008年9月頒布《關於推進台資企業轉型升級的若干政策》，制訂28條優惠政策，鼓勵昆山台商企業投資轉型升級，並設立「昆山市台資企業轉型升級引導資金」，為台資企業在科技創新、技術改造與發展服務貿易提供支援與協助。昆山市委書記張國華在全市促進經濟發展工作會議時表示，決定細化轉型升級條文，使政府機構能夠即時提供企業幫助。此外，其亦於2009年1月表示：「針對預收電費之問題，昆山市政府自行提撥2,000萬人民幣提交供電局，以作為企業預繳電費保證金；使得未來昆山台商無須預繳電費」，此舉大幅減輕台商資金週轉負擔。2009年初，昆山市委書記張國華與昆山市長管愛國陸續赴日本、韓國與美國招商，目的是使國外企業將更多訂單放在昆山生產，避免電子業產生斷鏈危機。

❹ **理由四：位居地理要塞**：地處江蘇省東南部與上海市緊鄰，城市邊界與許多重點城市相接，與其他縣級城市相比，昆山－上海的衛星城市，其擁有獨一無二的地理優勢，滬寧城際鐵路、京滬鐵路與上海軌道交通11號線地鐵列車在此交會，便利的交通網絡，提升城市的綜合運輸能力，因此無論是商務或是觀光皆是未來發展的重點。

❺ **理由五：結合城市與開發區**：中國大陸進行改革開放，由沿海地帶開始，上海浦東的經濟區開放之後，外資紛紛進駐設廠，發展成為國際產業資本的轉移平台，昆山市看準此機遇創建開發區，1992年更是被中國大陸國務院評為國家級開發區，昆山城市的發展與開發區有著密切的關係，開發區的建設與城市化進程相互結合，建設出世界級工業中心。

❻ **理由六：上海後勤中心**：由於昆山市鄰近上海市，地理位置具有得天獨厚的優勢，加上交通建設愈趨便利；在金融服務業方面，上海與昆山可發展成為「前店後廠」的關係，企業可選擇上海為營運總部，相關支援性質業務，如：客服中心等可選擇營運成本較低廉、土地價格平穩的昆山，尤其是金融海嘯後企業多注重成本，昆山則是具有優勢的城鎮。

❼ **理由七：花橋國際商務城帶動經濟成長**：花橋國際商務城是江蘇省唯一以現代服務業為主的省級開發區，2007年列為江蘇省服務外包示範區，並規劃為業務流程外移外包、金融機構後台處理中心、製造業區域性總部、現代物流等四大核心產業，積極建設為上海的衛星商務城。花橋國際商務城地處江蘇與上海交界處，接近上海市中心，距離虹橋機場25公里、浦東機場80公里，待上海地鐵11

線、滬寧城際鐵路、京滬高鐵等三大交通建設完備後,將與上海發揮真正的「同城效應」,拉動長江三角的經濟發展。

❽ **理由八:科技產業重鎮:**昆山為台商的集中地,更是全球筆記型電腦的主要生產基地,全球每十部電腦就有四部來自昆山,年產量可達5,500萬台,數位相機的年產量也超過1,500萬台,近年來電子產業包括上游的電子產業與下游的電子終端產品已占有昆山工業總產值的七成。

❾ **理由九:主力打造自有品牌:**由於昆山台商積極投資高科技相關產業,因此昆山工業能夠有所轉型,並且從早期的代工轉而打造自有品牌,且為保持競爭優勢,加強自主創新能力,昆山市政府積極投入研發人才與投資比例,且昆山開發區已被列為國家知識產權試點園區,清華科技園成為省級高新技術創業服務中心。根據昆山市政府統計(2009)全昆山市目前累計擁有11個中國品牌,44個江蘇品牌,132個蘇州品牌,成績相當輝煌。

❿ **理由十:長三角藝術品交易市場:**2008年11月掛牌成立的昆山文化創意產業園,設立在知名的水鄉古鎮周莊,昆山市政府預計投資1億元人民幣,將該文創園區打造為長三角最大的藝術品交易市場。未來將建構文化創意產業公共服務平台,吸引優秀的文化創意人才入駐,促使該園區成為學術交流、藝術創作、作品展示與生產的交易市場,預計2010年全部竣工。

2. **廈門:**廈門是福建省的一個副省級城市,同時也是全中國大陸首批施行對外開放的五個經濟特區之一,享有省級經營管理許可權與地方立法權。30年來,廈門的經濟更呈現快速的成長,人民生活不斷改善,實現全面的協調發展,使其城市競爭力不斷增強,主要的理由有以下五點:

❶ **理由一:外向型經濟推動國際化發展:**外向型經濟模式是以開拓國際市場為著眼點的經濟發展策略,也是廈門經濟發展的最大特色。而廈門的發展屬於外資帶動型,經過多年的發展,目前廈門已經形成經濟特區、台商投資區、出口加工區、保稅區、高新技術園區等多項層次,而全方位的對外開放格局也成為境外資本的重要群聚地。廈門的外向型經濟,也促使廈門成為經濟國際化和現代化的城市。

❷ **理由二:地理區位優勢:**廈門的地理位置優越,也是海峽西岸最重要的海、空口岸。港口方面,已躋身全球第23名,而空運方面則是中國大陸第四大出入境口岸,並且大力發展海鐵、海空與海陸的聯合運輸,進一步拓展港口腹地,增強港口的輻射帶動力。加上兩岸小三通之後,廈門也成為主要與台灣聯繫的區域,成為連接兩岸最具活力的橋樑。並以其經濟特區優勢,建有海滄、杏林、集

美三個台商投資區，吸引大批台商前往投資，其加強兩岸間科技、教育、文化、藝術、體育與民俗各方面的交流，讓台商為廈門的發展注入一股不可或缺的動力。

❸ **理由三：政府主導政策的施行**：廈門主要的產業本體競爭力表現，從2006年廈門市政府主導的「十大國有企業整合和改革」開始，就逐漸表現出顯著的力量以及競爭能力，也使得近幾年來，國有企業在廈門開始有明確定位，對廈門的整體產業格局提升有不可忽視的作用。而包含建發、國際與機電等集團也都積極從簡單的重銷售進入到產業佈局階段，為廈門工業機械、房地產和服務業打下良好的基礎，進而提升廈門的競爭力。

❹ **理由四：廈門製造到廈門創造**：廈門在2006年投入16.29億人民幣資助「10大科技平台」的建設，使其成為廈門自主創新的發動機和加速器。其中包含廈門車輛與工程機械技術研發中心、養生堂疾病診斷與疫苗工程研發中心及產業基地等7個產業技術平台。此外還包含三個創新環境建設專案，進一步提升廈門的核心競爭力，也成為廈門能夠在近幾年來由廈門製造轉型升級為廈門創造的主要原因，也持續提升廈門產業的競爭優勢。

❺ **理由五：海西經濟區帶動廈門經濟發展**：中國大陸為促進全國區域經濟佈局的完善，加快海峽西岸經濟區的建設，推進海西經濟區與長三角、珠三角的區域合作，逐步形成從環渤海灣到珠三角整個沿海一線的完整發展佈局，有利加快東部發展，發揮海西經濟區的優勢並加快構建高速公路、快速鐵路、大型海港等交通運輸體系。而身為海西經濟區中最主要的城市，在此一波政策之下，廈門自然而然成為發展的重點城市，因此，其經濟發展潛力將不容小覷。

3. **重慶**：重慶市為中國大陸西南部的直轄市，是中國大陸重要的中心城市之一，也是長江上游的經濟中心，重慶主要以發展工業為主，也是中國大陸三大重工業的基地之一。隨著中國大陸2009年所提出的振興西三角經濟區規劃，重慶更成為西部大開發最主要的發展城市，近幾年來更是外資積極進駐的投資熱點，未來幾年發展前景將備受關注，其主要理由有下列五點：

❶ **理由一：優越的地理位置**：重慶坐落於大中華地區的心臟地帶，且是中西部的經濟中心、大西部開發指標城市；重慶接臨湖南、湖北、陝西、四川、貴州等五省，其便利的交通形成一小時經濟圈，使重慶的腹地更廣大，在這般得天獨厚的情況下，1997年中國大陸中央政府為了平衡區域發展，促使重慶從四川省的第二大都市，升格成為中西部唯一的直轄市；2007年更將重慶從農村直轄市提升至城鄉統籌試驗區，在地理條件卓越加上政府政策大力推動下，重慶未來的發展將大有可為。

❷ **理由二：GDP成長率連年高於全國平均**：根據中國大陸國家統計局的數據顯示（2009）：「2008年，重慶GDP總量首次過5,000億人民幣，達到5,097億元人民幣，2002年以來，重慶的GDP成長率均高於10％，且連年均比中國大陸全國平均高出許多」，顯示重慶市的經濟發展確實驚人。此外，根據《遠見雜誌》第277期的資料顯示：「重慶GDP成長率排名快速竄升，2002年重慶在全國排名為第16名、西部排名則為第7名，然而，在經過六年後，2008年重慶在全國排名上昇到第5名、西部排名則衝到第3名」，重慶排名的提升除代表實力的增強外，亦代表著過去以沿海地區獨霸的經濟發展模式，將不復以往。

❸ **理由三：龐大的內需市場**：重慶市面積達8.24萬平方公里，中國大陸國家統計局（2009）數據顯示：「重慶人口達到3,144萬人、全境戶籍人口數為3,198萬、常住人口約2,816萬」，該地區的人口是台灣的1.4倍，突顯其內銷市場的龐大契機。根據《亞洲週刊》2009年第6期報導：「重慶作為內陸城市，目前的工業銷售值有90％為內銷、10％為外銷」，在早期這樣的經濟結構並不具優勢，反而不利於該地的發展，但在金融海嘯的危機下，外向型的經濟結構遭受挑戰，並且在中國大陸啟動擴大內需之後，將重慶市過去的缺點反而轉化為優點，這也將成為重慶的新機遇、新機運。

❹ **理由四：綿密的交通網絡**：重慶位處於東西交界處，眾多的運輸網絡交織其中，促使重慶成為大西部的交通轉運樞紐，並且是中國大陸官方核定的全國八大鐵路樞紐之一，其擁有：（1）襄渝鐵路；（2）成渝鐵路；（3）渝懷鐵路；（4）遂渝鐵路；（5）川黔鐵路等五條鐵路；高速公路至2008年底已建成總長1,000多公里，呈現「一環五射」的發展格局，這些路線包含成渝高速公路、重慶機場高速公路、長萬高速公路以及渝涪高速公路等10座高速公路，並尚有5座正在興建；在水運方面，重慶擁有得天獨厚的黃金水道長江，且在三峽工程竣工後，萬噸級的船隻將可駛進重慶港；在航空方面，重慶有兩座民用機場，分別是重慶江北國際機場以及重慶萬州五橋機場，根據新華社2009年7月5日的報導指出：「重慶江北機場2009年上半年完成旅客吞吐量646萬人次，成長16.2％，完成6.1萬個航班架次，實現8萬噸貨郵吞吐量」，顯示在重慶經濟火熱之際，連帶使人、物流增加不少。

❺ **理由五：加工貿易持續成長**：根據重慶海關在2009年7月8日所公布數據指出：「重慶區加工貿易內銷徵稅貨值1013.2萬人民幣，同比成長395.2％，內銷徵稅稅款247.4萬人民幣，同比成長353.1％」，重慶區的加工貿易企業主要以中小型企業為主，出口地區主要集中在歐美、日本等受金融海嘯影響較大的經濟

體，中國大陸政府為協助這些廠商度過難關，提出一系列的政策，包含：（1）在加工貿易區辦理現場，設立內銷補稅專門辦事處；（2）建立迅速評核綠色通道，縮短審視時間；（3）推行內銷「集中申報」，特許企業在內銷3個月以內，集中申報保稅貨物內銷辦理手續，然而必須在「加工貿易內銷批准證」範圍內的貨物才可算數，在加速內銷貨物快速通關下，將可滿足企業「接單急、出貨急以及零庫存」的經營需求。

4. **南寧**：廣西是中國大陸少數的民族自治區，其中又以南寧市的地理位置最為優越，是廣西政治、經濟、科技、文化、金融與資訊的中心，也是中國大陸大西南地區最便捷的出海大通道與中心樞紐城市。此外，南寧更是華南沿海與西南腹地兩大經濟區域的連結點，也是中國大陸泛北部經濟區發展規劃的重點城市。而廣西南寧之所以能成為備受關注的重點發展城市，主要的理由有下列五點：

❶ **理由一：國際物流基地的建設**：2008年12月28日，南寧國際綜合物流園正式開工建設，其所處地理位置優越，西側為銀海大道、北側有湘桂鐵路、東北側為玉洞火車貨運站、中部有環城高速公路橫貫，該物流區將集鐵路、高速公路、城市公路為一體。該基地的打造是將北部灣港口功能延伸到內陸，並打造廣西首個「無水港」，並進一步促進欽州、北海、南寧和防城港等四區域聯動格局的形成。隨著南寧國際綜合物流園的開工，將功能複合型區域性國際物流基地的藍圖變成現實，承諾實現商貿基地、加工製造基地、資訊交流中心、交通樞紐中心以及物流基地。

❷ **理由二：不斷進步的社會發展**：根據南寧市統計局（2009）公布資料顯示：「2008年南寧市全市地區生產總值達1,316.21億人民幣，成長額達14.5％，為2002年以降連續7年保持兩位數成長。其中，第一產業產值增加203.19億人民幣，成長5.3％；第二產業產值增加456.12億人民幣，成長14.8％；第三產業產值增加656.90億人民幣，成長17.1％」，在北部灣經濟區被提出後，「積聚效應」便漸漸顯現出來，大批的外資紛紛到此投資，根據廣西北部灣經濟區規劃建設管委會研究小組表示（2009）：「預計到2020年，北部灣經濟區將形成2至2.5兆人民幣的投資規模」，顯示該經濟區的成型對廣西此區的經濟將有顯著的提升作用。

❸ **理由三：北部灣經濟區成型**：在廣西決定設立北部灣經濟區之後，廣西北部灣經濟區規劃建設局自2008年起，連續5年每年編列10億人民幣，用於廣西北部灣經濟區重點園區基礎設施建設，建設管委會常務副主任陳瑞賢（2009）表示：「10億人民幣，相當於廣西2008年支持全廣西40多個工業園區建設資金的2倍」，顯示廣西加速開發北部灣經濟區的決心與魄力。廣西北部灣經濟區主要包

含南寧市、北海市、欽州市、防城港市所管轄之區域，同時含括玉林市以及崇左市的交通與物流，因此北部灣經濟區的設置，將同時帶動這些地區的發展。根據廣西壯族自治區於統計局（2009）統計顯示：「2008年廣西北部灣經濟區GDP達到2,279.7億人民幣，對廣西整體GDP的貢獻度達35.8％」，日後北部灣經濟區所有的建設進一步到位後，所創造的GDP將更為驚人。

❹ **理由四：優越的地理區位**：廣西北部灣經濟區位處西南，與華南和東盟兩大經濟圈接合，為中國大陸與東協之間唯一既有陸地連結又有海上通道的區域，同時亦為大湄公河次區域合作、泛北部灣經濟合作以及泛珠三角合作等多區域合作的交會點，在2010年東協加一成立後此區的貨物轉運勢必更加繁忙，因此，在「交通不暢，百事不通」的概念下，作為中國大陸與東協合作的「橋頭堡」，必須從增建交通設施做起，廣西壯族自治區主席馬飆（2008）表示：「自2008年起廣西將投入約3,000億人民幣建造公路、鐵路、水運、航空等全方位立體交通網絡」，屆時交通建設連結完畢後，廣西將實現與周邊國家公路、鐵路、水運、航空等交通動脈的全面貫連，該區的省會「南寧」發展將更上層樓。

❺ **理由五：欽州保稅港區**：2008年5月29日中國大陸國務院正式下文，批准設立廣西欽州保稅港區，此保稅港區是繼（1）天津東疆保稅港區；（2）寧波保稅港區；（3）海南洋浦保稅港區；（4）大連大窯灣保稅港區；（5）上海洋山保稅港區後所設立的第六個保稅港區，該區的策略性定位為：「成為中國-東協自由貿易區和泛北部灣區域最重要的國際航運中心」；功能性定位則是包括發展國際轉運中心、國際採購與配送、進出口和轉口貿易、出口加工等業務。在欽州保稅港區發展到位後，將使南寧成為廣西的辦公室，欽州以及北海等則成為廣西最重要的倉儲與物流部門。

5. **東莞**：東莞地處廣州與深圳之間，是台商最早赴中國大陸投資的地區之一，加上由於東莞地處沿海地區，整體的陸運和海運交通便利，使得許多重工業與傳統製造業都逐漸往東莞聚集，東莞的崛起也為早期中國大陸經濟整體發展貢獻不少。但隨著2008年中國大陸宏觀調控政策的落實，許多政策的施行造成東莞台商很大的經營困境，形成一股龐大的產業出走與倒閉潮，整體投資環境備受挑戰。但從2009年開始，東莞城市的投資環境又逐漸慢慢開始復甦，顯示在中國大陸經濟復甦政策之下，東莞仍是不可或缺的一塊發展區域，主要的理由有下列五點：

❶ **理由一：地理位置優越**：東莞的地理位置極具優勢，除城市本身具有自己的港口和海岸線之外，更具備物流業最根本的物流、資訊流、資金流三合一的功能。經過這幾年來的發展，東莞已經成為珠三角經濟區的配送中心，而且很快地

即將成為華南地區，甚至泛珠江三角地區的配送中心。若是東莞能夠整合廣州與深圳兩個區域，將其資源配置有效運用，可說是中國大陸無任何一個區域物流市場可匹敵的。

❷ 理由二：**組成深莞惠經濟結盟**：深圳、東莞、惠州三座城市的經濟結盟，意味著深莞惠一體化格局正式形成。然而，從三地的地理位置來看，東莞鳳崗鎮處於深莞惠三市的中心，當前珠三角一體化對鳳崗人來說是前所未有的發展機遇。發揮東莞鳳崗的獨特地緣優勢，加強與周邊地區合作，實行無縫對接，精心打造「東莞東南面的門戶」、「深圳後花園」與「惠州的經濟紐帶」，將達成「科學發展、先行先試」，及東莞市新一輪大發展。

❸ 理由三：**東莞史上最大的外資項目落戶望牛墩鎮**：2009年6月3日，台泥國際（香港）有限公司與東莞市望牛墩鎮政府簽訂投資協議書，將在望牛墩設立台泥華南地區總部，並且把公司旗下的物流企業、電子項目落戶望牛墩，首期投資1億美元為東莞史上投資最大的外資項目。金融海嘯的衝擊仍未結束，然而，東莞史上投資額最大的喜訊，深深刺激東莞整體經濟潛力的發展。

❹ 理由四：**東莞獨特特色非其他地區所可取代**：東莞市市長李毓全（2009）表示：「東莞主要發展優勢在於其發展潛力以及鄰近深圳並擁有最多的外資企業。加上東莞城鄉一體化發展非常完整，城鄉差距小，以東莞的地王為例，每平方米12,000人民幣的土地不在市區而是在郊區的塘廈鎮」，由此也可以看出東莞全區平均皆具有其發展潛力，而非只集中在某些地區。

❺ 理由五：**珠三角一體化政策振興東莞經濟**：中國大陸所提出的珠三角一體化政策包含支援珠江三角洲地區與港澳地區現代服務業領域的深度合作，重點在全面提升服務業發展水準，除此之外，將利用現有的基礎和港口條件發展世界級重大成套和技術製造業基地。而具有自己港口與海岸線的東莞，在這一波振興規劃之下，勢必扮演舉足輕重的角色，連帶也帶動東莞市整體產業與技術的發展。

此外，為瞭解TEEMA 2005至2009中國大陸城市綜合實力排名及台商推薦投資等級之變化，2009《TEEMA調查報告》將2005至2009之結果整理如表14-2所示。2009年列入【A】級的城市佔受評的93個城市之23.66％，列入【B】級的城市佔29.03％，【C】級的城市亦佔32.26％，而列入【D】級的城市則佔15.05％。從表14-2可窺見【A】、【B】、【C】、【D】四等級的分佈城市數，歷年來的比例沒有大幅變動，其中【D】級的城市數比例是最少的，表示台商對中國大陸經濟發展的高度認同。《TEEMA調查報告》主要是為能夠提供台商正確的投資指引，因此只要是列入【D】級的城市原則上是希望台商盡量避免到這些

城市進行過多的投資，或是大規模的佈局，同時希冀當地政府盡力改善投資環境。

　　2009《TEEMA調查報告》將其城市綜合實力推薦等級與該城市所在的七大經濟區域進行分佈比較，由表14-3顯示，中國大陸七大經濟區域進入2009台商「極力推薦」城市排名依序為：（1）華東地區14個（15％）；（2）華北地區3個（3％）；（3）華南地區2個（2％）；（4）華中地區、西南地區、東北地區各1個（1％），僅西北地區沒有任何城市列入【A】級的極力推薦城市，由此可見，華東地區的投資環境仍然是台商的首選。此外，為能夠瞭解《TEEMA調查報告》從2000-2009年各城市綜合實力排名與變化，特整理如表14-4所示。

二、2009 TEEMA產業別城市綜合實力排行

　　根據2009《TEEMA調查報告》顯示，南京江寧、蘇州昆山與蘇州工業區在高科技產業的評比中是位居前三位，主要的原因在於南京江寧自從2004年開始就一直著重於發展高科技產業，許多高新工業區也紛紛成立。2009年中國大陸推動一系列產業轉型升級政策，2009年6月一批超億元高科技、高附加價值的項目在南京江寧開發區開工和簽約，也是江寧開發區歷年來項目最多、投資規模最大、涉及領域最廣的一次集中引資活動，尤以江寧開發區和清華大學共建的啟迪科技園最引人注目，建成後將發揮群聚創新優勢，通過群聚效應，雲集優秀的創新創業人才，形成包括企業孵化集群、技術研發機構群、高效科技產業群、教育培訓機構群、仲介服務機構群和配套服務機構群的產學研創新集群，形成持續不斷的創新創業能力、輻射發展能力和國際化競爭力。蘇州昆山方面，2009年1至5月昆山高新區就新增註冊外資4.3億美元，提前7個月超額完成全年招商引資任務，且按照「項目－產業鏈—產業基地」的演進模式，昆山高新區重點佈局三大特色產業群聚，即以模具為特色的「精密機械產業」，以太陽能、風能為特色的「可再生能源產業」，以OLED有機發光顯示為特色的「光電產業」。最近，以機器人為特色的「數字裝備產業」和以小核酸為特色的「生物醫藥產業」在這裡風生水起，進一步確立昆山高新區作為現代製造業集聚區和高科技產業孵育區的獨特優勢。

表14-1 2009 TEEMA中國大陸城市綜合實力排名分析

排名	城市	省市	區域	❶城市競爭力		❷投資環境力			❸投資風險度			❹台商推薦度			城市綜合實力		等級
				加權評分	排名	加權評分	百分位	排名	加權評分	百分位	排名	加權評分	百分位	排名	綜合評分	排名	
01	蘇州昆山	江蘇省	華東	88.136	05	4.280	97.677	02	1.523	99.990	01	4.512	98.161	01	97.012	A01	極力推薦
02	南京江寧	江蘇省	華東	83.503	08	4.270	97.031	03	1.700	96.063	04	4.320	88.369	11	93.412	A02	
03	蘇州工業區	江蘇省	華東	88.136	05	4.178	91.651	08	1.659	98.322	02	4.363	90.629	08	92.972	A03	
04	天津濱海	天津市	華北	91.436	04	4.388	99.344	01	1.808	84.765	14	4.272	83.312	15	91.379	A04	
05	寧波北侖	浙江省	華東	82.703	09	4.192	92.404	06	1.729	93.104	06	4.382	92.673	06	91.199	A05	
06	上海閔行	上海市	華東	96.690	01	4.180	91.974	07	1.752	91.651	09	4.251	81.698	18	91.043	A06	
07	杭州蕭山	浙江省	華東	87.425	07	4.193	93.480	05	1.780	87.240	11	4.343	89.338	09	90.078	A07	
08	南 昌	江西省	華中	54.807	38	4.236	95.041	04	1.715	94.072	05	4.475	96.224	03	88.892	A08	
09	北京亦莊	北京市	華北	95.291	02	4.171	90.468	10	1.824	82.990	17	4.204	76.534	23	86.858	A09	
10	無錫江陰	江蘇省	華東	76.682	15	4.100	84.980	13	1.794	86.433	13	4.476	96.977	02	85.971	A10	
11	成 都	四川省	西南	78.226	14	4.105	85.142	12	1.812	84.657	15	4.465	95.256	04	85.476	A11	
12	廈門島外	福建省	華南	68.483	21	4.062	81.914	17	1.734	92.404	07	4.441	95.148	05	85.031	A12	
13	杭州市區	浙江省	華東	87.425	07	4.073	81.967	16	1.773	89.015	10	4.220	79.008	21	84.456	A13	
14	蘇州市區	江蘇省	華東	88.136	05	4.086	84.066	14	1.781	87.024	12	4.208	76.641	22	84.450	A14	
15	寧波市區	浙江省	華東	82.703	09	4.174	91.113	09	1.904	74.489	26	4.289	84.926	12	83.937	A15	
16	大 連	遼寧省	東北	79.048	13	4.153	90.360	11	1.854	79.546	20	4.197	75.458	24	83.184	A16	
17	揚 州	江蘇省	華東	48.841	43	4.083	83.850	15	1.685	96.224	03	4.326	88.692	10	83.037	A17	
18	青 島	山東省	華北	81.359	11	4.031	77.879	20	1.743	92.297	08	4.231	79.546	20	82.976	A18	
19	蘇州新區	江蘇省	華東	88.136	05	3.988	73.898	26	1.894	75.243	25	4.257	81.806	17	77.623	A19	
20	廈門島內	福建省	華南	68.483	21	4.016	77.233	22	1.893	75.404	24	4.234	79.654	19	75.735	A20	
21	無錫市區	江蘇省	華東	76.682	15	3.995	74.220	25	1.859	78.094	21	4.166	73.091	25	75.582	A21	
22	鎮 江	江蘇省	華東	50.485	42	4.060	81.645	18	1.905	74.220	27	4.286	84.281	13	75.139	A22	
23	重 慶	重慶市	西南	75.349	16	4.010	76.265	23	2.146	58.780	39	4.372	92.351	07	73.295	B01	值得推薦
24	蘇州張家港	江蘇省	華東	88.136	05	4.020	77.502	21	2.049	65.021	34	4.050	63.730	34	73.287	B02	
25	常 州	江蘇省	華東	64.794	25	3.973	72.714	28	1.889	77.233	23	4.078	66.635	31	71.970	B03	
26	廊 坊	河北省	華北	38.164	50	3.969	72.660	29	1.846	79.708	18	4.284	83.528	14	71.230	B04	

表14-1 2009 TEEMA中國大陸城市綜合實力排名分析（續）

排名	城市	省市	區域	❶城市競爭力 加權評分	❶排名	❷投資環境力 加權評分	❷百分位	❷排名	❸投資風險度 加權評分	❸百分位	❸排名	❹台商推薦度 加權評分	❹百分位	❹排名	城市綜合實力 綜合評分	排名	等級
27	無錫宜興	江蘇省	華東	76.682	15	3.937	68.894	30	1.865	78.065	22	3.968	58.134	41	71.200	B05	
28	煙台	山東省	華北	69.583	19	3.998	74.920	24	2.032	65.344	32	4.144	71.692	27	70.762	B06	
29	連雲港	江蘇省	華東	37.776	51	3.976	73.306	27	1.814	83.743	16	4.012	61.147	38	69.284	B07	
30	淮安	江蘇省	華東	35.209	52	4.036	78.309	19	1.915	72.606	28	4.085	67.388	30	68.495	B08	
31	濟南	山東省	華北	71.738	18	3.822	61.093	37	1.938	71.799	29	4.100	67.711	29	66.894	B09	值得推薦
32	上海市區	上海市	華東	96.690	01	3.855	62.600	34	2.291	46.729	50	4.262	82.559	16	65.946	B10	
33	上海浦東	上海市	華東	96.690	01	3.864	63.299	33	2.230	52.001	45	4.121	69.109	28	65.790	B11	
34	寧波奉化	浙江省	華東	82.703	09	3.814	59.695	39	2.124	59.894	38	4.147	72.445	26	65.118	B12	
35	徐州	江蘇省	華東	50.841	41	3.782	56.843	42	1.853	79.600	19	4.026	62.116	36	63.561	B13	
36	南京市區	江蘇省	華東	83.503	08	3.816	59.964	38	2.056	62.707	36	3.900	54.584	44	63.511	B14	
37	泰州	江蘇省	華東	43.364	47	3.934	68.410	31	2.050	64.268	35	4.057	65.451	33	62.966	B15	
38	南通	江蘇省	華東	61.728	30	3.814	58.619	40	2.041	65.236	33	4.013	61.578	37	61.514	B16	
39	嘉興	浙江省	華東	61.295	31	3.783	57.058	41	2.024	67.173	31	3.958	56.736	42	60.680	B17	
40	蘇州太倉	江蘇省	華東	88.136	05	3.744	54.745	43	2.116	59.964	37	3.821	48.989	49	60.456	B18	
41	合肥	安徽省	華中	57.473	36	3.854	62.169	35	2.149	57.704	40	3.997	60.717	40	59.907	B19	
42	威海	山東省	華北	56.707	37	3.848	62.168	36	2.233	50.334	46	4.038	62.761	35	57.888	B20	
43	泰安	山東省	華北	41.464	48	3.882	66.366	32	2.170	57.327	42	3.869	50.710	47	57.571	B21	
44	寧波慈溪	浙江省	華東	82.703	09	3.691	51.571	47	2.278	47.751	49	4.003	60.932	39	56.499	B22	
45	廣州天河	廣東省	華南	94.035	03	3.733	54.261	44	2.347	41.618	57	3.712	41.242	57	54.481	B23	
46	蘇州常熟	江蘇省	華東	88.136	05	3.537	40.488	56	2.157	57.435	41	3.891	51.894	45	54.430	B24	
47	蘇州吳江	江蘇省	華東	88.136	05	3.589	45.761	51	2.224	52.109	44	3.760	44.254	52	53.796	B25	
48	福州市區	福建省	華南	63.084	28	3.528	40.219	57	1.965	69.970	30	3.726	42.533	55	52.921	B26	
49	紹興	浙江省	華東	63.328	27	3.723	52.486	46	2.306	45.438	52	3.886	51.894	46	51.909	B27	

兩岸合贏創商機——2009年中國大陸地區投資環境與風險調查

表14-1 2009 TEEMA中國大陸城市綜合實力排名分析（續）

排名	城市	省市	區域	❶城市競爭力		❷投資環境力			❸投資風險度			❹台商推薦度			城市綜合實力		等級
				加權評分	排名	加權評分	百分位	排名	加權評分	百分位	排名	加權評分	百分位	排名	綜合評分	排名	
50	莆田	福建省	華南	29.499	59	3.648	49.150	48	2.213	53.992	43	3.942	55.660	43	48.631	C01	
51	九江	江西省	華中	30.110	58	3.724	52.970	45	2.277	47.913	48	3.740	43.178	54	46.555	C02	
52	天津市區	天津市	華北	91.436	04	3.396	31.612	65	2.317	43.878	54	3.763	44.362	51	46.178	C03	
53	寧波餘姚	浙江省	華東	82.703	09	3.400	32.472	64	2.274	48.881	47	3.645	37.906	60	45.745	C04	
54	珠海	廣東省	華南	54.596	39	3.578	44.254	52	2.318	43.770	55	3.740	43.501	53	45.547	C05	
55	中山	廣東省	華南	54.196	40	3.632	48.827	50	2.383	38.498	59	3.652	38.336	59	44.960	C06	
56	南寧	廣西	西南	46.486	45	3.542	41.403	55	2.304	45.922	51	3.863	49.634	48	44.756	C07	
57	上海松江	上海市	華東	96.690	01	3.420	33.548	63	2.545	31.450	65	3.788	46.944	50	44.400	C08	
58	潘陽	遼寧省	東北	81.526	10	3.194	21.175	74	2.310	44.093	53	4.076	65.989	32	43.825	C09	
59	昆明	雲南省	西南	57.973	35	3.563	43.286	53	2.382	39.251	58	3.680	38.767	58	43.601	C10	
60	泉州	福建省	華南	59.562	33	3.562	43.232	54	2.406	37.745	60	3.618	36.077	63	42.962	C11	
61	佛山	廣東省	華南	73.827	17	3.436	34.893	61	2.433	35.593	61	3.496	29.083	68	40.072	C12	
62	北京市區	北京市	華北	95.291	02	3.303	26.985	70	2.602	30.751	67	3.537	31.988	67	39.111	C13	
63	汕頭	廣東省	華南	30.532	57	3.472	37.314	60	2.323	43.609	56	3.620	36.722	62	38.097	C14	
64	福州馬尾	福建省	華南	63.084	28	3.386	30.536	66	2.449	35.485	62	3.404	25.855	70	36.201	C15	
65	溫州	浙江省	華東	63.895	26	3.432	33.764	62	2.499	33.118	63	3.263	19.830	76	35.999	C16	
66	上海嘉定	上海市	華東	96.690	01	3.320	27.415	69	2.833	18.538	76	3.567	32.957	65	35.975	C17	
67	贛州	江西省	華中	32.143	56	3.525	39.412	58	2.579	30.966	66	3.592	34.678	64	35.078	C18	
68	桂林	廣西	西南	32.176	55	3.478	37.798	59	2.685	26.608	69	3.719	41.780	56	34.195	C19	
69	廣州市區	廣東省	華南	94.035	03	3.243	22.466	72	2.623	28.276	68	3.122	16.064	80	33.984	C20	
70	吉安	江西省	華中	24.333	60	3.644	49.096	49	2.900	14.988	80	3.644	37.260	61	33.374	C21	
71	武漢漢陽	湖北省	華中	79.937	12	3.281	25.855	71	2.750	23.918	71	3.267	20.475	74	32.579	C22	
72	漳州	福建省	華南	33.765	54	3.365	30.482	67	2.515	31.612	64	3.475	28.545	69	31.023	C23	
73	東莞長安	廣東省	華南	66.483	22	3.325	29.083	68	2.870	16.333	78	3.302	21.228	73	29.690	C24	
74	武漢武昌	湖北省	華中	79.937	12	3.144	20.206	77	2.771	21.928	72	3.165	16.817	79	29.174	C25	

勉予推薦

表14-1　2009 TEEMA中國大陸城市綜合實力排名分析（續）

排名	城市	省市	區域	❶ 城市競爭力		❷ 投資環境力			❸ 投資風險度			❹ 台商推薦度			城市綜合實力		等級
				加權評分	排名	加權評分	百分位	排名	加權評分	百分位	排名	加權評分	百分位	排名	綜合評分	排名	
75	長　沙	湖南省	華中	69.394	20	3.194	20.690	75	2.778	21.928	73	3.400	25.102	71	29.029	C26	勉予推薦
76	武漢漢口	湖北省	華中	79.937	12	3.195	21.766	73	2.978	12.567	84	3.224	18.646	78	27.264	C27	
77	石家莊	河北省	華北	60.606	32	3.153	20.475	76	2.879	15.418	79	3.560	32.634	66	26.801	C28	
78	西　安	陝西省	西北	66.005	23	3.045	14.665	79	2.745	24.456	70	3.360	23.165	72	26.578	C29	
79	東莞市區	廣東省	華南	66.483	22	3.112	16.655	78	2.783	21.766	74	3.260	19.507	77	26.091	C30	
80	深圳市區	廣東省	華南	87.847	06	3.010	13.966	84	2.919	13.159	83	2.990	11.007	83	24.362	D01	暫不推薦
81	深圳寶安	廣東省	華南	87.847	06	2.860	9.823	86	2.917	13.427	82	2.951	9.823	84	22.608	D02	
82	惠　州	廣東省	華南	48.296	44	3.042	14.342	80	2.789	20.637	75	3.263	19.937	75	22.163	D03	
83	深圳龍崗	廣東省	華南	87.847	06	2.786	6.918	89	3.221	4.497	90	2.907	8.426	88	18.557	D04	
84	江　門	廣東省	華南	39.764	49	3.011	13.966	83	2.853	16.655	77	2.947	9.608	85	17.989	D05	
85	東莞虎門	廣東省	華南	66.483	22	2.794	7.294	88	3.000	11.975	85	2.916	8.639	87	17.779	D06	
86	東莞石碣	廣東省	華南	66.483	22	2.807	7.456	87	3.012	9.393	86	2.866	7.025	89	16.826	D07	
87	東莞厚街	廣東省	華南	66.483	22	2.724	4.927	90	3.068	8.532	87	2.799	5.196	91	15.282	D08	
88	太　原	山西省	華北	58.895	34	2.932	10.200	85	3.355	3.152	91	2.932	9.308	86	15.256	D09	
89	北　海	廣西	西南	23.466	61	3.025	14.288	81	2.903	13.589	81	2.993	11.867	82	15.092	D10	
90	宜　昌	湖北省	華中	33.854	53	3.020	14.019	82	3.188	6.057	88	3.000	11.975	81	14.299	D11	
91	長　春	吉林省	東北	65.339	24	2.647	4.228	91	3.206	5.573	89	2.826	6.703	90	14.169	D12	
92	哈爾濱	黑龍江省	東北	62.550	29	2.527	2.399	92	3.625	1.753	92	2.481	1.861	92	11.147	D13	
93	蘭　州	甘肅省	西北	43.597	46	2.254	1.000	93	3.658	1.323	93	2.333	1.215	93	7.519	D14	

資料來源：本研究整理

左岸創富贏商道——2009年中國大陸地區投資環境與風險調查

表14-2 2005-2009 TEEMA中國大陸城市綜合實力推薦等級彙總表

年度	2009	2008	2007	2006	2005
[A]極力推薦	蘇州昆山 蘇州工業區 寧波北侖區 杭州蕭山 成都 北京亦莊 杭州市區 寧波市區 揚州 無錫新區 南京江寧 天津濱海 上海閔行 南昌 無錫江陰 廈門島外 蘇州市區 大連 青島 廈門島內 鎮江	蘇州工業區 天津濱海 無錫江陰 南京江寧 成都 無錫市區 南京市區 寧波北侖區 蘇州昆山 杭州蕭山 蘇州新區 揚州 上海閔行 大連 廊坊 無錫宜興 煙台 青島 北京亦莊 威海 杭州市區	蘇州工業區 杭州蕭山 天津濱海 蘇州新區 成都 青島 廊坊 大連 威海 北京亦莊 寧波市區 蘇州昆山 無錫江陰 寧波北侖區 上海閔行 南京江寧 南昌 蘇州市區 無錫宜興 揚州 杭州市區	寧波北侖區 杭州蕭山 蘇州市區 南京市區 北京市區 上海閔行 上海浦東 成都 杭州蕭山 廣州天河 蘇州工業區 蘇州昆山 無錫江陰 天津濱海 揚州 蘇州新區 廈門島外 濟南 南昌 大連	杭州蕭山 成都 徐州 上海浦東 南昌 青島 大連 廈門 蘇州市區 上海閔行 蘇州昆山 無錫江陰 天津 揚州 濟南 寧波市區 南京市區 汕頭
比率	22/93（23.66%）	23/90（25.55%）	21/88（23.86%）	20/80（25.00%）	18/75（24.00%）
[B]值得推薦	重慶 常州 無錫宜興 連雲港 濟南 上海浦東 徐州市區 泰州 嘉興 合肥 泰安 廣州天河 蘇州吳江 紹興 蘇州張家港 廊坊 煙台 淮安 上海市區 寧波奉化 南京市區 南通 蘇州太倉 威海 寧波慈溪 蘇州常熟 福州市區	蘇州太倉 鎮江 蘇州張家港 濟南 蘇州吳江 廈門島內 寧波奉化 寧波餘姚 上海市區 上海松江 天津市區 常州 紹興 上海嘉定 寧波奉化 徐州市區 廈門島外 上海松江 泰安 淮安 蘇州常熟 中山 嘉興 溫州 珠海	廣州天河 天津市區 寧波餘姚 無錫市區 徐州 蘇州張家港 桂林 常州 紹興 泉州 蘇州太倉 上海松江 重慶 蘇州常熟 南京市區 濟南 廈門島外 廈門島內 煙台 嘉興 昆明 中山 莆田 寧波奉化 上海松江 上海浦東 上海市區	蘇州常熟 青島 泉州 汕頭 威海 廊坊 寧波奉化 常州 嘉興 天津市區 廈門島內 煙台 上海其他 無錫市區 南京江寧 珠海 北京其他 廣州其他 武漢武昌 寧波餘姚 寧波餘姚 上海市區 上海松江 蘇州太倉 泰州 上海大倉 中山 武漢漢口	北京市區 南京江寧 泉州 西安 杭州市區 莆田 寧波奉化 廣州其他 中山 北京其他 武漢漢口 福州馬尾 上海其他 東莞厚街 蘇州常熟 上海市區 上海松江 無錫市區 嘉興 合肥 重慶 武漢武昌 江門 常州 南通 長沙 寧波餘姚 上海嘉定 武漢漢陽 珠海
比率	27/93（29.03%）	25/90（27.78%）	27/88（30.68%）	28/80（35.00%）	30/75（40.00%）

表14-2 2005-2009 TEEMA中國大陸城市綜合實力推薦等級彙總表（續）

年度	2009	2008	2007	2006	2005
[C] 勉予推薦	莆田、天津市區、珠海、南寧、潘陽、泉州、北京市區、福州馬尾、上海嘉定、桂林、吉安、漳州、武漢武昌、武漢漢口、西安、九江、寧波餘姚、中山、上海松江、昆明、佛山、汕頭、溫州、贛州、廣州市區、武漢漢陽、東莞長安、長沙、石家莊、東莞市區	佛山、廣州天河、潘陽、武漢武昌、吉安、武漢漢陽、重慶、福州馬尾、泉州、長沙、武漢漢口、石家莊、莆田、合肥、北京市區、南通、江門、昆明、九江、福州市區、深圳寶安、深圳市區、廣州市區、南寧、太原	長沙、蘇州吳江、珠海、石家莊、武漢漢口、武漢漢陽、福州馬尾、溫州、深圳寶安、泰州、深圳市區、南通、河源、漳州、佛山、北京市區、江門、武漢武昌、東莞虎門、長春、福州市區、鎮江、廣州市區、合肥、鄭州、汕頭	上海嘉定、福州市區、福州市區、徐州、漳州、合肥、武漢漢陽、深圳龍崗、深圳寶安、哈爾濱、深圳其他、江門、重慶市區、昆明、無錫市區、蘇州吳江、石家莊、長沙、潘陽、桂林、東莞虎門、西安	海寧、蘇州張家港、泰州、衡陽、廣州市區、桂林、煙台、昆明、深圳其他、潘陽、蘇州吳江、蘇州太倉、福州市區、深圳市區、張家界、嶽陽、東莞石碣、東莞長安、東莞清溪
比率	30/93（32.26%）	25/90（27.78%）	26/88（29.55%）	22/80（27.50%）	19/75（25.33%）
[D] 暫不推薦	深圳市區、惠州、江門、東莞石碣、太原、宜昌、哈爾濱、深圳寶安、深圳龍崗、東莞虎門、東莞厚街、北海、長春、蘭州	深圳龍崗、汕頭、桂林、東莞石碣、長春、西安、泰州、蘭州、北海、東莞市區、東莞虎門、東莞厚街、漳州、惠州、東莞長安、哈爾濱、宜昌	東莞厚街、潘陽、東莞市區、嶽陽、南寧、東莞長安、蘭州、東莞石碣、宜昌、深圳龍崗、哈爾濱、西安、惠州、北海	深圳市區、南通、東莞市區、東莞厚街、東莞其他、東莞石碣、惠州、東莞長安、東莞清溪、東莞樟木頭	惠州、深圳寶安、東莞市區、東莞樟木頭、深圳龍崗、東莞虎門、東莞其他、北海
比率	14/93（15.05%）	17/90（18.89%）	14/88（15.91%）	10/80（12.50%）	8/75（10.67%）

資料來源：本研究整理

表14-3 2002-2009 TEEMA中國大陸七大經濟區域之城市推薦等級百分比彙總表

每格數值為「城市數 / 百分比」，推薦等級：A極力推薦、B值得推薦、C勉予推薦、D暫不推薦

年度	①華南 A	①華南 B	①華南 C	①華南 D	②華東 A	②華東 B	②華東 C	②華東 D	③華中 A	③華中 B	③華中 C	③華中 D	④華北 A	④華北 B	④華北 C	④華北 D	⑤西南 A	⑤西南 B	⑤西南 C	⑤西南 D	⑥西北 A	⑥西北 B	⑥西北 C	⑥西北 D	⑦東北 A	⑦東北 B	⑦東北 C	⑦東北 D
2009	2 / 2%	2 / 2%	11 / 12%	8 / 9%	14 / 15%	18 / 19%	4 / 4%	0 / 0%	1 / 1%	1 / 1%	7 / 8%	1 / 1%	3 / 3%	5 / 5%	3 / 3%	1 / 1%	1 / 1%	1 / 1%	3 / 3%	1 / 1%	0 / 0%	0 / 0%	1 / 1%	1 / 1%	1 / 1%	0 / 0%	1 / 1%	2 / 2%
2008	0 / 0%	4 / 4%	10 / 11%	9 / 10%	14 / 16%	18 / 20%	1 / 1%	1 / 1%	1 / 1%	0 / 0%	7 / 8%	1 / 1%	6 / 7%	3 / 3%	3 / 3%	0 / 0%	1 / 1%	0 / 0%	3 / 3%	2 / 2%	0 / 0%	0 / 0%	0 / 0%	2 / 2%	1 / 1%	0 / 0%	1 / 1%	2 / 2%
2007	0 / 0%	6 / 7%	12 / 14%	6 / 7%	13 / 15%	15 / 17%	5 / 6%	0 / 0%	1 / 1%	0 / 0%	6 / 7%	2 / 2%	5 / 6%	3 / 3%	2 / 2%	0 / 0%	1 / 1%	3 / 3%	0 / 0%	2 / 2%	0 / 0%	0 / 0%	0 / 0%	2 / 2%	1 / 1%	0 / 0%	1 / 1%	2 / 2%
2006	2 / 3%	8 / 8%	10 / 10%	9 / 11%	12 / 15%	16 / 18%	3 / 5%	0 / 1%	1 / 1%	2 / 3%	3 / 4%	0 / 0%	3 / 4%	6 / 8%	1 / 1%	0 / 0%	1 / 1%	2 / 2%	4 / 5%	0 / 0%	0 / 0%	0 / 0%	1 / 1%	0 / 0%	1 / 1%	0 / 0%	2 / 3%	0 / 0%
2005	2 / 3%	8 / 11%	7 / 9%	7 / 9%	10 / 13%	13 / 18%	5 / 7%	0 / 0%	1 / 1%	5 / 7%	3 / 4%	0 / 0%	4 / 5%	1 / 2%	1 / 1%	0 / 0%	1 / 1%	2 / 3%	3 / 4%	1 / 1%	0 / 0%	0 / 0%	0 / 0%	1 / 1%	0 / 0%	0 / 0%	1 / 1%	0 / 0%
2004	1 / 2%	7 / 10%	11 / 16%	6 / 9%	7 / 10%	14 / 21%	3 / 5%	1 / 2%	1 / 2%	1 / 2%	1 / 2%	0 / 0%	5 / 5%	2 / 2%	2 / 3%	0 / 0%	2 / 2%	1 / 2%	3 / 5%	0 / 0%	0 / 0%	0 / 0%	0 / 0%	0 / 0%	0 / 0%	1 / 1%	0 / 0%	0 / 0%
2003	0 / 0%	10 / 19%	6 / 11%	6 / 11%	7 / 13%	10 / 19%	2 / 3%	2 / 3%	0 / 0%	2 / 3%	0 / 0%	1 / 2%	1 / 2%	3 / 6%	0 / 0%	0 / 0%	2 / 2%	2 / 2%	2 / 2%	1 / 2%	0 / 0%	0 / 0%	0 / 0%	0 / 0%	2 / 2%	1 / 2%	0 / 0%	0 / 0%
2002	0 / 0%	6 / 12%	8 / 15%	3 / 6%	7 / 13%	6 / 12%	4 / 8%	0 / 0%	0 / 0%	2 / 4%	1 / 2%	1 / 2%	2 / 2%	2 / 4%	2 / 4%	1 / 2%	0 / 0%	4 / 4%	2 / 4%	1 / 2%	0 / 0%	0 / 0%	0 / 0%	0 / 0%	0 / 0%	2 / 4%	0 / 0%	0 / 0%

表14-4　2000-2009 TEEMA中國大陸推薦城市排名變化

排名	城市	省市	區域	2009	2008	2007	2006	2005	2004	2003	2002	2001	2000
01	蘇州昆山	江蘇省	華東	A01	A02	A02	A03	A03	A08	B14	A04	A02	--
02	南京江寧	江蘇省	華東	A02	A07	A10	B16	B04	B02	B23	B15	B17	B14
03	蘇州工業區	江蘇省	華東	A03	A01	A01	A01	A18	B01	--	B08	A01	A01
04	天津濱海	天津市	華北	A04	A03	A05	A07	A07	A07	B24	B08	B05	B21
05	寧波北侖	浙江省	華東	A05	A15	A06	A02	A13	B04	--	--	--	--
06	上海閔行	上海市	華東	A06	A12	A08	A12	A02	A01	B08	B06	B14	B13
07	杭州蕭山	浙江省	華東	A07	A06	A03	A18	A02	A01	A01	A07	B21	A07
08	南昌	江西省	華中	A08	A10	A12	A17	A10	A11	--	D05	B31	--
09	北京亦莊	北京市	華北	A09	A17	A19	A10	B20	C04	B19	C02	B20	B06
10	無錫江陰	江蘇省	華東	A10	A05	A04	A05	A05	A06	A03	A02	A06	B17
11	成都	四川省	西南	A11	A09	A09	A16	A04	A03	A08	B07	B13	B05
12	廈門島外	福建省	華南	A12	B06	B06	A13	A16	B19	B03	B10	B10	B07
13	杭州市區	浙江省	華東	A13	A23	A16	A04	B10	C02	A09	A05	B16	B10
14	蘇州市區	江蘇省	華東	A14	A19	A14	A06	A18	B01	A07	A01	A01	A01
15	寧波市區	浙江省	華東	A15	B13	A21	B08	A13	B04	A05	A03	A05	A03
16	大連	遼寧省	東北	A16	A14	A15	A19	A14	A10	A06	B09	B22	B04
17	揚州	江蘇省	華東	A17	A08	A20	A09	A09	A04	A10	A06	B07	B03
18	青島	山東省	華北	A18	A22	A11	B01	A12	A14	A02	A08	B12	B09
19	蘇州新區	江蘇省	華東	A19	A04	A07	A11	A18	B01	--	A01	A01	A01
20	廈門島內	福建省	華南	A20	B11	B08	B12	A16	B19	B03	B10	B10	B07
21	無錫市區	江蘇省	華東	A21	A11	B07	C07	B05	C01	A03	A02	A06	B17
22	鎮江	江蘇省	華東	A22	B03	C18	--	--	--	C04	C05	B18	--
23	重慶	重慶市	西南	B01	C13	B25	C03	B11	B14	B16	C17	B19	--
24	蘇州張家港	江蘇省	華東	B02	B05	B11	B24	C04	--	--	--	A01	A01
25	常州	江蘇省	華東	B03	B21	B15	B07	B17	B10	B11	C08	B06	B22
26	廊坊	河北省	華北	B04	A16	A13	B05	--	--	--	--	--	--
27	無錫宜興	江蘇省	華東	B05	A18	A18	B13	--	--	A03	A02	A06	B17
28	煙台	山東省	華北	B06	A20	B10	B11	C14	--	--	--	--	B17
29	連雲港	江蘇省	華東	B07	--	--	--	--	--	--	--	--	--

表14-4 2000-2009 TEEMA中國大陸推薦城市排名變化（續）

排名	城市	省市	區域	2009	2008	2007	2006	2005	2004	2003	2002	2001	2000
30	淮安	江蘇省	華東	B08	B12	--	--	--	--	--	--	--	--
31	濟南	山東省	華北	B09	B07	B04	A15	A11	A13	B15	C04	B25	--
32	上海市區	上海市	華東	B10	B17	B26	B21	B01	B16	A04	B06	B14	B13
33	上海浦東	上海市	華東	B11	B24	B24	A14	A08	B12	B07	B05	B14	B13
34	寧波奉化	浙江省	華東	B12	B02	B20	B22	B14	B20	B01	B01	B26	A06
35	徐州	江蘇省	華東	B13	B04	B09	C08	A06	A05	--	--	--	--
36	南京市區	江蘇省	華東	B14	A13	B02	A08	A15	B02	B23	B15	B17	B14
37	泰州	江蘇省	華東	B15	D13	C19	B23	C06	D07	D08	--	--	--
38	南通	江蘇省	華東	B16	C06	C23	D03	B19	B13	--	--	--	--
39	嘉興	浙江省	華東	B17	B18	B12	B10	B07	A09	--	--	--	--
40	蘇州太倉	江蘇省	華東	B18	B01	B21	B25	C05	B03	--	--	A01	A01
41	合肥	安徽省	華中	B19	C02	C22	C12	B09	--	--	--	--	--
42	威海	山東省	華北	B20	A21	A17	B06	--	--	--	--	--	--
43	泰安	山東省	華北	B21	B10	B10	--	--	--	--	--	B11	A03
44	寧波慈溪	浙江省	華東	B22	--	--	--	--	--	--	--	--	--
45	廣州天河	廣東省	華南	B23	C03	B01	A20	C10	C11	--	C12	B28	B11
46	蘇州常熟	江蘇省	華東	B24	B14	B27	B02	B30	--	--	--	--	--
47	蘇州吳江	江蘇省	華東	B25	B09	C03	C09	C03	B22	B25	B03	A03	A05
48	福州市區	福建省	華南	B26	C14	C16	C06	C07	C16	B09	C06	B01	C01
49	紹興	浙江省	華東	B27	B23	B17	B26	B12	B06	--	--	--	--
50	莆田	福建省	華南	C01	C25	B18	--	--	B11	C07	D06	--	--
51	九江	江西省	華中	C02	C12	--	--	--	--	--	--	--	--
52	天津市區	天津市	華北	C03	B19	B03	B09	A07	A07	B24	B08	B05	B21
53	寧波餘姚	浙江省	華東	C04	B15	B05	B19	B23	B08	C09	C07	A04	A04
54	珠海	廣東省	華南	C05	B22	C05	B15	B29	B07	B06	B20	B24	B15
55	中山	廣東省	華南	C06	B16	B16	B26	B18	B18	B01	B02	B08	B23
56	南寧	廣西	西南	C07	C22	D09	--	--	C08	C03	D01	B30	--
57	上海松江	上海市	華東	C08	B08	B22	B28	B03	B09	B05	B06	B14	B13
58	瀋陽	遼寧省	東北	C09	C05	D03	C15	C01	--	B17	B19	--	B16

表14-4 2000-2009 TEEMA中國大陸推薦城市排名變化（續）

排名	城市	省市	區域	2009	2008	2007	2006	2005	2004	2003	2002	2001	2000
59	昆明	雲南省	西南	C10	C10	B14	C05	C16	C10	--	C09	B27	--
60	泉州	福建省	華南	C11	C17	B19	B04	B06	D05	D02	D03	--	--
61	佛山	廣東省	華南	C12	C01	C04	--	B02	C14	D01	C03	--	B02
62	北京市區	北京市	華北	C13	C04	C06	B18	B02	B17	B19	C02	B20	B06
63	汕頭	廣東省	華南	C14	D03	C26	B03	A17	A12	B02	B18	C01	C01
64	福州馬尾	福建省	華南	C15	C15	C13	C04	B24	--	B09	B01	B01	C01
65	溫州	浙江省	華東	C16	B20	C15	--	--	--	D04	C10	B15	--
66	上海嘉定	上海市	華東	C17	B25	B23	C02	B25	C07	B18	B06	B14	A02
67	贛州	江西省	華中	C18	--	--	--	--	--	--	--	--	--
68	桂林	廣西	西南	C19	D05	B13	C17	C12	C03	--	B16	B29	--
69	廣州市區	廣東省	華南	C20	C20	C20	B17	C10	C11	B26	C12	B28	B11
70	吉安	江西省	華中	C21	C09	--	--	--	--	--	--	--	--
71	武漢漢陽	湖北省	華中	C22	C11	C11	C14	B27	B23	--	C01	B09	B12
72	漳州	福建省	華南	C23	D08	C02	C10	--	B05	B13	B14	--	--
73	東莞長安	廣東省	華南	C24	D12	D11	D06	C17	C18	--	D04	C03	B18
74	武漢武昌	湖北省	華中	C25	C07	C10	B20	B13	B23	B21	C01	B09	B12
75	長沙	湖南省	華中	C26	C19	C01	C13	B21	C15	--	B13	B33	--
76	武漢漢口	湖北省	華中	C27	C21	C09	B27	B22	B23	--	C01	B09	B12
77	石家莊	河北省	華北	C28	C23	C07	C11	--	--	--	B17	B35	C03
78	西安	陝西省	西北	C29	D11	D10	C21	B08	--	--	D04	B32	C03
79	東莞市區	廣東省	華南	C30	D02	D05	D05	D05	D02	D05	D04	C03	B18
80	深圳市區	廣東省	華南	D01	C18	C21	D01	C09	C20	C01	C14	B23	B20
81	深圳寶安	廣東省	華南	D02	C16	C17	C18	D03	C06	C05	--	B23	B20
82	惠州	廣東省	華南	D03	D10	D12	D04	D01	D01	B20	B12	B03	B19
83	深圳龍崗	廣東省	華南	D04	D01	D06	C16	C02	C05	B27	C13	B23	B20
84	江門	廣東省	華南	D05	C08	C08	C01	B15	B15	--	--	--	--
85	東莞虎門	廣東省	華南	D06	D04	C12	C19	D04	D03	C06	D04	C03	B18
86	東莞石碣	廣東省	華南	D07	D07	D02	D02	C15	C09	D03	D04	C03	B18
87	東莞厚街	廣東省	華南	D08	D06	D01	D07	B28	B21	C12	D04	C03	B18

表14-4 2000-2009 TEEMA中國大陸推薦城市排名變化（續）

排名	城市	省市	區域	2009	2008	2007	2006	2005	2004	2003	2002	2001	2000
88	太原	山西省	華北	D09	C24	--	--	--	--	--	--	--	--
89	北海	廣西	西南	D10	D17	D14	--	D08	--	--	--	--	--
90	宜昌	湖北省	華中	D11	D16	D04	--	--	--	--	--	--	--
91	長春	吉林省	東北	D12	D09	C14	--	--	--	--	--	--	--
92	哈爾濱	黑龍江省	東北	D13	D14	D08	C20	--	--	--	--	--	D02
93	蘭州	甘肅省	西北	D14	D15	D13	--	--	--	--	--	--	--

註：

[1] 由於2005年「廣州市區」於2006、2007、2008年細分為「廣州天河」與「廣州市區」，因此2006、2007、2008「廣州天河」與「廣州市區」對比的城市是2005的「廣州市區」。

[2] 由於2005年「北京其他」於2006重新命名為「北京亦莊」，因此2006、2007、2008「北京亦莊」對比的城市是2005的「北京其他」。

[3] 由於2005年「天津」於2006、2007、2008年細分為「天津市區」與「天津濱海區」，因此2006、2007、2008「天津市區」與「天津濱海區」對比的城市是2005的「天津」。

[4] 由於2005年「廈門」於2006細分為「廈門島內」與「廈門島外」，因此2006、2007、2008年「廈門島內」與「廈門島外」對比的城市是2005的「廈門」。

[5] 由於2005年「蘇州市區」於2006年細分為「蘇州市區」、「蘇州新區」與「蘇州工業區」，因此2006、2007、2008「蘇州市區」、「蘇州新區」與「蘇州工業區」對比的城市是2005的「蘇州市區」。

[6] 由於2005年「寧波市區」於2006年細分為「寧波市區」與「寧波北侖區」，因此2006、2007、2008「寧波市區」與「寧波北侖區」對比的城市是2005的「寧波市區」。

[7] 由於2003年「南京」於2004年細分為「南京市區」與「南京江寧」，因此2004、2005、2006、2007、2008「南京市區」與「南京江寧」對比的城市是2003的「南京」。

[8] 由於2003年「無錫」於2004年細分為「無錫市區」、「無錫江陰」、「無錫宜興」，「無錫市區」、「無錫江陰」與「無錫宜興」對比的城市是2003的「無錫」。

如表14-5所示，在傳統產業方面，排名前三名的城市分別為蘇州昆山、寧波北侖與蘇州新區，其主要原因在於金融危機挑戰之下，昆山部份的傳統產業呈現出良好的發展趨勢，加上這些傳統產業逆勢而上，企業長期以來重視人才，堅持自主創新，以高層次人才、高新技術提升傳統產業核心競爭力，皆成為昆山企業發展的秘訣之一。寧波北侖方面的主要職能是推動廣大中小企業開展技術創新工作，不斷的為企業提供新技術及其他創新資源，包括資訊資源；此外更積極為企業提供高新技術和訊息來改造傳統產業，以實現高新技術產業化，並培育新的經濟成長點，同時發揮組織、協調、服務、輻射等功能，提升北侖工業現代化，推動區域信息化和經濟發展。

　　在服務產業方面，排名前三名的城市分別為蘇州市區、青島、大連。主要原因在於近年來，蘇州市服務外包產業的發展十分地迅速，且緊密結合蘇州地方產業特色，同時動漫外包、研發外包、物流外包、金屬後台外包和人力資源外包等服務業也逐漸興起，加上蘇州市為提升其服務產業的發展，從2006年開始就實施一系列的服務業外包鼓勵政策，也是蘇州市區服務業實力提升的主要原因。而青島市則是在2009年推出一系列的服務外包產業鼓勵政策，主要的支持內容有服務外包人才引進與培養、服務外包企業和培訓機構的引進與培育、服務外包企業自主創新、品牌及標準化建設、服務外包公共服務與服務外包園區建設等，也使其服務業的發展實力大幅提升。

表14-5　2009 TEEMA產業別城市綜合實力排行前十佳

高科技產業（N＝883）			傳統產業（N＝1032）			服務產業（N＝298）		
排名	城市	評價	排名	城市	評價	排名	城市	評價
❶	南京江寧	94.370	❶	蘇州昆山	94.371	❶	蘇州市區	97.577
❷	蘇州昆山	93.950	❷	寧波北侖	93.351	❷	青　島	93.843
❸	蘇州工業區	93.849	❸	蘇州新區	92.649	❸	大　連	90.710
❹	北京亦莊	93.270	❹	上海閔行	91.171	❹	成　都	89.382
❺	天津濱海	91.416	❺	蘇州工業區	87.859	❺	上海市區	88.679
❻	杭州蕭山	91.319	❻	廈門島外	87.538	❻	廣州天河	87.219
❼	寧波市區	90.744	❼	蘇州張家港	87.317	❼	寧波市區	86.543
❽	廈門島內	90.265	❽	南　昌	87.296	❽	北京市區	85.112
❾	廊　坊	88.825	❾	無錫市區	87.159	❾	杭州市區	84.367
❿	無錫江陰	86.340	❿	揚　州	87.136	❿	蘇州昆山	84.330

資料來源：本研究整理

三、2009 TEEMA 23個省市自治區城市綜合實力排行

由表14-6顯示，依據省市自治區城市綜合實力排名來看，排名前五名依序為四川省、江蘇省、重慶市、天津市與山東省。其中四川省與重慶市是中國大陸西部的超級商業都市，並與西安組成「西三角經濟區」，後發優勢驚人。2009年中國大陸正式公布「關於推進重慶市統籌城鄉改革和發展的若干意見」，正式將以重慶為首的「西三角經濟區」納入中國大陸國家級規劃的全國性產業體系，將打造中國大陸內陸經濟新的成長點，也成為東部產業內移的主要目標。重慶在以往曾享有多項中央的優惠政策，加上此次中國大陸一系列經濟區的振興方案落實，更將一些沿海的優惠政策賦予重慶，顯示西三角的內需市場正在加速成型，當地消費能力正不斷成長，外資進駐的步伐也不斷加快，這也是四川省與重慶市能在綜合城市競爭力名列前矛的主要原因。

山東省則是中國大陸東北部沿海的經濟重點區域，主要指標更居全大陸之冠，工業發展相當迅速，基本上形成以能源、化工、冶金、建材、機械、紡織、食品等支柱產業為主體的工業體系。除此之外，山東的金融體系發展也相當蓬勃，金融與保險業發展迅速，目前已形成以中國人民銀行為中心，以國有商業銀行為主體，政策性金融與商業性金融分離，多種金融機構並存發展的金融體系，也使得山東的綜合城市競爭力排前幾名的主要原因。

四、2009 TEEMA中國大陸九大經濟區城市綜合實力排行

由表14-7顯示，長三角經濟區依然是目前中國大陸九大經濟區域中的綜合實力最好的，平均分數70.972分，其中在城市競爭力、投資環境力與投資風險度三項指標上皆排名第一，台商推薦度則排第二。而在長三角共有32個城市納入評比，其中14個城市列入極力推薦的A級評比，排名前五名的城市分別有蘇州昆山、南京江寧、蘇州工業區、寧波北侖與上海閔行。南京江寧主要歸功於近幾年來在高科技產業的發展，在2009年的評比中甚至高居高科技產業城市競爭力第一名；寧波北侖則是在於傳統產業的發展上有很好的表現；至於蘇州昆山一直以來都是台商投資的熱門區域，整體投資環境也相當完善，每年的評比都名列前矛，且在高科技產業和傳統產業方面都有很好的競爭實力。

從表14-8可知，珠三角經濟區在中國大陸九大經濟區域中的綜合實力評比最後，平均分數僅有28.693分，其中在投資環境力、投資風險度與台商推薦度方面都是最低分。而珠三角共有15個城市納入評比，其中有八個城市列入暫不推薦的

表14-6 2009 TEEMA 23個省市自治區城市綜合實力排行

排名	省市	列入評比城市數	❶城市競爭力 評分	排名	❷投資環境力 評分	排名	❸投資風險度 評分	排名	❹台商推薦度 評分	排名	城市綜合實力 評分
01	四川省	1	78.226	05	85.142	01	84.657	01	95.256	01	85.476
02	江蘇省	21	71.199	08	72.599	03	76.648	02	70.693	04	73.317
03	重慶市	1	75.349	07	76.265	02	58.780	07	92.351	02	73.295
04	天津市	2	91.436	03	65.478	05	64.321	05	63.837	07	68.778
05	山東省	5	64.170	14	68.485	04	67.420	03	66.484	05	67.218
06	浙江省	10	77.688	06	64.601	06	64.610	04	64.569	06	66.562
07	遼寧省	2	80.287	04	55.767	11	61.820	06	70.723	03	63.504
08	北京市	2	95.291	02	58.726	09	56.870	09	54.261	11	62.984
09	上海市	5	96.690	01	55.767	10	48.074	11	62.654	08	60.631
10	安徽省	1	57.473	18	62.169	07	57.704	08	60.717	09	59.907
11	福建省	7	55.137	19	50.395	12	56.659	10	51.925	13	53.215
12	江西省	4	35.348	22	59.130	08	46.985	13	52.835	12	50.975
13	河北省	2	49.385	20	46.568	13	47.563	12	58.081	10	49.016
14	雲南省	1	57.973	17	43.286	14	39.251	14	38.767	14	43.601
15	廣 西	3	34.043	23	31.163	15	28.706	15	34.427	15	31.348
16	廣東省	16	67.827	11	22.903	16	22.984	17	20.334	18	29.280
17	湖南省	1	69.394	09	20.690	17	21.928	18	25.102	16	29.029
18	陝西省	1	66.005	12	14.665	19	24.456	16	23.165	17	26.578
19	湖北省	4	68.416	10	20.462	18	16.117	19	16.978	19	25.829
20	山西省	1	58.895	16	10.200	20	3.152	21	9.308	20	15.256
21	吉林省	1	65.339	13	4.228	21	5.573	20	6.703	21	14.169
22	黑龍江	1	62.550	15	2.399	22	1.753	22	1.861	22	11.147
23	甘肅省	1	43.597	21	1.000	23	1.323	23	1.215	23	7.519

表14-7 2009 TEEMA長三角經濟區城市綜合實力排行

排名	城市	2009 排名	2009 等級	2008 排名	2008 等級	排名變化	城市競爭力 加權分數	投資環境力 加權分數	投資風險度 加權分數	台商推薦度 加權分數	城市綜合實力
01	蘇州昆山	01	A01	02	A02	1	88.136	97.677	99.990	98.161	97.012
02	南京江寧	02	A02	07	A07	5	83.503	97.031	96.063	88.369	93.412
03	蘇州工業區	03	A03	01	A01	-2	88.136	91.651	98.322	90.629	92.972
04	寧波北侖	05	A05	15	A15	10	82.703	92.404	93.104	92.673	91.199
05	上海閔行	06	A06	12	A12	6	96.690	91.974	91.651	81.698	91.043
06	杭州蕭山	07	A07	06	A06	-1	87.425	93.480	87.240	89.338	90.078
07	無錫江陰	10	A10	05	A05	-5	76.682	84.980	86.433	96.977	85.971
08	杭州市區	13	A13	23	A23	10	87.425	81.967	89.015	79.008	84.456
09	蘇州市區	14	A14	19	A19	5	88.136	84.066	87.024	76.641	84.450
10	寧波市區	15	A15	36	B13	21	82.703	91.113	74.489	84.926	83.937
11	揚州	17	A17	08	A08	-9	48.841	83.850	96.224	88.692	83.037
12	蘇州新區	19	A19	04	A04	-15	88.136	73.898	75.243	81.806	77.623
13	無錫市區	21	A21	11	A11	-10	76.682	74.220	78.094	73.091	75.582
14	鎮江	22	A22	26	B03	4	50.485	81.645	74.220	84.281	75.139
15	蘇州張家港	24	B02	28	B05	4	88.136	77.502	65.021	63.730	73.287
16	常州	25	B03	44	B21	19	64.794	72.714	77.233	66.635	71.970
17	無錫宜興	27	B05	18	A18	-9	76.682	68.894	78.065	58.134	71.200

表14-7 2009 TEEMA長三角經濟區城市綜合實力排行（續）

排名	城市	2009 排名	2009 等級	2008 排名	2008 等級	排名變化	城市競爭力 加權分數	投資環境力 加權分數	投資風險度 加權分數	台商推薦度 加權分數	城市綜合實力
18	上海市區	32	B10	40	B17	8	96.690	62.600	46.729	82.559	65.946
19	上海浦東	33	B11	47	B24	14	96.690	63.299	52.001	69.109	65.790
20	寧波奉化	34	B12	25	B02	-9	82.703	59.695	59.894	72.445	65.118
21	南京市區	36	B14	13	A13	-23	83.503	59.964	62.707	54.584	63.511
22	泰州	37	B15	86	D13	49	43.364	68.410	64.268	65.451	62.966
23	南通	38	B16	54	C06	16	61.728	58.619	65.236	61.578	61.514
24	嘉興	39	B17	41	B18	2	61.295	57.058	67.173	56.736	60.680
25	蘇州太倉	40	B18	24	B01	-16	88.136	54.745	59.964	48.989	60.456
26	寧波慈溪	44	B22	--	--	--	82.703	51.571	47.751	60.932	56.499
27	蘇州常熟	46	B24	37	B14	-9	88.136	40.488	57.435	51.894	54.430
28	蘇州吳江	47	B25	32	B09	-15	88.136	45.761	52.109	44.254	53.796
29	紹興	49	B27	46	B23	-3	63.328	52.486	45.438	51.894	51.909
30	寧波餘姚	53	C04	38	B15	-15	82.703	32.472	48.881	37.906	45.745
31	上海松江	57	C08	31	B08	-26	96.690	33.548	31.450	46.944	44.400
32	上海嘉定	66	C17	48	B25	-18	96.690	27.415	18.538	32.957	35.975
	長三角經濟區						80.244	68.975	69.594	69.782	70.972

表14-8 2009 TEEMA珠三角經濟區城市綜合實力排行

排名	城　　市	2009 排名	2009 等級	2008 排名	2008 等級	排名變化	城市競爭力 加權分數	投資環境力 加權分數	投資風險度 加權分數	台商推薦度 加權分數	城市綜合實力
01	廣州天河	45	B23	51	C03	6	94.035	54.261	41.618	41.242	54.481
02	珠　海	54	C05	45	B22	-9	54.596	44.254	43.770	43.501	45.547
03	中　山	55	C06	39	B16	-16	54.196	48.827	38.498	38.336	44.960
04	佛　山	61	C12	49	C01	-12	73.827	34.893	35.593	29.083	40.072
05	廣州市區	69	C20	68	C20	-1	94.035	22.466	28.276	16.064	33.984
06	東莞長安	73	C24	85	D12	12	66.483	29.083	16.333	21.228	29.690
07	東莞市區	79	C30	75	D02	-4	66.483	16.655	21.766	19.507	26.091
08	深圳市區	80	D01	66	C18	-14	87.847	13.966	13.159	11.007	24.362
09	深圳寶安	81	D02	64	C16	-17	87.847	9.823	13.427	9.823	22.608
10	惠　州	82	D03	83	D10	1	48.296	14.342	20.637	19.937	22.163
11	深圳龍崗	83	D04	74	D01	-9	87.847	6.918	4.497	8.426	18.557
12	江　門	84	D05	56	C08	-28	39.764	13.966	16.655	9.608	17.989
13	東莞虎門	85	D06	77	D04	-8	66.483	7.294	11.975	8.639	17.779
14	東莞石碣	86	D07	80	D07	-6	66.483	7.456	9.393	7.025	16.826
15	東莞厚街	87	D08	79	D06	-8	66.483	4.927	8.532	5.196	15.282
	珠三角經濟區						70.314	21.942	21.609	19.242	28.693

D級評比，排名最後的五個城市分別為東莞厚街、東莞石碣、東莞虎門、江門、深圳龍崗。由此可知，東莞在受到2008年中國大陸勞動合同法、企業所得稅法以及進出口退稅條例的影響下，加上全球金融海嘯的衝擊，目前整體投資環境仍然有待復甦，使得東莞各區在2009年整體城市競爭力的排名都敬陪末座

　　表14-9可知，環渤海經濟區在中國大陸九大經濟區域的綜合實力評比排名第三，平均分數為59.994分，其中在城市競爭力、投資環境力、台商推薦度方面排名第三，在投資風險度方面排名第二。而環渤海共有14個城市納入評比，其中有四個城市列入極力推薦的A級評比，排名前四名的城市分別有天津濱海、北京亦莊、大連與青島。天津濱海主要是由於目前中國大陸正積極推動天津濱海新區的開發，將使得該地固定資產的投資增加更為迅速；而東北的大連一直以來都是中國大陸東北的主要重工業都市及港口，在2009年振興老東北規劃的推行之後，大連的城市競爭力也隨之水漲船高。

　　根據表14-10可知，西三角經濟區在中國大陸九大經濟區域中的綜合實力評比排名第二，平均分數為61.783分，其中在城市競爭力與投資環境力排名第二，投資風險度排名第三，台商推薦度部分則名列第一。而西三角共有三個城市納入評比，其中又以成都的排名最佳，列為極力推薦的A級評比，主要原因在於，成都的經濟發展水準相對較高，且目前已經發展成為中國大陸西部地區綜合實力最強的核心城市之一，也是中國大陸西部地區的經濟中心、金融中心、商貿中心、交通樞紐與資訊樞紐，加上中國大陸2009年西部大開發的振興方案，以成都作為中國大陸西南地區最重要的中心城市和資源聚集地，因此，成都在西部經濟發展上扮演越來越重要的角色。

　　從表14-11可知，海西經濟區在中國大陸九大經濟區域的綜合實力評比排名第四，平均分數為48.168分，其中在城市競爭力排名第八、投資環境力、投資風險度與台商推薦度都排名第四。而海西經濟區共有十個城市納入評比，其中只有廈門島外與島內列為極力推薦的A級評比，其餘大多為勉予推薦的C級評比，主要原因在於廈門是中國大陸對外經濟開放最早的區域之一，包含海滄、杏林等投資區域基礎建設都相當完善，加上廈門地理位置優越，是中國大陸東南沿海的主要港口，其競爭實力更是不容小覷。至於福建省的其他地區，由於發展較晚，所以目前的投資環境仍有很大的進步空間，但隨著海西經濟區的振興規劃，未來的發展潛力也將備受關注。

14-9 2009 TEEMA環渤海經濟區城市綜合實力排行

排名	城　市	2009		2008		排名變化	城市競爭力加權分數	投資環境力加權分數	投資風險度加權分數	台商推薦度加權分數	城市綜合實力
		排名	等級	排名	等級						
01	天津濱海	04	A04	03	A03	-1	91.436	99.344	84.765	83.312	91.379
02	北京亦莊	09	A09	17	A17	8	95.291	90.468	82.990	76.534	86.858
03	大　連	16	A16	14	A14	-2	79.048	90.360	79.546	75.458	83.184
04	青　島	18	A18	22	A22	4	81.359	77.879	92.297	79.546	82.976
05	廊　坊	26	B04	16	A16	-10	38.164	72.660	79.708	83.528	71.230
06	煙　台	28	B06	20	A20	-8	69.583	74.920	65.344	71.692	70.762
07	濟　南	31	B09	30	B07	-1	71.738	61.093	71.799	67.711	66.894
08	威　海	42	B20	21	A21	-21	56.707	62.168	50.334	62.761	57.888
09	泰　安	43	B21	33	B10	-10	41.464	66.366	57.327	50.710	57.571
10	天津市區	52	C03	42	B19	-10	91.436	31.612	43.878	44.362	46.178
11	瀋　陽	58	C09	53	C05	-5	81.526	21.175	44.093	65.989	43.825
12	北京市區	62	C13	52	C04	-10	95.291	26.985	30.751	31.988	39.111
13	石家莊	77	C28	71	C23	-6	60.606	20.475	15.418	32.634	26.801
14	太　原	88	D09	72	C24	-16	58.895	10.200	3.152	9.308	15.256
	環渤海經濟區						72.324	57.550	57.243	59.681	59.994

表14-10 2009 TEEMA西三角經濟區城市綜合實力排行

排名	城市	2009 排名	2009 等級	2008 排名	2008 等級	排名變化	城市競爭力 加權分數	投資環境力 加權分數	投資風險度 加權分數	台商推薦度 加權分數	城市綜合實力
01	成都	11	A11	09	A09	-2	78.226	85.142	84.657	95.256	85.476
02	重慶	23	B01	61	C13	38	75.349	76.265	58.780	92.351	73.295
03	西安	78	C29	84	D11	6	66.005	14.665	24.456	23.165	26.578
	西三角經濟區						73.193	58.690	55.965	70.257	61.783

表14-11 2009 TEEMA海西經濟區城市綜合實力排行

排名	城市	2009 排名	2009 等級	2008 排名	2008 等級	排名變化	城市競爭力 加權分數	投資環境力 加權分數	投資風險度 加權分數	台商推薦度 加權分數	城市綜合實力
01	廈門島外	12	A12	29	B06	17	68.483	81.914	92.404	95.148	85.031
02	廈門島內	20	A20	34	B11	14	68.483	77.233	75.404	79.654	75.735
03	福州市區	48	B26	62	C14	14	63.084	40.219	69.970	42.533	52.921
04	莆田	50	C01	73	C25	23	29.499	49.150	53.992	55.660	48.631
05	泉州	60	C11	65	C17	5	59.562	43.232	37.745	36.077	42.962
06	汕頭	63	C14	76	D03	13	30.532	37.314	43.609	36.722	38.097
07	福州馬尾	64	C15	63	C15	-1	63.084	30.536	35.485	25.855	36.201
08	溫州	65	C16	43	B20	-22	63.895	33.764	33.118	19.830	35.999
09	贛州	67	C18	--	--	--	32.143	39.412	30.966	34.678	35.078
10	漳州	72	C23	81	D08	9	33.765	30.482	31.612	28.545	31.023
	海西經濟區						51.253	46.326	50.430	45.470	48.168

表14-12顯示，振興老東北在中國大陸九大經濟區域中的綜合實力評比排名第六，平均分數為38.081分，其中在城市競爭力排名第四、投資環境力排名第八，投資風險度與台商推薦度都名列第六。而振興老東北共有四個城市納入評比，其中又以大連的排名最佳，列為極力推薦的A級評比，主要的原因仍不外乎是大連的地理位置優越，是中國大陸東北的第一大港口與主要的工業重鎮，更是東北對外貿易的主要門戶，對於中國大陸的重要性更是不可言喻。所以在振興老東北計畫中，大連更是一個列為主要發展的城市，整體城市競爭實力相對也加分不少。

表14-13顯示，西部大開發在中國大陸九大經濟區域的綜合實力評比排名第五，平均分數為41.314分，其中在城市競爭力排名第七，投資環境力、投資風險度與台商推薦度都排名第五。而西部大開發共有八個城市納入評比，其中僅有成都列為極力推薦的A級評比，其餘城市則多屬於勉予推薦的C級評比，而北海與蘭州的城市競爭力更是敬陪末座，主要仍是在於，成都一直以來都被稱為天府之國，具有得天獨厚的天然資源與地理條件，有利於企業降低生產成本和商務成本，且成都被批准為中國大陸全國統籌城鄉綜合配套改革試驗區之後，在改革和發展方面得到更多的政策支持，也是使其城市競爭力得以維持的原因。

表14-14顯示，中部崛起在目前中國大陸九大經濟區域中的綜合實力評比排名第七，平均分數為37.574分，其中在城市競爭力與投資環境力排名第六，投資風險度排名第七，台商推薦度則名列第八。中部崛起共有11個城市納入評比，其中僅有南昌列為極力推薦的A級評比，合肥列為B級評比，其餘城市則多屬於勉予推薦的C級評比，而太原與宜昌則暫不推薦。主要是由於南昌是全中國大陸唯一與長江三角洲、珠江三角洲和閩東南三角區相鄰的省會城市，具有承東啟西、溝通南北的策略性地位和樞紐性區位的獨特優勢；加上南昌勞動力成本相對低廉，且土地綜合使用成本也是相當優惠，諸多優勢讓南昌整體城市的競爭力大幅提升。

表14-15可知，泛北部灣經濟區在中國大陸九大經濟區域的綜合實力評比排名第八，平均分數為31.348分，其中在城市競爭力排名第九，投資環境力與台商推薦度皆排名第七，投資風險度排名第八。而泛北部灣經濟區共有3個城市納入評比，其中兩個城市屬於勉予推薦的C級評比，北海甚至落入暫不推薦的D級評比，主要原因在於雖然目前泛北部灣經濟區列為中國大陸經濟區振興規劃當中，也預期將會對經濟區中的城市競爭力帶來助益，但由於目前該區城市的整體建設和投資環境尚未健全，故台商投資仍屬觀望階段。

表14-12　2009 TEEMA振興老東北城市綜合實力排行

排名	城市	2009 排名	2009 等級	2008 排名	2008 等級	排名變化	城市競爭力 加權分數	投資環境力 加權分數	投資風險度 加權分數	台商推薦度 加權分數	城市綜合實力
01	大連	16	A16	14	A14	-2	79.048	90.360	79.546	75.458	83.184
02	瀋陽	58	C09	53	C05	-5	81.526	21.175	44.093	65.989	43.825
03	長春	91	D12	82	D09	-9	65.339	4.228	5.573	6.703	14.169
04	哈爾濱	92	D13	87	D14	-5	62.550	2.399	1.753	1.861	11.147
	振興老東北						72.116	29.540	32.741	37.503	38.081

表14-13　2009 TEEMA西部大開發城市綜合實力排行

排名	城市	2009 排名	2009 等級	2008 排名	2008 等級	排名變化	城市競爭力 加權分數	投資環境力 加權分數	投資風險度 加權分數	台商推薦度 加權分數	城市綜合實力
01	成都	11	A11	09	A09	-2	78.226	85.142	84.657	95.256	85.476
02	重慶	23	B01	61	C13	38	75.349	76.265	58.780	92.351	73.295
03	南寧	56	C07	70	C22	14	46.486	41.403	45.922	49.634	44.756
04	昆明	59	C10	58	C10	-1	57.973	43.286	39.251	38.767	43.601
05	桂林	68	C19	78	D05	10	32.176	37.798	26.608	41.780	34.195
06	西安	78	C29	84	D11	6	66.005	14.665	24.456	23.165	26.578
07	北海	89	D10	90	D17	1	23.466	14.288	13.589	11.867	15.092
08	蘭州	93	D14	88	D15	-5	43.597	1.000	1.323	1.215	7.519
	西部大開發						52.910	39.231	36.823	44.254	41.314

表14-14　2009 TEEMA中部崛起城市綜合實力排行

排名	城市	2009 排名	2009 等級	2008 排名	2008 等級	排名變化	城市競爭力 加權分數	投資環境力 加權分數	投資風險度 加權分數	台商推薦度 加權分數	城市綜合實力
01	南昌	08	A08	10	A10	2	54.807	95.041	94.072	96.224	88.892
02	合肥	41	B19	50	C02	9	57.473	62.169	57.704	60.717	59.907
03	九江	51	C02	60	C12	9	30.110	52.970	47.913	43.178	46.555
04	贛州	67	C18	--	--	--	32.143	39.412	30.966	34.678	35.078
05	吉安	70	C21	57	C09	-13	24.333	49.096	14.988	37.260	33.374
06	武漢漢陽	71	C22	59	C11	-12	79.937	25.855	23.918	20.475	32.579
07	武漢武昌	74	C25	55	C07	-19	79.937	20.206	21.928	16.817	29.174
08	長沙	75	C26	67	C19	-8	69.394	20.690	21.928	25.102	29.029
09	武漢漢口	76	C27	69	C21	-7	79.937	21.766	12.567	18.646	27.264
10	太原	88	D09	72	C24	-16	58.895	10.200	3.152	9.308	15.256
11	宜昌	90	D11	89	D16	-1	33.854	14.019	6.057	11.975	14.299
	中部崛起						54.620	37.260	31.323	33.868	37.574

表14-15　2009 TEEMA泛北部灣經濟區城市綜合實力排行

排名	城市	2009 排名	2009 等級	2008 排名	2008 等級	排名變化	城市競爭力 加權分數	投資環境力 加權分數	投資風險度 加權分數	台商推薦度 加權分數	城市綜合實力
01	南寧	56	C07	70	C22	14	46.486	41.403	45.922	49.634	44.756
02	桂林	68	C19	78	D05	10	32.176	37.798	26.608	41.780	34.195
03	北海	89	D10	90	D17	1	23.466	14.288	13.589	11.867	15.092
	泛北部灣經濟區						34.043	31.163	28.706	34.427	31.348

表14-16 2009 TEEMA中國大陸九大經濟區城市綜合實力排行

排名	九大經濟區	2009 TEEMA評估城市數	城市競爭力		投資環境力		投資風險度		台商推薦度		城市綜合實力
			評分	排名	評分	排名	評分	排名	評分	排名	評分
01	長三角經濟區	32	80.244	01	68.975	01	69.594	01	69.782	02	70.972
02	西三角經濟區	3	73.193	02	58.690	02	55.965	03	70.257	01	61.783
03	環渤海經濟區	14	72.324	03	57.550	03	57.243	02	59.681	03	59.994
04	海西經濟區	10	51.253	08	46.326	04	50.430	04	45.470	04	48.168
05	西部大開發	8	52.910	07	39.231	05	36.823	05	44.254	05	41.314
06	振興老東北	4	72.116	04	29.540	08	32.741	06	37.503	06	38.081
07	中部崛起	11	54.620	06	37.260	06	31.323	07	33.868	08	37.574
08	泛北部灣經濟區	3	34.043	09	31.163	07	28.706	08	34.427	07	31.348
09	珠三角經濟區	15	70.314	05	21.942	09	21.609	09	19.242	09	28.693

表14-17 2009 TEEMA中國大陸九大城市群城市綜合實力排行

排名	九大城市群	2009 TEEMA評估城市數	城市競爭力		投資環境力		投資風險度		台商推薦度		城市綜合實力
			評分	排名	評分	排名	評分	排名	評分	排名	評分
01	成渝經濟帶	2	76.787	05	80.703	01	71.719	01	93.803	01	79.385
02	長三角	32	80.244	02	68.975	03	69.594	03	69.782	04	70.972
03	山東半島	4	69.847	07	69.015	02	69.943	02	70.427	03	69.630
04	遼中南	2	80.287	01	55.767	05	61.820	04	70.723	02	63.504
05	京津冀	6	78.704	04	56.924	04	56.251	05	58.726	05	60.260
06	海西經濟帶	10	51.253	09	46.326	06	50.430	06	45.470	06	48.168
07	武漢城市群	3	79.937	03	22.609	07	19.471	09	18.646	09	29.672
08	珠三角	15	70.314	06	21.942	08	21.609	08	19.242	08	28.693
09	關中城市群	1	66.005	08	14.665	09	24.456	07	23.165	07	26.578

五、2009 TEEMA中國大陸九大城市群城市綜合實力排行

根據2009《TEEMA調查報告》顯示，依中國大陸九大城市群之城市綜合實力來看，前三名分別為成渝經濟帶（79.385分）、長三角（70.972分）、山東半島（69.630分），排名最後的兩名分別為關中城市群（26.578分）與珠三角經濟區（28.263分）。由於中國大陸政府2009年提出相關的振興規劃政策支持及當地的競爭優勢與條件，遂使得以成都與重慶為首的成渝經濟帶、中國大陸發展條件最好的長三角與北方經濟重鎮的山東半島，其城市都具有相當好的綜合競爭實力。反觀，仍處於2008年中國大陸一系列宏觀調控政策後續衝擊下的珠三角經濟區以及正值開發起步的關中城市群，無論在城市競爭力、投資環境力、投資風險度或是台商推薦度方面的衡量指標，仍有很大的進步空間。

六、2009 TEEMA江蘇省城市綜合實力排行

表14-18顯示，以江蘇省之城市綜合實力來看，整體城市綜合實力上以蘇南地區的競爭力最好（74.896分），其中有六個城市名列極力推薦的A級評比，其中又以蘇州昆山與蘇州工業區的整體城市競爭力最強，其餘城市也都被列為值得推薦的B級評比；排名第二的蘇中地區（69.173分），其中僅有揚州市列為極力推薦的A級評比城市；排名最後的蘇北地區（67.113分）城市則全都落在值得推薦的B級評比中。由此也可以看出江蘇省境內所有城市的綜合競爭力都在值得推薦的等級之上，除了代表江蘇省各城市具有很強的城市競爭力之外，也印證了長三角仍是中國大陸經濟發展最成熟的經濟區。

七、2009 TEEMA浙江省城市綜合實力排行

由表14-19可知，以浙江省的城市綜合實力來看，整體城市綜合實力以浙東的競爭力最好（78.405分），其中有二個城市名列極力推薦的A級評比，分別為杭州蕭山與杭州市區，而嘉興的競爭力則落在值得推薦的B級評比中。排名第二的為浙北地區（68.500分），其中以寧波北侖與寧波市區較具競爭力，而寧波餘姚則列為勉予推薦的C級評比。排名第三與第四的浙中和浙南地區，則各僅有一個城市列入評比項目中，分別為浙中紹興（51.909分）與浙南溫州（35.999分），其中紹興為值得推薦的B級評比，而溫州則列為勉予推薦的C級評比。整體而言，同樣位於長三角的浙江省，其整體城市綜合競爭力亦是名列中國大陸各省的前列。

表14-18　2009 TEEMA江蘇省城市綜合實力排行

地區	排名	城市	2009 排名	2009 等級	2008 排名	2008 等級	排名變化	城市競爭力 加權分數	投資環境力 加權分數	投資風險度 加權分數	台商推薦度 加權分數	城市綜合實力
蘇北地區	01	連雲港	29	B07	--	--	--	37.776	73.306	83.743	61.147	69.284
	02	徐　州	35	B13	27	B04	-8	50.841	56.843	79.600	62.116	63.561
	03	淮　安	30	B08	35	B12	5	35.209	78.309	72.606	67.388	68.495
蘇北地區城市綜合實力								41.275	69.486	78.650	63.550	67.113
蘇中地區	01	揚　州	17	A17	08	A08	-9	48.841	83.850	96.224	88.692	83.037
	02	泰　州	37	B15	86	D13	49	43.364	68.410	64.268	65.451	62.966
	03	南　通	38	B16	54	C06	16	61.728	58.619	65.236	61.578	61.514
蘇中地區城市綜合實力								51.311	70.293	75.243	71.907	69.173
蘇南地區	01	蘇州昆山	01	A01	02	A02	1	88.136	97.677	99.990	98.161	97.012
	02	蘇州工業區	03	A03	01	A01	-2	88.136	91.651	98.322	90.629	92.972
	03	無錫江陰	10	A10	05	A05	-5	76.682	84.980	86.433	96.977	85.971
	04	蘇州市區	14	A14	19	A19	5	88.136	84.066	87.024	76.641	84.450
	05	蘇州新區	19	A19	04	A04	-15	88.136	73.898	75.243	81.806	77.623
	06	無錫市區	21	A21	11	A11	-10	76.682	74.220	78.094	73.091	75.582
	07	蘇州張家港	24	B02	28	B05	4	88.136	77.502	65.021	63.730	73.287
	08	常　州	25	B03	44	B21	19	64.794	72.714	77.233	66.635	71.970
	09	無錫宜興	27	B05	18	A18	-9	76.682	68.894	78.065	58.134	71.200
	10	蘇州太倉	40	B18	24	B01	-16	88.136	54.745	59.964	48.989	60.456
	11	蘇州常熟	46	B24	37	B14	-9	88.136	40.488	57.435	51.894	54.430
	12	蘇州吳江	47	B25	32	B09	-15	88.136	45.761	52.109	44.254	53.796
蘇南地區城市綜合實力								83.327	72.216	76.244	70.912	74.896

表14-19 2009 TEEMA浙江省城市綜合實力排行

地區	排名	城市	2009 排名	2009 等級	2008 排名	2008 等級	排名變化	城市競爭力 加權分數	投資環境力 加權分數	投資風險度 加權分數	台商推薦度 加權分數	城市綜合實力
浙南	01	溫州	65	C16	43	B20	-22	63.895	33.764	33.118	19.830	35.999
浙南地區城市綜合實力								63.895	33.764	33.118	19.830	35.999
浙中	01	紹興	49	B27	46	B23	-3	63.328	52.486	45.438	51.894	51.909
浙中地區城市綜合實力								63.328	52.486	45.438	51.894	51.909
浙北	01	寧波北侖	05	A05	15	A15	10	82.703	92.404	93.104	92.673	91.199
	02	寧波市區	15	A15	36	B13	21	82.703	91.113	74.489	84.926	83.937
	03	寧波奉化	34	B12	25	B02	-9	82.703	59.695	59.894	72.445	65.118
	04	寧波慈溪	44	B22	--	--	--	82.703	51.571	47.751	60.932	56.499
	05	寧波餘姚	53	C04	38	B15	-15	82.703	32.472	48.881	37.906	45.745
浙北地區城市綜合實力								82.703	65.451	64.824	69.777	68.500
浙東	01	杭州蕭山	07	A07	6	A06	-1	87.425	93.480	87.240	89.338	90.078
	02	杭州市區	13	A13	23	A23	10	87.425	81.967	89.015	79.008	84.456
	03	嘉興	39	B17	41	B18	2	61.295	57.058	67.173	56.736	60.680
浙東地區城市綜合實力								78.715	77.502	81.142	75.027	78.405

八、2008-2009 TEEMA城市推薦等級變遷分析

依據《TEEMA調查報告》2009與2008城市綜合實力以及城市綜合實力推薦等級綜合比較結果顯示，由圖14-1至圖14-4可得知下列重要的訊息：

1. **2009調查評估城市的劃分基礎**：在2009《TEEMA調查報告》所選擇評估的93個城市中，基於台商投資群聚效應，加之考量台商在某一城市投資區位的差異性，雖然有一些城市是以地級市為分析單位，但調查內容考慮到：（1）城市區位優勢的差異；（2）台商投資密集度及產業群聚性；（3）製造業與服務業投資條件的屬性差異；（4）中國大陸城市崛起以及新興工業區的重點發展趨勢，作為城市劃分的基礎。

2. **2009調查評估城市的區域劃分**：2009《TEEMA調查報告》城市劃分如下：（1）「蘇州市」：分成蘇州工業區、蘇州新區、蘇州市區、蘇州吳江、蘇州昆山、蘇州張家港、蘇州常熟、蘇州太倉八區；（2）「上海市」：分成上海市區、上海閔行、上海嘉定、上海松江、上海浦東五區；（3）「東莞市」：分成東莞市區、東莞厚街、東莞石碣、東莞虎門、東莞長安五區；（4）「寧波市」：分成寧波市區、寧波北侖、寧波餘姚、寧波奉化、寧波慈溪五區；（5）「深圳市」：分成深圳市區、深圳寶安、深圳龍崗三區；（6）「無錫市」：分成無錫市區、無錫宜興、無錫江陰三區；（7）「武漢市」：分成武漢武昌、武漢漢口、武漢漢陽三區；（8）「福州市」：分成福州市區、福州馬尾兩區；（9）「廈門市」：分成廈門島內、廈門島外兩區；（10）「南京市」：分成南京市區、南京江寧兩區；（11）「北京市」：分成北京市區、北京亦莊兩區；（12）「天津市」：分成天津市區、天津濱海區兩區；（13）「杭州市」：分成杭州市區、杭州蕭山兩區。

3. **2008-2009調查評估城市的投資環境變動**：2009年列入《TEEMA調查報告》分析城市但2008年未列入評比者，計有：（1）連雲港；（2）寧波慈溪；（3）贛州等3個城市，其中增加的城市大多是屬於華東的城市居多。

4. **2008-2009城市綜合實力推薦的投資環境變動**：依據2008-2009《TEEMA調查報告》兩年度同時列入【A】級「極力推薦」等級的城市共有18個，佔2009年【A】級城市的81.81%，列入【B】級「值得推薦」的城市共有14個，佔2009年【B】級城市的51.85%，顯示【A】級、【B】級，其穩定度都超過半數。兩年度列入【C】級「勉予推薦」的城市有16個，佔2008年【C】級城市53.33%，最後，兩年度均列入【D】級「暫不推薦」的城市共有10個，佔2009年【D】級

城市71.43%，從研究結果中可以發現，連續兩年列入【A】級城市和【B】級城市的比率比起去年要減少，代表的是《TEEMA調查報告》很有可能是由於2009年中國大陸的新政策和環境變動的影響不利台商投資，加上受到全球金融風暴影響的後續效應所致，使得一些本來競爭力不錯的城市在新的一年內，因為無法克服整體環境所帶來的困境，使得其排名評比下滑。

5. 2008-2009【A】級「極力推薦」城市投資環境變動：2008至2009《TEEMA調查報告》同時列入【A】級「極力推薦」的城市分別是：（1）蘇州昆山（A01）；（2）南京江寧（A02）；（3）蘇州工業區（A03）；（4）天津濱海（A04）；（5）寧波北崙（A05）；（6）上海閔行（A06）；（7）杭州蕭山（A07）；（8）南昌（A08）；（9）北京亦莊（A09）；（10）無錫江陰（A10）；（11）成都（A11）；（12）杭州市區（A13）；（13）蘇州市區（A14）；（14）大連（A16）；（15）揚州（A17）；（16）青島（A18）；（17）蘇州新區（A19）：（18）無錫市區（A21），而2008年是【A】級「極力推薦」城市但2009年下降至【B】級「值得推薦」等級者有：（1）廊坊（A16→B04）；（2）無錫宜興（A18→B05）；（3）煙台（A20→B06）；（4）南京市區（A13→B14）；（5）威海（A21→B20）。

6. 2009新進入【A】級「極力推薦」的城市：2009《TEEMA調查報告》首度或再度進入【A】級「極力推薦」城市排行榜的有4個城市，分別為：（1）廈門島外（B06→A12）；（2）寧波市區（B13→A15）；（3）廈門島內（B11→A20）；（4）鎮江（B03→A22），這些城市在2008年都是列名【B】級「值得推薦」的，但經過努力後，2009均躋身【A】級「極力推薦」之列，其中廈門除了是最早也是主要中國大陸對外的經濟開放區域之外，2009年隨著海西經濟區的振興規劃以及兩岸經貿互動的日益頻繁，廈門的基礎建設也開始日益完善，加上其位居兩岸經貿的重要地理優勢，在2009年也為兩岸的台商創造許多商機，這些都是2009年廈門城市的競爭力評比能夠提升的最主要原因。

7. 2008-2009【D】級「暫不推薦」城市投資環境變動：2008至2009《TEEMA調查報告》研究結果顯示，兩年度均列入【D】級「暫不推薦」的城市共有10個，分別為：（1）惠州（D03）；（2）深圳龍崗（D04）；（3）東莞虎門（D06）；（4）東莞石碣（D07）；（5）東莞厚街（D08）；（6）北海（D10）；（7）宜昌（D11）；（8）長春（D12）；（9）哈爾濱（D13）；（10）蘭州（D14）。這些城市大多數都屬於珠三角經濟區，而早期東莞市一直是惠州的一個縣級市，從惠州脫離後，東莞獨自成為地級市，但2009《TEEMA

調查報告》發現，惠州、東莞長期都是列入「暫不推薦」的城市，造成東莞長期「暫不推薦」的主因，仍是社會治安問題，因為東莞長期以來外來打工人口不斷增多，造成社會治安惡化，台商人身安全受到威脅。除此之外，由於2008年中國大陸政府通過勞動合同法、珠三角一帶的基本工資不斷上漲，加上進出口退稅調降的政策，都讓東莞的台商增加了許多經營成本。從2008年至2009年初珠三角一帶台商的大量出走與關閉潮，就不難看出東莞市被選為「暫不推薦」城市的輪廓。除此之外，由於2008年中國大陸一系列宏觀調控政策和全球金融危機衝擊的後續效應，也使得珠三角的諸多城市仍然尚未平復，也反應了珠三角經濟區在整體經濟區評比排名最後的結果。

九、2008-2009 TEEMA城市綜合實力排名上升幅度最優城市分析

2008-2009《TEEMA調查報告》針對93個列入評估調查城市之城市綜合實力上升幅度最優排名，如表14-20所示，上升名次最多的城市是泰州，由2008年的「暫不推薦」（86名），上升到2009年「值得推薦」的【B】級城市（37名），排名名次總共提升49個名次，其次是重慶由2008年的「勉予推薦」（61名），進步到2009年「值得推薦」的【B】級城市（23名），排名名次總共提升38個名次。2008與2009排名變化幅度上升前10名的城市依序為：泰州、重慶、莆田、寧波市區、常州、廈門島外、南通、廈門島內、上海浦東、福州市區、南寧、汕頭與東莞長安。2009《TEEMA調查報告》針對前述城市綜合競爭實力排名上升前5名城市，依據其「投資環境力」與「投資風險度」的細項評估指標變化較顯著的項目加以差異分析，其結果如表14-21所示。有關2008-2009《TEEMA調查報告》城市綜合實力排名上升前5名城市之剖析如下：

1. **就「泰州」排名上升的理由**：在2008《TEEMA調查報告》中，泰州列入【D】級「暫不推薦」城市，而2009年躍升到【B】級「值得推薦」城市，地處長江中下游的泰州，面海臨江，有五條重要航道在此交匯，加上甯靖鹽高速公路南段開通、京滬高速公路全線開通、新長鐵路全線竣工，這些都為泰州提供了便捷的交通。2010年的上海世博會，與蘇南地區相比，對泰州而言是一個難得的機遇。由於原材料較為低廉，且交通便捷，這就使得泰州在眾多競爭者中具備了獨有的區位優勢和成本優勢。其次，泰州由於地處平原和長江岸線，所以擁有豐富的土地資源和水資源，也成為外資企業投資上的首選。泰州政府人事變動後，較重視台商意見，也是獲台商青睞之重要因素。

圖14-1　2008-2009 TEEMA「極力推薦」等級城市變遷圖

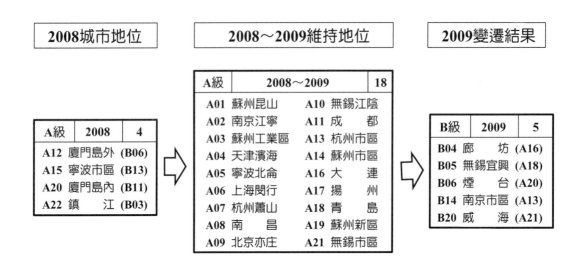

| 2008城市地位 | 2008～2009維持地位 | 2009變遷結果 |

A級	2008	4
A12 廈門島外 (B06)		
A15 寧波市區 (B13)		
A20 廈門島內 (B11)		
A22 鎮　江 (B03)		

A級	2008～2009		18
A01 蘇州昆山		A10 無錫江陰	
A02 南京江寧		A11 成　都	
A03 蘇州工業區		A13 杭州市區	
A04 天津濱海		A14 蘇州市區	
A05 寧波北侖		A16 大　連	
A06 上海閔行		A17 揚　州	
A07 杭州蕭山		A18 青　島	
A08 南　昌		A19 蘇州新區	
A09 北京亦庄		A21 無錫市區	

B級	2009	5
B04 廊　坊 (A16)		
B05 無錫宜興 (A18)		
B06 煙　台 (A20)		
B14 南京市區 (A13)		
B20 威　海 (A21)		

圖14-2　2008-2009 TEEMA「值得推薦」等級城市變遷圖

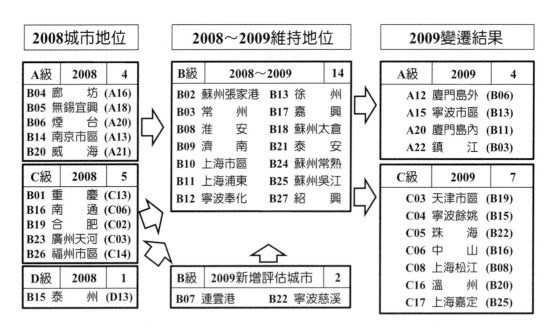

| 2008城市地位 | 2008～2009維持地位 | 2009變遷結果 |

A級	2008	4
B04 廊　坊 (A16)		
B05 無錫宜興 (A18)		
B06 煙　台 (A20)		
B14 南京市區 (A13)		
B20 威　海 (A21)		

C級	2008	5
B01 重　慶 (C13)		
B16 南　通 (C06)		
B19 合　肥 (C02)		
B23 廣州天河 (C03)		
B26 福州市區 (C14)		

D級	2008	1
B15 泰　州 (D13)		

B級	2008～2009		14
B02 蘇州張家港		B13 徐　州	
B03 常　州		B17 嘉　興	
B08 淮　安		B18 蘇州太倉	
B09 濟　南		B21 泰　安	
B10 上海市區		B24 蘇州常熟	
B11 上海浦東		B25 蘇州吳江	
B12 寧波奉化		B27 紹　興	

B級	2009新增評估城市		2
B07 連雲港		B22 寧波慈溪	

A級	2009	4
A12 廈門島外 (B06)		
A15 寧波市區 (B13)		
A20 廈門島內 (B11)		
A22 鎮　江 (B03)		

C級	2009	7
C03 天津市區 (B19)		
C04 寧波餘姚 (B15)		
C05 珠　海 (B22)		
C06 中　山 (B16)		
C08 上海松江 (B08)		
C16 溫　州 (B20)		
C17 上海嘉定 (B25)		

圖14-3　2008-2009 TEEMA「勉予推薦」等級城市變遷圖

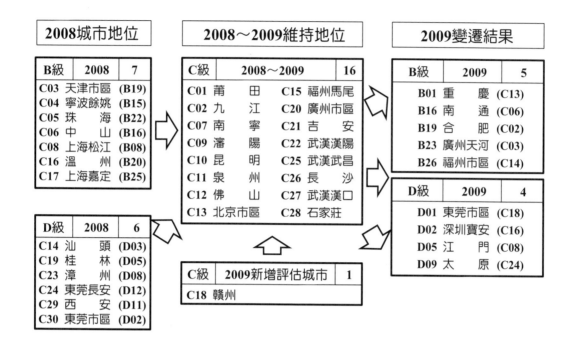

2008城市地位		
B級	**2008**	**7**
C03	天津市區	(B19)
C04	寧波餘姚	(B15)
C05	珠　海	(B22)
C06	中　山	(B16)
C08	上海松江	(B08)
C16	溫　州	(B20)
C17	上海嘉定	(B25)

2008～2009維持地位		
C級	**2008～2009**	**16**
C01 莆　田	C15 福州馬尾	
C02 九　江	C20 廣州市區	
C07 南　寧	C21 吉　安	
C09 瀋　陽	C22 武漢漢陽	
C10 昆　明	C25 武漢武昌	
C11 泉　州	C26 長　沙	
C12 佛　山	C27 武漢漢口	
C13 北京市區	C28 石家莊	

2009變遷結果		
B級	**2009**	**5**
B01	重　慶	(C13)
B16	南　通	(C06)
B19	合　肥	(C02)
B23	廣州天河	(C03)
B26	福州市區	(C14)

D級	**2009**	**4**
D01	東莞市區	(C18)
D02	深圳寶安	(C16)
D05	江　門	(C08)
D09	太　原	(C24)

D級	**2008**	**6**
C14	汕　頭	(D03)
C19	桂　林	(D05)
C23	漳　州	(D08)
C24	東莞長安	(D12)
C29	西　安	(D11)
C30	東莞市區	(D02)

C級	**2009新增評估城市**	**1**
C18 贛州		

圖14-4　2008-2009 TEEMA「暫不推薦」等級城市變遷圖

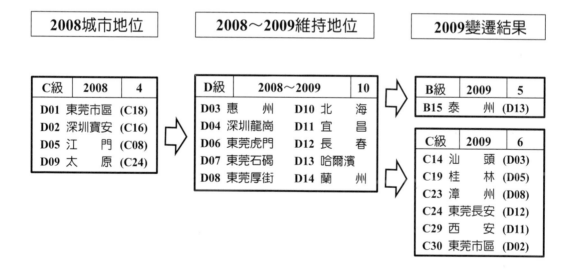

2008城市地位		
C級	**2008**	**4**
D01	東莞市區	(C18)
D02	深圳寶安	(C16)
D05	江　門	(C08)
D09	太　原	(C24)

2008～2009維持地位		
D級	**2008～2009**	**10**
D03 惠　州	D10 北　海	
D04 深圳龍崗	D11 宜　昌	
D06 東莞虎門	D12 長　春	
D07 東莞石碣	D13 哈爾濱	
D08 東莞厚街	D14 蘭　州	

2009變遷結果		
B級	**2009**	**5**
B15	泰　州	(D13)

C級	**2009**	**6**
C14	汕　頭	(D03)
C19	桂　林	(D05)
C23	漳　州	(D08)
C24	東莞長安	(D12)
C29	西　安	(D11)
C30	東莞市區	(D02)

2. **就「重慶」排名上升的理由**：在2009《TEEMA調查報告》中，重慶從2008列為【C】級「勉予推薦」城市，提升為【B】級「值得推薦」城市，地處東西主要幹道的重慶，除了是中國大陸西部唯一的直轄市之外，更是西部的主要工業重鎮。隨著2009年西部大開發振興規劃的推動以及政府產業梯度轉移政策的落實，重慶在2009年無疑成為中國大陸主要的發展城市之一，也成為外商爭相投資以及產業西部轉移的主要地區，遂使當地的產業鏈越趨於完整。在市政府政策的大力支持以及基礎建設日益完善的情況下，重慶在2009年的城市競爭力評比自然而然加分不少。

3. **就「莆田」排名上升的理由**：在2009《TEEMA調查報告》中，莆田在2008至2009年都列為【C】級「勉予推薦」，雖然推薦等級沒有變化，但名次由2008年的C25上升至2009年的C01。主要原因在於莆田港本身就具有其區位上的優勢，加上莆田的製造產業鏈相當健全，韓國駐廣州總領事金長煥就表示，莆田港口優勢突出，製造業產業鏈健全，希望能把韓國的造船技術、汽車製造以及資訊技術推薦到莆田。而2009年中國大陸政府的海西經濟區振興規劃方案中，莆田更是一個不可被忽略的城市。

4. **就「寧波市區」排名上升的理由**：在2009《TEEMA調查報告》中，寧波市區從2008列為【B】級「值得推薦」城市，提升為【A】級「極力推薦」城市，寧波市區地處中國大陸海岸線中段、長江三角洲南翼，對外面向環太平洋地區，對內覆蓋華東地區及長江流域，具有作為國際航運樞紐的優越地理位置。加上杭州灣跨海大橋的落成通車，拉近寧波與上海的距離，使寧波的區位優勢更加明顯，交通更加便捷，因此長三角南翼經濟中心的地位更加凸顯。加上2010年上海世博會，屆時人流、物流、資金流、資訊流等要素資源的流動與集散都將為鄰近上海的寧波帶來龐大的商機。

5. **就「常州」排名上升的理由**：在《TEEMA調查報告》中，常州在2008至2009年都列為【B】級「值得推薦」，雖然推薦等級沒有變化，但名次由2008年的B21上升至2009年的B03。常州地處長三角，鄰近上海、南京兩大都市，並與蘇州和無錫聯合構成蘇錫常都市圈，借助優越的區位優勢，不斷優化投資環境與產業結構，使得城市品質隨之提升。如今，常州市以農業製造業、輸變電設備製造業、汽車及配件製造業、新型紡織服裝業等四大支柱產業為龍頭，帶動電子資訊、新型材料工業、生物醫藥及精細化工四大新興產業發展，著力打造先進製造業基地，規模和品牌效應逐步顯現，也大幅提升常州的城市綜合競爭力。

表14-20　2008-2009 TEEMA城市綜合實力推薦排名上升分析

排名	城　市	2009		2008		2008-2009
		排名	推薦等級	排名	推薦等級	排名等級差異
❶	泰　　州	B15	值得推薦	D13	暫不推薦	⬆ 49（D→B）
❷	重　　慶	B01	值得推薦	C13	勉予推薦	⬆ 38（C→B）
❸	莆　　田	C01	勉予推薦	C25	勉予推薦	⬆ 23（C→C）
❹	寧波市區	A15	極力推薦	B13	值得推薦	⬆ 21（B→A）
❺	常　　州	B03	值得推薦	B21	值得推薦	⬆ 19（B→B）
❻	廈門島外	A12	極力推薦	B06	值得推薦	⬆ 17（B→A）
❼	南　　通	B16	值得推薦	C06	勉予推薦	⬆ 16（C→B）
❽	廈門島內	A20	極力推薦	B11	值得推薦	⬆ 14（B→A）
❽	上海浦東	B11	值得推薦	B24	值得推薦	⬆ 14（B→B）
❽	福州市區	B26	值得推薦	C14	勉予推薦	⬆ 14（C→B）
❽	南　　寧	C07	勉予推薦	C22	勉予推薦	⬆ 14（C→C）
❾	汕　　頭	C14	勉予推薦	D03	暫不推薦	⬆ 13（D→C）
❿	東莞長安	C24	勉予推薦	D12	暫不推薦	⬆ 12（D→C）

十、2008-2009 TEEMA城市綜合實力排名下降幅度最大城市分析

　　2008-2009《TEEMA調查報告》針對93個列入2009評估調查城市之城市綜合實力排名分析結果顯示，從表14-22中得知，排名下降名次最多的城市是江門，由2008年的「勉予推薦」等級，下降到2009年「暫不推薦」的【D】級城市，總排名名次下降28名，其次是上海松江由2008年的「值得推薦」等級，下降到2009年「勉予推薦」的【C】級城市，總排名名次下滑26名。2008與2009排名變化幅度下降前10名的城市依序為：江門、上海松江、南京市區、溫州、威海、武漢武昌、上海嘉定、深圳寶安、蘇州太倉、中山、太原、蘇州新區、蘇州吳江與寧波餘姚。

　　2009《TEEMA調查報告》針對前述城市綜合競爭實力排名下降前5名城市，依據其「投資環境力」與「投資風險度」的細項評估指標變化較顯著的項目加以差異分析，其結果如表14-23所示。有關2008-2009《TEEMA調查報告》城市綜合實力排名下降前5名城市之剖析如下：

　　1. 就「江門」排名下降的理由：在2009《TEEMA調查報告》中，江門從2008【C】級「勉予推薦」城市，落到2009年的【D】級「暫不推薦」城市，從投資環境力與投資風險度的細項指標分析發現，投資環境力中的「社會治安」下

表14-21 2008-2009 TEEMA城市推薦等級上升細項評估指標變化分析

城市	投資環境力細項評估指標	2009	2008	變化	投資風險度細項評估指標	2009	2008	變化
泰州	生態與地理環境符合企業發展	4.087	2.429	+1.658	行政命令經常變動	2.043	3.750	-1.707
	適合商發展內貿、內銷市場	3.957	2.321	+1.635	優惠政策無法兌現	1.826	3.500	-1.674
	資金匯兌及利潤匯出	4.000	2.429	+1.571	社會治安不良、秩序不穩	1.870	3.536	-1.666
	解決糾紛的管道	4.174	2.607	+1.567	外匯嚴格管制及利潤匯出不易	1.913	3.571	-1.658
	改善外商投資環境	4.261	2.750	+1.511	人身財產安全	1.957	3.607	-1.651
重慶	未來具有經濟發展潛力	4.140	3.000	+1.140	員工缺乏忠誠度造成人員流動率頻繁	2.119	3.545	-1.426
	改善外商投資環境	4.116	3.000	+1.116	水電、燃氣、能源供應不穩定	2.116	3.364	-1.247
	市場未來發展潛力	4.186	3.091	+1.095	海關行政阻擾	2.244	3.455	-1.211
	促使合商獲利	4.119	3.091	+1.028	物流、運輸、通路狀況不易掌握	2.116	3.182	-1.066
	歡迎台商投資	4.140	3.136	+1.003	適任人才及員工招募不易	2.140	3.182	-1.042
莆田	歡迎台商投資	4.000	2.250	+1.750	水電、燃氣、能源供應不穩定	2.333	4.350	-2.017
	解決糾紛的管道	3.571	1.850	+1.721	外匯嚴格管制及利潤匯出不易	2.286	4.250	-1.964
	政府與執法機構秉持公正的執法	3.667	1.950	+1.717	違反對合商合法取得土地使用權承諾	2.143	4.100	-1.957
	污水、廢棄物處理設施	3.857	2.150	+1.707	行政命令經常變動	2.238	4.050	-1.812
	資金匯兌及利潤匯出	3.524	1.850	+1.674	協商過程	2.238	4.050	-1.812
寧波市區	取得土地價格	4.211	2.828	+1.383	維持人際網絡成本過高	2.000	2.552	-0.552
	污水、廢棄物處理設施	4.158	3.069	+1.089	以不當方式要求合商回饋	1.789	2.241	-0.452
	醫療、衛生、保健設施的質與量	4.167	3.172	+0.994	政府保護主義濃厚影響台業獲利	1.737	2.172	-0.436
	查處劣偽仿冒商品	4.053	3.069	+0.984	企業信用不佳欠債造案不易	2.053	2.483	-0.430
	誠信與價值觀	4.000	3.069	+0.931	以刑事方式處理經濟案件	1.684	2.103	-0.419
常州	通訊設備、資訊設施、網路建設	4.308	3.667	+0.641	配套廠商供應不穩定	1.840	2.619	-0.779
	城市建設國際化	4.154	3.571	+0.582	水電、燃氣、能源供應不穩定	1.615	2.381	-0.766
	企業運作商務環境	4.077	3.524	+0.553	社會治安不良、秩序不穩	2.000	2.714	-0.714
	歡迎台商投資	4.385	3.857	+0.527	物流、運輸、通路狀況不易掌握	1.615	2.286	-0.670
	海、路、空交通運輸	4.192	3.667	+0.526	外匯嚴格管制及利潤匯出不易	2.000	2.619	-0.619

降程度高達0.695分；投資風險度部份則是以「勞資或經貿糾紛不易排解」上升的程度最高，達到0.623分，其中，主要原因在於治安一直都是江門歷年來所必需要積極面對的問題，根據調查，當地民眾對於當地社會治安不滿最為嚴重。除此之外，因為2008年中國大陸宏觀調控政策所實施的一系列法規對於珠三角地區造成嚴重衝擊，也是江門在勞資問題上評比下降的主要原因。

2. 就「上海松江」排名下降的理由：在2009《TEEMA調查報告》中，上海松江從2008【B】級「值得推薦」城市，落到2009年的【C】級「勉予推薦」城市，從投資環境力與投資風險度的細項指標分析發現，投資環境力中的「取得土地價格」下降程度最高，達到0.427分；投資風險度部份則是以「勞資或經貿糾紛不易排解」與「人身財產安全」上升的程度最高，達到0.234分。主要原因還是在於上海的土地價格過於驚人而造成企業經營成本上龐大的負擔，上海工業用地的出讓價格比較2008年已經上漲1倍以上，部分地理位置較好的區域，工業土地價格甚至上漲兩倍以上，意謂著製造業今後到上海購置土地建造生產廠房的話，其支出的土地成本將是以往的1至2倍，而這筆龐大成本的負擔也往往是造成廠商轉往週邊如昆山、蘇州投資的主要原因。

3. 就「南京市區」排名下降的理由：在2008《TEEMA調查報告》中屬【A】級「極力推薦」城市，而2009年卻落到【B】級「值得推薦」城市，從投資環境力與投資風險度的細項指標分析發現，投資環境力中的「改善外商投資環境」下降程度高達0.571分；投資風險度部份則是以「協商過程」上升的程度最高，達到0.426分。主要原因還是在於南京距離沿海太遠，對外商而言最重要的海運並不發達，反觀上海與蘇州由於離海較近，對於外商而言整體投資環境要優厚許多；加上2009年中國大陸的經濟區振興方案，使得許多如長三角的上海、海西的廈門、老東北的大連等臨海城市帶給外資許多投資的機會，所以海運運輸也是南京市區在整體投資環境上所必須積極改善的部份。不過南京市區由於仍處於發展較發達的長三角經濟區，加上其周邊如南京江寧等地的高科技展業發展帶動，使南京市區在整體的投資環境競爭力上仍可維持在「值得推薦」城市的行列。

4. 就「溫州」排名下降的理由：溫州在2008年列名【B】級「值得推薦」城市，而2009年則列入【C】級「勉予推薦」城市之列，根據2009《TEEMA調查報告》顯示，從投資環境力與投資風險度的細項指標分析發現，投資環境力中的「基層勞動力供應」下降程度最高，達到0.673分；投資風險度部份則是以「員工缺乏忠誠度造成人員流動率頻繁」上升的程度最高，達到0.051分。主要的原

因在於溫州企業發展時往往會受限於當地勞動力不足與土地資源取得上的問題。以溫州鞋業為例，員工無序流動特別嚴重，大多數的製鞋企業年平均員工流動率超過30％，有的企業員工流動甚至高達70％。企業因勞動力不足無法正常生產必須在同行中相互挖角，一些企業由於招不到員工而停止生產甚至外遷。此一現象給溫州勞動力密集型企業的可持續發展，乃至溫州的經濟發展都帶來了一定的影響。

　　5. 就「威海」排名下降的理由：威海在2008年列名【A】級「極力推薦」城市，而2009年則列入【B】級「值得推薦」城市之列，根據2009《TEEMA調查報告》顯示，從投資環境力與投資風險度的細項指標分析發現，投資環境力中的「專業及技術人才供應」下降程度高達0.907分；投資風險度部份則是以「配套廠商供應不穩定」上升的程度最高，達到0.664分。威海無論是在與創新型城市建設目標相比，或是高等學校質量等相應指標與周邊青島和煙台等城市相比，顯然都有一定差距。與青島、煙台相比，威海不僅人才總量不足，高層次創新領導人才尤其缺乏，主要原因是因為缺乏良好的實驗設施與學術交流環境等。此外，威海企業普遍面臨人才引進難、留住更難的困境，加上青島和煙台的GDP都明顯高於威海，從創新的絕對值來看，顯然也高出威海許多，所以創新環境也是威海最有待進一步改善的部份。

表14-22　2008-2009 TEEMA城市綜實力推薦排名下降分析

排名	城　市	2009		2008		2008-2009
		排名	推薦等級	排名	推薦等級	排名等級差異
❶	江　門	D05	暫不推薦	C08	勉予推薦	⬇28（C→D）
❷	上海松江	C08	勉予推薦	B08	值得推薦	⬇26（B→C）
❸	南京市區	B14	值得推薦	A13	極力推薦	⬇23（A→B）
❹	溫　州	C16	勉予推薦	B20	值得推薦	⬇22（B→C）
❺	威　海	B20	值得推薦	A21	極力推薦	⬇21（A→B）
❻	武漢武昌	C25	勉予推薦	C07	勉予推薦	⬇19（C→C）
❼	上海嘉定	C17	勉予推薦	B25	值得推薦	⬇18（B→C）
❽	深圳寶安	D02	暫不推薦	C16	勉予推薦	⬇17（C→D）
❾	蘇州太倉	B18	值得推薦	B01	值得推薦	⬇16（B→B）
❾	中　山	C06	勉予推薦	B16	值得推薦	⬇16（B→C）
❾	太　原	D09	暫不推薦	C24	勉予推薦	⬇16（C→D）
❿	蘇州新區	A19	極力推薦	A04	極力推薦	⬇15（A→A）
❿	蘇州吳江	B25	值得推薦	B09	值得推薦	⬇15（B→B）
❿	寧波餘姚	C04	勉予推薦	B15	值得推薦	⬇15（B→C）

資料來源：本研究整理

表14-23 2008-2009 TEEMA城市推薦等級下降細項評估指標變化分析

城市	投資環境力評估細項指標	2009	2008	變化	投資風險度細項評估指標	2009	2008	變化
江門	社會治安	3.105	3.800	-0.695	勞資或經貿糾紛不易排解	3.105	2.640	+0.465
	勞工、工安、消防、衛生檢查	2.737	3.360	-0.623	人身財產安全	3.053	2.640	+0.413
	政策穩定性及透明度	2.737	3.320	-0.583	企業信用不佳欠債案不易	3.158	2.760	+0.398
	海關	2.842	3.400	-0.558	員工道德操守造成台商企業營運損失	2.842	2.480	+0.362
	相關投資政策優惠	2.842	3.400	-0.558	員工缺乏忠誠度造成人員流動率頻繁	2.842	2.480	+0.362
上海松江	取得土地價格	2.735	3.162	-0.427	勞資或經貿糾紛不易排解	2.559	2.324	+0.234
	經營成本、廠房與相關設施成本	3.118	3.432	-0.315	員工抗議、抗爭事件	2.559	2.324	+0.234
	基層勞動力供應	3.324	3.622	-0.298	社會治安不穩、秩序不穩	2.324	2.135	+0.188
	水電、燃氣、能源充沛	3.412	3.703	-0.291	適任人才及員工招募不易	2.676	2.514	+0.163
	同業、同行間公平且正當競爭	3.176	3.459	-0.283	海關行政阻擾	2.529	2.378	+0.151
南京市區	改善外商投資環境	3.810	4.381	-0.571	協商過程	2.045	1.619	+0.426
	經營成本、廠房與相關設施成本	3.727	4.190	-0.463	員工道德操守造成台商企業營運損失	2.182	1.762	+0.420
	生態與地理環境符合企業發展	3.455	3.905	-0.450	優惠政策無法兌現	2.227	1.857	+0.370
	歡迎台商投資	3.864	4.238	-0.374	政府保護主義濃厚影響企業獲利	2.273	1.952	+0.320
	促使台商經營獲利	3.773	4.143	-0.370	社會治安不良、秩序不穩	2.045	1.762	+0.284
溫州	基層勞動力供應	3.240	3.913	-0.673	員工缺乏忠誠度造成人員流動率頻繁	2.783	2.833	+0.051
	專業及技術人才供應	3.080	3.609	-0.529	維持人際網絡成本過高	2.826	2.875	+0.049
	取得土地價格	3.115	3.565	-0.450	官員對法令、合同、規範	2.783	2.792	+0.009
	同業、同行間公平且正當競爭	3.120	3.565	-0.445	--	--	--	--
	城市建設國際化	3.091	3.522	-0.431	--	--	--	--
威海	專業及技術人才供應	3.619	4.526	-0.907	配套廠商供應不穩定	2.190	1.526	+0.664
	生活條件及人均收入相較於一般水準	3.905	4.684	-0.779	機構無法有效執行司法及仲裁結果	2.381	1.842	+0.539
	行政命令與國家法令	3.762	4.474	-0.712	政府調解、仲裁糾紛對台商	2.286	1.842	+0.444
	基層勞動力供應	3.810	4.474	-0.664	員工道德操守造成台商企業營運損失	2.381	1.947	+0.434
	相關投資政策優惠	3.857	4.421	-0.564	政府保護主義濃厚影響企業獲利	2.286	1.895	+0.391

第15章 2009 TEEMA 單項指標 10佳城市排行

2009《TEEMA調查報告》除延續過去「兩力」、「兩度」以及最後「城市綜合投資實力」等五項排行之外，另外針對台商關切主題進行單項評估：

（1）當地政府行政透明度城市排行

（2）當地對台商投資承諾實現度城市排行

（3）當地政府解決台商經貿糾紛滿意度最優城市排行

（4）當地台商人身安全程度最優城市排行

（5）最適合從事內銷市場城市排行

（6）最適宜服務業投資城市排行

（7）最適宜IT製造業投資城市排行

（8）當地台商企業獲利程度最優城市排行

（9）當地金融環境自由化最優城市排行

（10）當地政府歡迎台商投資的熱情度排行

（11）最重視自主創新城市排行

（12）最具誠信道德價值觀的城市排行

（13）當地政府對台商智慧財產權保護最優城市排行

（14）當地台商享受政府自主創新品牌最優城市排行

（15）當地政府鼓勵台商企業自創品牌最優城市排行

《TEEMA調查報告》從2006年開始公佈單項主題排行，研究成果已成為台商關切的重心所在，換言之，台商可以根據自身優勢，採取「衡外情，量己力」的策略思維，佈局屬意的中國大陸城市。為延續2006《TEEMA調查報告》的單項主題排名精神，2009年亦針對上述15項單項主題進行了前10大城市排名，茲整理如表15-1所示。

表15-1　2009 TEEMA中國大陸單項主題十大城市排名

單項主題排名		❶	❷	❸	❹	❺	❻	❼	❽	❾	❿
1	當地政府行政透明程度　城市	蘇州昆山	天津濱海	寧波北侖	南昌	蘇州工業區	杭州蕭山	淮安	南京江寧	北京亦莊	揚州
	評分	4.392	4.342	4.298	4.271	4.245	4.233	4.228	4.217	4.210	4.195
2	對台商投資承諾實現度　城市	蘇州昆山	寧波北侖	蘇州工業區	杭州蕭山	南京江寧	天津濱海	南昌	無錫江陰	揚州	上海閔行
	評分	4.501	4.392	4.362	4.347	4.342	4.333	4.317	4.307	4.277	4.265
3	解決台商經貿糾紛程度　城市	南京江寧	蘇州昆山	蘇州工業區	寧波北侖	上海閔行	天津濱海	南昌	廈門島外	杭州蕭山	青島
	評分	4.408	4.312	4.298	4.288	4.257	4.252	4.241	4.222	4.208	4.187
4	當地台商人身安全程度　城市	蘇州工業區	蘇州昆山	天津濱海	南京江寧	杭州蕭山	南昌	無錫江陰	蘇州市區	青島	大連
	評分	4.382	4.356	4.308	4.303	4.301	4.292	4.276	4.250	4.233	4.172
5	最適宜內銷市場程度　城市	上海市區	天津濱海	無錫江陰	上海閔行	南京江寧	蘇州昆山	寧波市區	成都	上海浦東	大連
	評分	4.021	4.008	3.982	3.902	3.894	3.840	3.817	3.815	3.798	3.792
6	最適宜服務業投資城市　城市	上海市區	杭州市區	蘇州市區	寧波市區	大連	成都	蘇州昆山	廈門島內	無錫江陰	重慶
	評分	4.212	4.178	4.169	4.157	4.152	4.062	4.007	3.987	3.972	3.872
7	最適宜IT製造業投資　城市	蘇州昆山	南京江寧	天津濱海	北京亦莊	寧波北侖	蘇州工業區	廈門島外	無錫江陰	蘇州新區	上海閔行
	評分	4.278	4.267	4.260	4.198	4.174	4.167	4.132	4.127	4.107	4.102
8	當地台商企業獲利程度　城市	蘇州昆山	南京江寧	蘇州工業區	廈門島外	寧波北侖	南昌	蘇州昆山	無錫江陰	天津濱海	寧波市區
	評分	4.452	4.332	4.327	4.308	4.286	4.280	4.272	4.262	4.256	4.241
9	當地金融環境之自由化　城市	蘇州昆山	南京江寧	蘇州市區	寧波北侖	上海閔行	天津濱海	杭州蕭山	南昌	北京亦莊	青島
	評分	4.342	4.313	4.268	4.233	4.228	4.216	4.208	4.196	4.195	4.188
10	當地政府歡迎台商投資　城市	蘇州昆山	南昌	淮安	天津濱海	南京江寧	廈門島外	連雲港	寧波北侖	蘇州市區	成都
	評分	4.492	4.446	4.443	4.392	4.372	4.362	4.344	4.301	4.276	4.254
11	最重視自主創新的城市　城市	南京江寧	蘇州工業區	蘇州昆山	寧波北侖	杭州蕭山	大連	北京亦莊	無錫江陰	鎮江	廈門島外
	評分	4.392	4.311	4.228	4.199	4.188	4.172	4.162	4.111	4.098	4.055
12	最具誠信道德與價值觀　城市	蘇州昆山	蘇州工業區	南京江寧	揚州	寧波北侖	大連	青島	廊坊	廈門島內	蘇州市區
	評分	4.322	4.288	4.283	4.221	4.198	4.156	4.147	4.122	4.098	4.022
13	對台商智慧財產權保護　城市	蘇州工業區	天津濱海	蘇州昆山	南昌	上海閔行	北京亦莊	揚州	南京江寧	大連	寧波北侖
	評分	4.238	4.207	4.201	4.198	4.187	4.176	4.165	4.135	4.112	4.078
14	台商享受自主創新獎勵　城市	杭州蕭山	蘇州昆山	南京江寧	寧波北侖	蘇州工業區	無錫江陰	上海閔行	蘇州新區	天津濱海	成都
	評分	4.382	4.336	4.267	4.254	4.212	4.168	4.136	4.126	4.112	4.098
15	政府鼓勵台商自創品牌　城市	蘇州昆山	寧波北侖	蘇州工業區	杭州蕭山	南京江寧	大連	青島	成都	無錫市區	重慶
	評分	4.302	4.287	4.215	4.192	4.187	4.144	4.132	4.108	3.982	3.954

第三篇

兩岸合贏——
2009 TEEMA年度研究專題報告

第 **16** 章 兩岸產業分工與 產業競合專題研究

　　2009《TEEMA調查報告》除以「兩力兩度」模式評估中國大陸城市綜合實力外，特別以兩岸競合為年度研究專題，藉由「2009中國大陸投資環境與風險評估」問卷發放之際，亦一併進行「2009兩岸產業競合優勢與企業競合策略」問卷之調查，共回收250份有效問卷，根據：（1）產業競合優勢；（2）兩岸經營環境；（3）企業競合動機；（4）競合評估準則；（5）競合策略類型；（6）預期競合效益六項構面進行百分比統計分析。

一、兩岸產業競合優勢分析

　　「產業競合優勢」乃是由六大構面及20個細項指標所構成，其建構項目分別為：（1）3個「政策優勢」構面指標；（2）3個「群聚優勢」構面指標；（3）4個「技術優勢」構面指標；（4）4個「市場優勢」構面指標；（5）3個「產品優勢」構面指標；（6）3個「成長優勢」構面指標。根據表16-1統計結果顯示，整體而言，台灣與中國大陸之整體優勢平均分數為-0.122，顯然中國大陸在此優勢分析的表現略優於台灣。分析的六個構面中，台灣較具有優勢的構面為技術優勢、市場優勢與產品優勢，而中國大陸則是政策優勢、群聚優勢以及成長優勢。各項競合優勢指標之內涵，茲敘述如下：

　　1. 就政策優勢而言：政策優勢構面平均分數為-0.363，表示中國大陸在整體政策優勢構面表現較佳。其中：（1）政府財稅獎勵措施（-0.829），中國大陸具有優勢；（2）科技基礎建設完備度（0.159），台灣具有優勢；（3）政府對該產業發展積極度（-0.417），中國大陸具有優勢。

　　2. 就群聚優勢而言：群聚優勢構面平均分數為-0.349，表示中國大陸在整體群聚優勢構面表現較佳。其中：（1）群聚供應鏈完整度（-0.486），中國大陸具有優勢；（2）群聚可持續發展程度（-0.679），中國大陸具有優勢；（3）群

聚產業知識分享程度（0.117），台灣具有優勢。

3. 就技術優勢而言：技術優勢構面平均分數為0.535，表示台灣在整體技術優勢構面表現較佳。其中：（1）核心技術領先程度（0.591），台灣具有優勢；（2）自主研發核心能力程度（0.617），台灣具有優勢；（3）專業人才充沛程度（0.419），台灣具有優勢；（4）政府知識產權保護力度（0.512），台灣具有優勢。

4. 就市場優勢而言：市場優勢構面平均分數為0.059，表示台灣在整體市場優勢構面表現較佳。其中：（1）國際市場開發與拓展能力（0.218），台灣具有優勢；（2）產品於市場應用普及度（-0.952），中國大陸具有優勢；（3）國際市場通路掌握能力（0.427），台灣具有優勢；（4）產品品質國際市場競爭力（0.543），台灣具有優勢。

5. 就產品優勢而言：產品優勢構面平均分數為0.031，表示台灣在整體產品優勢構面表現較佳。其中：（1）產品製造良率程度（0.611），台灣具有優勢；（2）開發產品多樣化能力（0.117），台灣具有優勢；（3）上下游垂直鏈整合完備度（-0.591），中國大陸具有優勢。

6. 就成長優勢而言：成長優勢構面平均分數為-0.492，表示中國大陸在整體成長優勢構面表現較佳。其中：（1）資金來源或融資穩定度（-0.427），中國大陸具有優勢；（2）未來發展與成長潛力（-1.569），中國大陸具有優勢；（3）未來整體獲利能力（-1.615），中國大陸具有優勢。

總體而言，在20個細項中，台灣較具有優勢的指標依序如下所示：（1）自主研發核心能力程度（0.617）；（2）產品製造良率程度（0.611）；（3）核心技術領先程度（0.591）；（4）產品品質國際市場競爭力（0.543）；（5）政府知識產權保護力度（0.512）；（6）國際市場通路掌握能力（0.427）；（7）專業人才充沛程度（0.419）；（8）國際市場開發與拓展能力（0.218）；（9）科技基礎建設完備度（0.159）；（10）開發產品多樣化能力（0.117）；（11）群聚產業知識分享程度（0.117）。而中國大陸較具有優勢的指標依序如下所示：（1）未來整體獲利能力（-1.615）；（2）未來發展與成長潛力（-1.569）；（3）產品於市場應用普及度（-0.952）；（4）政府財稅獎勵措施（-0.829）；（5）群聚可持續發展程度（-0.679）；（6）上下游垂直鏈整合完備度（-0.591）；（7）群聚供應鏈完整度（-0.486）；（8）資金來源或融資穩定度（-0.427）；（9）政府對該產業發展積極度（-0.417）。

表16-1 兩岸產業競合優勢分析

構面	兩岸產業競合優勢指標	中國大陸 絕對優勢	極具優勢	非常優勢	頗具優勢	稍有優勢	同等優勢 ↔	台灣 稍有優勢	頗有優勢	非常優勢	極具優勢	絕對優勢	評分	排名
政策優勢	❶政府財稅獎勵措施	2.846	5.691	17.073	26.016	9.350	10.976	4.472	10.163	12.195	0.813	0.407	-0.829	中國大陸優04
	❷科技基礎建設完備度	2.846	2.439	7.724	21.951	11.382	10.163	6.504	10.569	15.854	9.756	0.813	0.159	台灣優09
	❸政府對該產業發展積極度	4.049	4.858	16.194	17.004	12.146	14.170	3.644	8.097	8.502	9.312	2.024	-0.417	中國大陸優09
	構面平均	-	-	-	-	-	-	-	-	-	-	-	-0.363	-
群聚優勢	❶群聚供應鏈完整度	2.429	7.692	19.433	19.433	4.858	10.931	6.073	8.907	10.931	6.883	2.429	-0.486	中國大陸優07
	❷群聚可持續發展程度	4.472	10.163	13.821	21.138	6.098	12.602	3.252	12.195	9.350	5.285	1.626	-0.679	中國大陸優05
	❸群聚產業知識分享程度	3.629	5.242	13.710	10.484	4.839	14.113	9.677	18.145	11.290	6.452	2.419	0.117	台灣優11
	構面平均	-	-	-	-	-	-	-	-	-	-	-	-0.349	-
技術優勢	❶核心技術領先程度	3.239	6.883	12.146	8.502	4.049	8.907	5.668	15.789	20.243	10.526	4.049	0.591	台灣優03
	❷自主研發核心能力程度	2.823	6.855	10.887	10.887	2.016	9.677	6.048	16.935	19.355	10.887	3.629	0.617	台灣優01
	❸專業人才充沛程度	2.823	4.839	13.306	13.306	3.226	8.871	7.661	16.935	16.935	7.661	4.435	0.419	台灣優07
	❹政府知識產權保護力度	2.016	4.435	10.887	13.306	3.629	10.887	10.484	14.919	18.548	8.468	2.419	0.512	台灣優05
	構面平均	-	-	-	-	-	-	-	-	-	-	-	0.535	-
市場優勢	❶國際市場開發與拓展能力	3.226	4.032	10.484	16.935	7.661	12.903	2.823	16.129	14.113	8.871	2.823	0.218	台灣優08
	❷產品於市場應用普及度	8.871	9.274	19.355	14.516	8.871	10.081	2.419	8.065	12.097	4.839	1.613	-0.952	中國大陸優03
	❸國際市場通路掌握能力	3.629	3.629	13.306	11.290	5.242	10.484	6.855	14.919	18.952	8.871	2.823	0.427	台灣優06
	❹產品質國際市場競爭力	2.429	5.263	13.360	8.907	3.644	11.741	8.502	12.551	20.648	11.336	1.619	0.543	台灣優04
	構面平均	-	-	-	-	-	-	-	-	-	-	-	0.059	-

表16-1 兩岸產業競合優勢分析（續）

構面	兩岸產業競合優勢指標	中國大陸 絕對優勢	極具優勢	非常優勢	頗具優勢	稍有優勢	同等優勢 ↔	台灣 稍有優勢	頗有優勢	非常優勢	極具優勢	絕對優勢	評分	排名
產品優勢	❶產品製造良率程度	2.429	4.049	11.741	10.931	3.644	11.336	10.121	12.955	19.838	10.121	2.834	0.611	台灣優02
	❷開發產品多樣化能力	4.839	2.823	13.306	14.113	7.258	10.484	6.452	16.532	15.726	6.452	2.016	0.117	台灣優10
	❸上下游垂直鏈整合完備度	5.263	10.121	14.575	15.789	7.287	11.336	6.883	11.336	9.717	6.883	0.810	-0.591	中國大陸優06
	構面平均	-	-	-	-	-	-	-	-	-	-	-	0.031	-
成長優勢	❶資金來源或融資穩定度	8.468	7.661	14.113	11.290	2.823	14.919	7.661	15.323	12.500	4.032	1.210	-0.427	中國大陸優08
	❷未來發展與成長潛力	18.548	10.081	14.919	12.500	3.226	20.968	2.823	6.048	9.274	1.613	-	-1.569	中國大陸優02
	❸未來整體獲利能力	16.599	12.551	14.170	12.955	7.692	16.599	3.239	5.668	8.907	1.619	-	-1.615	中國大陸優01
	構面平均	-	-	-	-	-	-	-	-	-	-	-	-0.492	-
產業競合優勢整體構面平均		-	-	-	-	-	-	-	-	-	-	-	-0.122	-

註：中國大陸絕對優勢至台灣絕對優勢之數據表示各個問項中，所有填答者佔該影響程度之百分比（％）

二、兩岸經營環境分析

「兩岸經營環境」乃是由四大構面及10個細項指標所構成，其建構項目分別為：（1）2個「政治環境」構面指標；（2）2個「經濟環境」構面指標；（3）4個「文化環境」構面指標；（4）2個「科技環境」構面指標。根據表16-2統計結果顯示，整體而言，兩岸的經營環境構面評分為3.648分，表示兩岸現階段的經營環境，有助於兩岸產業或企業採取合作策略。其中：（1）經濟高度依賴中國大陸（4.008）；（2）經貿交流互動頻繁（3.939）；（3）文化同源交流融洽（3.818）為對於兩岸產業或企業經營環境較有利指標的前三名。各項經營環境指標之內涵，茲敘述如下：

1. **就政治環境而言：** 政治環境構面平均分數為3.567，其中：（1）政治對立氣氛緩和（3.433），在10個細項指標中排名第7；（2）兩岸交流平台互動之建立（3.700），在10個細項指標中排名第4。

2. **就經濟環境而言：** 經濟環境構面平均分數為3.974，其中：（1）經濟高度依賴中國大陸（4.008），在10個細項指標中排名第1；（2）經貿交流互動頻繁（3.939），在10個細項指標中排名第2。

3. **就文化環境而言：** 文化環境構面平均分數為3.460，其中：（1）文化同源交流融洽（3.818），在10個細項指標中排名第3；（2）語言風俗習慣相近（3.388），在10個細項指標中排名第9；（3）企業經營思維模式相似（3.392），在10個細項指標中排名第8；（4）企業經營彼此互信程度極高（3.242），在10個細項指標中排名第10。

4. **就科技環境而言：** 科技環境構面平均分數為3.591，其中：（1）產業科技互補性極高（3.537），在10個細項指標中排名第6；（2）產業分工優勢極為明確（3.645），在10個細項指標中排名第5。

總體而言，在「兩岸經營環境」構面的10個細項指標排名，依序為：（1）經濟高度依賴中國大陸（4.008）；（2）經貿交流互動頻繁（3.939）；（3）文化同源交流融洽（3.818）；（4）兩岸交流平台互動之建立（3.700）；（5）產業分工優勢極為明確（3.645）；（6）產業科技互補性極高（3.537）；（7）政治對立氣氛緩和（3.433）；（8）企業經營思維模式相似（3.392）；（9）語言風俗習慣相近（3.388）；（10）企業經營彼此互信程度極高（3.242）。

表16-2 兩岸經營環境分析

構面	兩岸經營環境指標	非常 不同意	不同意	普通	同意	非常 同意	評分	排名
政治 環境	❶政治對立氣氛緩和	0.81	21.86	32.79	22.27	22.27	3.433	07
	❷兩岸交流平台互動之建立	1.21	7.29	31.58	40.08	19.84	3.700	04
	構面平均	-	-	-	-	-	**3.567**	-
經濟 環境	❶經濟高度依賴中國大陸	0.81	5.65	20.56	37.90	35.08	4.008	01
	❷經貿交流互動頻繁	1.21	6.48	22.67	36.44	33.20	3.939	02
	構面平均	-	-	-	-	-	**3.974**	-
文化 環境	❶文化同源交流融洽	0.40	7.29	24.29	46.15	21.86	3.818	03
	❷語言風俗習慣相近	0.82	21.22	35.10	24.08	18.78	3.388	09
	❸企業經營思維模式相似	2.04	13.88	37.14	36.73	10.20	3.392	08
	❹企業經營彼此互信程度極高	3.33	17.50	40.83	28.33	10.00	3.242	10
	構面平均	-	-	-	-	-	**3.460**	-
科技 環境	❶產業科技互補性極高	1.24	14.88	31.82	33.06	19.01	3.537	06
	❷產業分工優勢極為明確	0.83	11.57	33.88	29.75	23.97	3.645	05
	構面平均	-	-	-	-	-	**3.591**	-
兩岸經營環境構面平均		-	-	-	-	-	**3.648**	-

三、兩岸企業競合動機分析

「企業競合動機」乃是由六大構面及20個細項指標所構成，其建構項目分別為：（1）4個「效率導向」構面指標；（2）3個「競爭導向」構面指標；（3）3個「成本導向」構面指標；（4）4個「資源導向」構面指標；（5）3個「學習導向」構面指標；（6）3個「避險導向」構面指標，競合動機誘因整體構面平均為（3.418）。有關各產業的內涵，茲敘述如下：

1. 就效率導向而言：效率導向構面平均分數為3.540，其中：（1）加快產品研發速度與產品上市的步調（3.381），在20個細項指標中排名第12；（2）獲得製造與生產上的規模經濟（3.729），在20個細項指標中排名第1；（3）提升品牌知名度以及品牌聯合效益（3.479），在20個細項指標中排名第7；（4）產生通路及終端銷售的綜效（3.570），在20個細項指標中排名第3。

2. 就競爭導向而言：競爭導向構面平均分數為3.535，其中：（1）強化企業現有競爭地位提升市場競爭力（3.619），在20個細項指標中排名第2；（2）改善產業競爭格局與態勢（3.544），在20個細項指標中排名第4；（3）提供更多

產品組合與產品線多樣化（3.444），在20個細項指標中排名第9。

3. **就成本導向而言**：成本導向構面平均分數為3.469，其中：（1）節省產品開發成本與時間（3.444），在20個細項指標中排名第10；（2）減少營運或固定成本投入與支出（3.467），在20個細項指標中排名第8；（3）降低經營與市場風險（3.496），在20個細項指標中排名第5。

4. **就資源導向而言**：資源導向構面平均分數為3.313，其中：（1）與原先競爭者共同分享稀有性資源（3.243），在20個細項指標中排名第18；（2）與原先競爭者交換互補性資源（3.364），在20個細項指標中排名第13；（3）與原先競爭者建立產業共同標準（3.347），在20個細項指標中排名第16；（4）從原先競爭者獲得產業核心技術（3.297），在20個細項指標中排名第17。

5. **就學習導向而言**：學習導向構面平均分數為3.233，其中：（1）達成組織相互學習的效用（3.350），在20個細項指標中排名第15；（2）取得經營管理的專業知識（3.143），在20個細項指標中排名第20；（3）學習與模仿競爭者的競爭策略與態勢（3.207），在20個細項指標中排名第19。

6. **就避險導向而言**：避險導向構面平均分數為3.419，其中：（1）規避市場與技術的不確定性（3.357），在20個細項指標中排名第14；（2）避免與競爭者過度削價競爭（3.479），在20個細項指標中排名第6；（3）避免政府對外資投資限制或相關貿易障礙（3.420），在20個細項指標中排名第11。

總體而言，在「企業競合動機」構面的20個細項指標排名，依序為：（1）獲得製造與生產上的規模經濟（3.729）；（2）強化企業現有競爭地位提升市場競爭力（3.619）；（3）產生通路及終端銷售的綜效（3.570）；（4）改善產業競爭格局與態勢（3.544）；（5）降低經營與市場風險（3.496）；（6）避免與競爭者過度削價競爭（3.479）；（7）提升品牌知名度以及品牌聯合效益（3.479）；（8）減少營運或固定成本投入與支出（3.467）；（9）提供更多產品組合與產品線多樣化（3.444）；（10）節省產品開發成本與時間（3.444）；（11）避免政府對外資投資限制或相關貿易障礙（3.420）；（12）加快產品研發速度與產品上市的步調（3.381）；（13）與原先競爭者交換互補性資源（3.364）；（14）規避市場與技術的不確定性（3.357）；（15）達成組織相互學習的效用（3.350）；（16）與原先競爭者建立產業共同標準（3.347）；（17）從原先競爭者獲得產業核心技術（3.297）；（18）與原先競爭者共同分享稀有性資源（3.243）；（19）學習與模仿競爭者的競爭策略與態勢（3.207）；（20）取得經營管理的專業知識（3.143）。

表16- 3　兩岸企業競合動機分析

構面	指標	非常不同意	不同意	普通	同意	非常同意	評分	排名
效率導向	❶加快產品研發速度與產品上市的步調	0.837	17.155	36.402	34.310	11.297	3.381	12
	❷獲得製造與生產上的規模經濟	0.000	7.917	29.167	45.000	17.917	3.729	01
	❸提升品牌知名度以及品牌聯合效益	1.261	12.605	35.714	35.714	14.286	3.479	07
	❹產生通路及終端銷售的綜效	0.844	13.924	28.270	39.241	17.300	3.570	03
	構面平均	-	-	-	-	-	**3.540**	-
競爭導向	❶強化企業現有競爭地位提升市場競爭力		10.593	32.627	38.983	17.373	3.619	02
	❷改善產業業競爭格局與態勢	1.688	18.987	22.363	37.131	19.831	3.544	04
	❸提供更多產品組合與產品線多樣化	1.674	14.226	33.473	39.331	11.297	3.444	09
	構面平均	-	-	-	-	-	**3.535**	-
成本導向	❶節省產品開發成本與時間	1.255	13.389	37.657	35.146	12.552	3.444	10
	❷減少管運或固定成本投入與支出	0.833	15.833	32.500	37.500	13.333	3.467	08
	❸降低經營與市場風險	1.695	10.169	37.288	38.559	12.288	3.496	05
	構面平均	-	-	-	-	-	**3.469**	-

表16-3 兩岸企業競合動機分析（續）

構面	指標	非常不同意	不同意	普通	同意	非常同意	評分	排名
資源導向	❶與原先競爭者共同分享稀有性資源	3.830	26.383	25.106	28.936	15.319	3.243	18
	❷與原先競爭者交換互補性資源	1.695	16.949	37.712	30.508	13.136	3.364	13
	❸與原先競爭者建立產業共同標準	3.390	14.831	36.864	33.475	11.441	3.347	16
	❹從原先競爭者獲得產業核心技術	5.932	15.678	35.593	28.390	14.407	3.297	17
	構面平均	-	-	-	-	-	**3.313**	-
學習導向	❶達成組織相互學習的效用	1.688	15.190	40.928	30.802	11.392	3.350	15
	❷取得經營管理的專業知識	2.110	27.004	35.865	24.473	10.549	3.143	20
	❸學習與模仿競爭者的競爭策略與態勢	1.266	20.675	40.928	30.380	6.751	3.207	19
	構面平均	-	-	-	-	-	**3.233**	-
避險導向	❶規避市場與技術的不確定性	0.851	17.021	37.021	35.745	9.362	3.357	14
	❷避免與競爭者過度削價競爭	1.261	14.706	31.092	40.756	12.185	3.479	06
	❸避免政府對外資投資限制或相關貿易障礙	0.840	15.966	34.034	38.655	10.504	3.420	11
	構面平均	-	-	-	-	-	**3.419**	-
	競合動機誘因整體構面平均	-	-	-	-	-	**3.418**	-

四、兩岸企業競合評估準則分析

　　台灣自1987年開放中國大陸探親開始，隨即於1991年台灣通過《國家統一綱領》，陸續開放台灣廠商赴中國大陸投資，並且在1992年確定台灣與中國大陸的經貿方向，於策略層面採用「審慎漸進」；於技術層面則是採用「適度開放」，以管理與輔導並重的交流方式，機動調整兩岸經貿往來模式，確立兩岸進行商務交流的基礎，也開啟台灣前往中國大陸投資的大門。「兩岸企業競合評估準則分析」乃是由五大構面及15個細項指標所構成，其建構項目分別為：（1）3個「對等因素」構面指標；（2）3個「文化因素」構面指標；（3）3個「信任因素」構面指標；（4）3個「互補因素」構面指標；（5）3個「關係因素」構面指標。根據表16-4統計結果顯示，整體而言，台灣與中國大陸之整體優勢平均分數為3.602。各項競合優勢指標之內涵，茲敘述如下：

　　1. 就對等因素而言：對等因素構面平均分數為3.606。其中：（1）規模對等性（3.487），在15個細項指標中排名第14；（2）利益衝突性（3.625），在15個細項指標中排名第7；（3）參與合作決策之主要負責人層級（3.704），在15個細項指標中排名第3。

　　2. 就文化因素而言：文化因素構面平均分數為3.607。其中：（1）企業文化的融合性（3.546），在15個細項指標中排名第11；（2）團隊相容性（3.579），在15個細項指標中排名第9；（3）目標一致性（3.696），在15個細項指標中排名第4。

　　3. 就信任因素而言：信任因素構面平均分數為3.648。其中：（1）財務穩健程度（3.548），在15個細項指標中排名第10；（2）品牌形象等無形資產（3.496），在15個細項指標中排名第13；（3）誠信與信譽（3.900），在15個細項指標中排名第1。

　　4. 就互補因素而言：互補因素構面平均分數為3.514。其中：（1）技術互補性（3.612），在15個細項指標中排名第8；（2）市場資源互補性（3.655），在15個細項指標中排名第5；（3）後勤物流運作能力（3.276），在15個細項指標中排名第15。

　　5. 就關係因素而言：關係因素構面平均分數為3.635。其中：（1）人脈或人際網絡關係（3.508），在15個細項指標中排名第12；（2）與當地政府協調能力（3.636），在15個細項指標中排名第6；（3）對當地市場瞭解程度（3.762），在15個細項指標中排名第2。

表16-4 兩岸企業競合評估準則分析

構面	競合評估準則指標	非常不同意	不同意	普通	同意	非常同意	評分	排名
對等因素	❶規模對等性	0.000	16.807	32.353	36.134	14.706	3.487	14
	❷利益衝突性	0.000	7.500	37.083	40.833	14.583	3.625	07
	❸參與合作決策之主要負責人層級	0.417	11.667	26.250	40.417	21.250	3.704	03
	構面平均	-	-	-	-	-	**3.606**	-
文化因素	❶企業文化的融合性	0.000	11.667	35.000	40.417	12.917	3.546	11
	❷團隊相容性	0.000	7.917	38.750	40.833	12.500	3.579	09
	❸目標一致性	0.417	7.917	35.000	35.000	21.667	3.696	04
	構面平均	-	-	-	-	-	**3.607**	-
信任因素	❶財務穩健程度	0.000	16.736	30.544	33.891	18.828	3.548	10
	❷品牌形象等無形資產	0.420	14.706	34.874	34.874	15.126	3.496	13
	❸誠信與信譽	0.417	10.833	20.417	35.000	33.333	3.900	01
	構面平均	-	-	-	-	-	**3.648**	-
互補因素	❶技術互補性	0.844	14.768	25.316	40.506	18.565	3.612	08
	❷市場資源互補性	1.261	15.546	23.109	36.555	23.529	3.655	05
	❸後勤物流運作能力	-	22.594	35.146	34.310	7.950	3.276	15
	構面平均	-	-	-	-	-	**3.514**	-
關係因素	❶人脈或人際網絡關係	1.667	19.167	23.750	37.500	17.917	3.508	12
	❷與當地政府協調能力	0.000	10.879	31.799	40.167	17.155	3.636	06
	❸對當地市場瞭解程度	0.000	9.623	27.615	39.749	23.013	3.762	02
	構面平均	-	-	-	-	-	**3.514**	-
	競合評估準則整體構面平均	-	-	-	-	-	**3.602**	-

五、兩岸企業競合策略類型分析

1980年代至1990年代初期，由於進口關稅不斷的調降，加上新台幣大幅升值，台灣廠商開始移往海外投資，而隨著中國大陸改革開放政策實施，吸引大量台商前往設點，而兩岸的產業發展趨勢，朝向「台灣接單、香港換匯、大陸出貨」的模式，然而近年來中國大陸因為經濟的發展，帶動國家整體文化、科技、教育與生活水準的提升，因此，台灣與中國大陸的產業關係逐漸出現變化，尤其是外資看準中國大陸的內需市場，亦紛紛增加投資，使中國大陸幾乎成為亞洲的投資重心，加上政府積極招商，中國大陸競爭力的提升形成與台灣產業既競爭又合作的狀況。

為瞭解台商與中國大陸企業進行競爭策略或合作策略的選擇時，會在哪些領域選擇其競合關係強度，以問卷調查方式進行統計分析，並將兩岸競合策略選擇分為15個細項評估指標，包括：（1）股權結構或企業經營權；（2）生產製造或產品組裝；（3）自創品牌進軍國際市場；（4）人才獲取與人才培育；（5）研究發展與自主創新；（6）資金調度與財務融通；（7）物流系統與全球運籌；（8）通路管道建設；（9）人脈網絡維繫與建立；（10）核心技術的開發與掌握；（11）全球市場或國際市場之開拓；（12）面對海外國際競爭對手壓力；（13）面對稀少性資源的取得；（14）建立完整的產業群聚；（15）建立完整的產業供應鏈。而於問卷量化評估方面，區分為絕對競爭-5分；極具競爭-4分；非常競爭-3分；頗具競爭-2分；稍有競爭-1分；競合並存0分；稍有合作1分、頗具合作2分、非常合作3分、極具合作4分、絕對合作5分，該統計結果如下表16-5所示。

表16-5顯示，兩岸企業競合策略類型分析，僅兩項指標是台商進行競合策略時會產生競爭的狀況，其中「資金調度與財務融通」（-0.209）名列第15表示此指標與中國大陸企業同比最為競爭的領域，而「股權結構或企業經營權」（-0.188）位居第14名，競爭強度稍弱，顯示關於財務與決策權方面，台商仍舊希望自行掌握，雙方呈現競爭的狀況。而就合作方面而言，第一名為「面對海外國際競爭對手壓力」（0.660），排名第二為「建立完整的產業供應鏈」（0.640），「全球市場或國際市場之開拓」（0.563）名列第三，而「人脈網絡維繫與建立」（0.552）居第四，「物流系統與全球運籌」（0.523）排名第五，顯示台商與中國大陸企業進行合作，主要仍以全球市場為主要考量，透過雙方合作建立完整供應鏈，發展完備的物流網絡，共同抵抗他國競爭對手，拓展全球市場。

表16-5 兩岸企業競合策略類型分析

序號	競合策略選擇指標	絕對競爭	極具競爭	非常競爭	頗具競爭	稍有競爭	競合並存	稍有合作	頗具合作	非常合作	極具合作	絕對合作	評分	排名
01	股權結構或企業經營權	1.674	2.092	20.084	18.410	5.021	14.226	3.766	14.644	14.226	5.021	0.837	-0.188	14
02	生產製造或產品組裝	2.083	1.667	7.917	22.500	8.333	11.667	4.583	14.167	17.917	6.667	2.500	0.317	10
03	自創品牌進軍國際市場	1.255	3.347	10.460	12.134	11.297	12.134	5.021	14.644	20.084	7.950	1.674	0.481	08
04	人才獲取與人才培育	0.420	5.042	11.345	16.807	9.244	10.924	7.143	17.227	15.126	5.882	0.840	0.155	13
05	研究發展與自主創新	1.674	3.347	14.644	12.134	7.531	9.205	9.623	19.247	15.900	5.439	1.255	0.264	12
06	資金調度與財務融通	1.255	6.695	10.879	20.502	6.695	15.481	10.042	11.297	10.042	5.858	1.255	-0.209	15
07	物流系統與全球運籌	0.418	3.766	9.205	11.297	7.531	12.134	11.715	23.431	14.644	4.603	1.255	0.523	05
08	通路管道建設	0.840	1.681	11.765	11.345	7.143	13.025	12.605	18.908	13.445	8.824	0.420	0.521	06
09	人脈網絡維繫與建立	1.674	2.092	7.113	15.063	6.695	14.226	10.460	18.828	15.063	7.113	1.674	0.552	04
10	核心技術的開發與掌握	2.929	3.766	10.879	13.389	7.113	10.460	13.808	12.134	15.481	9.205	0.837	0.293	11
11	全球市場或國際市場開拓	2.521	2.101	9.244	13.025	9.664	10.084	9.244	17.647	13.866	8.403	4.202	0.563	03
12	面對海外國際競爭對手壓力	2.521	2.521	7.563	16.807	7.563	10.504	8.824	11.345	15.126	10.504	6.723	0.660	01
13	面對稀少性資源的取得	1.261	0.420	17.227	13.445	6.723	10.504	10.084	16.387	14.286	8.403	1.261	0.324	09
14	建立完整的產業群聚	0.837	4.184	12.134	10.879	8.368	8.368	10.042	18.828	17.155	7.950	1.255	0.498	07
15	建立完整的產業供應鏈	1.255	0.837	11.297	14.226	7.531	7.950	6.695	16.736	20.921	9.623	2.929	0.640	02

第16章 兩岸產業分工與產業競合專題研究

175

六、兩岸企業預期競合績效分析

「兩岸企業預期競合績效分析」乃是由三大構面及10個細項指標所構成，其建構項目分別為：（1）3個「財務績效」構面指標；（2）3個「市場績效」構面指標；（3）4個「營運績效」構面指標。整體而言，台灣與中國大陸之整體優勢平均分數為3.984。各項競合優勢指標之內涵，茲敘述如下：

1. **就財務績效而言**：財務績效構面平均分數為3.920。其中：（1）降低經營成本（3.813），在10個細項指標中排名第10；（2）降低經營風險（3.979），在10個細項指標中排名第5；（3）提高獲利能力（3.969），在10個細項指標中排名第6。

2. **就市場績效而言**：市場績效構面平均分數為4.001。其中：（1）提升市場佔有率（4.043），在10個細項指標中排名第4；（2）提升企業本土化形象（3.875），在10個細項指標中排名第9；（3）品牌知名度提升（4.084），在10個細項指標中排名第3。

3. **就營運績效而言**：營運績效構面平均分數為4.032。其中：（1）改善經營體質（3.885），在10個細項指標中排名第7；（2）擴大企業經營規模（3.885），在10個細項指標中排名第8；（3）全球價值鏈分工佈局（4.147），在10個細項指標中排名第2；（4）企業永續經營基業長青（4.211），在10個細項指標中排名第1。

表16-6　兩岸企業預期競合績效分析

構面	指標	非常不同意	不同意	普通	同意	非常同意	評分	排名
財務績效	❶降低經營成本	1.042	12.500	19.792	37.500	29.167	3.813	10
	❷降低經營風險	1.053	4.211	22.105	41.053	31.579	3.979	05
	❸提高獲利能力	1.042	2.083	28.125	36.458	32.292	3.969	06
	構面平均	-	-	-	-	-	3.920	-
市場績效	❶提升市場佔有率	0.000	5.319	21.277	37.234	36.170	4.043	04
	❷提升企業本土化形象	0.000	7.292	25.000	40.625	27.083	3.875	09
	❸品牌知名度提升	0.000	2.105	21.053	43.158	33.684	4.084	03
	構面平均	-	-	-	-	-	4.001	-
營運績效	❶改善經營體質	0.000	7.292	26.042	37.500	29.167	3.885	07
	❷擴大企業經營規模	0.000	13.542	16.667	37.500	32.292	3.885	08
	❸全球價值鏈分工佈局	0.000	1.053	21.053	40.000	37.895	4.147	02
	❹企業永續經營基業長青	0.000	1.053	14.737	46.316	37.895	4.211	01
	構面平均	-	-	-	-	-	4.032	-
兩岸競合績效構面平均		-	-	-	-	-	3.984	-

2009《TEEMA調查報告》競合專題透過：（1）兩岸產業競合優勢；（2）兩岸經營環境；（3）兩岸企業競合動機；（4）兩岸企業競合評估準則；（5）兩岸企業競合策略類型；（6）兩岸企業預期競合效益等構面，來剖析兩岸企業競合的策略思維，以提供給企業投資及政府政策制定之參考，茲將六個構面內涵分述如下：

　　1. 就產業競合優勢而言：台灣很早就鑽研於生產技術提升與產品研發創新，再加上台商早期便至世界各地經商，故台灣在市場通路與拓展、技術研發與人才、產品創新與開發方面較中國大陸具有優勢；而中國大陸政府政策執行的力度是有目共睹的，同時，積極的產業政策與規劃吸引各國企業前往投資而促使產業群聚成形，再加上中國大陸擁有13億的廣大市場，其市場的蘊含量亦是兵家必爭之地，故中國大陸在產業群聚、政策措施與市場成長是比台灣更具優勢的部分。因此，台商擁有的關鍵技術與管理技能，若能在中國大陸廣大市場尋得立基點與互補處，必能產生很大的綜效。

　　2. 就兩岸經營環境而言：由於台灣的經濟與貿易高度依賴中國大陸，再加上2008年馬政府上任之後，開啟兩岸經貿交流之鎖，促使兩岸經貿交流日趨頻繁，兩岸企業合作亦產生新的契機，但最重要的還是產業的技術互補性高與產業分工度廣，因而搭起兩岸產業與企業合作之橋。在「天時、地利、人和」皆具備的情況之下，兩岸企業合作應是未來的趨勢，然而，合作的陸資企業未來是否成為威脅台商的競爭者，從近來幾件兩岸企業糾紛可看出一些端倪。因此，台資企業如何再強化並提升核心競爭力，將是下一個重要的課題。

　　3. 就企業競合動機而言：兩岸企業未來傾向競爭亦或合作策略所考量的動機，主要為效率、競爭及成本導向，這完全符合企業經營的策略思維，即不斷尋求降低成本的方法與提高效率的途徑來強化企業競爭力。然而，時至今日，藉助於迅速掘起的陸資企業來提升市場競爭力、終端控制力及品牌綜效，以搶攻中國大陸內需市場，亦是現階段兩岸企業競合的主要動機。因此，相關單位在媒合兩岸企業合作或企業自行尋找合作對象時，應將企業雙方的競合動機納入考量，以創造較高的競合績效。

　　4. 就競合評估準則而言：現在兩岸的經貿交流已非常頻繁，但是若談到企業合作必然考量到更細微的層面。就分析結果而言，台商最重視的是「信任因素」，主要是因為近期諸多媒體報導台商在中國大陸的糾紛案件頻傳，除了合資企業爭奪經營權問題，員工竊取機密的誠信問題，甚至是危害人身安全的案例，都加深台商企業對於信任因素的重視。其次則是「關係因素」，在中國大陸，擁

有廣泛的人際關係是很重要的資源，正如《中國式人脈》一書提到的「成功＝70％人脈＋30％知識」，顯示單槍匹馬的思維現已不適用，由此不難瞭解台商將人脈與關係視為非常重要的合作考量因素。

5. **就競合策略類型而言**：為打入國際市場，台商在「面對海外國際競爭對手壓力」、「全球市場或國際市場開拓」以及「物流系統與全球運籌」項目上，傾向於採取高度合作的模式，以達「兩岸攜手共賺世界的錢」的策略佈局；另外在「股權結構或企業經營權」、「資金調度融通」項目上，則因牽涉企業經營角力因此較具競爭態勢。

6. **就預期競合效益而言**：企業經營所冀望的是有形、無形的績效皆有優異表現，早期到中國大陸投資設廠的台商，期望透過中國大陸低廉的生產要素，以做為全球價值鏈分工佈局的基礎，現階段的台商則是希望運用13億人口的市場來提升品牌知名度與市場佔有率。在市場績效與營運績效雙雙提升之後，隨之而來的財務績效必有顯著的成長，最後，企業永續經營基業長青必然是所有業者所期盼的結果。

第 **17** 章 兩岸企業 合作案例分享

自2008年美國次級房貸風暴引發全球的金融危機之後，衝擊全球的股市，使得許多企業的市值開始縮水，經營也出現較大的困難。許多產業中，某一企業獨大市場的情況已逐漸消失，取而代之的是更加激烈的競爭與佔有率的重新洗牌。以兩岸三地為例，《今周刊》第646期刊載的〈2009兩岸三地1000大企業排行榜〉可以看到以往在市場上獨大的港商與台商在排行榜中的排名逐漸勢微，取而代之的是中國大陸企業的崛起。因此，未來在兩岸三地的市場中，企業激烈的競爭與合作是未來的趨勢，如何在競爭與合作中找到屬於企業本身的優勢，則是目前企業必須要仔細思考的發展方向。

合作案例一：聲寶與海爾家電業

聲寶電器股份有限公司（SAMPO）前身為東正堂無線電器行，經過數十年的努力經營，聲寶已成為台灣家喻戶曉的知名品牌。自1963年成立的聲寶公司從傳統家電製造商轉型為以資訊家電服務為導向的科技製造商，為了降低交易成本與市場風險，聲寶從事上下游產業的整合，該集團旗下關係事業群包含：（1）數位科技事業群；（2）零組件事業群；（3）家電製造事業群；（4）通路服務事業群等。從前端的家電、關鍵零組件研發、中端產品製造、到後端的物流配送、銷售、售後服務等一脈串聯，充分掌握產業鏈中的各個關鍵部分，因此能在競爭激烈的家電產業發光發熱。

海爾集團（Haier）創立於1984年，從一個瀕臨破產的生產工廠，發展壯大成為享譽全球的跨國企業，2004年1月31日，在世界品牌實驗室所編制的《世界最具影響力的100個品牌》報告中，中國大陸海爾排在第95名，也是中國大陸唯一入選的品牌。海爾以冰箱、冷凍櫃、空調、洗衣機四大產品風靡中國大陸市場，該四項產品亦在2003年獲得中國大陸官方認定的國家標準。由此觀之，海爾

在競爭能力上，已從技術水準與專利的競爭，拉高至標準制定的競爭。

1. 聲寶與海爾家電合作優勢

❶ 政策優勢：從技術面而言，台灣的TFT-LCD面板產業在「兩兆雙星」政府政策扶植與業者努力之下，在全球已佔有舉足輕重的地位。從市場面而言，中國大陸政策執行力度可說是「快、狠、準」，從2008年12月21日在第四屆兩岸經貿文化論壇閉幕式上，國台辦主任王毅宣布的「攜手促進平板顯示產業發展」措施，進而達成20億美元的採購意向；2009年2月開始為期四年的「家電下鄉」計劃；到2009年5月宣布的「家電進城」計劃，補貼20億人民幣協助中國大陸九大城市家電舊換新等政策，中國大陸政府支持企業的力度一次比一次強，不時為企業稍來好消息，並為兩岸企業注入一股興奮劑，更直接提升企業的競爭力，同時也促進兩岸企業的合作。

❷ 群聚優勢：「產業聚落化」是光電產業提昇競爭力的重要途徑。由台南縣政府委託奇美集團下子公司聯奇開發股份有限公司開發管理的「樹谷園區」，一舉成為全台灣最大的科技產業園。樹谷園區引進液晶電視相關產業進駐，包括玻璃、背光板、偏光膜、燈管、驅動IC等重要上游材料，促使採購及設備產生群聚效應，推動光電產業聚落化，提高國內液晶電視供應鏈整體效能。

❸ 技術優勢：目前中國大陸液晶產業鏈不夠完整、關鍵原物料仰賴進口，因而削弱面板企業的競爭力，且嚴重制約中國大陸TFT-LCD產業的發展。大華證券投資顧問公司（2009）發布一則報導指出：「就電視面板而言，中國大陸電視家電廠由於缺乏自有電視面板產能，因此，所需的電視面板全數仰賴海外廠商，其主要的面板採購伙伴為LGD、奇美電與友達」。

❹ 市場優勢：中國大陸內需市場13億人口的消費能力，必然蘊藏著無限的商機，從家電下鄉增加的銷售量便可估算中國大陸內需市場發展的空間與潛力。根據中國大陸市調機構奧維諮詢（AVC）（2009）預估，家電下鄉政策將增加中國大陸三、四級城市液晶電視需求量約100至200萬台，即從2008年的209萬台提升至2009年的363萬台。另外，根據市調機構DisplaySearch（2009）推估，中國大陸液晶電視需求量，將從2008年的1,500萬台擴增至2009年的2,000萬台。

❺ 產品優勢：由於台灣面板廠擁有較完備、較先進且自主的技術，因此，在產品的創新與多元化方面，台灣比中國大陸面板廠商具有相對的優勢。工研院產業經濟與趨勢研究中心（IEK）（2007）預估，到2010年全球液晶電視出貨量約1.27億台，其中30至49吋等機種佔76.4％的比重，而5.5代、6代、7代、7.5代線成為液晶電視面板重要發展主力，且佈局最完整者為台灣與韓國的面板廠，而大

陸面板廠落後台灣二年。另外，根據IEK產業分析師賴彥中（2009）分析，台灣TFT-LCD面板產業的相對優勢在於：（1）面板產業結構完整、產線對應產品多元；（2）台灣廠商具LCD面板研發設計、低成本之Array暨Cell段製程生產技術。

❻ **成長優勢**：從家電下鄉政策實行之後，中國大陸液晶電視銷售量增加40％以上，由此，可看出中國大陸面板產業未來的發展潛力不容小覷。此外，在中國大陸佈局已久的奇美電子總經理何昭陽（2009）表示：「2009年以來中國大陸推動的幾項刺激市場需求措施都相當有效，個人推估，中國大陸2009年液晶電視需求極有可能超過2008年的2倍以上規模」。

2. 聲寶與海爾家電合作動機

❶ **內需市場**：根據麥肯錫（McKinsey）（2007）預測，2025年中國大陸的城市家庭將成為全球最大的消費市場之一；瑞士信貸（Credit Suisse Estimates）（2007）亦大膽預測，2020年中國大陸將取代美國成為世界第一大消費國，顯示中國大陸的內需市場足以支撐家電市場的持續發展。

❷ **家電下鄉**：2009年2月1日中國大陸在全大陸推廣家電下鄉計畫，根據商務部預測：「將可創造家電銷售5,000億人民幣以上的銷售市場」，《工商時報》2009年2月4日報導指出：「聲寶旗下的新寶企業，將以120、180及200公升3款小容量冰箱，成為唯一取得得標資格的台資企業，也是除了西門子以外的唯二外資企業」。

❸ **優勢互補**：聲寶集團總經理兼執行長何恆春表示：「要使自己的產品在中國大陸和世界市場建立更好的知名度，仍需要和同行互相合作，因此透過聲寶與海爾的結盟，可使雙方資源互相利用，避免重複投資，產生最好經濟效益」。

❹ **競爭策略**：中國大陸的磁吸效應越趨明顯，不僅台商看上這塊13億人口的大餅，世界一流的集團也紛紛搶進，例如韓國的LG、Samsung、日本的TOSHIBA、SANYO等，企業如果持續要在產業中擁有競爭力，就必須開發新的市場與銷售點，這也是聲寶與海爾結盟的原因。

3. 聲寶與海爾家電合作策略

❶ **兩岸家電巨擘結盟**：2002年2月21日台灣最大的家電製造商聲寶（SAMPO），與中國大陸最大的白色電器商海爾（Haier）在香港正式結盟，其內容為：（1）兩大集團相互代理與銷售家電、電子產品；（2）兩大集團展開策略聯盟及投資合作；（3）兩大集團零組件相互採購；（4）兩集團產品相互OEM互補合作。

❷ **海爾將部分生產製造，外包給台資企業聲寶、寶成**：根據2009年3月10日

《第一財經日報》指出：「海爾將淡出製造業，轉而從事服務業」。海爾早期將製造視為組織重要的核心競爭力，但在利潤越來越低，競爭越來越激烈的情況下，轉型是勢在必行之事了，海爾因此將微波爐、空調等部分電器外包給聲寶、寶成等台資企業。

❸ **海爾與三洋電機成立合資企業**：根據2009年1月9日《人民網》指出：「海爾集團與三洋公司合資成立一個新公司三洋海爾株式會社」，該公司將以中日市場為基礎，互換市場資源，在網路競爭的時代，建立一種新型的競合關係，以創造更大的市場。

4. 聲寶與海爾合作績效

❶ **品牌知名度提升**：透過與海爾的結盟，聲寶將可在海爾的銷售網絡中嶄露頭角，依附海爾的知名度提升聲寶在中國大陸的知名度，在資訊不對稱的時代下，讓消費者更有購買聲寶的動機與意願。

❷ **擴大企業經營規模**：聲寶在台灣深耕已逾70載，其品牌名聲早已深植人心，然而台灣胃納量始終有限，唯有將市場版圖推移至中國大陸，將其納為市場腹地，才可確保企業持續成長。

❸ **提高獲利能力**：聲寶與海爾對共同的零部件採相互採購，以確保銷售的增加、相互OEM互補合作，以比較利益原則找出雙方最有競爭力的製造項目、共同設立壓縮機廠，減少兩岸空調運輸成本，聲寶藉由上述的整合提高整體獲利能力。

❹ **企業永續經營基業長青**：「開發市場保平安、新興市場添福壽」，這是企業在環境變動快速的現代所需注重的面向，企業如想持續擁有競爭優勢，除了維持本身的核心競爭力外，便是積極找尋新興市場、開發新的客戶，讓有新的金流流入企業，維持企業命脈。

合作案例二：昇陽科與江西賽維太陽能產業

昇陽科（Solartech）成立於2005年，以製造矽晶太陽能電池為主要競爭範疇。昇陽科在桃園林口有兩條矽晶太陽能電池生產線，年產能為60MW（百萬瓦），為維持多晶矽料來源的穩定，昇陽科投資國內多晶矽廠科冠能源，進軍上游多晶矽製造領域，以防日後缺料危機，並為擴產增添障礙。昇陽科看好未來太陽能市場將成為主流，在奠基傳統矽晶太陽能電池業務之餘，亦跨入薄膜、聚光型等太陽能電池領域，並且在新竹湖口興建台灣第一座橫跨薄膜、矽晶與聚光型太陽能電池的「雙子星工廠」，昇陽科打造台灣太陽能產業的第一座雙子星工廠，是台灣太陽能產業的一大創舉。

江西賽維（LDK）太陽能高科技有限公司成立於2005年，目前為亞洲規模最大的太陽能多晶矽片生產廠商。LDK利基於太陽能多晶矽鑄錠以及多晶矽片的高研發、生產與銷售，擁有國際最先進的製程技術和生產設備。LDK於2006年4月正式投產，同年7月份產能達到100兆瓦、8月獲選「RED HERRING」亞洲百強企業、10月份產能便提高到200兆瓦，迅速爆衝的成長動能，國際專業人士稱之為「LDK速度奇蹟」，並且榮獲「2006年中國大陸新材料產業最具成長性企業」的桂冠。

1. 昇陽科與江西賽維合作優勢

❶ **政策優勢**：2009年5月7日中國大陸國家發改委宣布：「增加中國大陸太陽能發電裝設目標，調幅高達十倍」，財政部也在2009年4月1日宣布：「推出太陽能屋頂計畫每瓦補貼20元人民幣」；台灣則在2009年5月20日由行政院核定的「綠色能源產業旭升方案」，將太陽光電列為發展重點，並且於2009年4月開始推動IEC 61215 CBTL（矽基太陽電池）的認證工作，以提升產品的良率與品質。

❷ **群聚優勢**：台灣在太陽能產業中擁有較完整的價值鏈系統，完整的太陽光電產業包括上游的矽材料、矽晶片，中游的太陽能電池，及下游的太陽光電模組、太陽光電系統等；台灣在上游部分，多晶矽材料上有即將投產的昇陽科技、在太陽能矽晶圓、長晶上有中美晶、合晶以及綠能等企業；在中游部分，太陽能電池有茂迪、益通、連相、昇陽科等；在下游部分，太陽能模組有鼎元、立碁等企業，在太陽能系統、零組件上則有飛瑞、中興電等企業。因此台灣在群聚上有較強的優勢。

❸ **技術優勢**：台灣在太陽能產業上，官方有工研院太陽光電科技中心（Photovoltaics Technology Center）；學術界有2008年5月2日獲得沙烏地阿拉伯政府提供1.3億台幣，以研究太陽能計劃為主的台大、交通大學的光電工程系、中原大學的薄膜研究中心、清華大學的能源與環境中心；在產業界更已組成完整的價值遞送系統，因此台灣在太陽能產業上與中國大陸比較下，相對具有競爭優勢。

❹ **市場優勢**：中國大陸擁有13億人口，加上政府積極推廣，太陽能產品將在中國大陸嶄露頭角，根據聯合國環境規劃署的最新報告顯示（2009）：「中國大陸是全球最大的太陽能市場，也是全球最大的太陽能集熱器製造基地，2008年中國大陸太陽能熱水器裝置面積約10兆平方米，占全球總量76％，覆蓋數千萬家庭約近億人口」。

❺ **產品優勢**：台灣最大的發展潛力就是整合各類電子產品的電源部分，包括電池、電源供應器，以及NB、手機等可攜式產品，透過台灣深耕多年的電子領

域根基，結合其他再生能源或太陽光電的發展，最能迅速發揮該有的競爭優勢及綜效。

❻ 成長優勢：中國大陸政府為了鼓勵人民使用太陽能產品，在2008年10月13日推出「再生能源法」，該法規定：「裝設太陽能系統，每瓦電價補助約人民幣0.25元」；財政部在2009年4月1日也宣布：「人民如果使用太陽能屋頂，每瓦將補貼20元人民幣」。

2. 昇陽科與江西賽維合作動機

❶ 整合價值鏈：昇陽科在電池製造上，需要倚靠上游多晶矽材料的供給，在綠能產業興起後，原料的來源便成了極為重要的一個環節。昇陽科與江西賽維合作後，亦可解決昇陽科在原料上取得的障礙，而江西賽維也可獲得供貨的保障。

❷ 搶進中國大陸政府商機：中國大陸政府積極推動太陽能產品的使用，如2007年國務院所發布的「可再生能源中長期發展規劃」，明確訂定2020年前將針對再生能源投入4兆人民幣；2009年4月1日所公布的「太陽能屋頂計畫」示範工程提供每峰瓦（Wp）人民幣20元的財政補貼，這項補貼佔目前太陽能業者生產成本四成以上。

❸ 優勢互補：台灣有半導體等高新技術做為背景，因此在太陽能核心技術開發、成本控制與經營管理上都佔有優勢，並且產業中的上、中、下游逐步往新竹聚集，形成一個太陽能產業群聚，這對物料的運送、資訊的交流以及人才的教育上有相當大的幫助；中國大陸擁有龐大的土地可做太陽能發電站，並且在太陽能面板、蓄電池等設備生產領域已有一定水準，並且中國大陸在晶矽材料上的供應，更是台灣廠商所注目的。

❹ 內需市場：2009年5月4日中國大陸宣布太陽能家電下鄉的具體方案，根據中國節能協會常務副理事長宋忠奎表示：「中國大陸有63萬個行政村，若每個村莊每年平均裝置5台太陽能熱水器，共計年安裝315萬台」；此外2009年3月20日中國大陸政府批准1兆瓦的上海市崇明島、255千瓦的內蒙古鄂爾多斯與10兆瓦的敦煌太陽能發電項目。這些計畫案都蘊含著龐大的商機，也是昇陽科所極力爭取的。

3. 昇陽科與江西賽維合作策略

❶ 昇陽與江西賽維虛擬整合：2008年9月17日台灣昇陽科技與中國大陸最大的矽晶供應商江西賽維合資成立新的公司「江西昇陽」，這是台灣首家與中國大陸大廠完成「虛擬整合」的案例。

❷ 新日光與江西賽維合作：2007年8月30日，中國大陸最大的太陽能多晶矽

片生產商江西賽維（LDK）與台灣新日光能源科技公司簽訂合約，由LDK提供多晶矽太陽能晶圓予新日光能源，多晶矽晶圓是生產太陽能電池的主要原料，可以將陽光轉換為電力。

❸ **合晶轉投資陽光能源**：2007年4月16日，合晶轉投資陽光能源公司總持股達21.2％，陽光能源控股有限公司是中國大陸唯一獲得太陽能電池用單晶矽錠國家免檢產品殊榮，集科學研發、生產、銷售為一體的高新技術企業。

4. 昇陽科與江西賽維合作績效

❶ **擴大事業版圖**：昇陽科技在台灣屬於後起之秀，在太陽能電池這塊領域中已有多家廠商耕耘許久，因此在台灣的市場較無發揮的空間。因此昇陽科藉由與江西賽維的合作順利切入中國大陸這塊太陽能發展市場，搶攻這未來太陽能產品銷售的主力戰場，擴大事業根基，提升獲利來源。

❷ **品牌知名度提升**：昇陽科技是個新興的企業，因此在知名度上不及其他台資企業有名；然而，藉由與江西賽維這個全球第一大矽晶圓廠結盟，不但迅速提升其市場能見度，也讓兩岸三地的媒體大篇幅報導的方式，顯露兩造雙方結盟的內容，讓昇陽科技一時之間成為眾所注目的焦點。

❸ **擴大產品生產**：在景氣回春後，能源問題勢必捲土重來，而替代能源則將再次成為主流探討話題，昇陽科技在穩固了供貨端的來源後，便可伺機擴大產量，攻佔太陽能電池的市佔率，藉機成為台灣一線主流廠商。

合作案例三：成霖企業與山東濰坊美林窯業

成霖企業（Globeunion）為台灣最大的水龍頭專業製造商，也是目前亞洲地區唯一獲得美國國家衛生協會NSF認證標準的廠商，1979年創立之初以五金建材的貿易為主，後來逐漸轉型成為水龍頭之專業貿易商，1995年合併晟霖工業後，進一步跨入水龍頭製造領域。接著透過垂直整合與併購，建立自有的通路，同時也將事業版圖朝模具、陶瓷衛浴設備等領域擴展。目前成霖企業乃亞洲最大的水龍頭製造商，在加拿大為第二大品牌，市場佔有率僅次於 MOEN；在美國市場則約有3％的市場佔有率。2008年成霖總營收約新台幣229.03億元，未來除專注於專業衛浴領域，亦朝高附加價值產品的研發、生產與行銷發展。

山東濰坊美林窯業有限公司（MILIM）成立於1992年，是生產衛浴陶瓷及衛浴設備產品的大型陸韓合資企業，年產「MILIM」牌衛浴陶瓷200萬件、壓克力普通和按摩浴缸10萬件、衛浴設備60萬套件、五金配件40萬套件，同時還生產淋浴房、瑪瑙清潔用具、UPVC管材管件、化妝台等多種衛浴設備產品。其生產

規模、技術裝備、產品品質在中國大陸屬一流水準，是中國大陸建築衛浴陶瓷行業品質最好、種類最多、設備最完備的衛浴用品專業生產企業。

1. 成霖企業與山東濰坊美林窯業合作優勢

❶ **垂直整合優勢**：成霖是全球少數具備從研發、模具、鑄造到機加工、電鍍、組裝等垂直整合能力的水龍頭生產企業之一，在完整流程中的各個環節，成霖都擁有世界領先的技術、工藝和設備，使企業在生產上實現了智慧化、高效率、高精度、安全、環保等目標，同時使企業在生產成本控制、品質控制等諸多方面佔據領先地位。

❷ **技術優勢**：成霖擁有台灣同行業中最大的研發中心，技術中心有480餘名技術精英，研發工作以國際水準為目標，儼然形成「研發項目多，研發週期短」的特點，每年開發各式新產品500餘種。此外，成霖擁有世界水龍頭行業設施最完備、技術最先進的實驗室，引進多台先進試驗設備以進行產品品質檢驗。

❸ **產品優勢**：美林衛浴為中國大陸陶瓷衛浴專業製造企業，生產設備精良，衛浴陶瓷的原料使用自動配料與燒成設備，並運用澳大利亞的進口窯爐、施釉設備，產品則採用奈米技術製作的健康瓷，細菌殺抑率99.7％，達到國際領先水準。

❹ **產業群聚優勢**：台灣陶瓷衛浴設備產業於1994年達到巔峰，爾後因原物料及勞力成本不斷上漲，造成許多業者出走，靠著中國大陸及東南亞廉價的勞力，大量生產後再將產品以低價回銷國內，造成市場莫大的衝擊。因此，台灣陶瓷衛浴設備產業群聚鞏固台灣市場的戰略，從「建構聯合行銷網路」及「創造共同服務平台」著手，透過虛擬網路聯合行銷，以聯合形象來提升台灣市場銷售；另外則是發展共同服務項目，建構共同售後服務平台等。

❺ **品質穩定的供貨能力及快速上市能力**：成霖企業為亞洲最大水龍頭製造商，主要客戶是美國大型量販店，多年合作經驗培養出大量的供貨能力，在品質交期方面亦獲得客戶極高評價。此外，成霖藉由台灣進行前端企劃與產品設計，中國大陸工廠則將台灣之設計轉換為工程圖，並進行模具開發、樣品試做，並在樣品修改階段與客戶進行線上溝通，確保產品設計及成品符合客戶需求，之後再由台灣與美國共同進行新品上市、參展、報價及上市後資訊調查，在上市能力方面已能確保品質、交期、成本符合市場需求。

2. 成霖企業與山東濰坊美林窯業合作動機

❶ **降低生產成本**：由於製造水龍頭從原料到鑄造、鍛造、彎管、焊接、拋光、電鍍、塑膠成型，都是需要人工，勞力密集程度相當高，工廠設立於中國大

陸具製造成本優勢，成霖則藉由購併山東美林衛浴以降低其生產製造成本。

❷ **全球佈局更完整**：成霖為強化整體衛浴產品供應能力，調整市場配置，深耕北美品牌行銷通路、佈建中國大陸及歐洲市場，透過併購帶動營收成長。而成霖陸續透過購併美國Gerber、山東美林衛浴及德國Lenz公司，使全球佈局更加完整。

❸ **掌握中國大陸行銷通路**：美林衛浴行銷據點遍佈中國大陸24省、市、自治區，並出口到美國、荷蘭、日本、澳大利亞、韓國、新加坡、斯里蘭卡、中東等國家和地區，成霖企業可藉由購併美林衛浴以加速進入中國大陸的內需市場。

❹ **雙方優勢互補**：成霖具有資金雄厚、管理先進、機制靈活、擁有強大北美市場行銷網路的優勢；山東美林衛浴有限公司為山東省高新技術企業、國家經貿委和建設部節水型衛生陶瓷和衛生潔具定點生產管理企業和全國建材企業500強之一，是中國大陸規模最大的衛生潔具生產基地之一，在衛浴陶瓷生產經驗、產品品質等方面擁有優勢，故兩家企業合作可產生優勢互補之效益。

❺ **成霖跨入陶瓷衛浴產品生產**：美林衛浴主要生產衛浴陶瓷及衛浴設備產品，在陶瓷衛浴生產技術良好，並榮獲中國大陸國家建設部與國家經貿委員會指定節水型衛生陶瓷與衛浴潔具配件的定點生產管理企業。成霖與美林衛浴購併可使成霖擁有生產良好的陶瓷衛浴技術，並跨入陶瓷衛浴產品生產。

3. 成霖企業與山東濰坊美林窯業合作策略

❶ **購併策略增加企業規模**：2003年成霖企業為了擁有陶瓷衛浴生產技術，購併中國大陸「山東美林衛浴有限公司」，以增加成霖企業的經營規模。

❷ **進入中國大陸高檔櫥衛利基市場**：除了在衛浴、水龍頭市場鞏固市場及佈建通路外，成霖更進一步發現高檔櫥櫃在中國大陸市場的潛力，以購併德國高檔櫥櫃廠商進軍中國大陸市場，並進一步於中國大陸當地設立製造工廠，除內銷中國大陸市場外，回銷德國及歐洲市場，未來最終目標將再外銷美國市場，形成「德國品牌、中國大陸成本、進軍美國」的完整規劃藍圖。

4. 成霖企業與山東濰坊美林窯業合作績效

❶ **品牌知名度提升**：由於美林衛浴在中國大陸擁有綿密的行銷網絡且頗具知名度，成霖可透過購併美林衛浴擴大其中國大陸衛廚通路市場，同時提升其品牌知名度。

❷ **提高獲利能力**：成霖集團於2003年增加衛浴陶瓷產品線，經過三年的佈局，2006年轉投資的美國GERBER子公司已轉虧為盈外，山東美林獲利亦三級跳，並將山東美林的持股，比重由60％提高至100％，成霖集團認列的投資收益

將進一步提升。此外，轉投資山東美林公司預估回收年限4.93年，2005 至2009年成霖企業預估可認列其收益將由美金41.5萬元增加至美金189.4萬美元。

合作案例四：華映與中國大陸面板產業

1971年由大同公司轉投資於桃園八德成立的中華映管公司（CPT），20多年來紮根於視訊產品的研發與量產，不斷地突破現行技術，在核心技術進行研發創新，由初期的映像管專業製造廠商，蛻變為產品線最完整、技術面最專業的光電製造廠商。2000年掛牌上市，資本額為948.09億新台幣，全球擁有22,000位員工，九個生產基地，產品銷往中南美洲、歐洲、東南亞等地。中華映管多年來致力於TFT-LCD全系列產品之研發，主要產品為液晶顯示器（TFT-LCD、STN-LCD）、映像管及其關鍵零組件、映管與平板顯示器設備，1997年率先引進大尺寸TFT-LCD量產技術，近年因觸控式介面受到重視，華映投入觸控式面板的相關領域，由於市場主流仍為外掛式觸碰面板，華映預料內嵌式會逐漸成熟，積極投入研發與創造內嵌式（in-cell）觸碰面板，朝向全方位的光電技術創新，企圖成為視訊產品的領導者。

1985年12月創立的廈華電子公司，從事專業電視機生產製造，1995年於上海證券交易所掛牌上市，為中國大陸首批創新型企業的試點單位，亦為中國大陸國家重點高新技術企業，廈華電子公司總部內擁有一個國家級技術中心，三個晶片聯合實驗室，全球共有16個研發平台，也是中國大陸數位高解析度電視標準、中國大陸電子資訊產品環保標準等數十個行業及國家標準的主要起草制訂者。廈華電子公司的行銷服務網絡已遍及世界五大洲119個國家和地區，為全球品牌營運商提供包括設計、製造、物流等在內的ODM服務，近年來自有品牌PRIMA平板電視獲得聯合國與美國軍方採購，品牌價值高達112.55億人民幣，未來廈華電子仍以自有品牌與高階電子產品（TFT-LCD、PDP、HDTV CRT）為主要發展重點，強調自主性研發與創新為核心競爭力，創造出中國大陸高階彩色電視標竿型企業。

創建於1958年的閩東電機廠，整合閩東電機二廠與三廠，於1993年改組為規範化股份制上市公司，亦即目前的閩東電機集團股份有限公司，具有50年電機製造歷史，是集科研、生產、銷售、服務於一體的綜合經營企業集團，主要產品各類發電機、電動機、電泵、電器控制設備，閩東電機員工約500人，廠房面積66,000平方公尺，年營業額約1億人民幣，年出口額為300萬至500萬人民幣。閩東電機致力於創新發展電機產業，同時，借助電子資訊技術，改造傳統電機產

業，以開發機電一體化、節能、環保的產品為未來產品創新和發展方向。

1. 華映與各大面板業合作優勢

❶ **政策優勢**：華映將液晶資產投入閩東電機，主要是由於中國大陸的產業政策有很大的區別，儘管液晶模組製造與彩色電視機是產業鏈的上下游關係，但是液晶模組與面板製造的技術水準較高，政府扶持力度較大，對於華映未來要在中國大陸增資拓展事業版圖更有加分效果。

❷ **群聚優勢**：面臨市場與成本雙方的壓力，使得台灣許多面板廠商往中國大陸佈局，產業鏈的合作廠商也跟著搬遷，而福建省的礦產豐富、生產要素具成本優勢、與台灣也有地理位置優勢，華映轉讓旗下四間LCM廠商股權以交換閩東電機75％股權，華映可在福建顯示器行業內佔有一席之地，也必然會受益於產業集群的發展。

❸ **技術優勢**：台灣光電製造產業一直受海外大廠青睞，無論是專業技術發展的成熟度，產品品質管理、成本控制、及因應市場的彈性變化等方面，而華映是台灣面板五虎之一，映像管的產銷量為全球前三大，入股廈華對於管理或是技術的轉移皆是優化的改變。

❹ **市場優勢**：無論是中國大陸或是國際市場，面對如此強大的國際大廠，市場競爭之強烈不言而喻，若以傳統的方法則不免又是一場價格戰，華映擁有面板與映像管技術，結合廈華的生產經驗與技術，雙方共同進行產品創新研發，朝向高附加價值發展，PRIMA受到國際組織的青睞便是拓展國際市場重要的里程碑。

❺ **產品優勢**：廈華電子為中國大陸平板電視產業的先鋒，無論是經驗與技術上都較為純熟，華映與廈華合作將液晶顯示器與傳統彩色電視機作結合，廈華也獲得了液晶面板與映像管供應上的保障，並藉由供應鏈上下游的資源分享，使得彼此的優勢互補。

❻ **成長優勢**：面對廣大的內需市場，華映與廈華的合作發展朝向強化行銷通路，透過自有品牌與產品大力開拓次級城市的通路，又可藉由華映在面板的資源，發展出不同層次的產品，制訂相關的產品組合策略，以此開拓新市場。

2. 華映與各大面板業合作動機

❶ **家電下鄉**：華映於2009年4月正式加入中國大陸家電下鄉協會，亦為家電下鄉政策的面板供應商之一，家電下鄉政策增加低價電腦與手機在農村地區銷售量，使得小尺寸的薄膜液晶顯示器需求湧現，小尺寸領域正是華映的優勢，廈華可藉華映的優勢提升自身的知名度，也可更加了解市場的樣貌。

❷ **內需市場**：由於中國大陸對於家電市場的關稅保護主義過重，因此國外廠牌無法輕易的進入市場，華映與廈華電子的合作，透過共推品牌產品，可降低進入市場的門檻，迅速進入市場，廈華電子也因產品品質改善擴大自身市場。

3. 華映與各大面板業合作策略

❶ **擴大通路**：由於目前市場上面板大廠皆面臨轉型，而中國大陸內需市場龐大，為面板廠商走向通路的首選，廈華走的是終端產品擁有自有品牌，為華映切入市場通路的合作選擇。

❷ **供應鏈整合**：華映對於投資整合策略的考量點，由產業鏈的垂直整合角度切入，華映將四間液晶模組工廠股權轉讓給閩東電機，考慮到的是產業鏈的專業分工，自身亦為閩東電機的股東，未來原物料的穩定度更可以由華映自身掌控。

4. 華映與各大面板業合作績效

❶ **強化品牌知名度**：華映購入閩東電機的股權，可使閩東重新恢復上市，也可借重華映自身的管理能力與經驗，進行公司結構的調整，使得已經有50年經驗的閩東電機蛻變，而華映透過不斷與中國大陸廠商合作，增加其在市場上的曝光度，提升其品牌知名度。

❷ **提升競爭力**：台灣面板五虎之一的華映，於光電產業之中亦擁有20年的實力，隨著華映正式入主廈華電子後，藉由移植華映的管理經驗，改善原本存在的管理面、生產面、成本控面之問題，釋放廈華的競爭優勢提升競爭力。

合作案例五：富邦銀行與廈門商銀金融產業

富邦銀行（香港）有限公司（「富邦銀行」）（Fubon Bank）是台灣富邦金融控股股份有限公司（「富邦金控」）的附屬公司，富邦金控是台灣一所具領導地位的金融控股公司，提供一系列全面金融服務，包括企業金融、消費金融、財富管理、投資管理及保險服務。富邦金控自港基國際銀行（「港基」）兩大股東阿拉伯銀行集團及中國光大集團收購港基75％股權後，於2005年4月6日正式把港基易名為富邦銀行。富邦銀行透過22間分行及2間證券投資服務中心共24個零售據點為客戶提供全面的優質銀行服務，包括零售及商業銀行、財富管理、金融市場、租購、證券及投資服務。

廈門市商業銀行（Xiamen City Commercial Bank）成立於1996年11月30日，是經中國人民銀行總行批准，由地方財政、企業單位和個人共同參股組建，具有獨立法人資格的股份制商業銀行。目前全行擁有32個現代化經營網點，營業網點遍佈廈門市。截至2007年底，廈門市商業銀行擁有ATM、金融通、自助銀行等

自助服務設備203台。資產總額達到177億元,各項存款餘額達到159億元,貸款餘額為75億元。2008年富邦銀行獲中國銀監會批准參股廈門市商業銀行,並於2009年5月22日正式成立「台商業務部」。

1. 富邦銀行與廈門商銀合作優勢

❶ **政策優勢**:為因應兩岸情勢所需,第三次江陳會先簽署金融合作協議,建立起合作大架構後,以此為基礎,後續協商洽簽銀行業、證券期貨業、保險業等金融監理備忘錄(MOU)。台灣金融業者將可取得進入中國大陸市場的平台,對台灣金融業發展具有一定的優勢。

❷ **中國大陸大力支持**:2009年5月4日中國國務院通過「關於支持福建省加快建設海峽西岸經濟區的若干意見」,提出「海峽西岸經濟區是兩岸人民交流合作先行先試區域」、「探索進行兩岸合作試點,積極推動建立兩岸金融業監管合作機制,在此機制下,優先批准台資銀行、保險、證券等金融機構在福建設立分支機構或參股福建金融企業」。

❸ **技術優勢**:台灣銀行業規模普遍不是很大,但台資銀行在品牌運作、人才和管理等方面具有一定的優勢,且台資銀行開放式的服務模式,可帶動中國大陸銀行建立全新的客戶消費觀念。

❹ **市場優勢**:由於廈門擁有海滄、杏林、集美等國家級台商投資區,成為台商的聚集地之一。福建省作為離台灣距離最近的區域,正在形成新的台商投資聚集區。由於地緣、文緣等優勢,福建被台灣銀行業界看好,富邦金控間接參股廈門市商業銀行也說明這一點。此外,中國大陸已經形成珠三角的東莞、長三角的昆山兩大台商投資聚集區,兩地的台商投資額均在100億美元以上,必然蘊藏著無限的商機。

❺ **廈門區位及特區優勢**:2009年6月2日廈門市人民政府與國家開發銀行舉行開發性金融合作高層聯席會議,共同因應國際金融危機,並就開展新一輪開發性金融合作達成共識。國開會為廈門提供強有力的融資支持,加大對廈門市的台商投資區等各類開發區基礎設施及產業配套項目的支持力度,支持台資企業在廈門持續發展。與此同時,亦加大創新力度,綜合運用多種金融產品和工具,為廈門市提供投資、信貸、債券相結合的綜合性金融服務。

2. 富邦銀行與廈門商銀合作動機

❶ **擴大服務版圖**:富邦金控積極拓展在中國大陸的事業版圖,廈門是重點區域之一,透過子公司富邦銀行(香港)參股廈門市商業銀行在中國大陸龐大的市場建立一個有利的據點,成為首家在海峽兩岸和香港完整佈局的台資金融機構,

並為台商提供完整的金融服務網路。未來富邦銀行可透過與廈門商銀策略性夥伴關係，展開人民幣業務，並在多項業務領域上合作。

❷ **兩岸三地金融佈局**：富邦金控入股廈門市商業銀行後，將成為在兩岸三地都有金融佈局的台資金融機構。未來，富邦金控將引進台灣先進的銀行運作經驗，在風險管理、內部監控以及資訊科技等領域，為廈門市商業銀行提供支援。

❸ **搶占台商業務**：富邦的優勢是擁有豐富的客戶資料庫，擁有KYC（認識你的客戶）能力，透過廈門商銀成立台商服務平台，以提供台商人民幣融資服務。

❹ **廈門商業銀行中小企業業務佳**：由於中小企業業務一直是廈門市商業銀行的重點業務之一，過去兩年多以來，總共為2,000多家中小企業提供服務，累積貸款達人民幣30億元。由於效益良好，廈商行獲中國銀監會和廈門市經濟發展局評為「小企業金融服務先進單位」和「中小企業金融服務示範單位」。透過雙方合作，可為富邦銀行拓展中國大陸內需市場商機。

❺ **深耕大中華台商市場**：2009年5月22日富邦銀行轉投資廈門市商業銀行成立「台商業務部」，初期將以服務「廈門、漳州、泉州」經濟三角區的台商客戶為主，除了一般的銀行負債、資產、結算及中間業務外，廈商行台商業務部將著重服務「跨區異地台資客戶」的外匯核銷、貿易融資、應收賬款及外債開戶，通過台灣母公司的信用連接，發展台商內地子公司的授信往來，並以廈門乃至福建台資企業的存放款及交易型融資為基礎，逐漸擴展至全大陸台資企業，建立存放款等金融業務往來關係，並提供最優質的金融產品服務，以深耕大中華台商市場。

3. 富邦銀行與廈門商銀合作策略

❶ **透過入股廈門市商業銀行進入中國大陸市場**：2008年台灣富邦金融控股集團正式獲得「台灣金融監督管理委員會」的批准，通過其子公司香港富邦銀行間接入股廈門市商業銀行，持股比例為20％，成為第一家成功參股中國大陸銀行的台資銀行，成功進入中國大陸市場。

4. 富邦銀行與廈門商銀合作績效

❶ **擴大企業經營規模**：2009年5月22日富邦銀行轉投資廈門市商業銀行成立「台商業務部」，成為中國大陸首家專門服務廣大台商的銀行專項業務部門。此外，亦同時成立小企業信貸部，將引進戰略合作夥伴香港富邦銀行的中小企業貸款經營模式，其重點也是服務台商。除了面向台商，另一個拓展重點是小企業，目前，廈商行大企業貸款所佔比例為71％，小企業貸款只有2％，為拓展此項業務，廈商行的小企業信貸業務將由專人拓展、雙線審批，信貸審批業務流程則簡化為兩個環節。

❷ **建立兩岸三地企業金融服務平台**：率先與中國大陸廈門市商業銀行合作的富邦金控，以廈門市商業銀行為平台，構建中國大陸、台灣、香港兩岸三地的企業金融服務平台，其分工模式則是台灣協助徵信、廈門提供人民幣融資、香港負責資金避險。

❸ **提高獲利能力**：自從富邦銀行入股廈門市商業銀行至2008年年底，廈門商業銀行資本充足率10.57％，存款餘額131.77億元，貸款餘額84.83億元，實現淨利潤2.15億元，每股淨收益0.5677元，淨資產收益率33.47％。實際獲利能力明顯上升。

合作案例六：國泰人壽與東方航空異業合作

成立於1962年8月的國泰人壽保險股份有限公司（Cathay Life Insurance）為國泰金控旗下子公司，並於1964年11月股票上市。40餘年來在股東支持及經營團隊及員工辛勤努力下，營收、資產及保險契約的市場佔有率皆領先其他壽險業。據點遍布台灣全省，具有龐大的客戶基礎與豐富的業務團隊管理經驗。近年來更積極建構e化作業環境，提昇經營效率及強化客戶服務品質；在教育訓練方面，建置的衛星遠距教育頻道（CSN）及網路大學提供員工即時專業訓練，收訊範圍涵蓋台灣及中國大陸東南省分。

中國東方航空股份有限公司（CHINA EASTERN AIRLINES）於1995年4月正式成立，1997年在香港、紐約、上海三地證券市場掛牌上市，是中國大陸三大民用航空之一，其前身為成立於1988年的中國東方航空公司。公司總部設在上海，轄西北、雲南、山東、山西、安徽、江西、河北、寧波、甘肅、北京十個分公司，控股中國貨運航空有限公司、中國東方航空江蘇有限公司、中國東方航空武漢有限責任公司、中國東方航空遠航物流有限公司、上海東方飛行培訓有限公司等十餘家公司。公司總資產近730億元人民幣，擁有現代化大中型客機230架、貨機11架，主要經營航空客、貨、郵、行李運輸業務及航空維修、代理等延伸服務。公司以總部上海為核心樞紐，西安、昆明為區域樞紐，航線網路通達全球145個主要城市。

1. 國泰人壽與東方航空合作優勢

❶ **人才優勢**：台灣對中國大陸來說是個人才輸出地，台灣壽險公會理事長林文英（2007）表示，中國大陸保險人才不足，三級城市保險公司的總經理還缺三千多個，未來中國大陸保險精算師的缺口將達到四五千名，且中國大陸相當多保險精英都曾師從台灣保險業者。

❷ **市場優勢**：中國大陸人口總量大，經濟成長快，財富累積多，而且老年化逐年明顯；同時消費者投保率低，目前還不到10％，民眾保險觀念尚未被充分開發。這些對於台灣保險業者而言，都是很大的商機。

❸ **成長優勢**：根據麥肯錫香港公司董事Joseph Luc Ngai表示，2007年台灣65歲以上人口佔總人口10％，但到2020年將增加至16％，表示退休理財的需求很大。另外，台灣的保險滲透率（總保費占GDP比重）為13％，每人平均保險金額只有4萬6,155美元，低於新加坡與日本的8萬4,500美元，表示保障型產品仍有相當大的市場潛力，該數據顯示多數人把保險資金用來儲蓄或投資，而不是用在真正的保險保障。因此，台灣整體保險業未來將會強勁成長。

❹ **政策優勢**：由於兩岸直航政策實行，為台灣保險業帶來許多商機，如旅遊保險，目前中國大陸遊客可在台灣當地購買保險，但目前仍以旅遊險和短期意外險為主。東航與國泰人壽合資，可使中國大陸客戶在兩岸均可申請理賠，進行異地核賠，帶給投保者更多便利和吸引。同時，又可給在台灣的國泰人壽客戶提供許多增值服務，如貨幣兌換、折扣商店等。

2. 國泰人壽與東方航空合作動機

❶ **兩岸包機直航的啟動**：隨著兩岸包機直航的啟動，商務人士往來兩岸將愈趨頻繁，為提供商旅人士更完善、優質的飛航服務，國泰金融集團與東航雙方聯手進軍兩岸商務市場，並簽署商務合作意向聲明書。

❷ **中國大陸開放金融業設立分行**：根據2009年5月15日《工商時報》報導：「中國大陸國務院公布加快建設海西經濟區，在金融方面有重大的開放措施，將優先批准台灣的銀行、保險、證券業在福建設立分支機構或參股福建金融企業，同時設立兩岸合資的『海峽投資基金』」。此政策亦加速台灣金融保險業者與中國大陸企業合作進軍中國大陸市場。

❸ **企業年金市場商機**：隨著相關政策限制放寬，兩岸經濟文化交流日益密切，兩岸人員流動會更頻繁，兩岸合資公司會更有機會。如企業年金對地域變換較敏感，健康險也是地域差別較大。

❹ **開拓業務及加速業務推動**：東方航空集團擁有眾多資源，除主營航空運輸外，另有金融、房產、旅遊、票務等九大業務板塊，加上全資企業、控股子公司以及其他關聯企業，此合作案可以為國泰人壽的團險業務與個險領域開拓商機，並快速推動企業的個人壽險、醫療險等業務發展。

3. 國泰人壽與東方航空合作策略

❶ **策略聯盟方式拓展中國大陸市場**：2008年2月21日兩岸首家合資組建的

「國泰人壽保險有限責任公司北京分公司」開業。國泰人壽經理人員表示：「北京將是國泰人壽業務發展的重點城市，未來目標是在大陸打造全國性的壽險公司」。

4. 國泰人壽與東方航空合作績效

❶ 品牌知名度提升：根據優勢互補原則，國泰與東航合資之公司將充分運用東航集團品牌的影響力及其遍佈中國大陸各地的業務網路資源，加上國泰人壽的保險專業優勢，創造具有高度競爭力的壽險公司，以提升品牌知名度。

❷ 擴大企業經營規模：台灣與中國大陸企業合資成立子公司，對於雙方企業而言，可以互相擴大雙方經營範圍，如台灣保險公司在廣東設立營業性機構（如分公司和子公司），直接承做中國大陸保險業務。在此基礎上，兩地同行還可成立合資公司，從事保險、保險仲介及再保險業務。兩地保險業務的合作範圍很廣，包括保險仲介、保險業代為查勘定損和再保險。

❸ 兩岸保險人才交流：台灣保險業在過去的幾十年培養一大批保險行銷、業務管理、投資理財及保險精算方面的人才。從90年代開始，許多保險公司紛紛聘請台灣保險公司的專家為本地保險業務員授課，或聘請他們擔任核保、核賠、電腦、資信、銷售體系等方面的主管、顧問等工作，並取得了極佳效果。另外，近幾年由於台灣保險業的激烈競爭，保險公司被金融控股公司兼併，出現保險人才過剩現象，台灣市場逐漸飽和，開拓新市場遂成為關鍵，而這些人才也得以到中國大陸施展才華，並與中國大陸保險人才互相交流。

❹ 改善經營體質：兩岸保險業間已經建立多種形式、不同管道的聯繫和溝通，進行多層次、不同程度的交流與合作。兩地保險人員透過合作，對彼此的發展環境、市場特點、經營模式、發展狀況、發展前景等情況以及重點保險企業，都有更深刻的瞭解，以增強交流與合作的有效性。此外，兩地保險業之間透過參觀互訪、開展合作、舉辦會議、交換學術和資訊數據等途徑加強聯繫，並從中學習和借鑒成功的經驗，改進自己的工作，提高經營管理水準。

合作案例七：中華航空與南方航空產業

中華航空股份有限公司（China Airlines，CAL）為台灣的國家級航空公司，也是台灣規模最大的民用航空業者，總部位於台北市，主要的營運中心和轉運站是台灣桃園國際機場，客運和貨運的服務並重，航點遍佈亞洲、大洋洲、中東、歐洲和北美洲。其子公司華信航空負責台灣和區域性航線。2008年中華航空加入天合聯盟。在過程中，天合聯盟成員之一的中國南方航空將給予支持與協助，華

航將成為台灣首間加入國際航空聯盟的航空公司。

中國南方航空股份有限公司（China Southern Airlines Co.；ZNH），是中國南方航空集團公司屬下航空運輸主業公司，總部設在廣州，以藍色垂直尾翼鑲紅色木棉花為公司標誌。目前客貨運機隊計約330架，根據國際航空運輸協會（IATA）於2008年6月2日發布之2007年世界航空運輸企業客運量排名統計資料，南航名列全球第四名，亞洲第一名。南航也是天合聯盟（SKYTEAM）的成員之一，提供全球旅客最綿密的航線網絡，與其航空合作夥伴的聯營航線遍佈六大洲、超過162個國家的840多個城市。

1. 中華航空與南方航空合作優勢

❶ **政策優勢**：由於政府迅速推動兩岸直航政策，兩岸航運業者間的競爭更趨激烈，業者紛紛以合作取代競爭。而台灣航空業者對市場前景表示樂觀，也期待直航商機能在全球經濟不佳的時代，為航空業營運注入一股活水。

❷ **技術優勢**：由於中國大陸航空業者在貨運方面經營較淺，相較於華航及長榮航，機隊規模也較小。而台灣的經營貨運市場較深、機隊規模較大，因此，在兩岸航空業發展上，台灣航空業較具競爭優勢。

❸ **市場優勢**：根據2008年12月15日《經濟日報》報導，華航公關處長陳鵬宇指出，中國大陸是塊新興市場，有很多潛在商機可開發，如中國大陸轉機到台灣赴歐、美，就極具潛力，而包機飛航半年後將轉為固定航線，很多套裝旅遊行程會更易規劃，商務客因航點愈來愈多，往來兩岸也更快捷。

❹ **成長優勢**：根據《經濟日報》2008年8月23日報導，台灣2008年航空產值預估600億元，中國大陸航空業總資產更達人民幣1,660億元。此外，由於中國大陸購買飛機量大增，對維修的需求相對提升，加上中國大陸維修能量相對不足，包括長榮航、華航、亞航均有維修能量，若能透過協商合作，將有機會搶食兩岸航機維修市場。

2. 中華航空與南方航空合作動機

❶ **兩岸直航**：2008年7月4日兩岸包機直航正式啟動，對於航空業而言，空運直航增班，有利於航空業者提升業績以及營運效益，也有利節省飛機燃油成本，再加上透過兩岸企業合作，可獲得雙贏局面。

❷ **內需市場**：根據航太公會統計，2008年中國大陸航空業總資產達人民幣1,660億元；再加上由於中國大陸購買飛機量大增，對維修的需求相對提升，但中國大陸維修能力相對不足，因此像是長榮航、華航、亞航等均有維修能力，若能透過協商合作，將有機會搶食兩岸航機維修市場。

❸ **優勢互補**：根據2008年12月15日《經濟日報》報導，長榮航空副總經理聶國維表示：「雖然兩岸的航空公司在包機業務上彼此有競爭關係，但也有合作的空間，如中國大陸籍航空公司在中國大陸的航網相當綿密，國際航空網路則不如台灣，雙方可就此互補」。

❹ **降低營運成本、有效整合資源**：在航空貨運方面，華航為了降低成本與有效整合資源，分別與中貨航、南航簽署「商業合作協議」，議定台北-上海與台北-廣州雙方航空公司可互換艙位及互為代理。

3. 中華航空與南方航空合作策略

❶ **透過策略聯盟，積極搶占中國大陸市場**：中國大陸航空業成長快速，華航看好航機維修市場的潛力，於2008年與香港飛機工程公司、廈門太古飛機工程公司、國泰航空公司、美商Spirit Aero Systems及FirstWave MRO Inc.等公司合資成立「晉江太古勢必銳複合材料有限公司」，並於2009年開始運作。透過跨國合作，有助於拓展華航航機維修業務發展，並進一步掌握複合材料維修市場的發展趨勢。合資公司營業範疇，主要製造民航機用複合材料零件、系統件，以及提供維修及售後服務等。

❷ **透過策略聯盟，提升兩岸企業競爭力**：2008年6月23日華航與中國南方航空在廣州簽訂「戰略合作備忘錄」，加強雙方在航網互補與相關服務，提供兩岸旅客在未來直航上享有更優質便捷的服務，可增進雙方在全球航空市場的競爭力。2009年2月24日與南航合作，桃園、廣州、上海及北京等四個航點的機票互用，提供給旅客更多航班的選擇，藉此提高旅客搭乘意願。

4. 中華航空與南方航空合作績效

❶ **降低成本**：由於兩岸直航政策，對於航運業而言，可以節省大量成本，兩岸企業可以藉由結盟合作，達到雙倍效果的成本節省。

❷ **提高獲利能力**：兩岸航空業的合作可以拓展雙方全球航網，提高客貨運載率，以增加企業的獲利能力。如海南航空與華航合作，展開雙向里程酬賓計劃，以拓展兩岸旅客市場，共享雙方航線資源及客戶服務資源，為兩岸的旅客提供更優質、高效的服務，並為企業帶來更高的獲利。

❸ **企業永續經營基業長青**：兩岸航空業可以藉由合作關係，提升企業競爭力，並提高顧客滿意度。如華航與中國南方航空簽訂「戰略合作備忘錄」，以加強雙方在航網互補與相關服務，提供兩岸旅客在未來直航上享有更優質便捷的服務，可增進雙方在全球航空市場的競爭力。

第四篇

兩岸十載——
TEEMA調查報告十載回顧專題

第18章 TEEMA 調查報告 十載軌跡

　　於此《TEEMA調查報告》十年回顧，感謝2000年至2009年這十年來對《TEEMA調查報告》付出心力的電電公會歷任理事長、大陸委員會主委、審查委員、研究顧問、計畫主持人等智慧團隊的卓越貢獻，方能使報告具有高度的公信力及影響力，回首十載，《TEEMA調查報告》不僅受到中國大陸政府及地方官員的關注，用以作為改善投資環境的準則，亦成為台商佈局中國大陸的重要參考依據。茲將2000-2009《TEEMA調查報告》十載之重要軌跡陳述如下。

一、2002-2009《TEEMA調查報告》年度研究主題

　　《TEEMA調查報告》自2000年執行以來，建立高度的專業公信力，累積豐富的研究調查成果，不僅提供台商作為佈局中國大陸的參考借鑑，亦得到中國大陸政府及地方官員的重視，更是許多國際研究機構探索中國大陸市場重要參考資訊。從2002年開始，《TEEMA調查報告》除每年完成《中國大陸地區投資環境與風險調查》研究成果之外，亦針對當年度中國大陸主要的政策脈動、政策議題、台商關切重心列為年度研究主題深入剖析，2002至2009年《TEEMA調查報告》年度研究主題茲彙整如表18-1所示。

表18-1　2002-2009 TEEMA調查報告年度研究主題一覽表

序號	年度	TEEMA年度研究主題
❶	2002	中國大陸加入WTO
❷	2003	SARS對台商之衝擊與影響
❸	2004	宏觀調控對台商經營的影響
❹	2005	中國大陸內銷市場
❺	2006	自主創新
❻	2007	自創品牌
❼	2008	轉型升級
❽	2009	十年回顧、兩岸競合

2008年隨著馬政府上任，兩岸關係出現重大轉折，積極溝通、建立互信，寫下兩岸交流合作的新篇章，共同追求和平、和諧與合作的發展環境，為兩岸經貿關係未來發展奠定紮實基礎。2008年6月12日，中斷近十年的兩岸兩會正式復談，開啟兩岸關係新局；第二次江陳會談簽署四項協議，實現兩岸大三通，大幅降低兩岸往來的時間與成本，亦使得兩岸經貿正常化向前躍進了一大步；第三次江陳會談再簽署三項協議，並達成初步的陸資來台投資共識，此舉更加拉近兩岸經貿關係，並提升企業競爭力。根據台北市企業經理協進會和台商張老師進行《2008年兩岸十大經貿事件》調查顯示，兩會復談居首，兩岸經貿政策鬆綁，實施多項利多措施，使得兩岸關係互動綿密。再者，近年來中國大陸經濟快速騰飛，成為台灣最大貿易夥伴及對外投資的首選對象，使得兩岸產業結構開始產生變化，從早期的互補關係逐漸轉變為競合關係，中華經濟研究院國際經濟所所長陳信宏（2008）指出：「中國大陸在產業創新的躍進式潛力已經急遽地改變兩岸產業競合的格局」。

儘管兩岸之間產業競賽不曾停歇，但企業間互相結盟合作案例卻也日趨增加。例如：茂迪、昱晶等台灣太陽能電池大廠，便與昱輝能源、江西賽維等中國大陸矽晶圓大廠合作。兩岸產業各自努力，表面上雖然激烈競爭，但「既競爭又合作」的關係，也將兩岸產業地位推向另一個高峰。因此，2009《TEEMA調查報告》除了以「十年回顧」作為年度主題外，亦以「兩岸競合」作為年度主題，希冀透過不同的思維角度，尋找台灣產業未來與兩岸競合策略的機會，增加企業運籌和佈局的靈活彈性，改變兩岸產業分工結構，透過雙方優勢互補，確定台商在產業中的新角色與新定位，找出兩岸產業競合互動的最適模式。

二、2000-2009《TEEMA調查報告》調查樣本數與城市數

《TEEMA調查報告》自2000年執行開始，當年度樣本回收數為748份，2001年由於報告的影響力及台商的重視程度，使得回收樣本數便呈現倍數的成長達到1,468份，至2002年以後樣本回收數大致呈穩定成長趨勢。經過多年的回卷資料庫建立及追蹤，自2004年開始，樣本回收數基本上均已達到2,000份以上，從2006年開始，在審查暨執行委員會的建議之下，增加固定樣本系統建置，以使得每年回卷者有三分之一能夠是固定樣本，2009年雖然中國大陸台商面對嚴峻的金融海嘯風暴，以及中國大陸產業結構調整雙重壓力，仍有2,588份回卷，實屬難能可貴。而2006年開始，《TEEMA調查報告》除了發送紙本結構式問卷，亦採用固定樣本調查，2006年固定樣本回卷數為530份；2007年為903份；2008年為

921份；2009年為1,195份，固定樣本回收逐年增加，使調查更具有效度。

就調查城市數而言，2000年僅有35個城市列入評比，隨著台商在中國大陸佈局的城市數量遞增以及各地台商協會、台辦的支持，2009年列入《TEEMA調查報告》分析的城市數已達93個城市，約為2000年的三倍。有關2000-2009《TEEMA調查報告》調查樣本數與城市數以及成長率統計表茲彙整如表18-2所示。

表18-2　2000-2009 TEEMA調查報告樣本回收及調查城市數分析

年度	樣本回收數	樣本成長率	城市分析數	城市成長率
2000	748	-	35	-
2001	1,468	96.26%	44	33.33%
2002	1,674	14.03%	51	15.91%
2003	1,990	18.88%	54	5.88%
2004	2,364	18.79%	65	20.37%
2005	2,073	-12.31%	75	15.38%
2006	2,137	3.09%	80	6.67%
2007	2,565	20.03%	88	10.00%
2008	2,612	1.83%	90	2.27%
2009	2,588	-0.91%	93	3.33%

資料來源：本研究整理

三、2002-2009《TEEMA調查報告》企業未來佈局規劃分析

表18-3為2002-2009年《TEEMA調查報告》針對受訪台商調查未來佈局規劃之變化，從佈局趨勢來看，「擴大對大陸投資生產」及「台灣母公司繼續生產營運」仍佔台商未來佈局規劃較高的比例，值得注意的是「希望回台投資」之比例，從2007年的1.83％上升至9.88％，主要原因乃是2008年初中國大陸陸續頒布多項政策，無形增加台商營運成本，再加上優惠待遇相繼取消、投資環境日趨嚴苛，台商經營陷入困境，使得台商思考回台投資，然而，隨著馬政府上任，兩岸經貿關係互動密切，2009年台商回台投資的比例為5.80％。

表18-3　2002-2009 TEEMA調查報告企業未來佈局規劃

年度	❶擴大對大陸投資生產	❷台灣母公司繼續生產營運	❸台灣關閉廠房僅保留業務	❹希望回台投資	❺結束在台灣業務	❻其他
2002	17.30％	73.90％	7.50％	-	4.60％	6.60％
2003	-	64.50％	19.10％	3.40％	7.40％	5.60％
2004	44.50％	52.50％	11.40％	4.10％	5.10％	4.10％
2005	36.02％	40.84％	2.31％	2.70％	13.12％	5.01％
2006	57.46％	35.33％	21.06％	1.97％	6.93％	4.91％
2007	63.74％	34.78％	32.55％	1.83％	11.66％	3.98％
2008	54.40％	37.71％	20.87％	9.88％	5.02％	4.98％
2009	52.32％	41.77％	13.79％	5.80％	4.02％	7.61％

四、2000-2009《TEEMA調查報告》經貿糾紛變化分析

隨著兩岸經貿互動頻繁，台商在中國大陸發生經貿糾紛的案例亦隨著中國大陸經濟的發展而有所變化，根據2000-2009《TEEMA調查報告》顯示，以經貿糾紛數而言，在2005年以前均低於1,000件，到2006年為1,145件，徒增兩倍以上，而2007年更高達3,316件，更成長三倍之多，2008年為3,506件，2009年則有呈現下降趨勢，但仍高達2,839件，此顯示兩岸經貿糾紛在這三年來呈現居高不下的趨勢，尤其在平均樣本糾紛數上，2007年為1.293件、2008年為1.342件、2009年為1.097件，比2000-2005的平均0.2件高出五倍之多，這是值得關切，隨著中國大陸民營企業的高速發展，以及中國大陸政府法規環境的完善，未來如何有效設置兩岸經貿糾紛仲裁機制，加強台商正派經營的意識，以及建立兩岸經貿平等互惠的交流機制，方能使居高不下的經貿糾紛案例獲得改善。

表18-4　2000-2009 TEEMA 經貿糾紛變化一覽表

年度	樣本回收數	經貿糾紛數	平均樣本糾紛數	單位糾紛類型數
2000	748	151	0.202	0.017
2001	1,468	246	0.168	0.014
2002	1,674	391	0.234	0.019
2003	1,990	416	0.209	0.017
2004	2,364	531	0.225	0.019
2005	2,073	533	0.257	0.021
2006	2,137	1,145	0.536	0.045
2007	2,565	3,316	1.293	0.108
2008	2,612	3,506	1.342	0.112
2009	2,588	2,839	1.097	0.091

註：【1】經貿糾紛數指的是每一個受訪台商企業可複選12項經貿糾紛類型，其經貿糾紛類型發生之總數。

　　【2】平均樣本糾紛數是指當年經貿糾紛數除以當年樣本回收數。

　　【3】單位糾紛類型數是指每一個台商回收樣本發生經貿糾紛的比例，其為平均樣本糾紛數除以12。

第**19**章　TEEMA 調查報告城市排行十載推移

　　台灣區電機電子工業同業公會從2000年至2009年總共進行十次的《中國大陸地區投資環境與風險調查》，其研究成果獲得台商及中國大陸地方政府官員的特別重視，而針對台商推薦等級的城市研究已經成為台商進入中國大陸進行投資的重要參考依據，這十年來《TEEMA調查報告》跟其他從事中國大陸城市競爭力評估報告最大的差別，就是在於《TEEMA調查報告》是一份強調從台商觀點出發，來剖析中國大陸城市綜合實力的專業性報告，此份報告除了有各城市的次級資料分析外，最重要的就是透過問卷與深入訪談瞭解台商對中國大陸城市的評價，這是最重要的初級資料蒐集，為能更進一步的瞭解中國大陸城市在《TEEMA調查報告》之變化，茲將2000-2009《TEEMA調查報告》十載之重要內涵匯整如下。

一、2000-2009 TEEMA前10名城市投資環境力變化

　　2009《TEEMA調查報告》中2000-2009前10大城市投資環境力變化分析，其結果如表19-1所示。天津濱海於2008《TEEMA調查報告》首次進入前10優即名列第三，更於2009年的調查報告中奪得第一，且天津港與台灣目前已可直航，經濟效益不斷的發酵，可見天津濱海未來的發展潛力無限，名列第一實至名歸，根據天津台商協會會長韓家宸表示：「中國大陸公布2009年經濟統計數據，天津和內蒙上半年經濟成長並列第一位，為16.2％，相信天津若持續發展，成長速度會再更快，也將吸引更多台商「北拓」。而排名第二的蘇州昆山，由2005年即為排行前5優的城市，因為產業轉型升級，並且以服務貿易為主要發展方向，昆山市的開發區與城市同時進程，三大經濟引擎領航，使得昆山的經濟呈現飛速的成長，預計其城市內的交通網絡完備之後，與上海的同城效應將開始發揮。而在2000-2009《TEEMA調查報告》前10名城市投資環境力變化可發現，杭州蕭山、

蘇州昆山八個年度列入前10名、揚州有七個年度列入前10名、蘇州市區、寧波市區亦有五個年度列入前10名。多年來，杭州蕭山致力打造親商安商的投資環境，紛紛成立台商法律顧問團、台商服務中心，為台商提供政策服務、法律服務，協助台商解決勞資糾紛、租賃糾紛以及子女就學等問題，使得杭州蕭山獲得台商的認同。隨著投資環境的日益完善以及諸多基礎建設的完備，揚州吸引越來越多台商前往投資，在揚州投資的大型台資企業已有永豐餘造紙、寶成鞋業、亞東水泥等。為能聆聽台商心聲，揚州市台辦亦增設「台商台企服務處」，藉以深化台商服務之觀念，積極推廣走訪台資企業，了解台商需求，簡化辦事流程、減少審批環節，以提高辦事效率。

二、2000-2009 TEEMA前10名城市投資風險度變化

　　中國大陸城市間的競爭相當激烈，但是區域差異很明顯，在《TEEMA調查報告》中顯示2000-2009這十年內，杭州蕭山、揚州、蘇州昆山七度列入投資風險度前10名的城市，而六度列入投資風險度前10名的城市有南昌；其中，南昌與蘇州昆山之所以能夠在連續位居《TEEMA調查報告》投資風險度排名前10名的城市，主要是南昌的定位，將上海國際化的經驗移植到江西，此外，南昌更提出各項優化投資環境的措施，現在的南昌更榮獲美國「新聞週刊」評為十大感動城市之一，獲得「中國人居環境獎」，成為一個「成本窪地」並且具有其區位優勢，使得世界500強的福特（Ford）、賓士（Benz）、沃爾瑪（Walmart）、肯德基（KFC）；中國大陸本土的TCL、中國普天、奧克斯；台灣的統一集團、香港順榮、太平洋百貨等紛紛落戶南昌，通過創建所帶來促進外向型經濟發展的綜合效應，使得南昌這個過去一般人認為發展落後的城市，逐步發展成為一經濟繁榮的城市。而目前台商在中國大陸的投資中有九分之一就是在昆山，使得昆山的台商產業形成完整的產業鏈，加上昆山區位屬於中國大陸最發達的長江三角洲，且昆山在對外招商的過程中非常重視平板顯示產業鏈的延伸和拓展，以特色產業基地為載體實施產業鏈招商，促進產業聚集，台灣的鴻海富士康集團、南亞集團、統一集團等皆在當地設有工廠。

三、2000-2009 TEEMA中國大陸城市綜合實力 「極力推薦」最優排名

　　《TEEMA調查報告》為瞭解2000-2009這年中的推薦城市總排名，排名的先後次序是根據該城市在2000-2009列入《TEEMA調查報告》極力推薦等級次數作

表19-1　2000-2009 TEEMA前10大城市投資環境力變化分析

排名	2009	2008	2007	2006	2005	2004	2003	2002	2001	2000
❶	天津濱海	蘇州工業區	蘇州工業區	蘇州工業區	杭州蕭山	杭州蕭山	杭州蕭山	蘇州市區	蘇州吳江	上海嘉定
❷	蘇州昆山	揚州	蘇州昆山	寧波北侖	上海閔行	揚州	青島	蘇州昆山	寧波市區	杭州蕭山
❸	南京江寧	天津濱海	無錫江陰	蘇州昆山	徐州	無錫江陰	淳州	揚州	杭州市區	寧波奉化
❹	南昌	蘇州昆山	杭州蕭山	揚州	蘇州昆山	成都	寧波市區	無錫	蘇州昆山	揚州
❺	杭州蕭山	蘇州新區	廊坊	無錫江陰	無錫江陰	上海閔行	中山	杭州蕭山	寧波奉化	寧波餘姚
❻	寧波北侖	廊坊	無錫宜興	杭州市區	成都	徐州	揚州	寧波奉化	上海市區	蘇州市區
❼	上海閔行	無錫江陰	寧波北侖	廈門島外	揚州	嘉興	無錫	上海市區	無錫	杭州市區
❽	蘇州工業區	南昌	成都	南京市區	南昌	汕頭	蘇州市區	蘇州市區	蘇州市區	寧波市區
❾	寧波市區	杭州蕭山	南昌	蘇州市區	天津	蘇州昆山	汕頭	杭州市區	鎮江	蘇州吳江
❿	北京亦莊	南京江寧	蘇州新區	北京亦莊	汕頭	南昌	上海市區	上海浦東	溫州	武漢

表19-2　2000-2009 TEEMA前10名城市投資風險度變化分析

排名	2009	2008	2007	2006	2005	2004	2003	2002	2001	2000
❶	蘇州昆山	蘇州工業區	蘇州昆山	蘇州工業區	上海閔行	徐州	青島	寧波奉化	蘇州吳江	杭州蕭山
❷	蘇州工業區	揚州	廊坊	寧波北侖	杭州蕭山	揚州	杭州蕭山	杭州蕭山	濟南	寧波奉化
❸	揚州	蘇州昆山	蘇州工業區	蘇州昆山	成都	杭州蕭山	重慶	揚州	福州	寧波餘姚
❹	南京江寧	無錫江陰	南京江寧	揚州	蘇州昆山	無錫江陰	無錫	蘇州吳江	惠州	上海嘉定
❺	南昌	南京江寧	南昌	杭州市區	無錫江陰	成都	成都	蘇州市區	保定	南京
❻	寧波北侖	蘇州新區	杭州蕭山	無錫江陰	徐州	嘉興	揚州	無錫	石家莊	無錫
❼	廈門島外	天津濱海	寧波北侖	蘇州市區	揚州	嘉興	紹興	嘉興	鄭州	杭州
❽	青島	南昌	青島	濟南	南昌	南昌	福州	蘇州昆山	桂林	蘇州吳江
❾	上海閔行	杭州蕭山	天津濱海	天津濱海	上海浦東	汕頭	汕頭	寧波市區	蘇州昆山	青島
❿	杭州市區	無錫市區	威海	南昌	天津市	寧波餘姚	寧波市區	中山	寧波市區	寧波市區

為第一層評估指標，如果次數相同，則依歷年來該城市進入極力推薦等級之排名分數加總，而得到等級總分此一指標作為第二層評估指標。等級總分越小，排名越靠前面，表示極力推薦的優先度越高。因此，將2000-2009極力推薦總排名整理如表19-3所示，而列入暫不推薦的城市的總排名，則依據歷年進入暫不推薦排名的次數作為第一層的評估指標，而以等級總分最作為第二層的評估指標，等級總分越高，代表暫不推薦的排名越靠前面。

根據研究顯示，在2000年至2009年列入中國大陸城市綜合實力「極力推薦」最優排名的前10名城市分別為：（1）杭州蕭山；（2）蘇州市區；（3）蘇州昆山；（4）揚州；（5）成都；（6）寧波市區；（7）青島；（8）大連；（9）上海閔行；（10）無錫市區。其中，有7個城市都是屬於「長三角」的主要城市，再次的顯現出，「長三角」經商環境的穩定性與重要性。「成都」為中國大陸西部的重要商業城，有「天府之國」之稱的四川更是一個主要的核心城市。寧波雖然在2009年的評比上有些許的下滑，不過就整體9年評比的綜合實力來說，仍然是獲得台商的青睞。大連則是東北一個非常重要的工業大城市，除了東北有豐富的天然資源之外，大連港口運輸便利也是大連的重要優勢。此外，「蘇州市區」和「杭州蕭山」能有9次列入「極力推薦」城市，甚至名列前矛，更是難得。隨著長年以來蘇杭地區穩定的投資環境，鮮少受到外部環境變動的劇烈影響，是蘇杭地區長久以來的競爭優勢。

表19-3 2000-2009中國大陸城市綜合實力「極力推薦」最優排名

排名	城　　市	省　市	區　　域	次數	等級總分
❶	杭州蕭山	浙江省	華東地區	9	52
❷	蘇州市區	江蘇省	華東地區	9	79
❸	蘇州昆山	江蘇省	華東地區	8	23
❹	揚　　州	江蘇省	華東地區	8	83
❺	成　　都	四川省	西南地區	7	60
❻	寧波市區	浙江省	華東地區	7	65
❼	青　　島	山東省	華北地區	7	87
❽	大　　連	遼寧省	東北地區	7	94
❾	上海閔行	上海市	華東地區	6	42
❿	無錫市區	江蘇省	華東地區	6	47

資料來源：本研究整理

註：【1】次數是指2000-2009TEEMA調查十年間該城市列入A級「極力推薦」的年度次數。

【2】等級總分指2000-2009TEEMA這十年該城市在該年度推薦等級的排名加總。

【3】總排名的方式是先以次數排名，若次數相同則以等級總分越小者為優。

四、2000-2009 TEEMA中國大陸城市綜合實力「暫不推薦」最劣排名

依《TEEMA調查報告》2000-2009中國大陸城市綜合實力「暫不推薦」等級最劣排名顯示,十年的總評估最不受推薦的前十名城市分別為:(1)惠州;(2)東莞市區;(3)東莞石碣;(4)深圳龍崗;(5)東莞長安;(6)北海;(7)哈爾濱;(8)蘭州;(9)宜昌;(10)泰州。其中,有五個城市位於珠三角,珠三角長期缺電問題,無形增加珠三角台商經營成本,加之,2008年中國大陸通過勞動合同法,平均提高台商兩倍的薪資成本,使得珠三角城市勞資糾紛劇增、罷工現象頻現,因此,台商對珠三角地區的城市評比不高。

表19-4　2000-2009中國大陸城市綜合實力「暫不推薦」最劣排名

排名	城　市	省　市	區　域	次數	等級總分
❶	惠　州	廣東省	華南地區	6	31
❷	東莞市區	廣東省	華南地區	6	26
❸	東莞石碣	廣東省	華南地區	5	21
❹	深圳龍崗	廣東省	華南地區	5	13
❺	東莞長安	廣東省	華南地區	4	35
❻	北　海	廣　西	西南地區	3	39
❼	哈爾濱	黑龍江	東北地區	3	37
❽	蘭　州	甘肅省	西北地區	3	42
❾	宜　昌	湖北省	華中地區	3	31
❿	泰　州	江蘇省	華東地區	3	28

資料來源:本研究整理

註:【1】次數是指2000-2009TEEMA調查十年間該城市列入D級「暫不推薦」的年度次數。

　　【2】等級總分指2000-2009TEEMA這十年該城市在該年度推薦等級的排名加總。

　　【3】總排名的方式是先以次數排名,若次數相同則以等級總分越大者為劣。

五、2000-2009 TEEMA城市綜合實力推薦分析

依據TEEMA 2000-2009每年最終對於評估的城市提供四大類的:「極力推薦」、「值得推薦」、「勉予推薦」、「暫不推薦」四等級,茲將2000-2009四等級的城市評價彙總表如表19-5所示。

表19-5 2000-2009 TEEMA中國大陸城市綜合推薦等級變遷分析

推薦等級		2000	2001	2002	2003	2004	2005	2006	2007	2008	2009
【A】極力推薦	A01	蘇州	蘇州	蘇州市區	杭州蕭山	杭州蕭山	上海閔行	蘇州工業區	蘇州工業區	蘇州工業區	蘇州昆山
	A02	嘉定	昆山	無錫	青島	上海閔行	杭州蕭山	寧波北侖區	蘇州昆山	蘇州昆山	南京江寧
	A03	寧波	吳江	寧波市區	無錫	成都	蘇州昆山	蘇州昆山	杭州蕭山	天津濱海區	蘇州工業區
	A04	餘姚	餘姚	蘇州昆山	上海市區	揚州	成都	杭州市區	無錫江陰	蘇州新區	天津濱海
	A05	吳江	寧波	蘇州市區	寧波市區	徐州	無錫江陰	無錫江陰	天津濱海區	無錫江陰	寧波北侖
	A06	奉化	無錫	揚州	大連	無錫江陰	徐州	蘇州新區	寧波北侖	杭州蕭山	上海閔行
	A07	蕭山		杭州蕭山	蘇州市區	天津	天津	天津濱海區	蘇州新區	南京江寧	杭州蕭山
	A08			青島	成都	蘇州昆山	上海浦東	南京市區	上海閔行	揚州	南昌
	A09				杭州市區	嘉興	揚州	揚州	成都	成都	北京亦庄
	A10				揚州	大連	南昌	北京亦庄	南京江寧	南昌	無錫江陰
	A11					南昌	濟南	蘇州新區	青島	無錫市區	成都
	A12					汕頭	青島	上海閔行	南昌	上海閔行	廈門島外
	A13					濟南	寧波市區	廈門島外	廊坊	南京市區	杭州市區
	A14					青島	大連	上海浦東	蘇州市區	大連	蘇州市區
	A15						南京市區	濟南	大連	寧波北侖區	寧波北侖
	A16						廈門	成都	杭州市區	廊坊	大連
	A17						汕頭	南昌	威海	北京亦庄	揚州
	A18						蘇州市區	杭州蕭山區	無錫宜興	無錫宜興	青島
	A19							大連	北京亦庄	蘇州市區	蘇州新區
	A20							廣州天河	揚州	煙台	廈門島內
	A21								寧波市區	威海	無錫市區
	A22									青島	鎮江
	A23									杭州市區	
【B】值得推薦	B01	昆山	福州	寧波奉化	中山	蘇州市區	上海市區	青島	廣州天河	蘇州太倉	重慶
	B02	佛山	保定	中山	汕頭	南京市區	北京市區	蘇州常熟	南京市區	寧波奉化	蘇州張家港
	B03	揚州	惠州	蘇州吳江	廈門	蘇州太倉	上海松江	汕頭	天津	鎮江	常州
	B04	大連	鄭州	上海市郊	上海寶山	寧波市區	南京江寧	泉州	濟南	徐州	廊坊
	B05	成都	天津	上海浦東	上海松江	漳州	無錫市區	廊坊	寧波餘姚	蘇州張家港	無錫宜興
	B06	北京	常州	上海市區	珠海	紹興	泉州	威海	廈門島外	廈門島外	煙台

表19-5 2000-2009 TEEMA中國大陸城市綜合推薦等級變遷分析（續）

推薦等級	2000	2001	2002	2003	2004	2005	2006	2007	2008	2009
B07	廈門	揚州	成都	上海浦東	珠海	嘉興	常州	無錫市區	濟南	連雲港
B08	清遠	中山	天津	上海閔行	寧波餘姚	西安	寧波市區	廈門島內	上海松江	淮安
B09	青島	武漢	大連	福州	上海松江	合肥	天津市區	徐州	蘇州吳江	濟南
B10	杭州	廈門	廈門	上海其他	常州	杭州市區	嘉興	煙台	泰安	上海市區
B11	廣州	泰安	鄭州	常州	莆田	重慶	煙台	蘇州張家港	廈門島內	上海浦東
B12	武漢	青島	惠州	鄭州	上海浦東	莆田	廈門島內	嘉興	淮安	寧波奉化
B13	上海	成都	長沙	漳州	南通	武漢武昌	無錫宜興	桂林	寧波市區	徐州
B14	南京	上海	漳州	蘇州昆山	重慶	寧波奉化	上海其他	昆明	蘇州常熟	南京市區
B15	珠海	溫州	南京	濟南	江門	江門	珠海	常州	寧波餘姚	泰州
B16	瀋陽	行州	桂林	重慶	上海市區	廣州其他	南京江寧	中山	中山	南通
B17	無錫	南京	石家莊	瀋陽	北京市區	常州	廣州市區	紹興	上海市區	嘉興
B18	東莞	鎮江	汕頭	上海嘉定	中山	中山	北京市區	莆田	嘉興	蘇州太倉
B19	惠州	重慶	瀋陽	北京	廈門	南通	寧波餘姚	泉州	天津市區	合肥
B20	深圳	北京	珠海	惠州	寧波奉化	北京其他	武漢武昌	寧波奉化	溫州	威海
B21	天津	蕭山		武昌	東莞厚街	長沙	上海市區	蘇州太倉	常州	泰安
B22	常州	大連		深圳福田	蘇州吳江	武漢漢口	寧波奉化	上海松江	珠海	寧波慈溪
B23	中山	深圳		南京	武漢	寧波餘姚	泰州	上海嘉定	紹興	廣州天河
B24		珠海		天津	上海其他	福州馬尾	蘇州張家港	上海浦東	上海浦東	蘇州常熟
B25		濟南		蘇州吳江		上海嘉定	蘇州太倉	重慶市	上海嘉定	蘇州吳江
B26		奉化		廣州市區		上海松江	中山	上海市區		福州市區
B27		昆明		深圳龍崗		武漢漢陽	武漢漢口	蘇州常熟		紹興
B28		廣州				東莞厚街	上海松江			
B29		桂林				珠海				
B30		南寧				蘇州常熟				
B31		南昌								
B32		西安								
B33		長沙								
B34		鄭州								
B35		石家莊								

【B】值得推薦

表19-5 2000-2009 TEEMA中國大陸城市綜合推薦等級變遷分析（續）

推薦等級	2000	2001	2002	2003	2004	2005	2006	2007	2008	2009
C01	汕頭	汕頭	武漢	深圳其他	無錫市區	瀋陽	江門	長沙	佛山	莆田
C02	福州	海口	北京	深圳市區	杭州市區	嘉興海寧	上海嘉定	漳州	合肥	九江
C03	西安	東莞	佛山	南寧	桂林	蘇州吳江	重慶市區	蘇州吳江	廣州天河	天津市區
C04			濟南	鎮江	北京其他	蘇州張家港	福州馬尾	佛山	北京市區	寧波餘姚
C05			鎮江	深圳寶安	深圳龍崗	蘇州太倉	昆明	珠海	瀋陽	珠海
C06			福州市區	東莞虎門	深圳寶安	泰州	福州市區	北京市區	南通	中山
C07			餘姚	莆田	上海嘉定	福州市區	無錫市區	石家莊	武漢武昌	南寧
C08			常州	東莞清溪	南寧	衡陽	徐州	江門	江門	上海松江
C09			昆明	寧波餘姚	東莞石碣	深圳石碣	蘇州吳江	武漢漢陽	吉安	瀋陽
C10			溫州		昆明	廣州市區	漳州	武漢武昌	昆明	昆明
C11			深圳布吉		廣州市區	張家界	石家莊	武漢漢陽	武漢漢陽	泉州
C12			廣州		東莞其他	桂林	合肥	東莞虎門	九江	佛山
C13			深圳龍崗		深圳其他	嶽陽	長沙	福州馬尾	重慶	北京市區
C14			深圳		佛山	煙台	武漢漢陽	長春	福州市區	汕頭
C15			深圳寶安		長沙	東莞石碣	瀋陽	溫州	福州馬尾	福州馬尾
C16			福州福清		福州市區	昆明	深圳龍崗	福州市區	深圳寶安	溫州
C17			重慶		河源	東莞長安	桂林	深圳寶安	泉州	上海嘉定
C18					東莞長安	深圳其他	深圳寶安	鎮江	深圳市區	贛州
C19					東莞清溪	東莞清溪	東莞虎門	泰州	長沙	桂林
C20					深圳市區		廣州市區	廣州市區	廣州市區	廣州市區
C21							哈爾濱	深圳市區	武漢漢口	吉安
C22							西安	合肥	南寧	武漢漢陽
C23							深圳其他	南通	石家莊	漳州
C24								鄭州	太原	東莞長安
C25								河源	莆田	武漢武昌
C26								汕頭		長沙
C27										武漢漢口
C28										石家莊
C29										西安
C30										東莞市區

[C] 勉予推薦

表19-5 2000-2009 TEEMA中國大陸城市綜合推薦等級變遷分析(續)

推薦等級	2000	2001	2002	2003	2004	2005	2006	2007	2008	2009
D01	黃岡	黃岡	南寧	佛山	惠州	惠州	深圳市區	東莞厚街	深圳龍崗	深圳市區
D02	哈爾濱	湛江	保定	泉州	東莞市區	深圳龍崗	東莞石碣	東莞石碣	東莞市區	深圳寶安
D03			泉州	東莞石碣	東莞虎門	深圳寶安	南通	瀋陽	汕頭	惠州
D04			東莞	溫州	東莞樟木頭	東莞虎門	惠州	宜昌	東莞虎門	深圳龍崗
D05			南昌	東莞市區	泉州	東莞市區	東莞市區	深圳龍崗	桂林	江門
D06			莆田	東莞長安	保定	東莞其他	東莞長安	嶽陽	東莞厚街	東莞虎門
D07				東莞其他	泰州	東莞樟木頭	東莞厚街	哈爾濱	東莞石碣	東莞石碣
D08				泰州		北海	東莞清溪	南寧	漳州	東莞厚街
D09							東莞其他	西安	長春	太原
D10							東莞樟木頭	東莞長安	惠州	北海
D11								惠州	西安	宜昌
D12								蘭州	東莞長安	長春
D13								北海	泰州	哈爾濱
D14									哈爾濱	蘭州
D15									蘭州	廣州
D16									宜昌	
D17									北海	
調查城市數	35	46	51	54	65	75	80	88	90	93

[D] 暫不推薦

第**20**章 TEEMA 調查報告
台商佈局二十載變遷

　　台商佈局中國大陸，可追溯至1981年開始，台商利用與外資企業合作的名義，透過香港、新加坡、日本或美國等第三地間接到中國大陸投資，當時的台商以單打獨鬥的模式，在距離台灣較近的東南沿海，開始尋覓低廉生產成本的製造代工基地，直到1993年台灣政府開放對中國大陸間接投資後，大批企業開始西進中國大陸投資設廠。如今，中國大陸環境已非過去之面貌，新的產業政策、新的法令、新的稅法以及新的投資環境等，皆使得台商為求生存，跟隨中國大陸變革的腳步而轉型、升級與蛻變。茲將台商佈局中國大陸的變遷與脈絡，彙整成下列十個主題敘述之。

一、1989-2009 台商佈局中國大陸的規模變化

　　1980年代初期，企業在面臨台灣投資環境逐漸變化的情況下，許多台商即計畫至海外投資。由於中國大陸擁有充沛且廉價的勞動力，正是當時台灣傳統勞力密集型產業最需要的，而且台商投資中國大陸最初是以中小企業，以來料加工、來樣加工、來件裝配和補償貿易的「三來一補」外銷模式為主。早期的中小企業主赴中國大陸投資，對台灣造成後續的影響有二：（1）部分台商赴中國大陸投資後，因為產業網絡的關係，造成上下游廠商主動或被動地隨著加工製造業者前往中國大陸投資，就地生產供應，其他不乏已在台灣上市、上櫃的企業；（2）這些早期至中國大陸投資的中小企業也扮演試水溫的角色，直到逐漸加溫發展後，台灣的集團企業便大舉西進。此外，早期台商在中國大陸主要都是以合資為主，直到2004年12月開始，中國大陸開放外商以獨資方式經營之後，吸引更多台灣上市、上櫃公司及集團企業前往投資。

　　二十世紀90年代末以來，台商到中國大陸投資大型企業、集團企業和資本密集型產業的趨勢愈加顯著。據《新華社》（2006）刊載一篇題為〈台灣企業赴

中國投資漸趨大型化集團化〉，該文以浙江省為例，十九世紀末台商在浙江省的投資以中、小企業居多，投資金額幾乎低於100萬美元，2000年之後，浙江省台商的投資開始朝向大型化、集團化發展。例如：台塑企業集團先後在寧波北侖投資12個項目，總投資達12.45億美元。另外，在台商投資最早登陸的廣東省，2006年投資超過千萬美元以上的台商有600多家，超過1億美元的企業有29家，然而，隨著中國大陸大型企業台商逐年增多，短短一年時間，2007年台商在廣東省投資超過千萬美元就有860多家，投資額超過1億美元的已高達34家，其中不乏台灣知名大企業，諸如統一集團、聲寶集團、中日集團、春源鋼鐵、永豐餘和台塑集團等數十家大企業、大集團相繼進入廣東投資設廠。

二、1989-2009 台商佈局中國大陸的進入類型變化

台商佈局中國大陸之進入類型幾經變化，1980年代初期，中國大陸祭出諸多優惠，積極吸引台商前往投資，但當時台灣法令尚未開放赴陸投資，因此前往投資的主體除多屬小型及非正式企業外，且多以土地出資及合資型態為主，並以「三來一補」這類「貿易為名、投資為實」的方式做為主要經營方向。1980年代末期至1990年代中期，前往中國大陸投資之企業主體規模漸大，投資形態亦日益複雜，台商投資除合資外，獨資與合營類型亦陸續增加，雖然合資仍然是台商佈局中國大陸的主要進入類型，但獨資類型已有逐年成長的趨勢。獨資雖較其他進入類型有較高的風險，例如：面臨到法令的不確定性、契約糾紛、對當地市場不甚瞭解等。但卻能隨著經驗的累積，以改進企業本身的能力來降低前述風險之影響，將更能有效地控制企業的營運狀況。Fahn & Lin（1999）發表〈Report on the economic situation of mainland China and the two sides of Taiwan strait〉一文指出：「截至1997年底，台資企業的進入類型開始以獨資類型居多；其次則為合資；合作經營及來料加工則居末，當時在中國大陸投資的3.05萬家台資企業中，約有2萬家獨資企業，佔總數五成以上；合資企業則約1萬家左右；合作經營與其他類型的各約佔四分之一」。

根據2000年第1期《台商張老師月刊》刊載〈台商赴大陸投資如何進行投資評估及決策〉一文指出：「2000年代初期，台商赴中國大陸投資的進入類型以獨資企業為主，獨資企業約佔68.1％、合資企業16.7％、其他則約22.6％。主要原因在於過去與中國大陸在地企業合資或合營鮮少有成功的案例」。此外，對台資企業而言，分工合作較投資合作來得容易，例如上下游加工廠商合作就較策略聯盟或合併等情形來得多。整體看來，台商從原來的「三來一補」模式逐漸轉型為

「三資企業」。此外，台商投資之行業亦從最早之代工工業發展至各類製造業，以至近年之文化教育、電腦軟體、資訊科技、企業顧問等服務性產業，可見大量知識密集產業已陸續進入中國大陸。迄今，中國大陸針對加工貿易與稅收政策等重點推出一系列重大經貿政策，雖然對台商投資中國大陸的趨勢不會有影響，但在進入類型、營運方式、投資產業類別與投資方式等方面勢必會面臨新的挑戰。

三、1989-2009 台商佈局中國大陸的產業變化

中國大陸長期以來便為台灣生產佈局重點地區，在台商仿照西方跨國公司「全球佈局」模式制定的思維下，兩岸產業分工模式多將中國大陸的定位設定為加工製造基地，背後原因在於側重其低廉的生產要素，台商最初赴中國大陸投資，多以勞力密集型產業為主，然而中國大陸歷經改革開放，經濟與投資環境顯然發生極大變化，而且較為發達的重點經濟區，土地和勞動的低成本難以為繼，工業用地逐年減少，加上服務業的興起，均使台商開始轉移其投資標的，尤其是中國大陸政府在2007年祭出一系列重大經貿政策後，更促使台商開始新一輪的策略調整。在經歷改革開放三十年後，中國大陸經濟進入一個新的歷史時期，經濟發展由粗放式增長向集約式增長轉變，因此，在新形勢下，台商不再透過廉價資源方式與低環保標準方式發展，而是朝高新技術產業、裝備製造業以及新材料製造業邁進，長期研究台商投資行為的廈門大學台灣研究中心副主任李非教授（2008）表示：「新的開放契機將會帶動新一輪台商向中國大陸轉移熱潮，台商投資將轉向服務業，尤其以生產性服務業為主的現代服務業，如物流、商貿、金融、交通運輸、資訊諮詢以及其他工商服務等領域將成為投資的重點行業」。

然而，在中國大陸各經濟區相繼進行轉型升級之際，所支援、鼓勵的幾乎均為高附加價值、低污染、低耗能的科技、綠能以及創意產業，在所謂的環境影響策略的思維下，台商新一輪的佈局，多棄傳產往高科技邁進，因此台商投資比例上傳統產業減少，化學製造業於2008年下降到僅剩13件，高新產業無論是投資金額與件數皆逐年攀升，2006年出現不動產業的投資，開啟服務業另一扇門，下表即為依照投資件數與投資金額說明台商赴中國大陸投資20年的產業變化。

表20-1　20年台商投資中國大陸產業變化：投資件數

產業別	年	1991～2001	2002	2003	2004	2005	2006	2007	2008
高新產業	電子零組件製造業	3,994	789	795	431	284	94	197	169
	電腦通信及視聽產品製造業	2,239	267	381	111	87	73	43	25
	資訊及通訊傳播業	--	--	--	--	--	--	62	58
	合計	6,233	1,056	1,176	542	371	167	302	252
	佔當年總投資件數比例（％）	32.55	45.40	40.11	36.45	41.13	22.51	38.87	49.61
傳統產業	化學材料及化學製品製造業	1,526	199	213	85	58	49	9	13
	基本金屬及金屬製品製造業	2,093	257	348	143	125	72	84	34
	機械設備製造修配業	837	169	208	105	50	94	56	20
	非金屬礦物製品製造業	1,174	93	121	47	23	23	23	14
	塑膠製品製造業	2,135	197	271	94	50	48	56	28
	紡織類製品製造業	1,023	45	87	32	25	41	35	8
	食品、飲料及菸草製造業	2,235	93	105	34	28	20	14	24
	紙類製品、印刷及其輔助業	628	89	84	30	17	21	14	4
	橡膠製品製造業	502	29	49	19	13	11	6	0
	礦業及土石採取業	70	11	19	10	4	0	0	0
	合計	12,223	1,182	1,505	599	393	379	297	145
	佔當年總投資件數比例（％）	63.83	50.82	51.33	40.28	43.57	51.08	38.22	28.54
服務業	批發及零售業	374	60	114	229	95	150	138	72
	運輸、倉儲及通信業	122	14	32	30	15	17	8	8
	金融及保險業	16	2	63	15	7	2	12	5
	不動產及租賃業	--	--	--	--	--	11	5	1
	住宿及餐飲業	180	12	42	72	21	16	15	25
	合計	692	88	251	346	138	196	178	111
	佔當年總投資件數比例（％）	3.61	3.78	8.56	23.27	15.30	26.42	22.91	21.85

資料來源：經濟部投審會（2009）、本研究整理

表20-2　20年台商投資中國大陸產業變化：投資金額

產業別 \ 年	1991～2001	2002	2003	2004	2005	2006	2007	2008
高新產業 電子零組件製造業	60.51	26.19	23.30	30.44	23.96	16.19	24.26	20.52
電腦通信及視聽電子產品製造業	9.83	4.33	4.78	3.08	3.73	11.40	16.88	17.83
資訊及通訊傳播業	--	--	--	--	--	--	1.51	3.24
合計（億美元）	70.34	30.52	28.08	33.52	27.69	27.59	42.65	41.59
佔當年總投資金額比例（％）	41.28	52.63	42.39	54.54	51.86	25.93	54.76	50.04
傳統產業 化學材料及化學製品製造業	12.80	4.74	5.95	4.52	3.63	54.78	2.49	4.75
基本金屬及金屬製品製造業	16.17	6.31	7.15	7.41	6.45	4.47	8.27	10.23
機械設備製造修配業	6.43	2.32	2.82	1.64	3.15	3.89	5.04	4.74
非金屬礦物製品製造業	10.57	2.15	4.51	4.21	1.80	3.87	2.31	2.24
塑膠製品製造業	14.96	3.99	4.13	2.77	2.56	2.20	5.84	4.97
紡織類製品製造業	8.49	1.28	3.21	1.47	1.37	1.65	1.61	1.32
食品、飲料及菸草製造業	13.38	1.53	3.53	0.90	0.53	1.00	0.72	2.40
紙類製品、印刷及其輔助業	4.64	1.62	1.43	1.47	1.47	0.77	1.90	1.79
橡膠製品製造業	5.46	1.60	1.04	1.05	1.10	0.64	0.98	0.16
礦業及土石採取業	0.31	0.11	0.21	0.31	0.33	0.01	0.03	0.10
合計（億美元）	93.21	25.65	33.98	25.75	22.39	73.28	29.19	32.70
佔當年總投資金額比例（％）	54.70	44.23	51.30	41.90	41.94	68.88	37.48	39.35
服務業 批發及零售業	4.29	0.86	1.00	1.14	1.68	3.13	4.12	4.99
運輸、倉儲及通信業	1.30	0.68	0.26	0.21	1.01	1.07	0.36	0.58
金融業及保險業	0.44	0.24	2.72	0.67	0.43	0.68	1.18	2.26
不動產及租賃業	--	--	--	--	--	0.48	0.14	0.30
住宿及餐飲業	0.83	0.04	0.20	0.17	0.19	0.16	0.25	0.69
合計（億美元）	6.86	1.82	4.18	2.19	3.31	5.52	6.05	8.82
佔當年總投資金額比例（％）	4.03	3.14	6.31	3.56	6.20	5.19	7.77	10.61

資料來源：經濟部投審會（2009）、本研究整理

四、1989-2009 台商佈局中國大陸的動機變化

　　1980年代，由於新台幣對美元的大幅升值，台灣國內工資與土地價格大幅上漲，以致於傳統勞力密集產業的生產成本遽增，使得台灣在國際間的競爭力逐漸衰退。台灣企業為了生存，便轉赴海外投資，然而，中國大陸擁有廉價的勞動力、廣大的土地資源及相同的文字、語言及生活習慣，便成為台灣產業海外發展的首要選擇。因此，早期台商前往中國大陸的投資動機大致可分為：（1）減少匯損動機：由於1980年代台灣對美國貿易順差擴大，加上當時美國景氣不穩，為縮小與台灣的貿易逆差，便施加市場開放及促使台幣升值之壓力，這對以貿易出口帶動經濟發展之台灣而言影響甚鉅；（2）降低工資動機：1985年~1988年間台灣薪資上漲至少10％，原因在於當時勞動力不足而造成薪資上揚，對勞動密集產業打擊甚大；（3）政策優惠動機：由於新台幣升值及工資上漲，促使勞動密集產業展開海外投資，同時，中國大陸政府也制定吸引台資企業投資政策作為誘因，例如：1988年中國大陸國務院公布「台灣同胞投資獎勵條例」。

　　台商進入中國大陸的投資動機，從因應台幣升值以及尋求低成本的勞動力等，逐漸轉向以內銷中國大陸廣大市場為主要目標。根據經濟部投資審議委員會（2006）公布《2006年國外投資事業營運狀況調查分析報告》指出，台商進入中國大陸投資的動機主要為開發當地內銷市場、提升外銷競爭力等，此外，配合國內客戶及中下游廠商登錄等動機明顯增加。總結來說，台商至中國大陸的投資動機變化，早期多屬於勞力密集型產業，主要投資動機在降低製造成本，而晚期投資則較重視中國大陸內銷市場之開發。2008年中國大陸落實新修訂外商投資產業指導目標，引導台商在中國大陸發展高新技術、資訊技術、新材料、生物科技、節能環保及服務產業，未來勢必將吸引更多台商前往中國大陸投資。

五、1989-2009 台商佈局中國大陸的分工變化

　　早期台商至中國大陸投資，絕大多數都維持母公司在台灣營運，並在兩岸同時設立生產製造部門，原因在於過去台灣擁有充沛的人力、高素質的技術人才，能夠將產品設計，快速轉化為生產製程，並以極快的速度將新產品上市。此外，台商仍會運用原有的產業網絡進行採購或行銷，如台商一方面自台灣採購原料；另一方面則將自製的零組件、半成品或甚至製成品回銷台灣，使得兩岸垂直分工關係相當緊密。經過十年的產業環境變遷，國內的生產技術人員素質條件快速下降，主要原因是許多企業已不在台灣設置生產據點，導致缺乏培養優秀產品人才

的機會與環境。這樣的情況也改變「台灣研發、中國大陸生產」的分工格局，造成中國大陸地區製造產品的功能性逐步擴大，台灣地區的產品研發活動範圍逐漸縮小的現象，漸漸演變成「台灣接單、中國大陸生產」的分工模式。

近年來，台商「台灣接單、中國大陸生產」分工模式之愈來愈普遍。根據2007年3月號兩岸經貿月刊中〈台商投資大陸與兩岸產業分工發展趨勢〉一文指出，2005年台灣的出口外銷接單，由中國大陸台商出貨所佔比重已接近四成，除化學品、塑膠橡膠、精密儀器等少數製造業外，絕大多數製造業外銷接單在中國大陸生產的比重，在1998至2005年間都呈現明顯上升趨勢。然而，台資企業為拓展中國大陸內需市場、提高市場佔有率，「台灣接單，中國大陸生產」的分工模式正逐步為「中國大陸接單、中國大陸生產和中國大陸出口」的新模式取代。

對環境變化掌握非常靈敏的台商，在金融海嘯爆發前，就嗅到中國大陸「世界工廠」的角色，將逐漸轉變為「世界市場」。許多在中國大陸以出口為主導的企業，已經做好內需市場的佈局，除此之外，高科技電子業台資企業也不落人後，諸如奇美、友達等大型LCD面板廠，早在家電、電腦下鄉政策頒布之前，也已把過去只作外銷的模式進行調整。2009年三月份奇美與康佳合作案，就是希望利用地利之便，打進康佳、創維與TLC等要彩電廠的關鍵零組件供應鏈，以擴大戰略合作範圍，打入中國大陸內需市場。

六、1989-2009 台商佈局中國大陸經營本土化變遷

1980年代後期台灣勞工薪資大幅度攀升，企業經營倍感壓力，許多台商為尋求更低廉的生產成本，將生產基地外移至中國大陸。同時，中國大陸沿海地區提出許多優惠的招商政策吸引台商至當地投資，而台商除將廠房遷移至中國大陸，同時將台灣的幹部移師中國大陸協助子公司經營運作。隨著中國大陸改革有成，經濟突飛猛進，專業人才大量增加，廠房內的員工也潛移默化地學習台幹的生產技術與管理技能，再加上中國大陸的薪資水準較台灣低，因此台資企業的管理階層朝向「在地化」轉移，茲將台幹與陸幹比例的轉變過程分為三個時期說明：

1. **台幹移師大陸深植經驗**：台商西進中國大陸投資多年，投資重點由早期生產導向轉為市場導向，產業亦由傳統製造業朝服務貿易業發展，然而近年來中國大陸的教育水準不斷提升，根據台灣教育部統計2008年台灣研究生畢業人數僅6.02萬人，然而中國大陸統計局資料顯示2008年研究所畢業生高達34.50萬人，是台灣的5.73倍，顯示中國大陸高學歷、高知識人才逐漸增加。中國大陸平均薪資較台灣低廉，加上當地員工也習得台幹經年累月的技術與管理知識。台商為成

功打入中國大陸的內需市場，同時為控制人事成本支出，台商早已計畫性地培訓當地人才，使得陸幹對台幹形成某種程度的威脅。

2. **中國大陸專業人才崛起**：台商佈局中國大陸初期，由於中國大陸勞工技術不足，管理知識較為缺乏，台商以管理便捷為考量，因此以台灣母公司直接外派管理階層到當地指導為主。待企業在中國大陸營運逐漸穩定，當地員工素質提升，便開始增加中階層陸幹的比例。這些中階陸幹除了吸收台幹的管理知識，薪資又較台幹低廉，故台商逐漸採用當地人才。2004年許多台資企業與上海復旦大學、南京理工大學等名校簽約培養專業人才；如在中國大陸深耕十多年的統一企業早期是安排台幹於管理階層，2005年開始任用當地陸幹，同年寶成工業在中國大陸投資的裕元企業更執行「台幹精簡方案」，將原本600多人刪減為200多人，因此用人當地化儼然成為台商經營的趨勢。

3. **管理階層轉向偏好陸幹**：近年來台商積極開發內陸市場，陸幹具有熟知當地風土人情與當地社會脈絡之優勢，因此許多台資企業傾向任用中國大陸當地幹部。麗寶建設集團2003年收購「上海康美國際」後，便大量任用當地人才與幹部，台幹比例僅有2％，因此沒有濃厚的台資企業色彩，也比其他台資企業更能快速瞭解當地市場的特性，因此，在金融海嘯的襲擊之下，仍然逆勢成長30％，年營收高達1,500萬人民幣，成功打入中國大陸市場。然而，台資企業中管理階層的陸幹比例有逐年增加的趨勢，但是根據許多案例可發現，陸幹的企業倫理尚有改善空間，如富士康培訓的400多名員工跳槽至比亞迪，並帶走大量技術，反過來造成富士康的威脅，因此台商任用中國大陸幹部須特別謹慎。

七、1989-2009 台商佈局中國大陸經貿糾紛變化

由於語言文化與地理位置的優勢，台灣與中國大陸經貿往來日益頻繁，然而，在商機之中潛藏著危機與陷阱，雙方共事亦容易產生摩擦，且近年中國大陸投資環境與法令變化快速，雙方於觀念與法律認知差異大，造成爭議、勞資糾紛不斷，根據全國商業總會調查（2008）在許多糾紛中尤其以勞資、稅務及智慧財產權等較常產生問題，也反映出台商的經營困境，當然台商若是遇有經貿糾紛，於中國大陸地區可透過當地的台商協會或是台商投訴協調中心處理，亦可循司法途徑向中國國際經濟貿易仲裁委員會申請仲裁，而中國大陸商務部2009年7月28日修訂《台灣同胞投資保護法實施細則》中表示：「台商經貿糾紛可提交兩岸四地或雙方認同的仲裁機構，事後若仲裁不成，除可向中國大陸人民法院提起訴訟外，也可向台灣的法院提起訴訟」。根據財團法人海峽交流基金會調

查（2009）台商於中國大陸的經貿糾紛案件逐年增加，人身安全類已增加至312件，而財產法益類增加至312件，2008年全年合計共542件，是1991年開放台商赴中國大陸投資的41.69倍，下表為歷年台商赴中國大陸投資經貿糾紛變化可說明其增加程度。

表20-3　台商佈局中國大陸20年經貿糾紛變化

| 年份 | 人身安全類 | 財產法益類 | | 合計 | 年份 | 人身安全類 | 財產法益類 | | 合計 |
		台商投訴	中國大陸投訴				台商投訴	中國大陸投訴	
1991	0	13	0	13	2000	51	31	1	83
1992	2	23	0	25	2001	67	36	1	104
1993	17	57	4	78	2002	91	43	1	135
1994	30	40	4	74	2003	107	32	3	142
1995	41	43	14	98	2004	124	27	3	154
1996	36	25	9	70	2005	133	54	5	192
1997	35	22	13	70	2006	197	85	8	290
1998	64	48	15	127	2007	249	42	0	291
1999	58	35	3	96	2008	312	221	9	542

資料來源：財團法人海峽交流基金會（2009）

八、1989-2009 台商佈局中國大陸的區位變化

台灣經濟起飛後，生產成本逐年上升，台商紛紛朝向海外尋覓其他的生產地點，由於交通、經濟、人文等綜合因素，中國大陸成為最受台商青睞的投資地區。回顧台商佈局中國大陸與政策開放進程和工資變化有極大的關聯，台灣自1991年通過《國家統一綱領》後，陸續開放台灣廠商赴中國大陸投資，初期多為傳統產業之台商，因此珠江三角洲為勞力密集產業的聚集區，爾後電子通訊為主的長江三角洲興起，並在蘇州、杭州一帶形成電子產業的群聚。近年來更因為沿海地區工資、土地等生產要素成本逐年上漲，加上西部地區的開放，使得沿海地區台商轉向西進，因此台商投資的區域有所轉變，就投資件數而言，廣東省的投資件數已呈現逐年下降，而海南近十年更是呈現個位數，就投資金額而言，四川與湖北等地區則是逐年攀升。下列兩表即為依照投資件數與投資金額說明台商赴中國大陸投資20年的經濟區位佈局變化。

表20-4　台商佈局中國大陸20年區位變化：投資件數

省　份	1991～2001	2002	2003	2004	2005	2006	2007	2008
江　蘇	5,926	1,207	1,456	639	535	472	417	270
廣　東	8,480	877	1,228	461	314	245	216	152
福　建	3,136	536	522	591	157	155	115	69
河　北	1,726	124	149	72	68	62	64	39
浙　江	1,236	171	215	95	79	52	56	30
山　東	668	40	80	25	34	23	28	20
東北地區	574	31	50	14	6	9	17	6
四　川	378	35	33	23	41	25	15	8
湖　北	421	12	31	14	14	7	10	8
海　南	317	5	11	3	3	1	2	1
湖　南	254	11	11	11	3	2	4	3
廣　西	172	15	19	5	3	4	7	6
河　南	197	10	8	7	4	4	3	6
其他地區	675	42	62	44	36	29	42	25

資料來源：經濟部投審會（2009）、本研究整理

註：湖北包含湖北省、北京、天津；江蘇省包含上海市

表20-5　20年台商投資中國大陸區位之投資金額變化

省　份	1991～2001	2002	2003	2004	2005	2006	2007	2008
江　蘇	7,311.94	3,172.31	3,705.40	3,661.75	3,366.62	3,925.09	5,282.12	5,933.24
廣　東	6,822.77	1,635.09	2,054.48	1,403.08	1,220.18	1,415.18	1,978.46	1,504.60
福　建	1,790.04	749.94	491.78	452.83	398.33	519.94	388.36	808.54
河　北	1,098.08	275.28	291.94	161.87	196.01	301.05	438.89	522.97
浙　江	932.00	511.55	607.72	689.46	484.80	591.00	690.79	611.88
山　東	410.66	64.44	107.85	138.45	109.01	109.25	282.18	157.47
東北地區	282.82	62.11	73.61	46.03	29.46	64.88	120.10	106.16
四　川	267.90	61.35	62.62	99.42	43.75	491.20	107.85	199.96
湖　北	203.16	14.79	98.20	115.75	39.44	30.70	160.74	202.56
海　南	129.03	6.26	16.61	3.02	2.85	2.75	1.67	1.78
湖　南	125.66	12.62	10.58	19.18	12.04	2.07	52.97	58.71
廣　西	44.70	53.74	39.08	24.45	4.47	46.96	115.24	110.06
河　南	39.63	11.77	19.26	17.26	10.91	2.23	11.30	38.01
其他地區	428.33	91.82	119.67	108.12	89.09	140.04	337.29	288.87

資料來源：經濟部投審會、本研究整理

註：湖北包含湖北省、北京、天津；江蘇省包含上海市；單位：百萬美元

九、1989-2009 台商佈局中國大陸的佈局策略變化

中國大陸新政策與經濟環境的變化，改變台商傳統的中國大陸投資與經營模式，也改變投資的區域佈局策略與規劃。在新的形勢之下，台商除了考量廉價資源取得與低環保標準來尋找新投資地點外，台商新的佈局策略，更著重在配合中國大陸各地區的產業政策與投資優惠措施，因而開啟新一輪的佈局策略規劃。如中西部地區、出口加工區及保稅區等可享一定的稅收優惠，加上新開發的中西部與東北工業區資源優勢明顯，勞動成本低，吸引台商向中西部、東北與特殊免稅區多點佈局。海基會台商財經法律顧問李孟洲（2008）表示：「由於投資環境變化愈來愈快，台商未來最好採『分散佈局』策略，避免將所有資源投入同一個地方。如總部在長三角，研發設計與試產基地在台灣，分廠在越南或江西，內銷中心在武漢或成都」。

富士康1988年在深圳龍華科技園區落腳後，陸續在深圳的西鄉、黃田、觀瀾、福永、沙井等地進行佈局，為了取得更優的生產要素並分散投資風險，90年代中期將總部從深圳遷徙至蘇州昆山，發展至今，在華南、華東、華中、華北、東北等地區創建20座科技園，富士康也已完成單一據點轉變為多點佈局之策略。同樣的佈局策略轉變模式也發生在台達電子，台達電在1992年率先進入廣東省東莞，成立台達電首座中國大陸的製造基地。台達電子集團中國區執行副總裁廖慶龍（2009）表示：「台達電目前的佈局策略可用『南呼北應』來形容，就是以珠三角的東莞廠認養湖南郴州廠、長三角的吳江廠認養安徽蕪湖廠，用『母雞帶小雞』的方式，將人員、資源、技術與產品，從母廠延伸到新廠，希望以最快的速度，完成台達電中國大陸最強的生產後盾」。由此看來，台達電在中國大陸的佈局，已從最早的單一東莞生產基地發展成四大生產重鎮的完整佈局。

台商佈局策略的轉變不僅發生在中國大陸各省份，近年來，多點佈局策略已由中國大陸向世界各地延伸，電電公會副總幹事羅懷家（2008）表示：「中國大陸新政策實施，促使台商必須建立第二個出口基地、加速全球佈局腳步，例如緯創到蘇比克灣、仁寶到越南，就是應外國客戶要求，分散在中國大陸的風險」。

十、1989-2009 台商協會變化

台商協會透過許多活動建立台商交流的平台、協調投資糾紛，亦提供該地投資訊息與相關法令，因此許多台商側重的投資地點皆紛紛成立台商協會。而1990年成立的北京台商協會，為中國大陸最先成立的台商協會，同年深圳台商協會與

花都台商協會相繼成立，然而於1991年至1995年之間，是台商協會成立最快速的時期，五年內共設立35間，此數據除了說明台商的群聚力量強大之外，也瞭解當時產業的外移台商仍是以中國大陸為主，才有如此多的協會相繼設立，而以地區而言，累計至2009年8月為止，華中地區台商協會數目最多，共計有46個，而華南地區次之，共計有27個，在西南與西北地區，蘭州台商協會與重慶台商協會皆於1994年成立，但是因為初期政策皆以沿海為重心，因此中國大陸西半部的投資較為缺乏，台商協會也較少。累計至目前為止，台商協會共109間，而各協會於政府持續為維護台商權益繼續努力著，希望給予台商最完善的投資環境，下表為每五年台商協會數目的變化。

表20-6　台商協會20年個數變化一覽表

地區	1990年	1991～1995	1996～2000	2001～2005	2006迄今	總計
華南	0	16	4	6	1	27
華中	0	6	12	20	8	46
華北	1	5	5	4	1	16
東北	2	2	1	3	2	10
西北	0	1	0	0	0	1
西南	0	5	0	1	3	9
總計	3	35	22	34	15	109

資料來源：本研究整理

　　從上述台商佈局十大變化，可發現這二十幾年來，台商在中國大陸發展的脈絡與轉變，各地區的台商協會會長見證著這些年來，台商在中國大陸投資佈局的軌跡與趨勢，茲將各台商會長的看法歸納為下列五大趨勢：

　　1. **地理區位轉移趨勢**：台商對中國大陸投資區位變化，總體而言是呈現從南向北、從東向西、從沿海向內地的逐漸轉移過程。二十世紀80年代至90年代中期，廣東沿海一帶是台商早期在中國大陸主要的佈局地區，到了90年代後期，台商佈局重心轉向以上海為中心的長三角經濟區，近幾年，台商投資地點從過去偏愛的珠三角地區轉移至長三角地區，往北擴展到環渤海地區，再往大西部內陸區發展。台商佈局的足跡，逐步由東南沿海往北，再中西部地區滲透，以形成點、線、面交織的全方位佈局。青島市台商協會榮譽會長朱瑜明（2006）表示：「近年來，由南方北移山東的台商數目確實增加不少，包括昆山、深圳、上海一帶都有不少台商北上瞭解山東的投資環境。欲進駐山東的台商多半是打算進軍中國大陸內銷市場，看中山東良好的地理位置與環境」。

2. **外銷轉向內需趨勢**：過去，台商將中國大陸視為代工製造的基地，紛紛透過三來一補方式至中國大陸投資，以不斷拓展台商的外銷版圖。自2008年開始，中國大陸政府採取一連串政策，包括取消或降低出口退稅、增加土地稅及推行新勞動合同法等，使台商增加不少生產成本，台商在面對如此嚴峻的壓力之下，不得不思索轉型升級策略。各地區的台商會會長也觀察到台商隨著大環境的改變而轉變的趨勢，中山市台商投資企業協會副會長吳金土（2008）表示：「開拓中國大陸內需市場已成為大趨勢，原本中山市約有60％至70％的台商為出口導向型，如今多數台商已把出口部分轉為內銷」；珠海市台商投資企業協會會長楊永祥（2008）表示：「為因應中國大陸新實施的法令，當地台商的因應之道，就是轉為內銷或朝高科技方向發展」；廣州市台資企業協會會長程豐原（2008）說：「因應中國大陸投資環境的變遷，當地早已有台商轉做內銷，但外銷問題還是需要解決。在當前的困境下，做外銷的台資企業是無法不走的，除非是技術很高；但做內銷的話，還是要到中國大陸來」；前東莞台商會長、台升傢俱董事長郭山輝（2009）表示：「在美國已有兩個知名品牌與通路，且過去二十年來，台升傢俱的木製傢俱在美國市場創下極佳的業績，然而若想使獲利與營收再突破，台升非得進軍中國大陸內需市場不可」；現任廣州台商協會會長的嘉豐窗簾董事長程豐原，原本的客群集中在歐美市場，七年前，程董事長就發現出口市場已大不如前，許多企業開始採取割喉策略，導致利潤大幅下滑，在環境所逼下，不得轉向內需市場發展。而台商也早已看準中國大陸廣大的內需市場商機，紛紛做好內需市場的佈局策略，設廠於昆山的巨大工業，十多年前成立時的主力是放在出口業務，但隨著中國大陸經濟突飛猛進，捷安特早已在做好中國大陸高檔自行車市場的完善佈局，如今已成為一個典型的內需型台資企業；在新加坡上市的中國大陸知名台資糖果廠商-徐福記，能達到一年30億人民幣的業績，董事長徐乘（2009）認為：「最重要的是全力佈局中國大陸內銷通路、打品牌，才有今天的成績」。

3. **傳產轉向高科技趨勢**：由於中國大陸勞動力成本低廉及原料豐富的優勢，對台灣勞動密集型產業非常具有吸引力。因而，早期到中國大陸投資的台商，主要是以傳統加工行業為主，如食品、紡織、玩具、塑膠、鞋類、五金等。這些在台灣早已優勢不再的夕陽產業，轉移到中國大陸主要是運用其廉價的勞工、土地和資源，從事三來一補的代工生產，將台灣生產的零組件或半成品加以組裝與製造，再外銷到世界各地。2000年下半年之後，台商投資中國大陸的格局漸漸出現新的變化，技術密集和資本密集的電子、資訊等高科技產業逐漸開始取代傳統的

生產、加工和製造等勞動密集產業。廈門大學台灣研究院教授李非（2006）：「台商對中國大陸投資中、高科技製造業的投資比重逐漸上升，提高了投資產業產品的技術含量」。同時，台商在中國大陸也造就了幾個世界級的高科技生產重鎮，如珠三角經濟區中廣東省東莞的世界電腦零部件製造業中心、長三角經濟區中全球最重要的筆記型電腦生產基地等，其中知名企業包括：宏碁、仁寶、華宇、華碩、鴻海、大眾等台資電子企業，在江蘇沿江投資高科技產業；華映、友達及瀚宇彩晶等TFT/LCD產業也在長江三角洲投資。2007年台商對中國大陸總投資額中，電子電器產業投資額已超過總投資額一半以上，其他產業所占比重均在6％以下，而2008年電子電器產業投資額則是佔45.84％，這表示台商在中國大陸投資的產業已由傳統代工製造轉向以高新技術為主的產業。從事紡織業的福州台資企業協會榮譽會長許俊達（2007）接受美國之音訪問時表示：「中國大陸招商的趨勢改以高科技或者低污染的產業為主」。故二高一資的產業已不再受到中國大陸歡迎，廈門市台協常務副會長羅憲德（2008）表示：「中國大陸新的稅法向高科技行業傾斜，軟體、動漫、資訊等產業享受15％的優惠稅率，因此，新稅法將促使從事傳統產業的台商轉向高科技產業，並加快其升級、轉型。不少台商開始重視在傳統生產中加入高科技元素，或者轉行做高科技產業」。

　　4. 單打獨鬥轉變為群聚趨勢：台商西進中國大陸早期，大多以實力與資金較薄弱的中小企業為主，這些台商獨來獨往、規模有限、形態單一。如今，台商西進中國大陸已由中小企業主導轉變為大型企業引導，許多台灣上市、上櫃的知名企業競相到中國大陸投資設廠後，這對台灣企業界產生很大的影響。龍頭企業引領大批相關配套廠商紛紛西進，西進台商形成「龍頭帶配套」、「配套引龍頭」的投資趨勢，這正是所謂的「磁吸效應」。這些上下游企業逐漸在該地區形成完整的產業供應鏈體系與產業群聚，合作方式也從單純的委託加工轉變為「中衛體系」的合作模式。近年來中國大陸為了擺脫「世界工廠」的宿命，積極促進產業升級，同時諸多稅法也正進行大刀闊斧的改革，在這樣變化快速的環境之下，對台商而言，必然形成龐大的壓力與挑戰，北京台商協會長林清發（2009）認為：「在大環境如此低迷的情況下，台商應該避免單打獨鬥，要發揮靈活吃苦耐勞的特性，集中力量有組織有計劃的進行佈局和推廣，才可獲得一線生機」。2009年4月3日由經濟部主辦，安侯企業管理股份有限公司（KPMG）執行之「2009台商投資台灣高峰會」上，台灣花旗董事長杜英宗表示：「台商要整合產業力量，不要單打獨鬥，應從組織或整合上下游產業，聯合產業進軍中國大陸市場」。台商已從「單打獨鬥」模式轉變成「產業鏈群聚」模式，也正在

謀求以「團結合作」方式凝聚力量，羅馬瓷磚董事長、蘇州台商協會會長的黃維祝（2009）表示：「目前中國大陸台商需要的不是『競爭力』，而是『生存力』；比的不是『財務調度能力』，而是『充分的財務支撐能力』，尤其台商以中小企業居多，過去靠著自己的力量單打獨鬥，未來則必須整合各方資源，才能發揮最大的力量」。

5. **投資國別轉移趨勢**：2008年初中國大陸不斷緊縮出口政策，出口型台商在利潤被擠壓的情況之下，出現大批的撤離潮或是倒閉潮，部分的台商透過轉型升級來因應大環境的變化，部分台商則是改變「中國唯一」策略轉變為「中國加一」策略，而距離中國大陸不遠的越南，便成為台商轉移的投資熱土。隨著中國大陸製造成本不斷升高，許多勞力密集、低成本導向的中國大陸台商醞釀著轉移投資基地。深圳台商協會副會長賴志明（2007）表示：「企業會選擇出走海外，原因有很多，除了中國大陸調降出口退稅政策外，美國等其他國家對中國大陸課徵高額的反傾銷稅也是造成台商轉移投資基地至海外的重要因素」。過去台商都是獨來獨往，這次從中國大陸轉移至他國的台商，則是將整條產業鏈轉移，廣州台商協會會長吳振昌（2006）表示：「台資企業在『第二次的外移經驗』當中，不會再像過去單打獨鬥，而是以產業鏈、產業群聚的模式共同找尋第二投資地，並擴大投資規模，可能在珠江投資兩、三年的規模，在越南或印度等地區，一次投資就到位了」。越南台灣商會台北辦事處邱垂祺主任（2008）表示：「台商最早登陸的珠江三角地區，從1998年起，已有不少企業向越南遷徙，尤其是製鞋、傢俱與成衣等輕工業，估計轉向越南的台商達4,000家左右。如今，越南已成為台商海外開拓的重要據點，台商對越南的投資僅次於中國大陸」。

第**21**章 中國大陸法規環境變遷專文

專文一：大陸經濟改革與重要法律規範的演進

　　中國大陸的經濟改革開放已有30年的時間，回溯其起源是於1978年12月所召開的「中國共產黨第十一屆中央委員會第三次全體會議」，該會議所通過的公報中有一段重要內容，即「……全黨工作的著重點應該從1979年轉移到社會主義現代化建設上來。……實現四個現代化，要求大幅度地提高生產力，也就是必然要求多方面地改變同生產力發展不適應的生產關係和上層建築，改變一切不適應的管理方式、活動方式和思想方式，因而是一場廣泛深刻的革命。……採取一系列新的重大的經濟措施，對經濟管理體制和經營管理方法著手認真的改革，在自力更生的基礎上積極發展同世界各國平等互利的經濟合作，努力採用世界先進技術和先進設備，並大力加強實現現代化所必須的科學和教育工作。……」；也正因為有了這樣一份會議公報作為中國經濟改革開放的基石，也才會有台商西進中國大陸，參與大陸的經濟建設。中國大陸的經濟改革，須法律配合，特說明其三十年來法律改革的過程。基於三資企業法、物權法、合同法及勞動法與大陸台商關係尤為密切，特以之為例，進行探討。

一、三資企業法與公司法

　　中國大陸的改革開放過程中「引進外資」是一項重點工作，最早大陸在東南沿海省份，依靠地利之便大量採用「三來一補」的方式，就是「來料加工、來產加工、來件裝配及補償貿易」，利用廉價的勞動力及土地廠房優惠，由外商掌握海外訂單及海外原材料也即所謂「兩頭在外」方式，大陸企業負責生產賺取加工費及其中的生產技術，而中國大陸政府也在其中慢慢累積「外匯」。只是單純的三來一補方式並不能算是真正的引進外資，所以大陸在1979年第五屆全國人民代

表大會通過了大陸地區第一部的《中外合資經營企業法》，雖然僅有短短的十五條條文。從現在的角度看來，該部法律確有其不合理之處，例如：不論外方投資的比例是否超過中方，「董事長」一律由中方合營者擔任。而且因為第一次制定外資法律所以條款都是極為原則性的規定，直到1983年中國大陸國務院才制定了《中外合資經營企業法實施條例》，該條例共計118條，詳細補充了《中外合資經營企業法》的不足，也為大陸地區引進外資成立合資企業確定了法律基礎。此後外資陸續進入大陸地區，原《中外合資經營企業法》中外資投資的比例僅規定了下限，也就是「外國合營者的投資比例一般不低於25％」，但法規中沒有上限的要求，如果外資想成立百分之百完全由外資出資的外資企業是否可行？又成為大陸引進外資的新問題。至1986年大陸全國人大又制定了由外資100％出資的《外資企業法》並於1990年制定《外資企業法實施細則》成立另一種新型外資企業的法律依據。外資進入大陸地區投資如果要求找一合資夥伴且中外雙方必須「共同投資、共同經營、共擔風險、共用利潤」的緊密型合營有時確有困難，但如果成立完全的外資獨資企業，就外商人生地不熟的對於市場開拓又有一定的風險，所以中外雙方有點黏又不太黏的合作方式又有了新創舉，1988年大陸全國人大又制定了《中外合作經營企業法》，並於1995年推出《中外合作經營企業法實施細則》作為配套法規，至此大陸地區的外資企業法規已基本成型（當然還有一部分「外商投資股份有限公司」的相關規定，但因這類公司數量較少，故本文暫不論述）。在90年代初與大陸地區原有的國有企業、集體企業、私營企業都成為大陸地區改革開放下經濟的組成部分，對中國大陸經濟產生了較大的貢獻。

進入90年代中國大陸經濟改革進入了發展困難時期，針對國有企業的改革更是遇到極大阻力，在法律上1993年制定了《公司法》作為國有企業公司制改造的法律依據，但也正因為在此一背景之下，舊《公司法》出現了空白授權性條款較多，帶有較重的行政管制手段，而公司自治的內容被壓縮，且缺乏公司治理的機制設計。「三資企業法」與《公司法》成了兩條平行線，彼此規範不同資金來源的公司，亦即一般所稱呼的「雙軌制管理模式」，連在中國大陸各地的工商局都分別設立「外資科」、「內資科」，並各自為政。隨著外資企業在中國大陸不斷深入，且中國大陸入世後必須全面實施「國民待遇」，這對公司企業管理雙頭馬車作法也越來越不合時宜，故於2006年修改實施新的《公司法》，將舊《公司法》共229條條文刪除其中的46條條文，並新增41條條文，修改的條文高達137條，所以雖名為修改，實質上已可謂重新立法；但如此一來又產生一個新的法律問題，即《公司法》與「三資企業法」要如何銜接？在新的普通法與舊的特別法

發生衝突時，如何適用的問題？為此大陸的國家工商行政管理總局、商務部、海關總署、國家外匯管理局於2006年4月24日聯合發佈《關於外商投資的公司審批登記管理法律適用若干問題的執行意見》作為彼此銜接適用的依據。

二、物權法和土地使用權之關係

外商到中國大陸地區投資不論是設立工廠或開公司都一定離不開使用「土地」，在大陸《憲法》的內容中，土地是屬於「國家所有」或「集體所有」，台商到中國大陸地區除了合資辦企業辦工廠由中方提供土地廠房外，台商如何取得使用土地的合法權益就成為一個法律重點。經過幾年的探索，中國大陸於1988年利用《憲法》修正案，規定土地的使用權可以依照法律的規定轉讓，從《憲法》這一根本大法上承認國家所擁有的土地所有權，其上可以依照法律規定設立國有土地使用權，而這一土地使用權是可以加以流轉的，因此有關土地使用權的法律規範就有建立一個較完整的法律體系的必要。

但是這一法律體系雖看似完整，可都是建立在經濟管理的基礎上，基本上都是中國大陸地區部門法之一經濟法的範圍內，這有一關鍵問題，就是在中國大陸地區購置房產，實質上是購置了房屋的所有權和相應的土地使用權。而土地使用權是一種有期限的使用土地權利，如果一旦使用權到期可是房屋還能繼續使用，這時房屋所有權人不續辦土地使用的手續或不再繳一次「土地出讓金」取得新的使用權，是否構成無權佔有而面臨拆屋還地的後果？對於中國大陸民眾自有住宅比例越來越高的情形，有必要在民事法律體系加以明確，故中國大陸於2007年通過並於同年10月1日施行《物權法》明確了「建築物區分所有權」及「住宅的建設用地使用權期間屆滿的，自動續期」等相關條款，基本落實了保障人民私有財產權利的法律依據。

三、《合同法》取代《經濟合同法》、《涉外經濟合同法》及《技術合同法》，統一了流通領域的法律規範

市場經濟就會需要商品的流通，商品流通就會有交易行為，規範商品交易靠的是雙方的合同約定，所以合同的法律規範極為重要。中國大陸地區分別於1982、1985、1987年先後實施了《經濟合同法》、《涉外經濟合同法》、《技術合同法》，對保護合同當事人雙方權益，促進商品經濟的發展發揮重要的作用；但這三部法律畢竟是在計劃經濟體制背景下制定的，仍然帶有指令性計劃的色彩，與日後想要推動的社會主義市場經濟有較大的矛盾，且以人為方式割裂

合同為：涉外、國內、技術三種類型，因此在1999年制定並自同年10月1日起施行《合同法》同步廢止了《經濟合同法》、《涉外經濟合同法》及《技術合同法》，結束了合同三足鼎立適用法律的困擾，這也符合日後中國大陸入世後法律制定統一適用不再區分內國人或外國人的趨勢。

四、勞動法律體系愈趨嚴苛

外商到中國大陸地區投資一定會聘請到中國大陸籍員工，原先有許多外商因為中國大陸工資整體水平較低，用人時不加管理大進大出難免有許多勞動糾紛產生，但因為每件糾紛的數額並不大，很難引起投資者的重視，所以也就未能建立起一套完整的人事管理制度。大陸地區自1995年1月1日施行《勞動法》對於勞資關係進入了法治時代，2008年1月1日生效之《勞動合同法》引起了中國大陸內外極大的關注，其實大陸地區是實施社會主義的國家，對於廣大勞動群眾的權益還是很重視，整理相關勞動法規有如下重要依據：

1. **關於休息休假工作時間：**（1）《國務院關於職工工作時間的規定》；（2）《國務院關於職工工作時間的規定》的實施辦法；（3）勞動部關於企業實行不定時工作制和綜合計算工時工作制的審批辦法；（4）職工帶薪年休假條例；（5）企業職工帶薪年休假實施辦法

2. **關於《勞動法》本身解釋：**（1）關於印發《違反和解除勞動合同的經濟補償辦法》的通知；（2）《勞動法》若干條文的說明；（3）《勞動法》若干問題的意見；（4）關於工資總額組成的規定；（5）企業職工培訓規定

3. **關於勞動合同：**（1）《勞動合同法》；（2）《勞動合同法實施條例》

4. **關於裁員：**企業經濟性裁減人員規定

5. **關於工傷：**工傷保險條例

6. **關於爭議解決：**（1）勞動爭議調整仲裁法；（2）勞動人事爭議仲裁辦案規則

以上只是就有關規定簡單列舉，由此可知在勞動方面，大陸地區法律規範相當複雜，台商在中國大陸地區用工時，還是應該注意相關規定，以免觸法。

五、台商除法律之外，也須重視「司法解釋」的效力

在說明完以上相關法律的制訂及修改演變過程後，研究大陸地區法律規定時千萬別忽視「司法解釋」的重要性，為說明司法解釋的重要性，筆者特別舉出兩個例子供中國大陸台商參考：

案例一：在廣告宣傳或明星代言藥品時，如果廣告公司或明星本人是明知或應當知道所代言或宣傳的產品是假藥時，而且消費者購買服用後產生輕傷以上的傷害，有可能會被以涉嫌《刑法》第141條生產銷售假藥罪的共犯而面臨刑事責任的訴追。司法機關處理的依據是依2009年5月27日施行的《最高人民法院、最高人民檢察院關於辦理生產、銷售假藥、劣藥刑事案件具體應用法律若干問題的解釋》第五條的規定。

　　案例二：合同雙方當事人因履行租賃合同產生爭議，房東遇上房客不按約定支付租金，房客主張因房東不按約定修繕房屋，使房客無法正常使用租賃房屋，雙方產生爭議，此時房東依中國大陸《合同法》第96條向房客行使解除權，房客不同意房東的看法，且未即時向法院或仲裁機構請求確認解除之效力，雙方雖在協商歷經四個月，仍無法協商出結果，房客乃向法院主張確認解除不生效力，雙方仍存在租賃合同關係，房客是有權使用租賃房屋，而不是無權佔有。就該案件，法院可能不會支持房客的主張。因為法院是認為其提起訴訟的時間超過行使解除權後「三個月」，其法律的依據是2009年5月13日施行的中國大陸《最高人民法院關於適用合同法若干問題的解釋（二）》第24條的規定。

　　由以上兩個案例可知，司法解釋不但會發生擴大《刑法》的適用範圍，而且也會限制民事權利的行使，所以司法解釋的效力不可謂之不大。當然司法解釋的效力在大陸地區的理論及實務界也是有爭議的。

　　其實依照大陸《憲法》第67條：全國人大常委會行使下列職權：「（四）解釋法律及《立法法》第42條：「法律解釋權屬於全國人民代表大會常務委員會。」所以，法律解釋權應該在全國人大常委會。至於大陸最高法院解釋法津的依據，為《人民法院組織法》第32條，即：最高人民法院對於在審判過程中如何具體應用法律、法令的問題，進行解釋。及1981年《全國人民代表大會常務委員會關於加強法律解釋工作的決議》：「二、凡屬於法院審判工作中具體應用法律、法令的問題，由最高人民法院進行解釋。凡屬於檢察院檢察工作中具體應用法律、法令的問題，由最高人民檢察院進行解釋。最高人民法院和最高人民檢察院的解釋如果有原則性的分歧，報請全國人民代表大會常務委員會解釋或決定。」而大陸最高人民檢察院解釋法律的依據就是1981年《全國人民代表大會常務委員會關於加強法律解釋工作的決議》。其實細究起來大陸最高人民法院的司法解釋的範圍是有一定限制的，必須在（1）審判過程中針對個案；（2）具體應用法律才有解釋權，不過目前在實務上大大超出上述限制。

六、結語

由以上說明，可知中國大陸經濟改革開放，經濟發展的變化極大，其相關的法律規範也出現極大的變遷，特做上述說明，俾便大陸台商回顧與理解。

（此專文一內容由永然聯合法律事務所所長李永然律師及上海永然投資諮詢公司蔡世明總經理撰寫，並獲其慨然同意，為本報告增色。）

專文二：台商外銷轉內銷的做法及需克服的八大關鍵問題

近兩年來，外銷轉內銷一直是外銷型台商的一個熱門話題。許多台商紛紛由外銷轉內銷，然而在一片外銷轉內銷的大潮中卻是幾家歡樂幾家愁。從2007年底到2009年初，成功的企業有之，受到挫折的也不少，總的來說轉型內銷的企業大多經營得很辛苦。

如何成功由外銷轉型內銷是許多外銷型台商共同的願望及目標。筆者以近年來在大陸輔導多家台商由外銷轉型內銷的實務經驗，提出外銷轉內銷需克服的八大關鍵問題，與台商分享並供台商借鑑參考。

一、分析「外銷轉內銷」失敗的原因

越來越多的台商開始由外銷轉內銷，但是成功的台商卻寥寥無幾，即使目前台面上成功經營內銷市場的台商，一開始前幾年也不成功，大多數是在實戰中摸索花了許多學費才有今天的成就。但一般人只看到他們成功的一面，卻不知道他們一開始失敗及痛苦的一面，而這才是轉型內銷的台商應該學習及掌握的關鍵。否則在別人身上發生的事情，一樣會重蹈覆轍，浪費許多寶貴的時間及花費冤枉的學費。布袋戲裡有一句話：『別人的失敗就是我的快樂』，這句話若改成『別人的失敗就是我成功的借鑑』，將很適合外銷轉內銷的台商思考。外銷轉內銷失敗的原因可以歸納成以下七項：輕視內銷的複雜性、困難度，以外銷的成功模式及經驗照套到內銷市場，沒有從頭學起，沒有多與同業及異業交流，了解經營內銷成功及失敗的經驗，沒有吸取經驗教訓。

欠缺懂得該行業的內銷人才，公司內部雖有一批懂得產品的人才，但大多是生產外銷產品的人才，欠缺了解大陸國內消費者對產品的偏好，以致無法設計、生產適合大陸國內消費者偏好的產品。欠缺了解大陸消費者偏好及內銷產品設計的產品企劃人才。欠缺通路，不知到哪裡尋找通路，自行建立通路成本又太高，以致遲遲無法將產品推廣到市場上。資金不足，由於大陸區域太大，投入品牌及

通路的成本太高，以致企業深陷泥沼，一旦停止，無法再投入資金，將白忙一場。經營模式仍沿用外銷的模式，從經營理念、經營態度、經營方法、經營思路等都沒有轉變為內銷的模式。欠缺內銷運作的管理體系、運作制度、內控制度及激勵制度。

二、借鑑其他企業「外銷轉內銷」的成功經驗

目前在大陸從事內銷較知名及成功的台資企業及民營企業，大多數是由外銷轉內銷而成為知名品牌的。例如：寶成、特步、安踏、達芙尼、英派斯、石頭記、Tony Wear等。他們之所以能夠成功，關鍵在於比其他2008年才開始嘗試大陸內銷市場的企業覺醒得較早。他們敢於嘗試，敢於投入，能夠堅持，所以取得較好的成績。而2008年才開始進入大陸內銷市場的企業則普遍舉步艱難，轉型得很辛苦。

分析成功由外銷轉內銷的企業可以發現，這些企業大多在以下各方面做得比較到位及執行的比較徹底：

1. 能夠認識到由外銷轉內銷是企業戰略定位的轉變和再創業的過程；是從無品牌到自創品牌的過程；是由大客戶的、大訂單的運營模式，轉變為零散消費者、精細化的營銷模式；是企業的核心能力由製造、成本控制、產能、品質等優勢轉向品牌、營銷、產品等優勢的轉變。

2. 企業具有明確的內銷營運目標與策略規劃、堅定轉型內銷的意志力、創業的激情與心態，以及決策者御駕親征並打造全新的內銷團隊。

3. 企業不僅關注現在擁有什麼樣的資源和能力，更關注內銷成功需要什麼樣的資源及能力，以及如何有效整合資源的能力。

4. 轉型內銷兼具短期及長期效益，既考慮到內銷事業是必須長期才能看出效益的，同時也要求在短期內必須達到一定的目標，使企業在長期品牌建設和短期銷售效益之間取得一定的平衡。內銷事業發展與品牌建設是一場馬拉松賽跑，而不是100米競賽，品牌只有在終端消費者發揮影響力，才能得到消費者的認同與選擇。若僅僅看到成本的投入，但無法看到在短期內的效益，因而影響到對品牌投資的勇氣，則成功轉型內銷的機率很低。

三、掌握外銷與內銷經營模式的差異

從事外銷與經營內銷市場在本質上有很大的根本差異。表21-1是外銷與內銷經營模式的差異分析。

表21-1　外銷與內銷經營模式的差異分析

外銷企業	內銷企業
1. 外銷以「客戶＋訂單＋生產」的單一貿易交易方式。 2. 企業按照客戶訂單的要求進行打版、生產、交貨。 3. 核心能力聚焦在原料採購、生產加工、交其管控、出貨管理。 4. 整體操作對費用、團隊、策略要求不高。 5. 管理相對較為粗放簡單。	1. 內銷以「市場需求＋產品組合＋通路網路＋品牌打造＋團隊執行」的系統營運。 2. 直接面對市場多變的消費群體、消費結構、經銷代理。 3. 核心能力聚焦在合適的適銷產品、差異化的產品風格、通路掌控與品牌運作。 4. 整體對企業來講是一個多層面、較為精細的系統化操作。

四、思考外銷企業的優劣勢

　　做外銷成功的，轉型做內銷不一定成功，外銷擁有的優勢不一定對內銷有太大幫助。因此，外銷企業應做好知己知彼的分析，才能對症下藥。表21-2是外銷企業的優劣勢分析。

表21-2　外銷企業的優劣勢分析

外銷企業的劣勢	外銷企業的優勢
1. 無內銷品牌 2. 無內銷通路 3. 無內銷團隊 4. 無內銷經驗 5. 無內銷研發團隊 6. 無內銷管理體系 7. 不瞭解內銷消費者 8. 不瞭解內銷市場	1. 穩定的製造能力 2. 穩定的品質管制體系 3. 快速反應能力 4. 客戶服務經驗和理念 5. 具有良好的銀行信用、供應商或供應鏈體系 6. 良好的成本控管能力 7. 大量採購及大量生產的能力

五、做好外銷轉型內銷的評估

　　台商欲從外銷轉型內銷，應做好孫子兵法「五事原則」的評估。這五件事是「道、天、地、將、法」。亦即需從經營理念、經營模式、時機掌握、企業資源分析、人才及管理系統、管理制度等做好評估。表21-3是台商由外銷轉內銷評估檢核表。

表21-3　台商外銷轉內銷評估檢核表

項次	外銷轉內銷自我評估項目	評估結果
1	心態是否已調整好？不要用做外銷的心態來做內銷。	
2	觀念是否正確？不要用做外銷的想法來做內銷。	
3	準備是否充足？內銷團隊有無？經銷團隊及通路有無？	
4	經驗是否具備？如何縮短內銷經驗的學習曲線？如何借鑑他人成功及失敗的經驗呢？	
5	戰略是否適合？行銷戰略、行銷戰術、行銷企畫是否符合內銷的需求呢？	
6	營運模式有無偏差？是否已從外銷的營運模式調整為內銷的營運模式？	
7	產品是否適銷？是否適合內銷？是否有差異化優勢？	
8	品牌是否有知名度？若無品牌如何切入市場呢？	
9	人才是否缺乏？原有外銷人才如何訓練成內銷人才？	
10	通路是否規劃好？專賣店？直營店？特許加盟店？經銷商？總代理？分公司？	
11	體制是否有約束？來料加工廠及保稅加工廠如何克服內銷繳稅的問題及海關監管的問題？	
12	機制是否受限制？內銷的管理制度、內控制度及激勵制度是否重新建立？	

六、外銷轉內銷需克服的八大關鍵問題

　　外銷轉內銷需克服以下八大關鍵問題：第一，如何由無品牌到自創品牌。第二，如何由外行變內行，外銷企業對內銷市場不瞭解，沒有關注消費者的需求。第三，如何由無通路到全方位通路，建議台商先有通路再打品牌。第四，如何由無團隊到建立行銷團隊及經銷商隊伍。第五，如何由外銷模式轉變成內銷模式，包括商業模式、獲利模式、管控與營運模式需根本轉變。第六，如何由外銷大客戶粗放型的行銷模式轉變為內銷零散型客戶精細化管理的行銷模式。第七，如何由外銷型企業核心能力轉變為內銷型核心競爭力，由製造優勢、成本優勢、產能優勢、品質優勢、技術優勢等向品牌優勢、行銷優勢、研發優勢轉變。第八，如何由區域市場到全國市場。

七、外銷成功轉型內銷三步曲

　　雖然大陸國內市場巨大，前景看好，但是，對於習慣於按訂單生產的出口台商來說，要做內銷，就面臨著許多的難題，台商如何由外銷轉內銷呢？筆者認為

台商想要成功「贏銷大陸市場」，必須分三步走：

第一步：做好市場調查，知己知彼，百戰不殆！

對於台商來說，最重要的就是謙卑補課，歸零從頭學起。由於對大陸國內市場、消費者、競品等都缺少足夠的瞭解和認知，就無法發現自己產品的優劣勢和切入市場的機會點，形成盲人摸象的盲目狀態，這就需要台商制訂完善的內銷市場調查計畫，深入目標市場中尋找產品贏銷的「市場機會點」。

第二步：找對產品市場切入點，一擊致勝！

對目標市場有了充分的瞭解和認知之後，就要確定產品的市場切入點，主要包括兩個方面：一是產品宣傳推廣的切入點，要確立差異化的產品定位、產品訴求對象及建立在此基礎上的產品包裝、價格等；二是產品行銷的切入點，包括產品行銷通路的選擇和產品行銷區域市場的選擇。

第三步：找對經銷團隊

找到產品切入市場的機會點後，就需要找對經銷團隊。一是招募及建立內銷經營團隊，台商需要加速建立一支對目標市場有充分瞭解和熟悉產品運作經驗的行銷團隊，既能在幕後行銷企劃，又能上第一線帶兵打戰，並在此一基礎上建立完善有效的營銷管理制度。二是招商建通路，對於台商來說，自建通路往往是一種「費錢費人又費時」的高風險選擇，在產品運作之初，最好是通過經銷商的終端網路資源實現產品鋪貨，以最快的速度提升產品的終端覆蓋率。但是，招商本身又是一個系統工程，如何取得經銷商的信任和信心？如何有效的提高經銷商的積極性及做好對經銷商的管控？對於台商來說，都是很大的挑戰。

八、外銷轉內銷的成功營運模式

在外銷轉內銷的大熱潮中，台商不應盲目的追隨，應結合本身的資源來選擇切入內銷的路徑及方法，因為外銷轉內銷並非是簡單意義上的市場轉移，而是企業選擇持久發展的一次戰略轉型、升級與再造，這種轉型將與企業本身的資源及能力相匹配，故台商應從四個層面細分來做選擇，否則有可能在轉型中遭遇失敗與風險。

1. **戰略定位的選擇**：從外銷企業的資源來講，如何由外銷養內銷？如何『八分外銷二分內銷』的兩條腿策略（內外銷並重）比一條腿（單純的外銷或內銷）更穩定。也就是外銷、內銷兩手都抓，最大化的提升工廠的生產能力、降低運營成本、通過外銷滿足費用、通過內銷開拓新市場，來贏得附加利潤，長短結合，優勢互補。

2. **行業品類的切入**：結合現有外銷品類的市場發展週期、潛力前景與企業生產能力相結合，但不一定僅僅侷限於原有外銷企業的品類做內銷，也可以將原有外銷企業的品類經過局部設計改良成為內銷暢銷的品類，但這種選擇一定是基於市場調查及市場潛力的細分，才能夠成功。

3. **品牌營運的途徑**：在行業品類選擇的基礎上以何種思路來操作，一是自有品牌的操作，以完全屬於企業自身的品牌來逐步開拓，但此一作法具有一定的操作難度；二是國外品牌在國內的代理，借助國外品牌的優勢來建立通路網路，但此一作法企業可控能力較弱；三是為大陸知名通路企業貼牌生產，為大陸知名通路企業進行產品的貼牌加工，仍然沒有自身可控的品牌通路，只能作為企業一種過渡期的輔助操作，透過此一模式，可以降低風險，且可以摸索出內銷的運作模式。

九、結論

台商從事內銷遇到的困難，除了國家政策限制等諸多外部因素外，也有企業自身的因素。台商要克服內銷遇到的困難，除了自身的努力之外，還需兩岸政府政策的扶持及資金、稅收優惠的支援。對於出口企業的困境，建議大陸政府制訂相應的「內銷扶持及優惠政策方案」來協助台商企業轉內銷。台商若能轉型內銷成功，將對當地就業及稅收有很大的幫助，更關係到大陸的和諧與穩定。台商由出口轉內銷，大陸政府應該當仁不讓，全力支援台商企業轉向大陸內需市場，如此一來將可以創造員工就業、當地穩定繁榮、國家稅收三贏的局面。

（此專文二內容由華信統領企業管理諮詢顧問有限公司總經理袁明仁撰寫，並獲其慨然同意，為本報告增色。）

專文三：台商智財權問題及兩岸協商議題之探討

一、前言

隨著台商的商品在中國大陸流通後，有關智慧財產權相關的爭議糾紛亦逐漸擴大，且糾紛類型呈現多元化、深度化。由於智慧財產權法本身具有屬地性的特色，其權利的取得、爭議的解決、權利的保護要求，都以大陸法制為依歸，因此，台商在中國大陸從事商業經貿活動，不可避免必須適用中國大陸的智慧財產權法制。多年來台商為保護自身的商標、專利、著作權等權益，也確實盡其心力、勞其筋骨，多方尋求解決之道。有些案件獲得救濟，如台灣和成企業在上海

被他人惡意使用「和成」為公司名稱案，而富士康與比亞迪的商業秘密案卻越演越烈，台灣啤酒商標的順利註冊，也是兩岸大事。在這些事件的背後，都有脈絡可循，因此就大陸智慧財產權整體特色，台商優劣點及兩岸協商保護議題予以介紹。

二、中國大陸智慧財產權整體特色

1. 立法現況

　　中國大陸近代第一部智慧財產權法制，是頒布於1982年商標法，接著1984年頒布專利法，1990年頒布著作權法，隨後又頒布有反不正當競爭法，知識產權海關保護條例及各種行政法規、命令、部門規章、司法解釋及規範性文件。若以歐美或國際組織WTO的TRIPS（與貿易有關的智慧財產權保護協議）加以觀察，其立法尚稱完備亦無多大瑕疵，但其執法成效至今仍為各國詬病。

2. 執法特點

　　中國大陸對智慧財產保護的途徑主要是司法的保護及行政保護二種方式，也就是司法與行政保護的雙軌制。所謂司法的保護，即權利人認為其權利遭受侵害時可依大陸的刑事訴訟法、民事訴訟法，向各級人民法院、人民檢察院、公安依法要求保護或立案。例如大陸刑事訴訟法第3條：「對刑事案件的偵查、拘留、執行逮捕、預審，由公安機關審理。檢察、批准逮捕、檢察機關直接受理案件的偵查，提起公訴，由人民檢察院負責。審判由人民法院負責。除法律特別規定的以外，其他任何機關、團體和個人都無權行使這些權利」。權利人也可以要求法院進行財產保全及證據保全，至於行政保護主要是指行政機關依其行政職能，對違法行為進行行政手段的處理。

　　商標侵權的行政查處，依商標法第53條規定「商標註冊人或利害關係人可以向人民法院起訴，也可以請求工商行政管理部門處理」，以及商標法實施條例第51條規定「對侵犯註冊商標專用權的行為，任何人可以向工商行政管理部門投訴或者舉報」。大陸在各級政府均設有工商行政管理部門，因此可在侵權行為地或侵權行為結果發生地相對應的行政管理部門投訴。

　　對於有著作權法第47條的侵權行為，可以由著作權行政管理部門責令停止侵權行為，沒收違法所得，沒收、銷毀侵權複製品，並可以處以罰款。著作權法實施條例第37條第2款也規定，對於在全國有重大影響的著作權侵權行為時，國務院著作權行政管理部也可以進行查處。因此著作權人得向國家版權局或各地著作權行政管理部門要求查處。

專利法第60條規定，對於專利侵權時，專利權人或者利害關係人可以向人民法院起訴，也可以請求管理專利工作的部門處理，管理專利工作的部門認定侵權行為成立，可以責令侵權人立即停止侵權行為。專利法實施細則第78條「專利法和本細則所稱管理專利工作的部門，是指由省、自治區、直轄市人民政府，以及專利管理工作量大又有實際處理能力的該區的市人民政府設立的管理專利工作的部門」。

3. 定性又定量的刑事政策，成罪立案不易

在台灣如果發生有商標、專利或著作權遭受侵害時，許多權利人，除積極保護其權利外，大多會以刑事手段為後盾，也就是俗稱的「以刑逼民」。大陸就智慧財產之保護在商標法、專利法、著作權法均有相關的規定，但是基本上對上述侵權行為只認為是一種民事權利的侵害，侵害人只負擔民事侵權的責任，負擔民事的賠償，在特定的行為態樣上才有刑事追究的問題。例如「未經商標註冊人的許可，在同一種商品或類似商品上使用與其註冊商標相同或者近似的商標的」為屬於侵犯註冊商標專用權只負擔民事責任，如果要進一步追究其刑事責任的必須是「在同一種商品上使用與其註冊商標相同的商標」，換言之，仿冒之商標必須與他人註冊之商標完全一致，才有刑事追究的可能，所以，導致大量的近似商標侵權行為，也就是俗稱的「山寨」行為。至於，商標完全一樣的侵權行為也不一定能構成刑事立案。大陸於一九九七年三月十四日頒布新修正的〈刑法〉，在第二篇第三章第七節以八個條文對智慧財產權的各種犯罪行為訂出七個罪名，但必須在情節嚴重或特別嚴重者，始成立訴追的條件，在大陸刑事立法以「定性又定量」的政策考量，導致立案追訴刑事的困難性。例如：非法經營額在5萬以上或者違法所得數額在3萬元以上，構成刑事立案的條件。大陸的刑事立法政策與台灣的「定性不定量」刑事政策，確實存有極大差異，權利人如果要以刑事遏止仿冒之氾濫，猶如緣木求魚。這也是美國在2007年以中國大陸刑事犯罪立案門檻太高為由，向WTO提出控訴。

三、台商在中國大陸智財權優缺點

優勢：智慧財產權在中國大陸稱為知識產權，其範圍包括有：商標權、專利權、著作權、營業秘密、反不正當競爭、企業名稱等。台灣由於自主創新來的比大陸早，因此，大多數企業在台灣都已建立智慧財產權保護的概念，相較之下對於智慧財產權的保護，無論在制度上或行動上都較大陸更為積極。

劣勢：智慧財產權的保護是屬於一種屬地主義，台商要在中國大陸獲得保

護，必須依當地法令申請註冊。就商標而言，中國大陸採註冊主義，任何人都可以選定任何商標在中國大陸註冊，而兩岸在同文情形下，造成台灣企業在台灣使用已久的商標，無法在大陸註冊，台灣的品牌無法延伸到中國大陸。尤其，對大陸法制面欠缺深入整體的瞭解，以致無法有效的處理。智慧財產的侵權也是台商深感痛惡，尤其對於大陸智慧財產權的體制更覺得陌生，以致束手無策，尤其在工商系統、法院系統都來不及當地人的熟習，因此，經常事倍功半。

1. 最常遇到的困難

❶ 商標在中國大陸被惡意搶先註冊，以致被迫放棄使用，或是必須進行冗長的處理程序。

❷ 技術外流或被當地仿用，營業秘密無法獲得應有的保護。

❸ 地方保護主義盛行，中央政策與地方政策的差異，仿冒的查處異常困難。

❹ 大陸幅員遼闊，台商對權利之保護實在是力有未逮。

❺ 智慧財產權的取得及保護其法律服務費居高不下，對台商是一項重大的負擔。

❻ 台商對於中國大陸智慧財產權的保護機構較為陌生，不知從何著手。

❼ 台商沒有適當的組織可以做為與大陸主管機關的溝通平台。

❽ 在台灣地區可提供大陸智慧財產權相關領域諮詢專業人士較少。

2. 最常犯下的錯誤

❶ 誤認中國大陸欠缺保護智慧財產權機制，認為從事商標專利的申請沒有必要。

❷ 中國大陸商標註冊由於每年申請量高達60萬件，一件申請案必需經過三年才能獲准，台商經常是想要使用時才申請，時效上根本來不及。

❸ 中國大陸新型專利未經過實質審查，其權利之取得基礎較為薄弱，台商誤以為領證就獲有絕對的權利。

❹ 台商遇任何智慧財產權申請糾紛或侵權仿冒，有時採取放任態度，有時又偏信非專業人士之意見，以致無法及時有效的處理問題。

❺ 中國大陸商標專利事務所良莠不齊，台商無法做出適當選擇的判斷，又不願在法律上做功課，以為只要有人際關係就行得通，事實上花了錢又不一定得到效果。

3. 最常採用的操作模式及其優缺點

由於智慧財產權事涉專業事項，除非大型科技公司設有法務部門自行處理外，許多公司都會選擇台灣商標專利事務所或直接委請大陸當地事務所配合處

理。這兩種途徑有其優缺點：

　　通常而言，以台灣事務所統籌處理，再由台灣事務所自行選任大陸同行配合，對於台商的案件，無論在品質上、專業上均較可靠，溝通上也比較容易，唯一的缺點是，由於案件經雙重委任在費用上比較高。

四、兩岸智財權保護合作之議題

　　兩岸智慧財產權的保護與合作，雖然在WTO下有TRIPS（與貿易有關的智慧財產權保護協議）加以規範，但兩岸間至今仍無法有效依該協議提供合作與保護，尤其兩岸因經貿往來、社會文化背景，其產生的智慧財產權糾紛類型，與中國大陸跟歐美國家間的糾紛有很大差異，訴求保護的重點也有所不同。因此，兩岸智財權保護協商之議題，基本上必須考慮國際一般慣例與兩岸特殊性，尤其必須有賴兩岸公權力的介入才能落實執行，因此，就兩岸可協商或合作之議題選項如下：

1. 兩岸商標、專利審查業務人員定期互訪及交流

　　逾半世紀以來，兩岸商標法制有其不同之歷史發展，在案件的審查基準、案件爭議的處理，仍存有重大差異，以致造成商標權取得之困難。例如：「Formosa福爾摩莎」在台灣允許註冊為商標，但中國大陸則以「Formosa」一詞，為西班牙佔領台灣時對殖民地的蔑稱，以有其他不良的影響而拒絕註冊。因此，兩岸商標、專利審查業務人員透過協議，而互相安排交換到對方行政機關進行訪問與實質交流，經由第一手接觸應該可以促進雙方在專利、商標審查業務時，在保護上更加完善。

2. 兩岸互相承認專利、商標優先權

　　所謂「優先權原則」最早規定於「保護工業財產權巴黎公約」，是指公約任何一個成員國的申請人首次在某一成員國提出商標專利申請案之後，該申請人在特定期限內，倘若再向其他成員國就相同案件再為提出時，可以將其第一次的申請日期，作為日後再提出申請案的有效申請日而言，該規定是巴黎公約成員國必須共同遵守履行的最低要求。目前狀況是中國大陸為巴黎公約成員國，台灣不是成員國，大陸主張只有以「國家」身份或巴黎公約成員國，方得有權援用優先權制度，更主張TRIPS沒有明文規定優先權原則為必需遵守之事項。事實上，台灣雖非巴黎公約成員國，TRIPS也無優先權字眼，但TRIPS第2條第2項已明文規定：本協議第一至第四部份所有之規定，均不得有損於成員之間，依照「巴黎公約」、「伯恩公約」、「羅馬公約」及「積體電路佈局智慧財產權條約」中所已

經承擔現有的義務。更何況最惠國待遇原則為WTO所揭櫫之最高原則，自無理由將台灣排除在外。因此，這項具有高度主權象徵的議題，將是未來最難協商的議題。

3. 行政部門聯繫機制之建立

在中國大陸商標、專利、著作權業務分別隸屬於國家工商行政管理總局、國家知識產權局、國家版權局三部門，而台灣則統歸於經濟部智慧財產局。兩岸智慧財產權事務與企業密切，也經常有突發性新聞事件，例如曾經沸沸揚揚的阿里山茶註冊商標事件。因此，為使兩岸行政部門及時掌握狀況及應付兩岸將來經常性往來交流，可以仿照海基會及海協會模式，確認聯繫人員及建立聯繫機制。

4. 兩岸著名商標（馳名商標）互相提供保護

保護著名商標是國際公約及各國商標法相當重要的核心工作，而著名商標更特別容易受到搶註或仿冒的侵害，尤其是分處於兩岸各自領域內的著名商標，如何積極協商保護對方的著名商標即為重要課題。例如：兩岸各自整理著名商標名冊或已有之案例，並將名冊互換，該著名商標名冊得列為商標審查人員審查上之參考，有效防止不當取得商標註冊之情形，在商標爭議或評定程序中，不必再為其商標之著名程度費心提供大量證據，快速有效的彌平爭議。

5. 知名農特產品產地名稱（地理標示）互相提供簡易的保護措施

2006年初發生台灣阿里山、日月潭等重要茶葉生產地區的地名，在中國大陸被申請為註冊商標，造成台灣民眾高度的關注。雖然事後經由兩岸主管部門積極的介入，大陸善意的將該地名商標予以撤銷，但以知名農特產品產地名稱作為商標註冊情形，仍層出不窮。其發生的主要原因，在於兩岸商標主管機關對於商標申請案何者是對岸農特產品的產地名稱或具有地理標示的意涵，根本無從得知，因此，兩岸可先將知名農特產品產地名稱予以全面整理，互相提供為商標申請審查時的重要參考資料，並對產地證明商標提供簡易的註冊程序。

6. 共同制止商標惡意搶註，適度採用對方領域內的使用證據

兩岸商標主管機關彼此都認為，兩岸之間的惡意搶先註冊商標是一種不正當的行為且危害正常的經濟活動，具有高度的可非難性。台灣主管機關通常考量兩岸經貿往來密切、人民交流頻繁，再衡諸具體個案中，兩個有爭議商標之間的創意、構圖及接觸可能性後，雖然大陸企業的商標未曾在台灣法域內有使用事實，但基於維護正常經濟秩序，在審查中即主動提供保護拒絕搶註商標註冊，或寬鬆的認定搶註事實而撤銷搶註商標的註冊。反觀中國大陸雖有商標法第31條「申請商標註冊不得損害他人現有的在先權利，也不得以不正當手段搶先註冊他人已經

使用並有一定影響的商標」之規定，但實務上所謂「已經使用」，是指在中國大陸境內之使用，不包括在台灣地區之使用。然而，台商的商標既然在大陸被惡意搶先註冊，當然不可能干冒被訴商標仿冒之風險而使用，因此，台商常因無法有效提出在大陸使用之事實，而難獲得大陸法律之保護，這種不對等的保護措施有必要加以協商，兩岸並同時對重大的惡意搶註案件，採取有效而迅速的處理，宣示維護兩岸商標秩序之決心，降低惡意搶註之現象。

7. 特殊爭議商標之註冊

所謂特殊爭議商標是指帶有「中國」、「中華」、「台灣」的商標，進而以公眾知曉的外國地名為商標，例如「羅馬磁磚」。按中國大陸商標法明文規定，同中華人民共和國的國家名稱相同或近似的商標，或縣級以上行政區劃名稱或公眾知曉的外國地名，均不得作為商標註冊。近年來「台灣啤酒」、「中華電信」商標經全國商業總會、智慧財產局努力，雖終於成功註冊，但仍有其他特殊商標仍無法註冊，有待進一步溝通。

8. 台灣人報考中國大陸專利代理人資格考試的可能性

專利業務專門職業，大陸設有專利代理人資格考試制度，而台灣則有專利師資格考試制度。以台灣企業或自然人為申請名義向中國大陸申請專利，自2005年起每年以超過二萬多件的申請量，僅次於日本並與美國的申請量不相上下。若加上台商以在中國大陸投資的企業名義申請，則其申請量更是可觀。專利的申請與保護，牽涉許多營業秘密與信任感，尤其研發中心在台灣的企業更需要專利代理人直接在兩岸提供專業的服務，因此，有必要開放代理人考試問題。

（此專文三內容由勤業國際專利商標聯合事務所所長賴文平撰寫，並獲其慨然同意，為本報告增色。）

第五篇

兩岸建言——
2009 TEEMA報告趨勢與建言

第22章 2009 TEEMA 調查報告結論彙總

　　賡續2000至2008《TEEMA調查報告》的調查精神以及符合兩岸政府、大陸台商、社會賢達對《TEEMA調查報告》期許，2009研究團隊秉持「精、細、實、研」的研究態度，完成2009《TEEMA調查報告》，延續過去九年的成果，以「兩力」、「兩度」模式為核心，兩力指「城市競爭力」與「投資環境力」，兩度則是指「投資風險度」與「台商推薦度」。在研究方法、問卷與抽樣設計等方面，本研究盡量維持與前九年之研究相同，以使十年之研究成果有共同的比較基礎。TEEMA 2009研究之主要研究結果分述如下：

結論一：就「樣本基本資料」分析而言

　　TEEMA 2009年針對已經赴中國大陸投資的台灣企業母公司進行問卷調查，在回卷中城市回卷達15份以上者始列入TEEMA 2009年城市評估之列，2009年列入評估的城市有93個，總計有效回卷數為2,588份，有關2,588份有效回卷數的樣本結構，包括：（1）產業類別；（2）經貿糾紛案例；（3）投資區位；（4）企業未來佈局規劃，茲將上述這四項樣本結構排行彙整如表22-1所示。

表22-1　2009 TEEMA調查樣本基本特性重點剖析

樣本產業別		經貿糾紛類型		投資區位	企業未來佈局規劃
❶電子電器	❻化學製品	❶勞動糾紛	❻關務糾紛	❶經濟開發區	❶擴大對大陸投資生產
❷機械製造	❼貿易服務	❷合同糾紛	❼稅務糾紛	❷一般市區	❷台灣母公司繼續生產營運
❸金屬材料	❽食品飲料	❸買賣糾紛	❽知識產權	❸高新技術區	❸台灣關閉廠房僅保留業務
❹精密器械	❾紡織纖維	❹土地廠房	❾商標糾紛	❹經濟特區	❹希望回台投資
❺塑膠製品	❿房產開發	❺債務糾務	❿貿易糾紛	❺保稅區	❺結束在台灣業務

結論二：就「台商未來佈局」評估結果

2009《TEEMA調查報告》針對目前在中國大陸投資的台商未來佈局城市進行調查，分為四類型：（1）整體台商未來佈局；（2）高科技產業台商佈局；（3）傳統產業台商佈局；（4）服務產業台商佈局，調查結果如表22-2所示。就整體台商未來佈局城市前三名分別為：（1）上海；（2）昆山；（3）杭州；就高科技產業台商佈局城市前三名分別為：（1）蘇州；（2）昆山；（3）上海；就傳統產業台商佈局前三名城市為：（1）昆山；（2）上海；（3）蘇州；就服務產業台商佈局前三名城市依序為：（1）上海；（2）北京；（3）深圳。

表22-2　2009 TEEMA調查台商未來佈局剖析

排名	❶未來佈局城市	❷高科技產業	❸傳統產業	❹服務產業
01	上　海	蘇　州	昆　山	上　海
02	昆　山	昆　山	上　海	北　京
03	杭　州	上　海	蘇　州	深　圳
04	北　京	深　圳	深　圳	廣　州
05	蘇　州	北　京	天　津	蘇　州
06	越　南	廈　門	成　都	天　津
07	成　都	寧　波	杭　州	成　都
08	青　島	杭　州	青　島	青　島
09	天　津	中　山	武　漢	廈　門
10	廈　門	南　京	廈　門	杭　州

結論三：就兩力兩度評估構面「評價最佳前十名」分析

2009《TEEMA調查報告》依據「兩力兩度」評估模式，依城市競爭力、投資環境力、投資風險度、台商推薦度之評分，按專家學者配置之構面權重，最終計算出「城市綜合實力」。有關評價計算公式為「城市綜合實力＝（城市競爭力×15%）＋（投資環境力×40%）＋（投資風險度×30%）＋（台商推薦度×15%）」。茲將兩力兩度及城市綜合實力評價最佳前十名彙整如表22-3所示。其中，城市競爭力是以2009年回卷超過15份城市且是地級市、省會、副省級城市、直轄市共計有61個進行總體競爭力分析，而投資環境力、投資風險度、台商推薦度與綜合城市競爭力，則是以列入評估的93個調查城市作為排名依據。

由表22-3顯示，在投資環境力、投資風險度、台商推薦度與城市綜合實力

中，蘇州昆山、蘇州工業區、寧波北崙三個城市均位列前十名，顯示企業皆給予優異評價。而南京江寧、上海閔行在台商推薦度未列入前十佳之列，其於三項皆列入評價前十佳排名，南昌除在城市綜合實力未列入前十佳之列，其於三項皆列入評價前十佳排名，杭州蕭山則是投資風險度未列入前十佳之列，其於三項皆列入評價前十佳排名。

表22-3　2009 TEEMA調查評價最佳前十排名

排名	❶城市競爭力	❷投資環境力	❸投資風險度	❹企業推薦度	城市綜合實力
01	上　海	天津濱海	蘇州昆山	蘇州昆山	蘇州昆山
02	北京市	蘇州昆山	蘇州工業區	無錫江陰	南京江寧
03	廣　州	南京江寧	揚　州	南　昌	蘇州工業區
04	天津市	南　昌	南京江寧	成　都	天津濱海
05	蘇　州	杭州蕭山	南　昌	廈門島外	寧波北崙
06	深　圳	寧波北崙	寧波北崙	寧波北崙	上海閔行
07	杭　州	上海閔行	廈門島外	重　慶	杭州蕭山
08	南　京	蘇州工業區	青　島	蘇州工業區	南　昌
09	寧　波	寧波市區	上海閔行	杭州蕭山	北京亦莊
10	瀋　陽	北京亦莊	杭州市區	揚　州	無錫江陰

結論四：就兩力兩度評估構面「評價最差前十名」分析

　　表22-4為2009《TEEMA調查報告》根據兩力兩度構面評價最差前十排名，而在投資環境力、投資風險度、台商推薦度與城市綜合實力中，蘭州、哈爾濱、長春、太原、東莞厚街、東莞石碣、東莞虎門七個城市均列入評價前十差排名，而深圳龍崗除城市綜合實力未列入評價最差前十排名，其於三項均列入評價最差前十排名。

表22-4　2009 TEEMA調查評價最差前十排名

排名	❶城市競爭力	❷投資環境力	❸投資風險度	❹企業推薦度	城市綜合實力
01	北　海	蘭　州	蘭　州	蘭　州	蘭　州
02	吉　安	哈爾濱	哈爾濱	哈爾濱	哈爾濱
03	莆　田	長　春	太　原	東莞厚街	長　春
04	九　江	東莞厚街	深圳龍崗	長　春	宜　昌
05	汕　頭	深圳龍崗	長　春	東莞石碣	北　海
06	贛　州	東莞虎門	宜　昌	深圳龍崗	太　原
07	桂　林	東莞石碣	東莞厚街	東莞虎門	東莞厚街
08	漳　州	深圳寶安	東莞石碣	太　原	東莞石碣
09	宜　昌	太　原	東莞虎門	江　門	東莞虎門
10	淮　安	深圳市區	武漢漢口	深圳寶安	江　門

結論五：就「綜合城市競爭力推薦等級」分析

　　TEEMA 2009報告秉持TEEMA「兩力」、「兩度」的評估模式，依次級資料評估而得的「城市競爭力」以及依初級調查資料統計分析而得到的「投資環境力」、「投資風險度」以及「台商推薦度」，最終得到「城市綜合實力」的評價，2009年中國大陸列入評比的93個城市劃分為：「極力推薦」、「值得推薦」、「勉予推薦」以及「暫不推薦」四等級，2009年列入「極力推薦」的有22個城市；「值得推薦」的有27個城市；「勉予推薦」等級的有30個城市，而2009年列入「暫不推薦」的城市共計有14個城市，詳見表22-5所示。

表22-5　TEEMA 2009中國大陸城市綜合實力推薦等級匯整表

推薦等級	TEEMA 2009調查93城市			
【A】 極力推薦	蘇州昆山、 寧波北侖、 北京亦莊、 杭州市區、 揚　　州、 無錫市區	南京江寧、 上海閔行、 無錫江陰、 蘇州市區、 青　　島、 鎮　　江	蘇州工業區、 杭州蕭山、 成　　都、 寧波市區、 蘇州新區、	天津濱海、 南　　昌、 廈門島外、 大　　連、 廈門島內、
【B】 值得推薦	重　　慶、 無錫宜興、 濟　　南、 徐　　州、 嘉　　興、 泰　　安、 蘇州吳江、	蘇州張家港、 煙　　台、 上海市區、 南京市區、 蘇州太倉、 寧波慈溪、 福州市區、	常　　州、 連雲港、 上海浦東、 泰　　州、 合　　肥、 廣州天河、 紹　　興、	廊　　坊、 淮　　安、 寧波奉化、 南　　通、 威　　海、 蘇州常熟
【C】 勉予推薦	莆　　田、 珠　　海、 瀋　　陽、 北京市區、 上海嘉定、 吉　　安、 武漢武昌、 西　　安	九　　江、 中　　山、 昆　　明、 汕　　頭、 贛　　州、 武漢漢陽、 長　　沙、 東莞市區	天津市區、 南　　寧、 泉　　州、 福州馬尾、 桂　　林、 漳　　州、 武漢漢口、	寧波餘姚、 上海松江、 佛　　山、 溫　　州、 廣州市區、 東莞長安、 石家莊、
【D】 暫不推薦	深圳市區、 江　　門、 太　　原、 哈爾濱、	深圳寶安、 東莞虎門、 北　　海、 蘭　　州	惠　　州、 東莞石碣、 宜　　昌、	深圳龍崗、 東莞厚街、 長　　春、

第 **23** 章 2009 TEEMA 調查報告趨勢觀察

　　依2009《TEEMA調查報告》總體分析之結論，可以歸納出「一項首次」、「兩個再度」、「三類轉向」、「四點依舊」，共計十項台商投資趨勢，茲分述如下：

趨勢一：首次出現「海西、西三角、泛北部灣」等三大新經濟區受到台商關注

　　台商佈局中國大陸的路徑，從早期的珠三角、長三角到環渤海，而振興老東北、西部大開發、中部崛起似乎尚未得到台商的青睞，然而，2009年中國大陸積極規劃海西經濟區、西三角以及泛北部灣三個新的經濟區域，依2009《TEEMA調查報告》顯示，位於海西經濟區的廈門島外從2008年的29名躍升至2009年的第12名、廈門島內由2008年的34名升至2009年的第19名、福州市區由2008年的62名升至2009年的48名、莆田更由2008年的73名升至2009年的第50名、泉州由2008年的65名升至2009年的60名、漳州則由2008年的91名升至2009年的72名、汕頭由2008年的76名升至2009年的63名，顯示海西經濟區裡所涵蓋的調查城市在台商心目中的評價均有顯著的提升；此外，西三角經濟區所涵蓋的成都2009年名列第11名、重慶由2008年的61名大幅躍升至2009年的第23名，西安則由2008年的84名上升至2009年的第78名，顯示以西三角為中心帶動西部大開發的策略思維，也已獲得台商的高度關注；最後，由於具有「東協加一」的地理優勢以及中國大陸政策的支持，使得泛北部灣所涵蓋的調查城市在2009年的評價均有所上升，諸如：南寧由2008年的70名升至2009年的56名、桂林由2008年的78名升至2009年的68名、北海2009年亦上升1名至89名。

趨勢二：再度回到「投資環境力」上升及「投資風險度」下降的趨勢

《TEEMA調查報告》從2000年到2005年前六年的調查報告中都是出現「投資環境力」上升而「投資風險度」下降的現象，而2006年、2007年卻出現連續兩年「雙漲現象」，一般而言，應該是投資環境力與投資風險度成反比，環境力越好，風險度越低才合理，而2008《TEEMA調查報告》首次出現「投資環境力」下降且「投資風險度」上升之現象，這與全球金融風暴以及中國大陸2008年初進行的《勞動合同法》、《企業所得稅法》、調整《加工貿易政策》、《出口退稅政策》、《土地從嚴政策》等五項政策措施之頒布有密不可分之關係，這也是九年來《TEEMA調查報告》第一次得到的調查結果，2009《TEEMA調查報告》在全球各國積極提出救市措施之際、兩岸經貿交流互動頻仍、兩岸政治氣氛和緩、兩岸政府積極協助台商轉型升級等有利因素推動下，2009《TEEMA調查報告》顯示中國大陸的投資環境又回到2000年到2005年這六年的評價。換言之，中國大陸在經歷經濟循環波動之際，有效的進行產業結構升級與調整，優化投資環境與基礎建設，使得台商對中國大陸投資環境的評價，再度回到「投資環境力」上升及「投資風險度」下降的情境，這顯示新一輪的台商佈局中國大陸又將啟動。

趨勢三：越南再度成為未來台商佈局10大地區之列

《TEEMA調查報告》中，有關現已在中國大陸投資的台商企業，選擇越南作為未來最想佈局的城市，越南的排名由2007年第15名、2008年的第5名到2009年的第6名，顯示越南再度進入未來台商佈局10大地區，從2007年有2.14%、2008年為6.82%、2009年為4.80%，從比例而言，2009年比2008年下降，這乃是由於2008年隨著中國大陸沿海投資環境惡化，導致經營成本徒增，讓台資企業思索未來佈局時，考量另外的投資地點，此一統計數值在2008年亦引起得中國大陸各地官員的重視，江浙等地區的地方官員亦組團赴越南考察，以瞭解台商轉進越南的動機與佈局，經過一年的努力，以及越南當地投資環境的不成熟，雖然2009年越南仍為未來台商佈局10大地區，但佈局的比例有下降趨勢。

趨勢四：台商中國大陸佈局由「單一市場」
轉向「區域市場」

　　2008年中國大陸政府連番祭出《勞動合同法》、《企業所得稅法》、調整《加工貿易政策》、《出口退稅政策》、《土地從嚴政策》等多項政策，使得台商在中國大陸的營運成本急遽攀升，基於投資分散風險之原則，台商企業思考轉向東南亞及印度等地投資，到了2015年東協共同體（ASEAN Community）形成後，關稅減免與投資優惠將會更全面，非會員國因為無法享受到這些待遇，將出現貿易與投資被取代的現象，近來各國為鞏固其國際貿易地位及經貿優勢而積極洽簽自由貿易協定的情勢下，「東協10+1」（+1為中國大陸）、「東協10+3」（+3為中國大陸、日本、韓國）、「東協10+6」（+6為中國大陸、日本、韓國、澳洲、印度、紐西蘭）因應而生。隨著東協共同體的逐漸落實，許多台商企業紛紛佈局中國大陸與東協接壤的雲南及廣西兩地，尤其南寧是中國大陸舉辦東協博覽會的永久會址，具有地理上的優勢，近年來中國大陸與東協領袖紛紛提出東協與中國大陸區域整合的構想，諸如：「大湄公河次區域經濟合作」、「兩廊一圈」、「一軸兩翼」等區域發展，台商應妥擬佈局策略，拋棄單一市場思維，轉向區域市場發展。

趨勢五：台商中國大陸佈局由「貿易市場」
轉向「內需市場」

　　台灣區電機電子同業公會暨台北市進出口商業同業公會榮譽理事長許勝雄2008年曾指出：「新興市場對當前台灣外貿確實重要，但若無法針對其內需市場拓銷，效益恐將打折」；花旗環球台灣區董事長杜英宗（2009）亦表示：「現今的廠商應把中國大陸當做台灣的內需市場，以台灣的研發能力與中國大陸結盟共同研發，並且訂定統一規格，來賺取全世界的金錢」。由此可見，台商從過去單純代工貿易的型態調整為內需市場拓展型態，這已是未來台商佈局中國大陸無庸置疑的發展趨勢。根據高盛集團（Goldman Sachs）（2009）預測：「未來10年，中國大陸人均所得成長率將高達180%，至2015年中國大陸將有半數人口年收入達到6000至20000美元，屆時消費可能創造出一年20兆人民幣的內需市場，為2008年的2倍之多」；此外，世界奢侈品協會（World Luxury Association）（2009）發佈報告顯示：「截至2009年1月，中國大陸奢侈品消費總額達86億美

元，佔全球市場的25%，首次超過美國，成為世界第二大奢侈品國，僅次於日本，預計至2015年，中國大陸奢侈品消費將佔全球市場份額的32%，而中國大陸頂級消費者預計2012年達到2.5億人口，龐大的消費市場，讓奢侈品品牌爭相進入中國大陸市場，目前全球頂級奢侈品品牌已有80%進入中國大陸」。此外，2009年中國大陸經濟政策主軸：「保增長、擴內需、調結構」更說明未來中國大陸政府正積極擴大內需市場，提高消費潛力，因此，積極佈局中國大陸內需市場已成為台商再次成長的主要動力。

趨勢六：台商中國大陸佈局由「代工生產」轉向「自創品牌」

台商佈局中國大陸早期主要的動機乃是利用中國大陸低廉的勞動力與生產成本，加上台灣市場胃納有限，必須依賴外貿出口方能獲得成長，然而，經過20年的佈局，台商深深體會到以中國大陸13億人口的市場自創品牌才能永續發展。2009《TEEMA調查報告》名列綜合城市實力評比第一名的蘇州昆山，早期主要是吸引代工生產的台商企業，但近年來推出一系列如提供資金獎勵或減免部分土地使用費的轉型升級的策略，促使台商強化其競爭優勢，並提出「自主創新」與「自創品牌」的鼓勵措施，位於蘇州昆山的捷安特公司，採取內、外銷並重策略，自創Giant品牌。此外，從代工生產轉型為自創品牌的成功案例之一，那就是擁有JOHNSON、VISION、HORIZON、MATRIX等自有品牌的喬山健康科技公司，台商在中國大陸從OEM轉向OBM的作法，似乎應證了瑞士洛桑管理學院（The International Institute for Management Development；IMD）Turpin教授於2004年受邀來台時指出：「台商的弱點在於太短視，只想賺容易的錢，而不願進行長期投資，環顧世界知名品牌，能夠被世界所認知的台灣品牌，唯有宏碁、長榮海運、巨大等，與新加坡、南韓相比，台灣對於建立自有品牌的投入相形見絀，建議台商企業應結合中國大陸製造優勢，建立全球性的自有品牌。

趨勢七：經濟區域依舊是「長三角」優於「環渤海」及「珠三角」

2009年列入《TEEMA調查報告》的極力推薦等級的城市有22個，其中，位於長三角經濟區域有14個城市，占63.64%，而以華北跟遼寧沿海為核心的環渤海經濟區則有4個城市列入極力推薦等級，占18.18%，而台商早期最密集投

資的珠三角經濟區則無任何一個城市列入極力推薦等級之中。若再根據2009年《TEEMA調查報告》針對93個調查城市所歸屬的中國大陸九大經濟區之城市綜合實力排名，長三角位居第一位，環渤海第三位，而珠三角則排名第九，顯示台商對於傳統中國大陸三大經濟區的評價依舊是「長三角」優於「環渤海」、「環渤海」優於「珠三角」的態勢，2009年上海「兩個中心」的佈局，加之世界第二大貨櫃港「洋山港」的建設以及整合六大交通樞紐的「上海虹橋綜合交通樞紐區」之建造，使得長三角的發展更加一體化及完備化，這也是長三角列入TEEMA 2009調查城市受到台商高度評價的主要理由。

趨勢八：投資區位依舊是「高新開發區」與「經濟開發區」為重要選擇

2009年列入《TEEMA調查報告》的極力推薦的22個城市中，有7個受評城市屬於以「高新開發區」或「經濟開發區」為核心的城市，諸如：蘇州昆山（A01）、蘇州工業區（A03）、天津濱海區（A04）、寧波北侖區（A05）、上海閔行（A06）、北京亦莊（A09）、蘇州新區（A19），畢竟「高新開發區」及「經濟開發區」具有顯著的產業群聚效應，能夠提供完整的產業供應鏈，且具有較好的政策服務體系，這對於重視完整供應鏈的製造業台商而言，無疑都是投資區位的重要首選。此外，由於「高新開發區」及「經濟開發區」具有事權統一管理的機制，加上明確產業定位，因此，較能得到台商的認同。此一趨勢也說明群聚效應是企業投資區位選擇的最重要因素。

趨勢九：台商依舊未對「西部開發、振興東北、中部崛起」三區投資關注

中國大陸近幾年來陸續推出「西部大開發」、「振興老東北」與「中部崛起」等區域發展策略，以平衡過度集中的東部沿海的投資趨勢，依據2009《TEEMA調查報告》顯示，「西部大開發」、「振興老東北」與「中部崛起」依舊未得到台商高度的評價，以2000年1月提出的「西部大開發」為例，由於涵蓋11省1市，幅員過於遼闊，欠缺明確的招商政策及支柱型產業的規劃，使得「西部大開發」多年來並未獲致台商高度認同，2009年此區域中昆明、桂林、西安、蘭州、北海等五個城市列入「勉予推薦」或「暫不推薦」的推薦等級之中，2009年中國大陸政府以「西三角」、「成渝經濟帶」、「重慶兩江新區」作為

「西部大開發」的核心區，這顯示過去西部範疇涵蓋過廣，無法明確吸引台商關注；至於「振興老東北」涵蓋的城市中，瀋陽只列入「勉予推薦」之列，而哈爾濱與長春則位於「暫不推薦」城市之林，這也顯示「振興老東北」必須由當地政府思維觀念的改變著手，方能吸引台商投資的目光；而就「中部崛起」所在的區位城市而言，武漢漢陽、武漢武昌、武漢漢口、長沙此四個城市2007年至2009年都列為「勉予推薦」等級，宜昌三年來均列入「暫不推薦」等級，而太原更由2008年的「勉予推薦」等級下降至2009年的「暫不推薦」等級。由以上評述顯示，雖然中國大陸為平衡區域發展，積極推動「西部大開發」、「振興老東北」與「中部崛起」，但由於地理因素、思維觀念的阻礙，使得這三區依舊未獲得台商的投資關注。

趨勢十：兩岸經貿糾紛案例數依舊呈現居高不下的趨勢

隨著兩岸經貿互動的頻仍，台商在中國大陸發生經貿糾紛的案例亦隨著中國大陸經濟的發展而有所變化，依據2000-2009《TEEMA調查報告》顯示，就經貿糾紛數而言，2000年至2005年均低於1,000件，但2006-2009年經貿糾紛數居高不下，2006年為1,145件、2007年為3,316件、2008年為3,506件、2009年則呈現下降趨勢為2,839件，隨著中國大陸民營企業的高速發展及中國大陸政府法規環境的完善，未來如何有效設置兩岸經貿糾紛仲裁機制及建立兩岸經貿平等互惠的交流機制，方能使居高不下的經貿糾紛案例獲得改善。

第 **24** 章 2009 TEEMA
調查報告兩岸建言

　　2009《TEEMA調查報告》針對列入調查評比的93個城市，經由「城市競爭力」、「投資環境力」、「投資風險度」、「台商推薦度」等「兩力兩度」構面以及「城市綜合實力」、「推薦等級」共六項構面排行，加上調查趨勢分析，分別針對在中國大陸投資的台商、台灣政府當局、中國大陸當局以及兩岸政府等四方面提出2009《TEEMA調查報告》的建言。

一、2009《TEEMA調查報告》對台商之建言

　　根據2009《TEEMA調查報告》分析結果，對於中國大陸台商提出「兩個關注」、「兩項扮演」建言，希冀能對台商佈局中國大陸能有所裨益。茲將四項建言說明如下：

建言一：關注「海西、西三角、泛北部灣」三新經濟區崛起之發展潛力

　　根據2009《TEEMA調查報告》列入評比的中國大陸九大經濟區，就區域別分析，城市綜合實力的排行依次為：（1）長三角經濟區（70.972分）；（2）西三角經濟區（61.783分）；（3）環渤海經濟區（59.994分）；（4）海西經濟區（48.168分）；（5）西部大開發（41.314分）；（6）振興老東北（38.081分）；（7）中部崛起（37.574分）；（8）泛北部灣經濟區（31.348分）；（9）珠三角經濟區（28.693分）。而2009年中國大陸政府積極推動的西三角經濟區、海西經濟區分居第二及第四位，由於西三角經濟區具有：（1）西南、西北龐大的內銷市場，尤其正日益成長的內需消費力；（2）當地豐富的原料資源以及勞力、土地、能源優勢，對減低生產成本和經營壓力，有相當吸引力；而海西經濟區具有兩岸經貿先行先試的新機運，例如：富邦金為了提供台商更完整的金融服務網絡，旗下香港的富邦銀行於2008年6月10日與廈門商銀簽訂認股協議；此外，2009年5月19日台灣人壽亦與廈門建發股份有限公司合資成立的君龍

人壽保險有限公司，成為首家總部設在廈門的保險公司，也是廈門金融業第一家具有台資背景的法人機構。而雖然泛北部灣經濟區在九大經濟區中只排名第八位，但由於泛北部灣經濟區是中國大陸-東協自由貿易區、泛珠江三角洲與西部大開發等三者的連結樞紐，因此，掌握其優越地位及與東協整合的龐大商機，富士康即於2007年著眼於中國大陸與東協自由貿易區的形成潛力，佈局廣西的南寧。

建言二：關注中國大陸「保增長、擴內需、調結構」之經濟發展新台階

根據2009《TEEMA調查報告》之投資環境力的「當地的市場未來發展潛力優異程度」細項指標顯示，其由2008年的第19位（3.500分）躍升至2009年的第9位（3.790分），該項指標亦為投資環境力47項指標中，上升幅度排名的第六位（+0.290分），顯示未來中國大陸的市場發展潛力，得到台商的較高評價。中國大陸經濟向來都是由外貿、投資和消費「三駕馬車」拉動，然而，2008年受美國金融危機引發的全球經濟衰退，進而導致中國大陸出口受挫，結束長達5年的兩位數經濟成長，2008年底中國大陸政府陸續推出四兆人民幣擴大內需投資、十大產業振興計劃、結構性減稅以及消費補貼等刺激經濟方案，希冀透過投資和消費這兩駕馬車，支撐中國大陸經濟發展，2009年在諸多政策刺激下，中國大陸樓市和股市快速回暖、用電量發電量開始正成長、製造業採購經理人指數上升、消費保持較快成長，工業增加值回到兩位數成長、外商直接投資增加、物價指數下降趨勢減緩、財政收入開始正成長，出口下降幅度減緩等，從上述指標所呈現穩定復甦的趨勢探究，2009年中國大陸經濟「保八」應是可達成的目標，許多經濟學家亦直言更有「衝九」的發展實力。萬事達卡國際組織（Master Card）亞太地區首席經濟顧問王月魂（2007）在其著作《前進富裕之路：亞洲新富消費力報告》中提到：「2005年中國大陸小富家戶估計共有1,280萬戶，總家戶所得超過1,400億美元；到了2015年小富家戶將超過5,000萬戶，總家戶所得超過5,000億美元。小富家戶大約將1/4的可支配所得花費在汽車、個人電腦，以及手機等項目上，而在未來十年中，預計每年將有13%到14%成長」，由此可見中國大陸內需市場強勁成長的力道與幅度。此外，中國大陸政府正積極採取「產業升級、產業換代、結構優化」為經濟發展主旋律，因此為避免政策的衝擊，為避免組織慣性思維，台商經略思考方向必須隨時跟上中國大陸的策略，經營模式上必須能夠尋求轉型與蛻變，經營心態上更需要掌握中國大陸政策變動的脈搏，為下一階段的企業永續發展，尋求新的競爭優勢。

建言三：扮演台資企業與陸資企業「競合聯盟」之整合平台角色

依據2009《TEEMA調查報告》兩岸競合之年度專題，研究結果顯示，就兩岸產業優勢而言，台灣方面在技術優勢、產品優勢及國際市場優勢三方面較具競爭力，而中國大陸則在政策優勢、群聚優勢及成長潛力優勢三方面優於台灣，這顯示兩岸優勢各有所長，若能進行「資源共享、優勢互補」，必然能夠實現「兩岸合，賺世界人的錢」，此外，就兩岸產業競爭或合作策略而言，調查結果顯示在15項競合項目中，受訪台商認為除「股權結構或企業經營權」、「資金調度與財務融通」這兩項是兩岸採取「競爭」以外，其餘的「生產製造或產品組裝」、「自創品牌進軍國際市場」、「人才獲取與人才培育」、「研究發展與自主創新」、「物流系統與全球運籌」、「通路管道建設」、「人脈網絡維繫與建立」、「核心技術的開發與掌握」、「全球市場或國際市場之開拓」、「面對海外國際競爭對手壓力」、「面對稀少性資源的取得」、「建立完整的產業群聚」、「建立完整的產業供應鏈」等13項台商認為兩岸應該採取「合作」策略。針對兩岸商機，台灣區電機電子同業公會暨台北市進出口商業同業公會榮譽理事長許勝雄（2009）表示：「中國大陸有品牌、通路、加工優勢；台灣幾十年打下基礎有技術、製造、營運管理能力，兩岸應攜手進入全世界，賺天下錢」；其亦指出：「想創造一個兩岸LED產業共同架構，希望兩岸建立一個世界級規模的控股公司，由LED從上中下游零組件到成品、到通路、到品牌，各層的龍頭共同入股此一控股公司」。此一雄略，說明在中國大陸紮根已深的台商，企盼扮演推動兩岸產業合作的策略雄心。

建言四：扮演台資企業與外資企業「策略聯盟」之協同佈局角色

由於「台灣人比全世界人更瞭解中國，又比中國人更瞭解全世界」，使得台灣在語言溝通、文化融合、市場開拓等方面都比其他外資企業更容易佈局中國大陸市場，隨著全球金融危機的擴散，促使兩岸政府藉由整合兩岸優勢，攜手共渡難關，2008年中國大陸面板市場佔有率，南韓為46.7%，台灣只佔36.0%，而中國大陸僅13.0%；然而，2009年第一季台灣在中國大陸面板市場佔有率已升至52.0%，韓國則衰退至29.0%，中國大陸維持不變。因此，促使南韓《朝鮮日報》於2009年5月30日提出，中國大陸（China）加台灣（Taiwan）等於「兩岸整合Chaiwan」的新詞彙，而日本瑞穗總合研究所（Mizuho Research Institute）亞洲調查部伊藤信悟主任於2009年7月2日在台日經貿策略聯盟演講會中表示：「Chaiwan可能會加強台日經貿策略聯盟，其認為Chaiwan的三種發展情境為（1）若是日本企業在台投資合作，再透過台灣企業進軍中國大陸市場，則兩岸經貿關係緊密，對日本企業也有好處；（2）若中日企業競相對台灣企業下單

時，對日商而言將是威脅；（3）若台灣和日本企業同時搶攻中國大陸市場，對日商也不利。但以往昔台日貿易結構剖析而言，台日聯手進軍中國大陸的情形較多，Chaiwan的進展反而可能促進台日經貿策略聯盟有更進一步發展」。因此，台商扮演台資企業與外資企業「策略聯盟」協同佈局之角色，攜手進軍中國大陸市場，創造多贏思維。

二、2009《TEEMA調查報告》對台灣當局之建言

根據2009《TEEMA調查報告》分析結果以及台商深度訪談之心聲，匯整對台灣當局提出「四項建立專責機構」之建言，希冀藉由此建言能夠協助台商進行轉型升級、拓展內需、自創品牌、佈局東協，茲將四項建言說明如下：

建言一：建立專責機構持續協助台商產業轉型以及管理升級

2008年初，中國大陸政府為進行產業結構的調整，陸續推出《勞動合同法》、《企業所得稅法》、調整《加工貿易政策》、《出口退稅政策》、《土地從嚴政策》等諸多政策，加之，中國大陸台商企業面臨「生態荒、人才荒、融資荒、治安荒、優惠荒、利潤荒」的「六荒」經營困局，轉型升級立刻成為台商救亡圖存之策略思考，此外，根據2008《TEEMA調查報告》「轉型升級的年度專題顯示，思索「轉移基地、轉向內銷、轉變策略、轉換行業」已成為台商經營之重心，經濟部亦立刻成立「中國大陸投資輔導專案小組」，擴大對中國大陸台商的服務，並整合投資處、工業局、技術處、投審會、國貿局、中小企業處及中國生產力中心等單位之輔導資源，協助台資企業進行技術升級、管理升級。但隨著中國大陸內需市場發展的潛力及產業結構調整引發的商機，建議台灣當局應設立更高層次的跨部會之「台商產業轉型升級輔導小組」，畢竟台商轉型升級包括產業整合、台商回台上市上櫃、台商資金融通調度等涉及諸多部會管轄之業務，以服務代替管制、以輔導代替限制、以整體產業轉型升級取代單一企業轉型蛻變，如此方能協助台商在中國大陸掌握「擴內需、調結構」的契機。

建言二：建立專責機構負責推動台商拓銷中國大陸內需市場

依據2009《TEEMA調查報告》投資環境力之「環境適合台商發展內需、內銷市場的程度」指標在47細項指標中排名第17位，該項指標在2007年排名為32名，過去台商佈局中國大陸，多以生產成本為主要考量因素，然而，相較於台灣狹小市場，中國大陸幅員遼闊，內需胃納量龐大且商機無限，有鑑於此，台灣應積極拓展中國大陸的內需市場，北京台商協會會長林清發表示：「全世界最大的市場就在台商的腳底下，台商應思考改變策略，除了外銷以外，亦不能忽視中國

大陸的內需市場，金融海嘯雖對中國大陸產生衝擊，但由於其廣大的內需消費市場仍有爆發力，台商可思考轉換跑道拓銷內銷市場」，基於中國大陸內需市場的龐大商機，建請政府建立「中國大陸內需市場拓銷小組」，專司中國大陸內需市場拓展業務，同時針對中國大陸各城市之特性，舉辦地區性、主題性產品展銷會，以提升台商產品在中國大陸內需市場的能見度。

建言三：建立專責機構負責推動台商佈局中國大陸自創品牌

2008年9月16日，世界品牌實驗室（World Brand Lab）公布《亞洲品牌500強》調查報告，針對市場佔有率、品牌忠誠度、亞洲領導力等指標進行調查，其中第一名為香港的匯豐銀行（HSBC）、第二名為日本豐田（TOYOTA）、第三名為中國移動，而前50名中國大陸佔有12個品牌，台灣僅鴻海居43名，顯示中國大陸的本土品牌勢力逐漸崛起，並發展成為不可忽視的重要力量，中國大陸廣大的內需市場必然是打造全球品牌的練兵場。根據東莞台商協會會長葉春榮表示：「當前國際外銷市場經營日益困難，東莞台商協會有意輔導當地出口型台商企業轉向中國大陸內需市場，但由於缺乏品牌經驗，向外貿協會尋求協助，協助台商進行轉型」；「內需市場是企業追求可持續發展的策略之一，中國大陸民眾很在意品牌，但台商現在若要打品牌，恐成本過高，因此，應透過集體方式共同打造品牌才可能成功」。建請政府建立專責機構，推動台灣自有品牌的全球化，並且擴大編列預算，協助企業自創品牌。

建言四：建立專責機構協助台商於中國大陸及東協整合佈局

英國《經濟學人》（The Economist）（2008）指出：「亞洲新興市場國家如中國大陸、印度、東協等將成全球經濟發動機，美國的經濟走勢疲軟，全球經濟舞台逐漸往亞洲移轉的趨勢」。近年來，中國大陸沿海生產成本逐漸升高，許多台商紛紛思考轉向東協市場佈局，而廣西具有鄰近東協的地緣優勢、語言溝通無障礙且勞動成本低廉，使得台商選擇廣西城市作為佈局東協的首選之地，南寧台商協會會長周世進表示：「隨著中國大陸與東協自由貿易區建設的腳步不斷加快，作為中國大陸通往東協主要門戶的南寧，將逐步成為台商投資加重之地」。根據2009《TEEMA調查報告》城市綜合實力排名顯示，南寧由2008年的第70名躍升為2009年的第56名，桂林則由2008年的第78名上升至2009年的68名，台商評價大幅提升，此外，台泥、富士康等知名台資企業紛紛進駐廣西，增強廣西吸納台商的「磁吸效應」，加之泛北部灣經濟區、大湄公河次區域等區域崛起及東協10+1自由貿易區的成形，建請政府設立專責機構協助台商掌握中國大陸與東協整合的佈局商機。

三、2009《TEEMA調查報告》對大陸當局之建言

根據2009《TEEMA調查報告》分析結果以及台商對於當地政府所反應的建言，匯整對大陸當局「四項加強」之建言，茲將四項建言說明如下：

建言一：加強法制環境建設保障台商既有投資權益

由2009《TEEMA調查報告》中顯示，投資環境力七大構面中「法制環境」位居第7位，法制環境指標中以「當地的官員操守清廉程度」位居最後，而由2005至2009的調查中可發現，除2006年法制環境排名第三位之外，2005、2007、2009年皆敬陪末座。多年來，法制環境一直是台商投資中國大陸最關心的課題，因為法制的完善化、規範化及法治化可確保台商投資利益，然而，歷年來台商對法制環境評價不高，如今兩岸交流互動頻繁，希冀中國大陸政府能完善法制環境，以保障台商權益。此外，根據投資風險度的31個細項指標可發現，位居前三大劣勢指標皆屬於「法制風險」構面，分別為：「當地政府行政命令經常變動的風險」、「違反對台商合法取得土地使用權承諾風險」、「與當地政府協商過程難以掌控的風險」，政策朝令夕改、中央與地方政府執行力度不一，常使台商無所適從，徒增損失，再者，隨著兩岸諸多經貿政策鬆綁，經貿糾紛發生比例亦可能隨之增加，若中國大陸政府不能提供完善或公平的制度，將影響台商佈局中國大陸的企圖，建議中國大陸當局針對台商投資權益議題進行會談，設立相關維護制度，以提升台商對於中國大陸法制環境的信心。

建言二：加強政府政策推動之延續性與行政透明度

根據2009《TEEMA調查報告》投資環境力的調查中，法制環境內「當地的官員操守清廉程度」為47項指標當中排名46位，而「勞工、公安、消防、衛生行政效率」排名第32，較2008年度的排名下降4個名次，顯示官員的清廉程度仍有改善空間。另外，在投資風險調查當中，「當地政府干預台商企業經營運作的風險」名列第1，「政府調解、仲裁糾紛對台商不公平程度風險」排名第9，而「官員對法令、合同、規範執行不一致的風險」排名第10，多項指標皆顯示台商對於政府政策與官員的清廉程度深感失望，有鑒於此，中國大陸政府對於法律的規範化、制度化均需加以改進，以增加台商投資的信心。

建言三：加強金融開放與自由化協助台商融通資金

企業經營難免有資金上的需要，因此，銀行的貸款通常是重要的資金來源，而依據2009《TEEMA調查報告》投資環境力調查，在47項細項指標中，「金融體系完善的程度且貸款取得便利程度」排名第36名，相較於2008年的41名，有

所改善，而「當地的資金匯兌及利潤匯出便利程度」排名第31名，較2008年的36名稍有進步，但整體而言上述兩項排名仍是未達台商之期盼，這表示台商於中國大陸進行融資之際仍是相當艱難。兩岸近期針對金融MOU的簽署已進行多次商談，希望能夠加速落實，給予台商實際的資金融通，如此才能使台商企業因為得到充裕資金的挹注，持續發展。

建言四：加強政府政策頒布之前考量台商投資權益

　　中國大陸主管部門2009年在「家電下鄉」政策出台後，陸續推出「家電進城」之汰舊換新政策，以總額70億元人民幣及10%的財政補貼，將消費效益進一步擴大，此不僅將活絡民間購買之消費力，直接拉動市場700億人民幣的廣大商機，對家電產品企業的扶植及創新改造更加提供一股強大的助力。台灣許多經營規模屬中小型之電機電子廠商耕耘大陸市場已久，卻礙於生產規模無法與大陸大型品牌洽談合作機會，這一波「家電下鄉」及「家電進城」之商機對這些企業而言，實乃望梅止渴。另外，中國大陸許多省市政府規定合資企業有成為合格供應商之條件，惟對台資企業依舊設下許多限制。建請中國大陸主管部門在制定相關政策之際，考量台商投資權益，誠如溫家寶總理於海峽論壇前赴廈門視察時發表對台採取「同等優先、適度放寬」政策，表示涉及台商問題，可以考慮適度放鬆限制，希冀政府相關部門能夠落實溫家寶總理的指示。

四、2009《TEEMA調查報告》對兩岸政府之建言

建言一：兩岸政府應積極協商加速簽訂「經濟合作架構協議」

　　近幾年來，全球經濟版圖推移、區域經濟體制丕變，經濟版圖由「西朝」逐漸轉移為「東望」，此外，隨著世界貿易組織（WTO）的架構形成，越來越多國家彼此間簽訂了自由貿易協定（FTA），經濟體制也開始由全球化經濟向區域化經濟轉變，如歐盟、北美自由貿易區、東協等區域組織相繼成立，但由於過去兩岸基於政治因素的阻礙，致使台灣未能與重要經貿地區的經濟體簽訂FTA，這對台灣而言，極有可能產生被邊緣化的危機，但基於比較利益將是兩岸未來經濟整合的驅動力，兩岸互補、互利的產業分工和蓬勃發展的經貿關係，使兩岸具有經濟整合的現實基礎，這再次顯示兩岸產業發展從競爭的態勢，必須回到彼此互補合作的格局，因此建請兩岸政府應積極簽訂「經濟合作架構協議」（Economic Cooperation Framework Agreement；ECFA），藉由兩岸的經貿合作，同時促進與其他各主要經濟體的合作，同時與這些經濟體簽訂FTA，帶動兩岸經濟的高度整合，創造兩岸經濟共榮。

建言二：兩岸政府共選「策略性發展產業」列入「十二五規劃」專章

　　2006至2010年的「十一五」規劃期間，是中國大陸全面建設小康社會承前啟後的關鍵時期，也是中國大陸經濟社會發展轉入科學發展軌道的關鍵時期。十一五規劃勾勒中國大陸經濟發展的發展思路與途徑，換言之，是經濟發展的重要指導核心，十一五期間中國大陸在消費市場、產業升級、自主創新、區域發展、農村建設等五個發展方面體現出諸多新亮點，蘊涵著新的商機。面對2011至2015年的「十二五規劃」，更是中國大陸經濟騰飛重要的政策指引，建請兩岸政府共同挑選出最具有優勢互補的「十大策略性發展產業」，這些產業具有全球競爭力、兩岸整合優勢、健全的國際行銷通路，如此兩岸攜手共同進軍國際市場，將為兩岸的產業創造國際的競爭優勢。若將「十大策略性發展產業」列入「十二五規劃」之專章，其政策涵義不可言喻，其落實執行力將更可期待。

建言三：兩岸政府應協商讓台灣取得內需市場特殊待遇地位

　　根據2009《TEEMA調查報告》投資環境力分析結果顯示，「當地市場未來發展潛力優異程度」為47個細項指標中的第9位、「環境適合台商發展內需、內銷市場的程度」在47細項指標中排名第17位，顯示台商看好中國大陸內需市場發展前景，根據廣州台商會會長程豐原表示：「因應投資環境的變遷，台商應轉為內銷或朝高科技方向發展，而開拓中國大陸市場更已成為大趨勢」，2009年6月21日，大前研一拜會行政院長劉兆玄提出：「中國大陸不太希望外資企業介入中國大陸的鋼鐵、通訊、交通和港埠產業，但台灣可以和中國大陸政府溝通談判，研擬台灣可以在中國大陸市場特別經營的機會（special local status），再結合歐美廠商的專長，預期將可創造三贏局面」。台灣具有經營中國大陸市場的獨特優勢，如文化、語言能力，且又對歐美日的企業文化特別瞭解，因此，台商有非常好的優勢與機會，在中國大陸市場上取得經營的好位置，未來台商應該改變經營策略，建立銷售網絡、服務網絡，經營中國大陸的內需市場。

建言四：兩岸政府應建立「戰略與經濟對話」機制增進互信加強共識

　　2009年7月27日中美「戰略與經濟對話」（Strategic and Economic Dialogue；S&ED）在華盛頓舉行。此一對話機制是在過去一年舉行一次的中美「戰略對話」與一年舉行二次的中美「戰略經濟對話」（Strategic Economic Dialogue；SED）兩大對話機制基礎上，中美雙方認為此對話機制有助於加強雙方的瞭解、擴大共識、增進互信、促進合作，並有助於雙方在解決全球金融危機、地區安全、氣候變化等方面進行合作。兩岸交流互動涉及層面繁多，包括經貿往來、企業投資、技術認證、共同研發、智慧財產權，均需兩岸主管機構相互

協商，建議兩岸政府除在「海基會」與「海協會」事務性協商進行對話外，能夠舉行類似中美「戰略與經濟對話」的機制，以利共同討論兩岸彼此關心的重大議題，相信此一對話機制若能定期召開，對於解決現存兩岸經貿問題將有所裨益，此舉措既符合潮流亦符合民心，並有利於兩岸關係和平、穩定與發展。

第六篇

資訊掃描──
2009 TEEMA城市排行資訊揭露

第25章 2009中國大陸城市綜合實力評估彙總表

城市名稱	① 蘇州昆山		綜合指標	2009年	97.012分	綜合排名	A01/01	極力推薦
				2008年	95.615分		A02/02	極力推薦

競爭力 (15%)	項目	基礎條件		財政條件		投資條件		經濟條件		就業條件		加權平均	
	分數	66.661		93.324		95.546		97.657		85.325		88.136	
	排名	22		6		3		2		7		5	

環境力 (40%)	項目	自然環境	基礎建設	公共設施	社會環境	法制環境	經濟環境	經營環境	加權平均
	分數	4.384	4.382	4.158	4.284	4.284	4.264	4.241	4.280
	排名	3	3	4	3	2	3	4	3

風險度 (30%)	項目	社會風險		法制風險		經濟風險		經營風險		加權平均	
	分數	1.607		1.440		1.544		1.539		1.523	
	排名	1		1		1		1		1	

推薦度 (15%)	2009年	加權平均	4.512	2008年	加權平均	4.66
		排名	1		排名	1

城市名稱	② 南京江寧		綜合指標	2009年	93.412分	綜合排名	A02/02	極力推薦
				2008年	89.736分		A07/07	極力推薦

競爭力 (15%)	項目	基礎條件		財政條件		投資條件		經濟條件		就業條件		加權平均	
	分數	81.659		87.992		84.436		84.659		80.437		83.503	
	排名	8		8		11		11		10		8	

環境力 (40%)	項目	自然環境	基礎建設	公共設施	社會環境	法制環境	經濟環境	經營環境	加權平均
	分數	4.304	4.374	4.239	4.287	4.195	4.307	4.275	4.270
	排名	7	4	2	2	6	1	3	3

風險度 (30%)	項目	社會風險		法制風險		經濟風險		經營風險		加權平均	
	分數	1.728		1.683		1.689		1.713		1.700	
	排名	5		4		3		6		4	

推薦度 (15%)	2009年	加權平均	4.320	2008年	加權平均	4.38
		排名	11		排名	10

城市名稱	③ 蘇州工業區		綜合指標	2009年	92.972分	綜合排名	A03/03	極力推薦
				2008年	97.155分		A01/01	極力推薦

競爭力 (15%)	項目	基礎條件		財政條件		投資條件		經濟條件		就業條件		加權平均	
	分數	66.661		93.324		95.546		97.657		85.325		88.136	
	排名	22		6		3		2		7		5	

環境力 (40%)	項目	自然環境	基礎建設	公共設施	社會環境	法制環境	經濟環境	經營環境	加權平均
	分數	4.181	4.268	4.061	4.175	4.202	4.196	4.149	4.178
	排名	11	8	14	8	5	10	6	8

風險度 (30%)	項目	社會風險		法制風險		經濟風險		經營風險		加權平均	
	分數	1.697		1.610		1.652		1.689		1.659	
	排名	4		2		2		3		2	

推薦度 (15%)	2009年	加權平均	4.363	2008年	加權平均	4.59
		排名	8		排名	3

城市名稱	④ 天津濱海		綜合指標	2009年	91.379分	綜合排名	A04/04	極力推薦
				2008年	93.928分		A03/03	極力推薦

競爭力 (15%)	項目	基礎條件	財政條件	投資條件	經濟條件	就業條件	加權平均
	分數	88.991	97.324	91.991	90.658	91.547	91.436
	排名	4	3	5	7	5	4

環境力 (40%)	項目	自然環境	基礎建設	公共設施	社會環境	法制環境	經濟環境	經營環境	加權平均
	分數	4.427	4.408	4.423	4.472	4.368	4.261	4.421	4.388
	排名	1	1	1	1	1	5	1	1

風險度 (30%)	項目	社會風險	法制風險	經濟風險	經營風險	加權平均
	分數	1.830	1.805	1.800	1.810	1.808
	排名	15	18	13	15	14

推薦度 (15%)	2009年	加權平均	4.272	2008年	加權平均	4.45
		排名	15		排名	8

城市名稱	⑤ 寧波北侖		綜合指標	2009年	91.199分	綜合排名	A05/05	極力推薦
				2008年	80.393分		A15/15	極力推薦

競爭力 (15%)	項目	基礎條件	財政條件	投資條件	經濟條件	就業條件	加權平均
	分數	72.993	89.325	82.214	87.325	82.659	82.703
	排名	18	8	14	9	8	9

環境力 (40%)	項目	自然環境	基礎建設	公共設施	社會環境	法制環境	經濟環境	經營環境	加權平均
	分數	4.382	4.246	4.125	4.183	4.205	4.089	4.171	4.192
	排名	4	9	8	7	4	15	5	6

風險度 (30%)	項目	社會風險	法制風險	經濟風險	經營風險	加權平均
	分數	1.740	1.708	1.696	1.767	1.729
	排名	7	8	4	10	6

推薦度 (15%)	2009年	加權平均	4.382	2008年	加權平均	4.29
		排名	6		排名	12

《 ① 蘇州昆山、② 南京江寧、③ 蘇州工業區、④ 天津濱海、⑤ 寧波北侖 》

城市名稱	⑥ 上海閔行		綜合指標	2009年	91.043分	綜合排名	A06/06	極力推薦
				2008年	83.470分		A12/12	極力推薦

競爭力 (15%)	項目	基礎條件	財政條件	投資條件	經濟條件	就業條件	加權平均
	分數	90.325	99.323	99.546	98.324	96.435	96.690
	排名	2	1	1	1	3	1

環境力 (40%)	項目	自然環境	基礎建設	公共設施	社會環境	法制環境	經濟環境	經營環境	加權平均
	分數	4.133	4.295	4.213	4.115	4.188	4.211	4.128	4.180
	排名	19	7	4	13	7	6	9	7

風險度 (30%)	項目	社會風險	法制風險	經濟風險	經營風險	加權平均
	分數	1.794	1.747	1.745	1.751	1.752
	排名	9	13	6	8	9

推薦度 (15%)	2009年	加權平均	4.251	2008年	加權平均	4.20
		排名	18		排名	13

城市名稱	⑦ 杭州蕭山		綜合指標	2009年	90.078分	綜合排名	A07/07	極力推薦
				2008年	90.204分		A06/06	極力推薦

競爭力 (15%)	項目	基礎條件	財政條件	投資條件	經濟條件	就業條件	加權平均
	分數	83.659	87.325	87.547	88.325	89.769	87.425
	排名	7	10	8	8	6	7

環境力 (40%)	項目	自然環境	基礎建設	公共設施	社會環境	法制環境	經濟環境	經營環境	加權平均
	分數	4.318	4.365	4.077	4.223	4.180	4.283	4.037	4.193
	排名	5	5	12	5	9	2	16	5

風險度 (30%)	項目	社會風險	法制風險	經濟風險	經營風險	加權平均
	分數	1.848	1.717	1.759	1.824	1.780
	排名	18	9	9	18	11

推薦度 (15%)	2009年	加權平均	4.343	2008年	加權平均	4.48
		排名	9		排名	6

城市名稱	8 南昌		綜合指標	2009年	88.892分	綜合排名	A08/08	極力推薦
				2008年	85.428分		A10/10	極力推薦
競爭力 (15%)	項目	基礎條件	財政條件		投資條件	經濟條件	就業條件	加權平均
	分數	55.662	51.329		59.551	52.329	54.662	54.807
	排名	36	38		30	38	39	38
環境力 (40%)	項目	自然環境	基礎建設	公共設施	社會環境	法制環境	經濟環境	經營環境	加權平均
	分數	4.306	4.217	4.125	4.256	4.235	4.198	4.288	4.236
	排名	6	12	8	4	3	9	2	4
風險度 (30%)	項目	社會風險	法制風險	經濟風險	經營風險	加權平均
	分數	1.653	1.698	1.781	1.690	1.715
	排名	3	6	11	4	5
推薦度 (15%)	2009年	加權平均	4.475	2008年	加權平均	4.64
		排名	3		排名	2

城市名稱	9 北京亦庄		綜合指標	2009年	86.858分	綜合排名	A09/09	極力推薦
				2008年	80.198分		A17/17	極力推薦
競爭力 (15%)	項目	基礎條件	財政條件		投資條件	經濟條件	就業條件	加權平均
	分數	89.991	97.990		97.768	94.324	98.212	95.291
	排名	3	2		5	1	2
環境力 (40%)	項目	自然環境	基礎建設	公共設施	社會環境	法制環境	經濟環境	經營環境	加權平均
	分數	4.131	4.159	4.232	4.137	4.181	4.209	4.141	4.171
	排名	20	15	3	10	8	7	7	10
風險度 (30%)	項目	社會風險	法制風險	經濟風險	經營風險	加權平均
	分數	1.866	1.839	1.832	1.794	1.824
	排名	20	23	15	13	17
推薦度 (15%)	2009年	加權平均	4.204	2008年	加權平均	4.00
		排名	23		排名	24

城市名稱	10 無錫江陰		綜合指標	2009年	85.971分	綜合排名	A10/10	極力推薦
				2008年	90.381分		A05/05	極力推薦
競爭力 (15%)	項目	基礎條件	財政條件		投資條件	經濟條件	就業條件	加權平均
	分數	57.662	83.325		82.214	91.324	64.883	76.682
	排名	34	14		14	6	28	15
環境力 (40%)	項目	自然環境	基礎建設	公共設施	社會環境	法制環境	經濟環境	經營環境	加權平均
	分數	4.159	4.141	3.968	4.155	4.017	4.199	4.116	4.100
	排名	15	16	24	9	20	8	11	13
風險度 (30%)	項目	社會風險	法制風險	經濟風險	經營風險	加權平均
	分數	1.806	1.702	1.834	1.823	1.794
	排名	11	7	16	17	13
推薦度 (15%)	2009年	加權平均	4.476	2008年	加權平均	4.48
		排名	2		排名	6

《 6 上海閔行、 7 杭州蕭山、 8 南昌、 9 北京亦庄、 10 無錫江陰 》

城市名稱	11 成都		綜合指標	2009年	85.476分	綜合排名	A11/11	極力推薦
				2008年	86.926分		A09/09	極力推薦
競爭力 (15%)	項目	基礎條件	財政條件		投資條件	經濟條件	就業條件	加權平均
	分數	85.658	86.658		86.214	68.994	72.438	78.226
	排名	6	11		9	22	16	14
環境力 (40%)	項目	自然環境	基礎建設	公共設施	社會環境	法制環境	經濟環境	經營環境	加權平均
	分數	4.125	4.125	4.056	4.090	4.109	4.086	4.128	4.105
	排名	21	20	15	17	13	16	9	12
風險度 (30%)	項目	社會風險	法制風險	經濟風險	經營風險	加權平均
	分數	1.801	1.785	1.842	1.808	1.812
	排名	10	17	17	14	15
推薦度 (15%)	2009年	加權平均	4.465	2008年	加權平均	4.59
		排名	4		排名	3

267

城市名稱 ⑫ 廈門島外

綜合指標	2009年	85.031分	綜合排名	A12/12	極力推薦
	2008年	65.778分		B06/29	值得推薦

競爭力 (15%)	項目	基礎條件	財政條件	投資條件	經濟條件	就業條件	加權平均
	分數	58.662	75.993	67.994	63.994	81.770	68.483
	排名	30	18	25	28	9	21

環境力 (40%)	項目	自然環境	基礎建設	公共設施	社會環境	法制環境	經濟環境	經營環境	加權平均
	分數	4.190	4.104	4.050	4.057	3.984	4.095	4.057	4.062
	排名	10	22	16	21	25	14	14	17

風險度 (30%)	項目	社會風險	法制風險	經濟風險	經營風險	加權平均
	分數	1.810	1.760	1.735	1.694	1.734
	排名	13	14	5	5	7

推薦度 (15%)	2009年	加權平均	4.441	2008年	加權平均	3.95
		排名	5		排名	30

城市名稱 ⑬ 杭州市區

綜合指標	2009年	84.456分	綜合排名	A13/13	極力推薦
	2008年	75.359分		A23/23	極力推薦

競爭力 (15%)	項目	基礎條件	財政條件	投資條件	經濟條件	就業條件	加權平均
	分數	83.659	87.325	87.547	88.325	89.769	87.425
	排名	7	10	8	8	6	7

環境力 (40%)	項目	自然環境	基礎建設	公共設施	社會環境	法制環境	經濟環境	經營環境	加權平均
	分數	3.984	4.390	4.095	4.105	4.011	4.102	3.986	4.073
	排名	31	2	11	15	23	13	21	16

風險度 (30%)	項目	社會風險	法制風險	經濟風險	經營風險	加權平均
	分數	1.845	1.744	1.782	1.766	1.773
	排名	17	11	12	9	10

推薦度 (15%)	2009年	加權平均	4.220	2008年	加權平均	3.96
		排名	21		排名	27

城市名稱 ⑭ 蘇州市區

綜合指標	2009年	84.450分	綜合排名	A14/14	極力推薦
	2008年	79.105分		A19/19	極力推薦

競爭力 (15%)	項目	基礎條件	財政條件	投資條件	經濟條件	就業條件	加權平均
	分數	66.661	93.324	95.546	97.657	85.325	88.136
	排名	22	6	2	2	7	5

環境力 (40%)	項目	自然環境	基礎建設	公共設施	社會環境	法制環境	經濟環境	經營環境	加權平均
	分數	4.160	4.225	4.098	4.136	4.067	4.071	3.983	4.086
	排名	14	11	10	11	17	17	23	14

風險度 (30%)	項目	社會風險	法制風險	經濟風險	經營風險	加權平均
	分數	1.782	1.697	1.757	1.862	1.781
	排名	8	5	8	24	12

推薦度 (15%)	2009年	加權平均	4.208	2008年	加權平均	4.04
		排名	22		排名	22

城市名稱 ⑮ 寧波市區

綜合指標	2009年	83.937分	綜合排名	A15/15	極力推薦
	2008年	61.068分		B13/36	值得推薦

競爭力 (15%)	項目	基礎條件	財政條件	投資條件	經濟條件	就業條件	加權平均
	分數	72.993	89.325	82.214	87.325	82.659	82.703
	排名	18	8	14	9	8	9

環境力 (40%)	項目	自然環境	基礎建設	公共設施	社會環境	法制環境	經濟環境	經營環境	加權平均
	分數	4.386	4.332	4.153	4.084	4.085	4.263	4.091	4.174
	排名	2	6	6	18	15	4	12	9

風險度 (30%)	項目	社會風險	法制風險	經濟風險	經營風險	加權平均
	分數	2.053	1.868	1.820	1.961	1.904
	排名	36	25	14	28	26

推薦度 (15%)	2009年	加權平均	4.289	2008年	加權平均	3.97
		排名	12		排名	26

《 ⑪ 成都、⑫ 廈門島外、⑬ 杭州市區、⑭ 蘇州市區、⑮ 寧波市區 》

城市名稱	16 大連		綜合指標	2009年	83.184分	綜合排名	A16/16	極力推薦
				2008年	81.949分		A14/14	極力推薦

競爭力 (15%)	項目	基礎條件		財政條件		投資條件		經濟條件		就業條件		加權平均
	分數	74.993		85.325		87.992		78.993		71.105		79.048
	排名	15		12		7		15		21		13

環境力 (40%)	項目	自然環境	基礎建設	公共設施	社會環境	法制環境	經濟環境	經營環境	加權平均
	分數	4.219	4.238	4.133	4.194	4.091	4.170	4.130	4.153
	排名	8	10	7	6	14	11	8	11

風險度 (30%)	項目	社會風險		法制風險		經濟風險		經營風險		加權平均
	分數	1.906		1.820		1.866		1.852		1.854
	排名	23		20		20		23		20

推薦度 (15%)	2009年	加權平均	4.197	2008年	加權平均	4.13
		排名	24		排名	15

城市名稱	17 揚州		綜合指標	2009年	83.037分	綜合排名	A17/17	極力推薦
				2008年	88.641分		A08/08	極力推薦

競爭力 (15%)	項目	基礎條件		財政條件		投資條件		經濟條件		就業條件		加權平均
	分數	45.997		45.330		51.107		53.329		44.441		48.841
	排名	46		40		39		37		46		43

環境力 (40%)	項目	自然環境	基礎建設	公共設施	社會環境	法制環境	經濟環境	經營環境	加權平均
	分數	4.162	4.123	3.987	4.097	4.110	4.029	4.072	4.083
	排名	13	21	19	16	12	22	13	15

風險度 (30%)	項目	社會風險		法制風險		經濟風險		經營風險		加權平均
	分數	1.635		1.657		1.766		1.650		1.685
	排名	2		3		10		2		3

推薦度 (15%)	2009年	加權平均	4.326	2008年	加權平均	4.57
		排名	10		排名	5

城市名稱	18 青島		綜合指標	2009年	82.976分	綜合排名	A18/18	極力推薦
				2008年	76.002分		A22/22	極力推薦

競爭力 (15%)	項目	基礎條件		財政條件		投資條件		經濟條件		就業條件		加權平均
	分數	75.660		83.992		83.548		84.325		79.104		81.359
	排名	14		13		12		12		12		11

環境力 (40%)	項目	自然環境	基礎建設	公共設施	社會環境	法制環境	經濟環境	經營環境	加權平均
	分數	4.070	4.139	3.961	4.026	4.012	4.004	4.037	4.031
	排名	24	17	26	24	22	27	15	20

風險度 (30%)	項目	社會風險		法制風險		經濟風險		經營風險		加權平均
	分數	1.737		1.747		1.747		1.738		1.743
	排名	6		12		7		7		8

推薦度 (15%)	2009年	加權平均	4.231	2008年	加權平均	4.04
		排名	20		排名	22

城市名稱	19 蘇州新區		綜合指標	2009年	77.623分	綜合排名	A19/19	極力推薦
				2008年	92.325分		A04/04	極力推薦

競爭力 (15%)	項目	基礎條件		財政條件		投資條件		經濟條件		就業條件		加權平均
	分數	66.661		93.324		95.546		97.657		85.325		88.136
	排名	22		6		3		2		7		5

環境力 (40%)	項目	自然環境	基礎建設	公共設施	社會環境	法制環境	經濟環境	經營環境	加權平均
	分數	4.002	4.177	3.864	3.961	3.941	4.012	4.006	3.988
	排名	27	13	29	31	28	26	17	26

風險度 (30%)	項目	社會風險		法制風險		經濟風險		經營風險		加權平均
	分數	1.936		1.883		1.951		1.840		1.894
	排名	25		28		25		22		25

推薦度 (15%)	2009年	加權平均	4.257	2008年	加權平均	4.39
		排名	17		排名	9

城市名稱	⑳ 廈門島內		綜合指標	2009年	75.735分	綜合排名		A20/20	極力推薦
				2008年	63.368分			B11/34	值得推薦
競爭力 (15%)	項目	基礎條件	財政條件		投資條件	經濟條件		就業條件	加權平均
	分數	58.662	75.993		67.994	63.994		81.770	68.483
	排名	30	18		25	28		9	21
環境力 (40%)	項目	自然環境	基礎建設	公共設施	社會環境	法制環境	經濟環境	經營環境	加權平均
	分數	4.167	4.173	3.983	4.135	3.881	4.070	3.949	4.016
	排名	12	14	20	12	32	18	27	22
風險度 (30%)	項目	社會風險		法制風險		經濟風險		經營風險	加權平均
	分數	1.983		1.882		1.940		1.837	1.893
	排名	27		27		24		21	24
推薦度 (15%)	2009年		加權平均	4.234		2008年		加權平均	3.92
			排名	19				排名	31

《 ⑯ 大連、⑰ 揚州、⑱ 青島、⑲ 蘇州新區、⑳ 廈門島內 》

城市名稱	㉑ 無錫市區		綜合指標	2009年	75.582分	綜合排名		A21/21	極力推薦
				2008年	83.501分			A11/11	極力推薦
競爭力 (15%)	項目	基礎條件	財政條件		投資條件	經濟條件		就業條件	加權平均
	分數	57.662	83.325		82.214	91.324		64.883	76.682
	排名	34	14		14	6		28	15
環境力 (40%)	項目	自然環境	基礎建設	公共設施	社會環境	法制環境	經濟環境	經營環境	加權平均
	分數	4.047	4.068	3.955	4.000	3.962	4.052	3.949	3.995
	排名	26	26	26	26	26	21	26	25
風險度 (30%)	項目	社會風險		法制風險		經濟風險		經營風險	加權平均
	分數	1.991		1.834		1.874		1.827	1.859
	排名	29		22		21		19	21
推薦度 (15%)	2009年		加權平均	4.166		2008年		加權平均	4.13
			排名	25				排名	15

城市名稱	㉒ 鎮江		綜合指標	2009年	75.139分	綜合排名		A22/22	值得推薦
				2008年	69.376分			B03/26	值得推薦
競爭力 (15%)	項目	基礎條件	財政條件		投資條件	經濟條件		就業條件	加權平均
	分數	49.996	38.664		47.552	53.329		55.551	50.485
	排名	43	46		42	36		37	42
環境力 (40%)	項目	自然環境	基礎建設	公共設施	社會環境	法制環境	經濟環境	經營環境	加權平均
	分數	4.136	4.136	3.977	4.082	4.031	4.123	4.000	4.060
	排名	18	18	21	19	19	12	18	18
風險度 (30%)	項目	社會風險		法制風險		經濟風險		經營風險	加權平均
	分數	1.898		1.869		1.987		1.864	1.905
	排名	22		26		30		25	27
推薦度 (15%)	2009年		加權平均	4.286		2008年		加權平均	4.13
			排名	13				排名	15

城市名稱	㉓ 重慶		綜合指標	2009年	73.295分	綜合排名		B01/23	值得推薦
				2008年	37.360分			C13/61	勉予推薦
競爭力 (15%)	項目	基礎條件	財政條件		投資條件	經濟條件		就業條件	加權平均
	分數	80.992	94.657		83.992	69.327		60.439	75.349
	排名	9	5		11	21		33	16
環境力 (40%)	項目	自然環境	基礎建設	公共設施	社會環境	法制環境	經濟環境	經營環境	加權平均
	分數	3.992	4.042	3.924	3.944	4.068	4.024	3.998	4.010
	排名	30	28	28	32	16	23	19	23
風險度 (30%)	項目	社會風險		法制風險		經濟風險		經營風險	加權平均
	分數	2.087		2.143		2.160		2.152	2.146
	排名	41		41		40		37	39
推薦度 (15%)	2009年		加權平均	4.372		2008年		加權平均	3.32
			排名	7				排名	55

城市名稱	24 蘇州張家港	綜合指標	2009年	73.287分	綜合排名	B02/24	值得推薦
			2008年	68.000分		B05/28	值得推薦

競爭力 (15%)	項目	基礎條件	財政條件	投資條件	經濟條件	就業條件	加權平均
	分數	66.661	93.324	95.546	97.657	85.325	88.136
	排名	22	6	3	2	7	5
環境力 (40%)	項目	自然環境	基礎建設	公共設施	社會環境	法制環境	經濟環境	經營環境	加權平均
	分數	3.997	4.095	3.976	4.019	4.015	4.054	3.995	4.020
	排名	29	23	22	25	21	20	20	21
風險度 (30%)	項目	社會風險	法制風險	經濟風險	經營風險	加權平均
	分數	2.083	2.024	2.054	2.052	2.049
	排名	40	35	33	33	34
推薦度 (15%)	2009年	加權平均	4.050	2008年	加權平均	3.90
		排名	34		排名	33

城市名稱	25 常州	綜合指標	2009年	71.970分	綜合排名	B03/25	值得推薦
			2008年	53.929分		B21/44	值得推薦

競爭力 (15%)	項目	基礎條件	財政條件	投資條件	經濟條件	就業條件	加權平均
	分數	52.663	65.994	71.993	72.660	57.329	64.794
	排名	37	26	20	18	35	25
環境力 (40%)	項目	自然環境	基礎建設	公共設施	社會環境	法制環境	經濟環境	經營環境	加權平均
	分數	4.090	4.078	4.067	4.031	3.863	4.066	3.852	3.973
	排名	23	24	13	23	33	19	35	28
風險度 (30%)	項目	社會風險	法制風險	經濟風險	經營風險	加權平均
	分數	2.038	1.822	2.011	1.788	1.889
	排名	34	21	31	12	23
推薦度 (15%)	2009年	加權平均	4.078	2008年	加權平均	3.56
		排名	31		排名	49

《 21 無錫市區、22 鎮江、23 重慶、24 蘇州張家港、25 常州 》

城市名稱	26 廊坊	綜合指標	2009年	71.230分	綜合排名	B04/26	值得推薦
			2008年	80.338分		A16/16	極力推薦

競爭力 (15%)	項目	基礎條件	財政條件	投資條件	經濟條件	就業條件	加權平均
	分數	44.664	33.998	41.331	36.331	33.332	38.164
	排名	47	50	47	49	53	50
環境力 (40%)	項目	自然環境	基礎建設	公共設施	社會環境	法制環境	經濟環境	經營環境	加權平均
	分數	4.000	4.000	4.000	4.042	4.053	3.872	3.852	3.969
	排名	28	30	18	22	18	35	34	29
風險度 (30%)	項目	社會風險	法制風險	經濟風險	經營風險	加權平均
	分數	2.026	1.770	1.865	1.833	1.846
	排名	33	16	19	20	18
推薦度 (15%)	2009年	加權平均	4.284	2008年	加權平均	4.36
		排名	14		排名	11

城市名稱	27 無錫宜興	綜合指標	2009年	71.200分	綜合排名	B05/27	值得推薦
			2008年	79.476分		A18/18	極力推薦

競爭力 (15%)	項目	基礎條件	財政條件	投資條件	經濟條件	就業條件	加權平均
	分數	57.662	83.325	82.214	91.324	64.883	76.682
	排名	34	14	14	6	28	15
環境力 (40%)	項目	自然環境	基礎建設	公共設施	社會環境	法制環境	經濟環境	經營環境	加權平均
	分數	4.091	3.945	3.818	3.855	3.927	3.994	3.927	3.937
	排名	22	32	32	39	30	29	30	30
風險度 (30%)	項目	社會風險	法制風險	經濟風險	經營風險	加權平均
	分數	1.807	1.972	1.909	1.769	1.865
	排名	12	32	23	11	22
推薦度 (15%)	2009年	加權平均	3.968	2008年	加權平均	4.11
		排名	41		排名	18

城市名稱	28 煙台		綜合指標	2009年	70.762分	綜合排名	B06/28	值得推薦
				2008年	78.634分		A20/20	極力推薦
競爭力 (15%)	項目	基礎條件		財政條件		投資條件	經濟條件	就業條件	加權平均
	分數	63.328		67.327		69.772	76.326	66.661	69.583
	排名	25		25		23	16	25	19
環境力 (40%)	項目	自然環境	基礎建設	公共設施	社會環境	法制環境	經濟環境	經營環境	加權平均
	分數	4.204	4.057	4.001	3.978	3.927	3.992	3.967	3.998
	排名	9	27	17	29	29	30	25	24
風險度 (30%)	項目	社會風險		法制風險		經濟風險		經營風險	加權平均
	分數	1.986		2.035		2.087		1.995	2.032
	排名	28		36		34		32	32
推薦度 (15%)	2009年	加權平均		4.144		2008年		加權平均	4.09
		排名		27				排名	20

城市名稱	29 連雲港		綜合指標	2009年	69.284分	綜合排名	B07/29	值得推薦
				2008年	--		--	--
競爭力 (15%)	項目	基礎條件		財政條件		投資條件	經濟條件	就業條件	加權平均
	分數	40.664		32.665		60.439	25.999	32.443	37.776
	排名	53		52		29	57	55	51
環境力 (40%)	項目	自然環境	基礎建設	公共設施	社會環境	法制環境	經濟環境	經營環境	加權平均
	分數	4.157	3.929	3.754	4.106	4.145	3.840	3.847	3.976
	排名	16	33	37	14	11	39	36	27
風險度 (30%)	項目	社會風險		法制風險		經濟風險		經營風險	加權平均
	分數	1.824		1.721		1.882		1.819	1.814
	排名	14		10		22		16	16
推薦度 (15%)	2009年	加權平均		4.012		2008年		加權平均	--
		排名		38				排名	--

城市名稱	30 淮安		綜合指標	2009年	68.495分	綜合排名	B08/30	值得推薦
				2008年	62.092分		B12/35	值得推薦
競爭力 (15%)	項目	基礎條件		財政條件		投資條件	經濟條件	就業條件	加權平均
	分數	40.664		35.998		38.664	29.665	34.220	35.209
	排名	52		49		49	54	50	52
環境力 (40%)	項目	自然環境	基礎建設	公共設施	社會環境	法制環境	經濟環境	經營環境	加權平均
	分數	4.148	4.013	3.843	4.081	4.167	3.923	3.986	4.036
	排名	17	29	30	20	10	31	22	19
風險度 (30%)	項目	社會風險		法制風險		經濟風險		經營風險	加權平均
	分數	1.856		1.812		1.965		1.963	1.915
	排名	19		19		26		30	28
推薦度 (15%)	2009年	加權平均		4.085		2008年		加權平均	4.00
		排名		30				排名	24

《 26 廊坊、27 無錫宜興、28 煙台、29 連雲港、30 淮安 》

城市名稱	31 濟南		綜合指標	2009年	66.894分	綜合排名	B09/31	值得推薦
				2008年	64.853分		B07/30	值得推薦
競爭力 (15%)	項目	基礎條件		財政條件		投資條件	經濟條件	就業條件	加權平均
	分數	79.992		69.994		58.662	70.327	79.548	71.738
	排名	11		22		32	20	11	18
環境力 (40%)	項目	自然環境	基礎建設	公共設施	社會環境	法制環境	經濟環境	經營環境	加權平均
	分數	3.613	3.840	3.750	3.840	3.834	3.806	3.944	3.822
	排名	51	41	38	42	37	41	28	37
風險度 (30%)	項目	社會風險		法制風險		經濟風險		經營風險	加權平均
	分數	1.930		1.885		1.966		1.953	1.938
	排名	24		29		27		27	29
推薦度 (15%)	2009年	加權平均		4.100		2008年		加權平均	3.91
		排名		29				排名	32

城市名稱	③② 上海市區		綜合指標	2009年	65.946分		綜合排名	B10/32	值得推薦
				2008年	58.005分			B17/40	值得推薦

競爭力 (15%)	項目	基礎條件		財政條件		投資條件		經濟條件		就業條件		加權平均
	分數	90.325		99.323		99.546		98.324		96.435		96.690
	排名	2		1		1		1		3		1
環境力 (40%)	項目	自然環境	基礎建設	公共設施		社會環境	法制環境		經濟環境		經營環境	加權平均
	分數	3.744	4.077	3.972		3.808	3.615		4.016		3.942	3.855
	排名	46	25	23		44	47		25		29	34
風險度 (30%)	項目	社會風險		法制風險		經濟風險			經營風險			加權平均
	分數	2.058		2.178		2.346			2.390			2.291
	排名	38		42		53			58			50

推薦度 (15%)	2009年	加權平均	4.262	2008年	加權平均	3.65
		排名	16		排名	43

城市名稱	③③ 上海浦東		綜合指標	2009年	65.790分		綜合排名	B11/33	值得推薦
				2008年	51.485分			B24/47	值得推薦

競爭力 (15%)	項目	基礎條件		財政條件		投資條件		經濟條件		就業條件		加權平均
	分數	90.325		99.323		99.546		98.324		96.435		96.690
	排名	2		1		1		1		3		1
環境力 (40%)	項目	自然環境	基礎建設	公共設施		社會環境	法制環境		經濟環境		經營環境	加權平均
	分數	3.969	4.134	3.929		3.805	3.697		3.996		3.781	3.864
	排名	32	19	27		45	45		28		42	39
風險度 (30%)	項目	社會風險		法制風險		經濟風險			經營風險			加權平均
	分數	2.211		2.250		2.253			2.202			2.230
	排名	47		51		46			41			45

推薦度 (15%)	2009年	加權平均	4.121	2008年	加權平均	3.55
		排名	28		排名	51

城市名稱	③④ 寧波奉化		綜合指標	2009年	65.118分		綜合排名	B12/34	值得推薦
				2008年	70.238分			B02/25	值得推薦

競爭力 (15%)	項目	基礎條件		財政條件		投資條件		經濟條件		就業條件		加權平均
	分數	72.993		89.325		82.214		87.325		82.659		82.703
	排名	18		8		14		9		8		9
環境力 (40%)	項目	自然環境	基礎建設	公共設施		社會環境	法制環境		經濟環境		經營環境	加權平均
	分數	3.751	3.880	3.763		3.910	3.846		3.843		3.730	3.814
	排名	44	37	36		33	35		38		45	39
風險度 (30%)	項目	社會風險		法制風險		經濟風險			經營風險			加權平均
	分數	2.053		1.950		2.114			2.278			2.124
	排名	35		30		37			46			38

推薦度 (15%)	2009年	加權平均	4.147	2008年	加權平均	3.96
		排名	26		排名	27

城市名稱	③⑤ 徐州		綜合指標	2009年	63.561分		綜合排名	B13/35	值得推薦
				2008年	68.970分			B04/27	值得推薦

競爭力 (15%)	項目	基礎條件		財政條件		投資條件		經濟條件		就業條件		加權平均
	分數	57.662		56.662		49.330		49.330		44.886		50.841
	排名	32		34		40		41		45		41
環境力 (40%)	項目	自然環境	基礎建設	公共設施		社會環境	法制環境		經濟環境		經營環境	加權平均
	分數	3.961	3.776	3.591		3.841	3.841		3.626		3.806	3.782
	排名	33	46	48		41	36		50		39	42
風險度 (30%)	項目	社會風險		法制風險		經濟風險			經營風險			加權平均
	分數	1.831		1.765		1.844			1.929			1.853
	排名	16		15		18			26			19

推薦度 (15%)	2009年	加權平均	4.026	2008年	加權平均	4.11
		排名	36		排名	18

《 ③① 濟南、 ③② 上海市區、 ③③ 上海浦東、 ③④ 寧波奉化、 ③⑤ 徐州 》

城市名稱	③⑥ 南京市區		綜合指標	2009年	63.511分	綜合排名		B14/36	值得推薦
				2008年	82.841分			A13/13	極力推薦
競爭力 (15%)	項目	基礎條件		財政條件		投資條件	經濟條件	就業條件	加權平均
	分數	81.659		87.992		84.436	84.659	80.437	83.503
	排名	8		9		10	11	10	8
環境力 (40%)	項目	自然環境	基礎建設	公共設施	社會環境	法制環境	經濟環境	經營環境	加權平均
	分數	3.561	3.782	3.841	3.873	3.850	3.843	3.859	3.816
	排名	55	45	31	36	34	37	32	38
風險度 (30%)	項目	社會風險		法制風險		經濟風險		經營風險	加權平均
	分數	2.148		2.080		2.110		1.966	2.056
	排名	45		38		36		31	36
推薦度 (15%)	2009年	加權平均		3.900		2008年		加權平均	4.08
		排名		44				排名	21

城市名稱	③⑦ 泰州		綜合指標	2009年	62.966分	綜合排名		B15/37	值得推薦
				2008年	11.497分			D13/86	暫不推薦
競爭力 (15%)	項目	基礎條件		財政條件		投資條件	經濟條件	就業條件	加權平均
	分數	43.664		45.330		45.775	46.997	34.220	43.364
	排名	49		40		43	44	50	47
環境力 (40%)	項目	自然環境	基礎建設	公共設施	社會環境	法制環境	經濟環境	經營環境	加權平均
	分數	3.913	3.871	3.772	3.965	3.987	4.019	3.913	3.934
	排名	36	38	35	30	24	24	31	31
風險度 (30%)	項目	社會風險		法制風險		經濟風險		經營風險	加權平均
	分數	2.000		1.995		1.981		2.163	2.050
	排名	30		34		29		38	35
推薦度 (15%)	2009年	加權平均		4.057		2008年		加權平均	2.79
		排名		33				排名	81

城市名稱	③⑧ 南通		綜合指標	2009年	61.514分	綜合排名		B16/38	值得推薦
				2008年	41.479分			C06/54	勉予推薦
競爭力 (15%)	項目	基礎條件		財政條件		投資條件	經濟條件	就業條件	加權平均
	分數	57.662		60.662		70.660	65.328	51.996	61.728
	排名	33		30		21	26	42	30
環境力 (40%)	項目	自然環境	基礎建設	公共設施	社會環境	法制環境	經濟環境	經營環境	加權平均
	分數	4.058	3.870	3.717	3.826	3.756	3.795	3.791	3.814
	排名	25	40	40	43	41	42	41	40
風險度 (30%)	項目	社會風險		法制風險		經濟風險		經營風險	加權平均
	分數	2.054		1.957		2.037		2.101	2.041
	排名	37		31		32		35	33
推薦度 (15%)	2009年	加權平均		4.013		2008年		加權平均	3.45
		排名		37				排名	52

城市名稱	③⑨ 嘉興		綜合指標	2009年	60.680分	綜合排名		B17/39	值得推薦
				2008年	55.575分			B18/41	值得推薦
競爭力 (15%)	項目	基礎條件		財政條件		投資條件	經濟條件	就業條件	加權平均
	分數	46.663		52.663		63.550	64.994	72.438	61.295
	排名	45		37		27	27	16	31
環境力 (40%)	項目	自然環境	基礎建設	公共設施	社會環境	法制環境	經濟環境	經營環境	加權平均
	分數	3.937	3.993	3.605	3.980	3.748	3.764	3.647	3.783
	排名	34	31	47	28	43	45	47	41
風險度 (30%)	項目	社會風險		法制風險		經濟風險		經營風險	加權平均
	分數	2.014		1.851		2.107		2.078	2.024
	排名	31		24		35		34	31
推薦度 (15%)	2009年	加權平均		3.958		2008年		加權平均	3.63
		排名		42				排名	44

城市名稱	⑩ 蘇州太倉		綜合指標	2009年	60.456分	綜合排名	B18/40	值得推薦
				2008年	71.850分		B01/24	值得推薦

競爭力 (15%)	項目	基礎條件		財政條件		投資條件		經濟條件		就業條件		加權平均
	分數	66.661		93.324		95.546		97.657		85.325		88.136
	排名	22		6		3		2		7		5

環境力 (40%)	項目	自然環境	基礎建設	公共設施	社會環境	法制環境	經濟環境	經營環境	加權平均
	分數	3.667	3.745	3.647	3.724	3.751	3.872	3.738	3.744
	排名	49	48	45	48	42	36	43	43

風險度 (30%)	項目	社會風險		法制風險		經濟風險		經營風險		加權平均
	分數	2.060		2.103		2.133		2.126		2.116
	排名	39		40		39		36		37

推薦度 (15%)	2009年	加權平均	3.821	2008年	加權平均	3.81
		排名	49		排名	37

《 ㉝ 南京市區、㉟ 泰州、㊳ 南通、㊴ 嘉興、⑩ 蘇州太倉 》

城市名稱	㊶ 合肥		綜合指標	2009年	59.907分	綜合排名	B19/41	值得推薦
				2008年	48.463分		C02/50	勉予推薦

競爭力 (15%)	項目	基礎條件		財政條件		投資條件		經濟條件		就業條件		加權平均
	分數	57.995		69.994		68.438		48.996		52.440		57.473
	排名	31		22		24		43		41		36

環境力 (40%)	項目	自然環境	基礎建設	公共設施	社會環境	法制環境	經濟環境	經營環境	加權平均
	分數	3.880	3.751	3.710	3.852	3.903	3.768	3.968	3.854
	排名	38	47	41	40	31	44	24	35

風險度 (30%)	項目	社會風險		法制風險		經濟風險		經營風險		加權平均
	分數	2.185		2.071		2.120		2.220		2.149
	排名	46		37		38		43		40

推薦度 (15%)	2009年	加權平均	3.997	2008年	加權平均	3.62
		排名	40		排名	46

城市名稱	㊷ 威海		綜合指標	2009年	57.888分	綜合排名	B20/42	值得推薦
				2008年	77.791分		A21/21	極力推薦

競爭力 (15%)	項目	基礎條件		財政條件		投資條件		經濟條件		就業條件		加權平均
	分數	50.663		44.664		57.329		68.661		50.218		56.707
	排名	41		43		34		23		43		37

環境力 (40%)	項目	自然環境	基礎建設	公共設施	社會環境	法制環境	經濟環境	經營環境	加權平均
	分數	3.936	3.914	3.786	3.857	3.799	3.905	3.814	3.848
	排名	35	34	33	38	39	32	38	36

風險度 (30%)	項目	社會風險		法制風險		經濟風險		經營風險		加權平均
	分數	2.226		2.274		2.190		2.242		2.233
	排名	50		54		43		45		46

推薦度 (15%)	2009年	加權平均	4.038	2008年	加權平均	4.19
		排名	35		排名	14

城市名稱	㊸ 泰安		綜合指標	2009年	57.571分	綜合排名	B21/43	值得推薦
				2008年	64.034分		B10/33	值得推薦

競爭力 (15%)	項目	基礎條件		財政條件		投資條件		經濟條件		就業條件		加權平均
	分數	48.330		43.330		30.221		45.330		39.109		41.464
	排名	44		44		56		45		48		48

環境力 (40%)	項目	自然環境	基礎建設	公共設施	社會環境	法制環境	經濟環境	經營環境	加權平均
	分數	3.771	3.888	3.781	3.988	3.947	3.875	3.856	3.882
	排名	41	36	34	27	27	34	33	32

風險度 (30%)	項目	社會風險		法制風險		經濟風險		經營風險		加權平均
	分數	2.016		2.211		2.171		2.182		2.170
	排名	32		46		41		39		42

推薦度 (15%)	2009年	加權平均	3.869	2008年	加權平均	3.96
		排名	47		排名	27

城市名稱	⑭ 寧波慈溪		綜合指標	2009年	56.499分	綜合排名	B22/44	值得推薦
				2008年	--		--	--
競爭力 (15%)	項目	基礎條件	財政條件	投資條件	經濟條件	就業條件	加權平均	
	分數	72.993	89.325	82.214	87.325	82.659	82.703	
	排名	18	8	14	9	8	9	
環境力 (40%)	項目	自然環境	基礎建設	公共設施	社會環境	法制環境	經濟環境	經營環境	加權平均
	分數	3.490	3.871	3.686	3.565	3.743	3.827	3.602	3.691
	排名	59	39	42	55	44	40	48	47
風險度 (30%)	項目	社會風險	法制風險	經濟風險	經營風險	加權平均	
	分數	2.426	2.212	2.273	2.286	2.278	
	排名	59	47	48	47	49	
推薦度 (15%)	2009年	加權平均	4.003	2008年	加權平均	--
		排名	39		排名	--

城市名稱	⑮ 廣州天河		綜合指標	2009年	54.481分	綜合排名	B23/45	值得推薦
				2008年	44.318分		C03/51	勉予推薦
競爭力 (15%)	項目	基礎條件	財政條件	投資條件	經濟條件	就業條件	加權平均	
	分數	92.991	93.324	91.547	95.324	95.991	94.035	
	排名	1	6	6	4	4	3	
環境力 (40%)	項目	自然環境	基礎建設	公共設施	社會環境	法制環境	經濟環境	經營環境	加權平均
	分數	3.720	3.814	3.729	3.632	3.600	3.881	3.804	3.733
	排名	47	43	39	52	48	33	40	44
風險度 (30%)	項目	社會風險	法制風險	經濟風險	經營風險	加權平均	
	分數	2.460	2.365	2.357	2.293	2.347	
	排名	63	60	56	49	57	
推薦度 (15%)	2009年	加權平均	3.712	2008年	加權平均	3.30
		排名	57		排名	56

《 ⑪ 合肥、⑫ 威海、⑬ 泰安、⑭ 寧波慈溪、⑮ 廣州天河 》

城市名稱	⑯ 蘇州常熟		綜合指標	2009年	54.430分	綜合排名	B24/46	值得推薦
				2008年	60.420分		B14/37	值得推薦
競爭力 (15%)	項目	基礎條件	財政條件	投資條件	經濟條件	就業條件	加權平均	
	分數	66.661	93.324	95.546	97.657	85.325	88.136	
	排名	22	6	3	2	7	5	
環境力 (40%)	項目	自然環境	基礎建設	公共設施	社會環境	法制環境	經濟環境	經營環境	加權平均
	分數	3.598	3.614	3.402	3.793	3.570	3.527	3.372	3.537
	排名	53	58	61	46	51	61	63	56
風險度 (30%)	項目	社會風險	法制風險	經濟風險	經營風險	加權平均	
	分數	2.103	2.095	2.177	2.198	2.157	
	排名	42	39	42	40	41	
推薦度 (15%)	2009年	加權平均	3.891	2008年	加權平均	3.76
		排名	45		排名	40

城市名稱	⑰ 蘇州吳江		綜合指標	2009年	53.796分	綜合排名	B25/47	值得推薦
				2008年	64.505分		B09/32	值得推薦
競爭力 (15%)	項目	基礎條件	財政條件	投資條件	經濟條件	就業條件	加權平均	
	分數	66.661	93.324	95.546	97.657	85.325	88.136	
	排名	22	6	3	2	7	5	
環境力 (40%)	項目	自然環境	基礎建設	公共設施	社會環境	法制環境	經濟環境	經營環境	加權平均
	分數	3.766	3.783	3.412	3.680	3.470	3.641	3.554	3.589
	排名	42	44	51	48	52	48	50	51
風險度 (30%)	項目	社會風險	法制風險	經濟風險	經營風險	加權平均	
	分數	2.143	2.246	2.237	2.221	2.224	
	排名	44	50	44	44	44	
推薦度 (15%)	2009年	加權平均	3.760	2008年	加權平均	3.87
		排名	52		排名	36

城市名稱		48 福州市區		綜合指標		2009年	52.921分	綜合排名		B26/48	值得推薦
						2008年	35.233分			C14/62	勉予推薦
競爭力 (15%)	項目	基礎條件		財政條件		投資條件		經濟條件		就業條件	加權平均
	分數	65.661		61.995		63.106		61.995		62.661	63.084
	排名	23		29		28		31		31	28
環境力 (40%)	項目	自然環境	基礎建設	公共設施		社會環境	法制環境		經濟環境	經營環境	加權平均
	分數	3.754	3.702	3.450		3.630	3.469		3.507	3.405	3.528
	排名	43	50	57		53	59		62	61	57
風險度 (30%)	項目	社會風險		法制風險		經濟風險		經營風險		加權平均	
	分數	1.889		1.986		1.976		1.963		1.965	
	排名	21		33		28		29		30	
推薦度 (15%)	2009年	加權平均		3.726		2008年		加權平均		3.29	
		排名		55				排名		59	

城市名稱		49 紹興		綜合指標		2009年	51.909分	綜合排名		B27/49	值得推薦
						2008年	51.692分			B23/46	值得推薦
競爭力 (15%)	項目	基礎條件		財政條件		投資條件		經濟條件		就業條件	加權平均
	分數	50.996		55.995		59.106		71.327		71.549	63.328
	排名	39		36		31		19		20	27
環境力 (40%)	項目	自然環境	基礎建設	公共設施		社會環境	法制環境		經濟環境	經營環境	加權平均
	分數	3.600	3.657	3.390		3.880	3.796		3.703	3.831	3.723
	排名	52	55	63		34	40		46	37	46
風險度 (30%)	項目	社會風險		法制風險		經濟風險		經營風險		加權平均	
	分數	2.217		2.188		2.343		2.383		2.306	
	排名	49		45		52		57		52	
推薦度 (15%)	2009年	加權平均		3.886		2008年		加權平均		3.62	
		排名		46				排名		45	

城市名稱		50 莆田		綜合指標		2009年	48.631分	綜合排名		C01/50	勉予推薦
						2008年	26.028分			C25/73	勉予推薦
競爭力 (15%)	項目	基礎條件		財政條件		投資條件		經濟條件		就業條件	加權平均
	分數	39.664		20.000		24.444		26.999		32.887	29.499
	排名	54		61		60		56		54	59
環境力 (40%)	項目	自然環境	基礎建設	公共設施		社會環境	法制環境		經濟環境	經營環境	加權平均
	分數	3.889	3.819	3.679		3.733	3.571		3.585	3.529	3.648
	排名	37	42	43		47	50		55	53	48
風險度 (30%)	項目	社會風險		法制風險		經濟風險		經營風險		加權平均	
	分數	2.214		2.179		2.238		2.214		2.213	
	排名	48		43		45		42		43	
推薦度 (15%)	2009年	加權平均		3.942		2008年		加權平均		3.08	
		排名		43				排名		70	

《 46 蘇州常熟、 47 蘇州吳江、 48 福州市區、 49 紹興、 50 莆田 》

城市名稱		51 九江		綜合指標		2009年	46.555分	綜合排名		C02/51	勉予推薦
						2008年	37.921分			C12/60	勉予推薦
競爭力 (15%)	項目	基礎條件		財政條件		投資條件		經濟條件		就業條件	加權平均
	分數	37.331		25.999		32.887		25.333		29.332	30.110
	排名	55		58		52		58		58	58
環境力 (40%)	項目	自然環境	基礎建設	公共設施		社會環境	法制環境		經濟環境	經營環境	加權平均
	分數	3.533	3.610	3.550		3.867	3.816		3.781	3.733	3.724
	排名	56	59	52		37	38		43	44	45
風險度 (30%)	項目	社會風險		法制風險		經濟風險		經營風險		加權平均	
	分數	2.117		2.258		2.333		2.289		2.277	
	排名	43		52		51		48		48	
推薦度 (15%)	2009年	加權平均		3.740		2008年		加權平均		3.29	
		排名		54				排名		61	

城市名稱	52 天津市區		綜合指標	2009年	46.178分	綜合排名	C03/52	勉予推薦
				2008年	55.548分		B19/42	值得推薦

競爭力 (15%)	項目	基礎條件	財政條件	投資條件	經濟條件	就業條件	加權平均
	分數	88.991	97.324	91.991	90.658	91.547	91.436
	排名	4	3	5	7	5	4

環境力 (40%)	項目	自然環境	基礎建設	公共設施	社會環境	法制環境	經濟環境	經營環境	加權平均
	分數	3.305	3.497	3.393	3.503	3.368	3.433	3.348	3.396
	排名	68	61	62	62	65	68	64	65

風險度 (30%)	項目	社會風險	法制風險	經濟風險	經營風險	加權平均
	分數	2.243	2.240	2.348	2.367	2.317
	排名	51	49	54	56	54

推薦度 (15%)	2009年	加權平均	3.763	2008年	加權平均	3.89
		排名	51		排名	35

城市名稱	53 寧波餘姚		綜合指標	2009年	45.745分	綜合排名	C04/53	勉予推薦
				2008年	59.983分		B15/38	值得推薦

競爭力 (15%)	項目	基礎條件	財政條件	投資條件	經濟條件	就業條件	加權平均
	分數	72.993	89.325	82.214	87.325	82.659	82.703
	排名	18	8	14	9	8	9

環境力 (40%)	項目	自然環境	基礎建設	公共設施	社會環境	法制環境	經濟環境	經營環境	加權平均
	分數	3.283	3.393	3.250	3.340	3.402	3.557	3.450	3.400
	排名	71	70	72	67	61	58	59	64

風險度 (30%)	項目	社會風險	法制風險	經濟風險	經營風險	加權平均
	分數	2.250	2.188	2.264	2.350	2.274
	排名	52	44	47	55	47

推薦度 (15%)	2009年	加權平均	3.645	2008年	加權平均	3.75
		排名	60		排名	41

城市名稱	54 珠海		綜合指標	2009年	45.547分	綜合排名	C05/54	勉予推薦
				2008年	51.989分		B22/45	值得推薦

競爭力 (15%)	項目	基礎條件	財政條件	投資條件	經濟條件	就業條件	加權平均
	分數	56.329	37.998	41.775	55.329	72.882	54.596
	排名	35	48	46	35	15	39

環境力 (40%)	項目	自然環境	基礎建設	公共設施	社會環境	法制環境	經濟環境	經營環境	加權平均
	分數	3.828	3.703	3.523	3.510	3.522	3.609	3.498	3.578
	排名	39	49	54	60	55	51	56	52

風險度 (30%)	項目	社會風險	法制風險	經濟風險	經營風險	加權平均
	分數	2.267	2.293	2.350	2.322	2.318
	排名	53	55	55	51	55

推薦度 (15%)	2009年	加權平均	3.740	2008年	加權平均	3.78
		排名	53		排名	39

城市名稱	55 中山		綜合指標	2009年	44.960分	綜合排名	C06/55	勉予推薦
				2008年	58.554分		B16/39	值得推薦

競爭力 (15%)	項目	基礎條件	財政條件	投資條件	經濟條件	就業條件	加權平均
	分數	50.663	45.330	44.886	60.662	61.773	54.196
	排名	40	40	44	33	32	40

環境力 (40%)	項目	自然環境	基礎建設	公共設施	社會環境	法制環境	經濟環境	經營環境	加權平均
	分數	3.817	3.910	3.562	3.535	3.525	3.659	3.600	3.632
	排名	40	35	51	56	54	47	49	50

風險度 (30%)	項目	社會風險	法制風險	經濟風險	經營風險	加權平均
	分數	2.468	2.319	2.378	2.409	2.383
	排名	64	56	57	61	59

推薦度 (15%)	2009年	加權平均	3.652	2008年	加權平均	3.90
		排名	59		排名	33

《 51 九江、 52 天津市區、 53 寧波餘姚、 54 珠海、 55 中山 》

56 南寧

城市名稱	56 南寧	綜合指標	2009年	44.756分	綜合排名	C07/56	勉予推薦
			2008年	27.242分		C22/70	勉予推薦

競爭力(15%)	項目	基礎條件	財政條件	投資條件	經濟條件	就業條件	加權平均
	分數	61.661	47.330	42.219	34.665	52.885	46.486
	排名	28	39	45	50	40	45

環境力(40%)	項目	自然環境	基礎建設	公共設施	社會環境	法制環境	經濟環境	經營環境	加權平均
	分數	3.526	3.639	3.539	3.505	3.587	3.489	3.505	3.542
	排名	58	56	53	61	49	64	54	55

風險度(30%)	項目	社會風險	法制風險	經濟風險	經營風險	加權平均
	分數	2.329	2.270	2.326	2.303	2.304
	排名	55	53	50	50	51

推薦度(15%)	2009年	加權平均	3.863	2008年	加權平均	3.25
		排名	48		排名	63

57 上海松江

城市名稱	57 上海松江	綜合指標	2009年	44.400分	綜合排名	C08/57	勉予推薦
			2008年	64.565分		B08/31	值得推薦

競爭力(15%)	項目	基礎條件	財政條件	投資條件	經濟條件	就業條件	加權平均
	分數	90.325	99.323	99.546	98.324	96.435	96.690
	排名	2	1	1	1	3	1

環境力(40%)	項目	自然環境	基礎建設	公共設施	社會環境	法制環境	經濟環境	經營環境	加權平均
	分數	3.216	3.673	3.676	3.402	3.299	3.575	3.313	3.420
	排名	76	52	44	64	67	56	69	63

風險度(30%)	項目	社會風險	法制風險	經濟風險	經營風險	加權平均
	分數	2.434	2.566	2.589	2.525	2.545
	排名	60	66	66	64	65

推薦度(15%)	2009年	加權平均	3.788	2008年	加權平均	3.80
		排名	50		排名	38

58 瀋陽

城市名稱	58 瀋陽	綜合指標	2009年	43.825分	綜合排名	C09/58	勉予推薦
			2008年	42.456分		C05/53	勉予推薦

競爭力(15%)	項目	基礎條件	財政條件	投資條件	經濟條件	就業條件	加權平均
	分數	80.326	83.325	94.657	79.326	71.993	81.526
	排名	10	14	4	14	19	10

環境力(40%)	項目	自然環境	基礎建設	公共設施	社會環境	法制環境	經濟環境	經營環境	加權平均
	分數	3.255	3.235	3.324	3.024	3.122	3.336	3.147	3.194
	排名	75	75	68	80	73	72	77	74

風險度(30%)	項目	社會風險	法制風險	經濟風險	經營風險	加權平均
	分數	1.971	2.213	2.395	2.402	2.310
	排名	26	48	59	59	53

推薦度(15%)	2009年	加權平均	4.076	2008年	加權平均	3.30
		排名	32		排名	56

59 昆明

城市名稱	59 昆明	綜合指標	2009年	43.601分	綜合排名	C10/59	勉予推薦
			2008年	38.677分		C10/58	勉予推薦

競爭力(15%)	項目	基礎條件	財政條件	投資條件	經濟條件	就業條件	加權平均
	分數	73.327	65.328	53.329	44.664	63.550	57.973
	排名	17	27	37	47	29	35

環境力(40%)	項目	自然環境	基礎建設	公共設施	社會環境	法制環境	經濟環境	經營環境	加權平均
	分數	3.750	3.666	3.583	3.707	3.405	3.543	3.547	3.563
	排名	45	53	49	50	60	59	51	53

風險度(30%)	項目	社會風險	法制風險	經濟風險	經營風險	加權平均
	分數	2.438	2.336	2.455	2.336	2.382
	排名	61	58	61	53	58

推薦度(15%)	2009年	加權平均	3.680	2008年	加權平均	3.34
		排名	58		排名	53

城市名稱	⑥ 泉州		綜合指標	2009年	42.962分	綜合排名	C11/60	勉予推薦
				2008年	30.814分		C17/65	勉予推薦
競爭力 (15%)	項目	基礎條件		財政條件		投資條件	經濟條件	就業條件	加權平均
	分數	50.330		57.329		52.440	67.661	64.883	59.562
	排名	42		33		38	24	27	33

城市名稱	⑥ 泉州		綜合指標	2009年	42.962分	綜合排名	C11/60	勉予推薦
				2008年	30.814分		C17/65	勉予推薦
競爭力 (15%)	項目	基礎條件	財政條件	投資條件	經濟條件	就業條件	加權平均
	分數	50.330	57.329	52.440	67.661	64.883	59.562
	排名	42	33	38	24	27	33
環境力 (40%)	項目	自然環境	基礎建設	公共設施	社會環境	法制環境	經濟環境	經營環境	加權平均
	分數	3.390	3.663	3.645	3.712	3.549	3.634	3.441	3.562
	排名	62	54	46	49	53	49	60	54
風險度 (30%)	項目	社會風險	法制風險	經濟風險	經營風險	加權平均
	分數	2.421	2.428	2.466	2.333	2.406
	排名	58	61	63	52	60
推薦度 (15%)	2009年	加權平均	3.618	2008年	加權平均	3.29
		排名	63		排名	59

《 ⑤⑥ 南寧、⑤⑦ 上海松江、⑤⑧ 瀋陽、⑤⑨ 昆明、⑥⓪ 泉州 》

城市名稱	⑥① 佛山		綜合指標	2009年	40.072分	綜合排名	C12/61	勉予推薦
				2008年	48.752分		C01/49	勉予推薦
競爭力 (15%)	項目	基礎條件	財政條件	投資條件	經濟條件	就業條件	加權平均
	分數	62.661	77.326	70.216	86.992	67.105	73.827
	排名	27	17	22	10	24	17
環境力 (40%)	項目	自然環境	基礎建設	公共設施	社會環境	法制環境	經濟環境	經營環境	加權平均
	分數	3.528	3.539	3.385	3.308	3.324	3.530	3.500	3.436
	排名	57	60	64	69	66	60	55	61
風險度 (30%)	項目	社會風險	法制風險	經濟風險	經營風險	加權平均
	分數	2.573	2.359	2.452	2.429	2.433
	排名	65	59	60	62	61
推薦度 (15%)	2009年	加權平均	3.496	2008年	加權平均	3.56
		排名	68		排名	48

城市名稱	⑥② 北京市區		綜合指標	2009年	39.111分	綜合排名	C13/62	勉予推薦
				2008年	42.858分		C04/52	勉予推薦
競爭力 (15%)	項目	基礎條件	財政條件	投資條件	經濟條件	就業條件	加權平均
	分數	89.991	97.990	97.768	94.324	98.212	95.291
	排名	3	2	2	5	1	2
環境力 (40%)	項目	自然環境	基礎建設	公共設施	社會環境	法制環境	經濟環境	經營環境	加權平均
	分數	3.271	3.441	3.500	3.288	3.061	3.482	3.326	3.303
	排名	72	67	55	70	78	65	66	70
風險度 (30%)	項目	社會風險	法制風險	經濟風險	經營風險	加權平均
	分數	2.376	2.563	2.682	2.626	2.602
	排名	56	65	68	66	67
推薦度 (15%)	2009年	加權平均	3.537	2008年	加權平均	3.30
		排名	67		排名	56

城市名稱	⑥③ 汕頭		綜合指標	2009年	38.097分	綜合排名	C14/63	勉予推薦
				2008年	23.175分		D03/76	暫不推薦
競爭力 (15%)	項目	基礎條件	財政條件	投資條件	經濟條件	就業條件	加權平均
	分數	29.665	26.666	26.221	33.998	32.443	30.532
	排名	60	57	58	51	55	57
環境力 (40%)	項目	自然環境	基礎建設	公共設施	社會環境	法制環境	經濟環境	經營環境	加權平均
	分數	3.295	3.230	3.317	3.515	3.559	3.599	3.534	3.472
	排名	69	76	59	52	54	52	60
風險度 (30%)	項目	社會風險	法制風險	經濟風險	經營風險	加權平均
	分數	2.317	2.327	2.302	2.340	2.323
	排名	54	57	49	54	56
推薦度 (15%)	2009年	加權平均	3.620	2008年	加權平均	3.18
		排名	62		排名	64

64 福州馬尾

城市名稱	64 福州馬尾	綜合指標	2009年	36.201分	綜合排名	C15/64	勉予推薦
			2008年	35.208分		C15/63	推薦

競爭力(15%)	項目	基礎條件	財政條件	投資條件	經濟條件	就業條件	加權平均
	分數	65.661	61.995	63.106	61.995	62.661	63.084
	排名	23	29	28	31	31	28

環境力(40%)	項目	自然環境	基礎建設	公共設施	社會環境	法制環境	經濟環境	經營環境	加權平均
	分數	3.565	3.400	3.315	3.322	3.385	3.438	3.322	3.386
	排名	54	69	70	68	64	67	67	66

風險度(30%)	項目	社會風險	法制風險	經濟風險	經營風險	加權平均
	分數	2.609	2.516	2.391	2.406	2.449
	排名	67	63	58	60	62

推薦度(15%)	2009年	加權平均	3.404	2008年	加權平均	3.17
		排名	70		排名	65

65 溫州

城市名稱	65 溫州	綜合指標	2009年	35.999分	綜合排名	C16/65	勉予推薦
			2008年	54.813分		B20/43	值得推薦

競爭力(15%)	項目	基礎條件	財政條件	投資條件	經濟條件	就業條件	加權平均
	分數	63.328	69.994	54.218	65.661	68.438	63.895
	排名	25	22	36	25	22	26

環境力(40%)	項目	自然環境	基礎建設	公共設施	社會環境	法制環境	經濟環境	經營環境	加權平均
	分數	3.385	3.384	3.371	3.520	3.501	3.571	3.276	3.432
	排名	63	71	66	58	56	57	72	62

風險度(30%)	項目	社會風險	法制風險	經濟風險	經營風險	加權平均
	分數	2.406	2.512	2.488	2.525	2.499
	排名	57	62	64	65	63

推薦度(15%)	2009年	加權平均	3.263	2008年	加權平均	3.70
		排名	76		排名	42

《 61 佛山、 62 北京市區、 63 汕頭、 64 福州馬尾、 65 溫州 》

66 上海嘉定

城市名稱	66 上海嘉定	綜合指標	2009年	35.975分	綜合排名	C17/66	勉予推薦
			2008年	50.520分		C25/48	勉予推薦

競爭力(15%)	項目	基礎條件	財政條件	投資條件	經濟條件	就業條件	加權平均
	分數	90.325	99.323	99.546	98.324	96.435	96.690
	排名	2	1	1	1	3	1

環境力(40%)	項目	自然環境	基礎建設	公共設施	社會環境	法制環境	經濟環境	經營環境	加權平均
	分數	3.133	3.460	3.375	3.267	3.154	3.605	3.337	3.320
	排名	82	64	65	71	71	53	65	69

風險度(30%)	項目	社會風險	法制風險	經濟風險	經營風險	加權平均
	分數	2.592	2.854	2.871	2.855	2.833
	排名	66	79	78	77	76

推薦度(15%)	2009年	加權平均	3.567	2008年	加權平均	3.56
		排名	65		排名	48

67 贛州

城市名稱	67 贛州	綜合指標	2009年	35.078分	綜合排名	C18/67	勉予推薦
			2008年	--		--	--

競爭力(15%)	項目	基礎條件	財政條件	投資條件	經濟條件	就業條件	加權平均
	分數	43.664	38.664	32.887	23.666	29.332	32.143
	排名	48	47	53	59	59	56

環境力(40%)	項目	自然環境	基礎建設	公共設施	社會環境	法制環境	經濟環境	經營環境	加權平均
	分數	3.646	3.700	3.583	3.613	3.395	3.505	3.480	3.525
	排名	50	51	54	54	63	63	58	58

風險度(30%)	項目	社會風險	法制風險	經濟風險	經營風險	加權平均
	分數	2.450	2.550	2.571	2.644	2.579
	排名	62	64	65	67	66

推薦度(15%)	2009年	加權平均	3.592	2008年	加權平均	--
		排名	64		排名	--

68 桂林

城市名稱	68 桂林		綜合指標	2009年	34.195分	綜合排名	C19/68	勉予推薦
				2008年	20.126分		D05/78	暫不推薦

競爭力 (15%)	項目	基礎條件		財政條件		投資條件		經濟條件		就業條件		加權平均
	分數	41.331		32.665		30.221		27.332		31.999		32.176
	排名	51		53		55		55		57		55

環境力 (40%)	項目	自然環境	基礎建設	公共設施	社會環境	法制環境	經濟環境	經營環境	加權平均
	分數	3.438	3.471	3.484	3.525	3.476	3.455	3.494	3.478
	排名	61	63	56	57	57	66	57	59

風險度 (30%)	項目	社會風險		法制風險		經濟風險		經營風險		加權平均
	分數	2.609		2.648		2.714		2.708		2.685
	排名	68		69		70		69		69

推薦度 (15%)	2009年	加權平均	3.719	2008年	加權平均	2.98
		排名	56		排名	72

69 廣州市區

城市名稱	69 廣州市區		綜合指標	2009年	33.984分	綜合排名	C20/69	勉予推薦
				2008年	28.323分		C20/68	勉予推薦

競爭力 (15%)	項目	基礎條件		財政條件		投資條件		經濟條件		就業條件		加權平均
	分數	92.991		93.324		91.547		95.324		95.991		94.035
	排名	1		6		6		4		4		3

環境力 (40%)	項目	自然環境	基礎建設	公共設施	社會環境	法制環境	經濟環境	經營環境	加權平均
	分數	3.259	3.457	3.361	2.992	3.113	3.397	3.243	3.243
	排名	74	65	67	83	76	69	74	72

風險度 (30%)	項目	社會風險		法制風險		經濟風險		經營風險		加權平均
	分數	2.625		2.583		2.619		2.653		2.623
	排名	70		67		67		68		68

推薦度 (15%)	2009年	加權平均	3.122	2008年	加權平均	2.84
		排名	80		排名	78

70 吉安

城市名稱	70 吉安		綜合指標	2009年	33.374分	綜合排名	C21/70	勉予推薦
				2008年	39.531分		C09/57	勉予推薦

競爭力 (15%)	項目	基礎條件		財政條件		投資條件		經濟條件		就業條件		加權平均
	分數	32.332		24.000		24.888		21.333		20.444		24.333
	排名	59		59		61		61		61		60

環境力 (40%)	項目	自然環境	基礎建設	公共設施	社會環境	法制環境	經濟環境	經營環境	加權平均
	分數	49.419	39.735	38.659	63.407	51.571	45.115	51.571	49.096
	排名	48	57	58	35	46	52	46	49

風險度 (30%)	項目	社會風險		法制風險		經濟風險		經營風險		加權平均
	分數	2.672		2.984		2.902		2.904		2.900
	排名	73		84		79		80		80

推薦度 (15%)	2009年	加權平均	3.644	2008年	加權平均	3.61
		排名	61		排名	46

《 66 上海嘉定、 67 贛州、 68 桂林、 69 廣州市區、 70 吉安 》

71 武漢漢陽

城市名稱	71 武漢漢陽		綜合指標	2009年	32.579分	綜合排名	C22/71	勉予推薦
				2008年	38.469分		C11/59	勉予推薦

競爭力 (15%)	項目	基礎條件		財政條件		投資條件		經濟條件		就業條件		加權平均
	分數	87.325		80.659		80.881		74.993		78.659		79.937
	排名	5		16		16		17		13		12

環境力 (40%)	項目	自然環境	基礎建設	公共設施	社會環境	法制環境	經濟環境	經營環境	加權平均
	分數	3.688	3.624	3.443	3.875	3.639	3.607	3.650	3.644
	排名	78	73	72	66	72	70	62	71

風險度 (30%)	項目	社會風險		法制風險		經濟風險		經營風險		加權平均
	分數	2.861		2.694		2.706		2.796		2.750
	排名	78		70		69		72		71

推薦度 (15%)	2009年	加權平均	3.267	2008年	加權平均	3.11
		排名	74		排名	67

城市名稱	72 漳州		綜合指標	2009年	31.023分	綜合排名	C23/72	勉予推薦
				2008年	14.722分		D08/81	暫不推薦

競爭力 (15%)	項目	基礎條件		財政條件		投資條件		經濟條件		就業條件		加權平均
	分數	34.665		27.999		35.554		32.998		35.109		33.765
	排名	58		55		51		53		49		54

環境力 (40%)	項目	自然環境	基礎建設	公共設施	社會環境	法制環境	經濟環境	經營環境	加權平均
	分數	3.483	3.444	3.413	3.430	3.400	3.221	3.276	3.365
	排名	60	66	59	63	62	74	71	67

風險度 (30%)	項目	社會風險		法制風險		經濟風險		經營風險		加權平均
	分數	2.613		2.631		2.457		2.454		2.515
	排名	69		68		62		63		64

推薦度 (15%)	2009年	加權平均	3.475	2008年	加權平均	2.93
		排名	69		排名	76

城市名稱	73 東莞長安		綜合指標	2009年	29.690分	綜合排名	C24/73	勉予推薦
				2008年	12.385分		D12/85	暫不推薦

競爭力 (15%)	項目	基礎條件		財政條件		投資條件		經濟條件		就業條件		加權平均
	分數	50.996		74.660		67.550		80.659		55.551		66.483
	排名	38		20		26		13		36		22

環境力 (40%)	項目	自然環境	基礎建設	公共設施	社會環境	法制環境	經濟環境	經營環境	加權平均
	分數	3.316	3.484	3.313	3.231	3.286	3.371	3.319	3.325
	排名	66	62	71	73	68	71	68	68

風險度 (30%)	項目	社會風險		法制風險		經濟風險		經營風險		加權平均
	分數	2.909		2.867		2.905		2.831		2.870
	排名	80		82		80		75		78

推薦度 (15%)	2009年	加權平均	3.302	2008年	加權平均	2.32
		排名	73		排名	86

城市名稱	74 武漢武昌		綜合指標	2009年	29.174分	綜合排名	C25/74	勉予推薦
				2008年	41.429分		C07/55	勉予推薦

競爭力 (15%)	項目	基礎條件		財政條件		投資條件		經濟條件		就業條件		加權平均
	分數	87.325		80.659		80.881		74.993		78.659		79.937
	排名	5		16		16		17		13		12

環境力 (40%)	項目	自然環境	基礎建設	公共設施	社會環境	法制環境	經濟環境	經營環境	加權平均
	分數	3.350	3.076	3.049	3.120	3.154	3.086	3.165	3.144
	排名	65	83	81	77	70	78	76	77

風險度 (30%)	項目	社會風險		法制風險		經濟風險		經營風險		加權平均
	分數	2.700		2.750		2.729		2.843		2.771
	排名	74		73		71		76		72

推薦度 (15%)	2009年	加權平均	3.165	2008年	加權平均	3.28
		排名	79		排名	62

城市名稱	75 長沙		綜合指標	2009年	29.029分	綜合排名	C26/75	勉予推薦
				2008年	28.939分		C19/67	勉予推薦

競爭力 (15%)	項目	基礎條件		財政條件		投資條件		經濟條件		就業條件		加權平均
	分數	75.993		75.993		73.771		61.995		66.216		69.394
	排名	13		18		18		30		26		20

環境力 (40%)	項目	自然環境	基礎建設	公共設施	社會環境	法制環境	經濟環境	經營環境	加權平均
	分數	3.294	3.213	2.926	3.238	3.113	3.328	3.247	3.194
	排名	70	77	85	72	75	73	73	75

風險度 (30%)	項目	社會風險		法制風險		經濟風險		經營風險		加權平均
	分數	2.706		2.778		2.773		2.804		2.778
	排名	75		75		73		73		73

推薦度 (15%)	2009年	加權平均	3.400	2008年	加權平均	3.00
		排名	71		排名	71

《 71 武漢漢陽、 72 漳州、 73 東莞長安、 74 武漢武昌、 75 長沙 》

城市名稱	76 武漢漢口		綜合指標	2009年	27.264分	綜合排名	C27/76	勉予推薦
				2008年	27.874分		C21/69	勉予推薦

競爭力 (15%)	項目	基礎條件		財政條件		投資條件		經濟條件		就業條件		加權平均
	分數	87.325		80.659		80.881		74.993		78.659		79.937
	排名	5		16		16		17		13		12
環境力 (40%)	項目	自然環境	基礎建設	公共設施	社會環境	法制環境	經濟環境	經營環境	加權平均
	分數	3.261	2.978	3.103	3.188	3.213	3.202	3.294	3.195
	排名	73	87	77	75	69	75	70	73
風險度 (30%)	項目	社會風險		法制風險		經濟風險		經營風險		加權平均
	分數	2.868		2.809		2.983		3.127		2.978
	排名	79		77		84		87		84
推薦度 (15%)	2009年	加權平均	3.224	2008年	加權平均	3.10
		排名	78		排名	68

城市名稱	77 石家莊		綜合指標	2009年	26.801分	綜合排名	C28/77	勉予推薦
				2008年	26.680分		C23/71	勉予推薦

競爭力 (15%)	項目	基礎條件		財政條件		投資條件		經濟條件		就業條件		加權平均
	分數	71.327		59.328		57.329		62.995		50.218		60.606
	排名	19		32		33		29		43		32
環境力 (40%)	項目	自然環境	基礎建設	公共設施	社會環境	法制環境	經濟環境	經營環境	加權平均
	分數	3.356	3.008	3.217	3.400	3.118	3.019	3.113	3.153
	排名	64	84	74	65	74	81	79	76
風險度 (30%)	項目	社會風險		法制風險		經濟風險		經營風險		加權平均
	分數	2.933		2.867		2.781		2.956		2.879
	排名	81		81		74		83		79
推薦度 (15%)	2009年	加權平均	3.560	2008年	加權平均	3.14
		排名	66		排名	66

城市名稱	78 西安		綜合指標	2009年	26.578分	綜合排名	C29/78	勉予推薦
				2008年	12.865分		D11/84	暫不推薦

競爭力 (15%)	項目	基礎條件		財政條件		投資條件		經濟條件		就業條件		加權平均
	分數	73.660		60.662		73.771		52.329		73.771		66.005
	排名	16		30		18		39		14		23
環境力 (40%)	項目	自然環境	基礎建設	公共設施	社會環境	法制環境	經濟環境	經營環境	加權平均
	分數	3.200	2.904	3.117	3.013	3.031	2.914	3.133	3.045
	排名	77	89	76	81	80	87	78	79
風險度 (30%)	項目	社會風險		法制風險		經濟風險		經營風險		加權平均
	分數	2.650		2.775		2.759		2.739		2.745
	排名	71		74		72		70		70
推薦度 (15%)	2009年	加權平均	3.360	2008年	加權平均	2.37
		排名	72		排名	84

城市名稱	79 東莞市區		綜合指標	2009年	26.091分	綜合排名	C30/79	暫不推薦
				2008年	23.380分		D02/75	暫不推薦

競爭力 (15%)	項目	基礎條件		財政條件		投資條件		經濟條件		就業條件		加權平均
	分數	50.996		74.660		67.550		80.659		55.551		66.483
	排名	38		20		26		13		36		22
環境力 (40%)	項目	自然環境	基礎建設	公共設施	社會環境	法制環境	經濟環境	經營環境	加權平均
	分數	3.162	3.253	3.033	2.996	3.023	3.133	3.207	3.112
	排名	80	74	82	82	81	76	75	78
風險度 (30%)	項目	社會風險		法制風險		經濟風險		經營風險		加權平均
	分數	2.790		2.746		2.829		2.769		2.783
	排名	76		72		77		71		74
推薦度 (15%)	2009年	加權平均	3.260	2008年	加權平均	2.84
		排名	77		排名	78

城市名稱	⑧⓪ 深圳市區		綜合指標	2009年	24.362分		綜合排名		D01/80	暫不推薦
				2008年	30.156分				C18/66	勉予推薦
競爭力 (15%)	項目	基礎條件		財政條件		投資條件		經濟條件	就業條件	加權平均
	分數	65.328		95.991		83.548		96.990	96.879	87.847
	排名	24		4		12		3	2	6
環境力 (40%)	項目	自然環境	基礎建設	公共設施	社會環境	法制環境	經濟環境	經營環境		加權平均
	分數	3.124	3.403	3.130	2.746	2.828	3.116	2.978		3.010
	排名	83	68	75	85	85	77	82		84
風險度 (30%)	項目	社會風險		法制風險		經濟風險		經營風險		加權平均
	分數	2.952		2.833		2.929		2.962		2.919
	排名	82		78		82		84		83
推薦度 (15%)	2009年	加權平均		2.990		2008年		加權平均		2.80
		排名		83				排名		80

《 ⑦⑥ 武漢漢口、⑦⑦ 石家莊、⑦⑧ 西安、⑦⑨ 東莞市區、⑧⓪ 深圳市區 》

城市名稱	⑧① 深圳寶安		綜合指標	2009年	22.608分		綜合排名		D02/81	暫不推薦
				2008年	31.556分				C16/64	勉予推薦
競爭力 (15%)	項目	基礎條件		財政條件		投資條件		經濟條件	就業條件	加權平均
	分數	65.328		95.991		83.548		96.990	96.879	87.847
	排名	24		4		12		3	2	6
環境力 (40%)	項目	自然環境	基礎建設	公共設施	社會環境	法制環境	經濟環境	經營環境		加權平均
	分數	2.981	3.286	3.093	2.681	2.668	2.939	2.740		2.860
	排名	85	72	78	87	86	85	90		86
風險度 (30%)	項目	社會風險		法制風險		經濟風險		經營風險		加權平均
	分數	3.035		2.893		2.914		2.902		2.917
	排名	86		83		81		79		82
推薦度 (15%)	2009年	加權平均		2.951		2008年		加權平均		2.94
		排名		84				排名		74

城市名稱	⑧② 惠州		綜合指標	2009年	22.163分		綜合排名		D03/82	暫不推薦
				2008年	13.326分				D10/83	暫不推薦
競爭力 (15%)	項目	基礎條件		財政條件		投資條件		經濟條件	就業條件	加權平均
	分數	36.665		38.664		49.330		48.996	62.661	48.296
	排名	56		45		40		42	30	44
環境力 (40%)	項目	自然環境	基礎建設	公共設施	社會環境	法制環境	經濟環境	經營環境		加權平均
	分數	3.170	3.103	2.938	3.207	2.992	3.014	3.000		3.042
	排名	79	81	84	74	82	82	80		80
風險度 (30%)	項目	社會風險		法制風險		經濟風險		經營風險		加權平均
	分數	2.664		2.710		2.786		2.883		2.789
	排名	72		71		75		78		75
推薦度 (15%)	2009年	加權平均		3.263		2008年		加權平均		2.78
		排名		75				排名		83

城市名稱	⑧③ 深圳龍崗		綜合指標	2009年	18.557分		綜合排名		D04/83	暫不推薦
				2008年	23.811分				D01/74	暫不推薦
競爭力 (15%)	項目	基礎條件		財政條件		投資條件		經濟條件	就業條件	加權平均
	分數	65.328		95.991		83.548		96.990	96.879	87.847
	排名	24		4		12		3	2	6
環境力 (40%)	項目	自然環境	基礎建設	公共設施	社會環境	法制環境	經濟環境	經營環境		加權平均
	分數	2.833	3.143	2.848	2.421	2.658	2.937	2.778		2.786
	排名	89	79	87	92	87	86	89		89
風險度 (30%)	項目	社會風險		法制風險		經濟風險		經營風險		加權平均
	分數	3.398		3.120		3.317		3.158		3.221
	排名	90		89		90		90		90
推薦度 (15%)	2009年	加權平均		2.907		2008年		加權平均		2.97
		排名		88				排名		73

城市名稱	84 江門		綜合指標	2009年	17.989分	綜合排名	D05/84	暫不推薦
				2008年	39.697分		C08/56	勉予推薦
競爭力(15%)	項目	基礎條件	財政條件	投資條件	經濟條件	就業條件	加權平均	
	分數	35.331	32.665	36.887	45.663	41.775	39.764	
	排名	57	53	50	45	47	49	
環境力(40%)	項目	自然環境	基礎建設	公共設施	社會環境	法制環境	經濟環境	經營環境	加權平均
	分數	3.316	3.211	2.842	3.147	2.887	2.970	2.963	3.011
	排名	67	78	88	76	84	83	83	83
風險度(30%)	項目	社會風險	法制風險	經濟風險	經營風險	加權平均			
	分數	2.961	2.808	2.789	2.908	2.853			
	排名	83	76	76	81	77			
推薦度(15%)	2009年	加權平均	2.947	2008年	加權平均	3.33			
		排名	85		排名	54			

城市名稱	85 東莞虎門		綜合指標	2009年	17.779分	綜合排名	D06/85	暫不推薦
				2008年	22.585分		D04/77	暫不推薦
競爭力(15%)	項目	基礎條件	財政條件	投資條件	經濟條件	就業條件	加權平均	
	分數	50.996	74.660	67.550	80.659	55.551	66.483	
	排名	38	20	26	13	36	22	
環境力(40%)	項目	自然環境	基礎建設	公共設施	社會環境	法制環境	經濟環境	經營環境	加權平均
	分數	2.951	2.923	2.790	2.579	2.596	2.967	2.880	2.794
	排名	86	88	90	88	90	84	86	88
風險度(30%)	項目	社會風險	法制風險	經濟風險	經營風險	加權平均			
	分數	3.020	3.045	3.169	2.817	3.000			
	排名	85	87	87	74	85			
推薦度(15%)	2009年	加權平均	2.916	2008年	加權平均	2.90			
		排名	87		排名	77			

《 81 深圳寶安、82 惠州、83 深圳龍崗、84 江門、85 東莞虎門 》

城市名稱	86 東莞石碣		綜合指標	2009年	16.826分	綜合排名	D07/86	暫不推薦
				2008年	16.405分		D07/80	暫不推薦
競爭力(15%)	項目	基礎條件	財政條件	投資條件	經濟條件	就業條件	加權平均	
	分數	50.996	74.660	67.550	80.659	55.551	66.483	
	排名	38	20	26	13	36	22	
環境力(40%)	項目	自然環境	基礎建設	公共設施	社會環境	法制環境	經濟環境	經營環境	加權平均
	分數	2.931	3.135	2.809	2.571	2.645	2.815	2.897	2.807
	排名	87	80	89	89	88	90	85	87
風險度(30%)	項目	社會風險	法制風險	經濟風險	經營風險	加權平均			
	分數	3.009	3.020	3.055	2.970	3.012			
	排名	84	85	86	85	86			
推薦度(15%)	2009年	加權平均	2.866	2008年	加權平均	2.36			
		排名	89		排名	85			

城市名稱	87 東莞厚街		綜合指標	2009年	15.282分	綜合排名	D08/87	暫不推薦
				2008年	18.305分		D06/79	暫不推薦
競爭力(15%)	項目	基礎條件	財政條件	投資條件	經濟條件	就業條件	加權平均	
	分數	50.996	74.660	67.550	80.659	55.551	66.483	
	排名	38	20	26	13	36	22	
環境力(40%)	項目	自然環境	基礎建設	公共設施	社會環境	法制環境	經濟環境	經營環境	加權平均
	分數	2.479	2.875	2.717	2.526	2.634	2.881	2.867	2.724
	排名	92	90	90	90	89	88	88	90
風險度(30%)	項目	社會風險	法制風險	經濟風險	經營風險	加權平均			
	分數	3.323	3.026	3.033	3.056	3.068			
	排名	89	86	85	86	87			
推薦度(15%)	2009年	加權平均	2.799	2008年	加權平均	2.94			
		排名	91		排名	74			

城市名稱	88 太原		綜合指標	2009年	15.256分	綜合排名	D09/88	暫不推薦
				2008年	26.189分		C24/72	勉予推薦

競爭力 (15%)	項目	基礎條件		財政條件		投資條件		經濟條件		就業條件		加權平均
	分數	77.993		56.662		38.664		51.663		71.993		58.895
	排名	12		34		48		40		18		34
環境力 (40%)	項目	自然環境	基礎建設	公共設施	社會環境	法制環境	經濟環境	經營環境	加權平均
	分數	3.158	3.006	2.961	2.926	2.915	2.820	2.874	2.932
	排名	81	85	83	84	83	89	87	85
風險度 (30%)	項目	社會風險		法制風險		經濟風險		經營風險		加權平均
	分數	3.434		3.289		3.444		3.303		3.355
	排名	91		91		91		91		91
推薦度 (15%)	2009年	加權平均	2.932	2008年	加權平均	3.10
		排名	86		排名	68

城市名稱	89 北海		綜合指標	2009年	15.092分	綜合排名	D10/89	暫不推薦
				2008年	0.794分		D17/90	暫不推薦

競爭力 (15%)	項目	基礎條件		財政條件		投資條件		經濟條件		就業條件		加權平均
	分數	28.666		21.333		20.000		22.666		24.000		23.466
	排名	61		60		61		60		60		61
環境力 (40%)	項目	自然環境	基礎建設	公共設施	社會環境	法制環境	經濟環境	經營環境	加權平均
	分數	3.044	3.093	3.050	3.040	3.036	3.029	2.947	3.025
	排名	84	82	80	78	79	79	84	81
風險度 (30%)	項目	社會風險		法制風險		經濟風險		經營風險		加權平均
	分數	2.800		2.858		2.952		2.922		2.903
	排名	77		80		83		82		81
推薦度 (15%)	2009年	加權平均	2.993	2008年	加權平均	1.86
		排名	82		排名	90

城市名稱	90 宜昌		綜合指標	2009年	14.299分	綜合排名	D11/90	暫不推薦
				2008年	4.396分		D16/89	暫不推薦

競爭力 (15%)	項目	基礎條件		財政條件		投資條件		經濟條件		就業條件		加權平均
	分數	43.330		27.332		27.999		33.665		33.776		33.854
	排名	50		56		57		52		52		53
環境力 (40%)	項目	自然環境	基礎建設	公共設施	社會環境	法制環境	經濟環境	經營環境	加權平均
	分數	2.917	2.988	3.063	3.038	3.067	3.027	2.994	3.020
	排名	88	86	79	79	77	80	81	82
風險度 (30%)	項目	社會風險		法制風險		經濟風險		經營風險		加權平均
	分數	3.297		3.102		3.286		3.135		3.188
	排名	88		88		89		88		88
推薦度 (15%)	2009年	加權平均	3.000	2008年	加權平均	2.03
		排名	81		排名	89

《 86 東莞石碣、87 東莞厚街、88 太原、88 北海、90 宜昌 》

城市名稱	91 長春		綜合指標	2009年	14.169分	綜合排名	D12/91	暫不推薦
				2008年	14.200分		D09/82	暫不推薦

競爭力 (15%)	項目	基礎條件		財政條件		投資條件		經濟條件		就業條件		加權平均
	分數	70.994		62.661		74.215		60.995		58.662		65.339
	排名	20		28		17		32		34		24
環境力 (40%)	項目	自然環境	基礎建設	公共設施	社會環境	法制環境	經濟環境	經營環境	加權平均
	分數	2.649	2.690	2.895	2.684	2.583	2.634	2.574	2.647
	排名	91	91	86	86	91	91	91	91
風險度 (30%)	項目	社會風險		法制風險		經濟風險		經營風險		加權平均
	分數	3.276		3.263		3.192		3.157		3.206
	排名	87		90		88		89		89
推薦度 (15%)	2009年	加權平均	2.826	2008年	加權平均	2.79
		排名	90		排名	81

城市名稱	92 哈爾濱		綜合指標		2009年	11.147分	綜合排名		D13/92	暫不推薦
					2008年	9.961分			D14/87	暫不推薦

競爭力 (15%)	項目	基礎條件		財政條件		投資條件		經濟條件		就業條件		加權平均
	分數	69.994		71.327		55.107		55.995		67.994		62.550
	排名	21		21		35		34		23		29
環境力 (40%)	項目	自然環境	基礎建設		公共設施		社會環境	法制環境		經濟環境	經營環境	加權平均
	分數	2.667	2.475		2.632		2.506	2.507		2.445	2.528	2.527
	排名	90	92		92		91	92		92	92	92
風險度 (30%)	項目	社會風險		法制風險		經濟風險		經營風險		加權平均	
	分數	3.594		3.625		3.634		3.625		3.625	
	排名	92		92		93		92		92	
推薦度 (15%)	2008年		加權平均		2.481		2008年		加權平均		2.28
			排名		92				排名		87

城市名稱	93 蘭州		綜合指標		2009年	7.519分	綜合排名		D14/93	暫不推薦
					2008年	6.410分			D15/88	暫不推薦

競爭力 (15%)	項目	基礎條件		財政條件		投資條件		經濟條件		就業條件		加權平均
	分數	60.995		33.332		30.665		36.665		54.662		43.597
	排名	29		51		54		48		38		46
環境力 (40%)	項目	自然環境	基礎建設		公共設施		社會環境	法制環境		經濟環境	經營環境	加權平均
	分數	2.222	2.158		2.400		2.413	2.226		2.210	2.233	2.254
	排名	93	93		93		93	93		93	93	93
風險度 (30%)	項目	社會風險		法制風險		經濟風險		經營風險		加權平均	
	分數	3.767		3.642		3.600		3.689		3.658	
	排名	93		93		92		93		93	
推薦度 (15%)	2009年		加權平均		2.333		2008年		加權平均		2.22
			排名		93				排名		88

《 91 長春、92 哈爾濱、93 蘭州 》

第**26**章 2009 TEEMA
調查報告參考文獻

一、中文年鑑、年報、研究報告

1. 中國社會科學院（2009），2009年中國城市競爭力藍皮書，社會科學文獻出版社。

2. 台灣區電機電子工業同業公會（2002），2002年中國大陸地區投資環境與風險調查，商周編輯顧問股份有限公司。

3. 台灣區電機電子工業同業公會（2003），當商機遇上風險：2003年中國大陸地區投資環境與風險調查，商周編輯顧問股份有限公司。

4. 台灣區電機電子工業同業公會（2004），兩力兩度見商機：2004年中國大陸地區投資環境與風險調查，商周編輯顧問股份有限公司。

5. 台灣區電機電子工業同業公會（2005），內銷內貿領商機：2005年中國大陸地區投資環境與風險調查，商周編輯顧問股份有限公司。

6. 台灣區電機電子工業同業公會（2006），自主創新興商機：2006年中國大陸地區投資環境與風險調查，商周編輯顧問股份有限公司。

7. 台灣區電機電子工業同業公會（2007），自創品牌贏商機：2007年中國大陸地區投資環境與風險調查，商周編輯顧問股份有限公司。

8. 台灣區電機電子工業同業公會（2008），蛻變升級謀商機：2007年中國大陸地區投資環境與風險調查，商周編輯顧問股份有限公司。

9. 何德旭編（2007），中國服務業發展報告No.5：中國服務業體制改革與創新，北京：社會科學文獻出版社。

10. 倪鵬飛（2007），中國城市競爭力報告No.5，品牌：城市最美的風景，北京：社會科學文獻出版社。

11. 倪鵬飛（2009），中國城市競爭力報告No.7：城市：中國跨向全球中，北京：社會科學文獻出版社。

12. 倪鵬飛（2009），城市競爭力藍皮書：中國城市競爭力報告No.7，社會科學文獻出版社。

13. 倪鵬飛主編（2003），中國城市競爭力報告No.1推銷，社會科學文獻出版社。

14. 倪鵬飛主編（2004），中國城市競爭力報告No.2定位，社會科學文獻出版社。

15. 倪鵬飛主編（2005），中國城市競爭力報告No.3集群，社會科學文獻出版社。

16. 國家統計局城市社會經濟調查總隊（2003），中國縣（市）社會經濟統計年鑑—2003，中國統計出版社。

17. 國家統計局城市社會經濟調查總隊、中國統計學會程式統計委員會（2002），2001中國城市發展報告，中國統計出版社。

18. 張幼文、黃仁偉（2005），2005中國國際地位報告，人民出版社。

19. 連玉明、武建忠（2005），中國國力報告2005，中國時代經濟出版社。

20. 連玉明主編（2004），2004中國城市報告，中國時代經濟出版社。

21. 連玉明主編（2005），中國城市年度報告2005，中國時代經濟出版社。

22. 郭練生、胡樹華（2004），中部區域創新發展戰略研究報告，經濟管理出版社。

23. 陳佳貴主編（2008），2009年中國經濟形勢分析與預測，北京：社會科學文獻出版社。

24. 陳廣漢、周運源、葉嘉安、薛鳳璇（2003），提升大珠江三角洲國際競爭力研究，中山大學出版社。

25. 景體華主編（2005），2004~2005年：中國區域經濟發展報告，社會科學文獻出版社。

26. 萬斌主編（2005），2005年：中國長三角區域發展報告，社會科學文獻出版社。

27. 顧朝林（2001），經濟全球化與中國城市發展：跨世紀中國城市發展戰略研究，台灣商務印書館。

二、中文出版刊物、專著、雜誌

1. David S.（2007），The Dragon and the Elephant：China, India and the New World Order，羅耀宗譯，中國龍與印度象：改變新世界經濟的十大威脅，台北市：知識流。

2. Engardio P.（2007），Chindia：How China and India Are Revolutionizing Global Business，李芳齡譯，Chindia：中國與印度顛覆全球經濟的關鍵，台北市：麥格羅希爾。

3. Fernandez J. A. and Laurie A.（2006），China CEO：Voices of Experience from 20 International Business Leader，洪慧芳譯，中國CEO：20位外商執行長談中國市場，台

北市：財訊。

4. Harney A.（2008），The China Price：the true cost of Chinese competitive advantage，洪懿妍譯，低價中國：中國競爭優勢的真實代價，台北市：天下雜誌。

5. Hutton W.（2009），The writing on the wall：China and the west in 21st century，林添貴譯，惡兆：中國經濟降溫之後，台北市：遠流。

6. Jonathan R. W.（2003），Capitalist China：strategies for a revolutionized economy，齊思賢譯，麥肯錫中國投資報告，時報文化出版企業股份有限公司。

7. Kotler P.（2007），Think ASEAN，溫瑞芯譯，科特勒帶你發現新亞洲：九大策略，行銷到東協，聯經出版。

8. Leonard M.（2008），What does China think？，林雨蒨譯，中國怎麼想，台北市：行人出版。

9. Mahbubani K.（2008），The New Asian Hemisphere：The Irresistible Shift of Global Power to the East，羅耀宗譯，亞半球大國崛起：亞洲強權再起的衝突與挑戰，天下雜誌出版。

10. Meredith R.（2007），The elephant and the dragon：the rise of India and China and what it means for all of us，藍美貞、高仁君譯，龍與象—中國/印度崛起的全球衝擊，台北市：遠流。

11. Shirk S. L.（2008），China：fragile superpower，溫洽溢譯，脆弱的強權：在中國崛起的背後，台北市：遠流。

12. Ted C. Fishman （2005），China Inc.：how the rise of the next superpower challenges America and the world；胡瑋珊譯，中國企業無限公司，時報文化出版企業股份有限公司。

13. Trippon J.（2009），Becoming Your Own China Stock Guru：The Ultimate Investor's Guide to Profiting from China's Economic Boom，高宇平譯，投資新中國—錢進中國，掌握投資獲利新契機，梅霖文化。

14. Williamson P. J.（2008），Dragons at Your Door，龍行天下：中國製造未來十年新格局，大都會文化事業有限公司。

15. 工商時報（2009），2009大陸台商1000大：台商進化論，工商財經數位。

16. 中國社會科學院經濟研究院（2006），「十五」計劃回顧與「十一五」規劃展望，北京；中國市場出版社。

17. 中國產業地圖編委會（2005），長江三角洲產業地圖，復旦大學出版社。

18. 尹傳高（2006），中國企業戰略路線圖，北京：東方出版社。

19. 今周刊（2009），2009兩岸三地1000大企業排行榜，第646期。

20. 天下雜誌（2007），前進新亞洲，第373期，6月號。

21. 文現深（2006），福建「海峽西岸經濟區」—「用經濟臍帶牽引台灣」，天下雜誌出版。

22. 文現深，（2009），黃金十字中國的意志，天下雜誌，第422期。

23. 毛蘊詩（2005），跨國公司在華投資策略，中國財政經濟出版社。

24. 毛蘊詩、李敏、袁靜（2005），跨國公司在華經營策略，中國財政經濟出版社。

25. 毛蘊詩、蔣敦福、曾國軍（2005），跨國公司在華撤資：行為、過程、動因與案例，中國財政經濟出版社。

26. 王月魂（2007），Succeeding Like Success：The Affluent Consumers of Asia，蘇宇譯，前進富裕之路：亞洲新富消費力報告，財訊出版。

27. 王信賢等（2008），經濟全球化與台商大陸投資：策略、佈局與比較，印刻出版。

28. 向駿主編（2006），2050中國第一?權力轉移理論下的美中臺關係之迷思，博陽文化事業有限公司。

29. 朱炎（2006），台商在中國：中國旅日經濟學者的觀察報告，蕭志強譯，台北市：財訊出版社。

30. 朱榮林（2008），沉舟側畔：紀念改革開放三十年，學林出版社。

31. 吳松弟主編（2006），中國百年經濟拼圖—港口城市及其腹地與中國現代化，山東畫報出版社。

32. 吳思主編（2009），轉折：親歷中國改革開放，新華出版社。

33. 吳霽虹・桑德森（2006），下一步：中國企業的全球化路徑，中信出版社。

34. 宋鴻兵（2008），貨幣戰爭，遠流。

35. 亞洲週刊（2009），重慶市主要工業產品的產量，第6期，2月號。

36. 和訊網（2008），華爾街困局與中國經濟，中國人民大學出版社。

37. 林祖嘉（2008），重回經濟高點：兩岸經貿與台灣未來，高寶國際出版。

38. 林毅夫（2009），解讀中國經濟，時報出版。

39. 金珍鎬（2008），台日韓商大陸投資策略與佈局：跨國比較與效應，印刻出版。

40. 金哲松（2008），中國對外貿易增長與經濟發展：改革開放三十周年回顧與展望，中國人民大學出版社。

41. 金耀基（2004），中國的「現代轉向」，Oxford University Press。金文學（2006），東亞三國志：中、日、韓文化比較體驗記，中信出版社。

42. 胡金盛（2009），牛市中國-百年難得的投資大機會，高寶。

43. 袁志剛主編（2009），全球金融風暴與中國經濟，上海人民出版社。

44. 財訊出版社編著（2006），太陽鍊金術：透視全球太陽光電產業，財訊出版社股份有限公司。

45. 馬丁沃夫（2006），中國處於十字路口─「獨裁政體VS.市場經濟」，商業周刊出版。

46. 商業周刊（2007），黃金走廊，第1048期，12月號。

47. 張志楷（2009），China Factors：Political Perspectives and Economic Interactions，林宗憲譯，中國因素：大中華圈的機會與挑戰，台北市：博雅書局。

48. 野村綜合研究所（2008），黃瓊仙譯，掌握亞洲大錢潮：前進湄公河經濟圈戰略，日月文化出版社。

49. 野村總合研究所編（2009），黃瓊仙譯，錢進中國，掌握未來，台北市：日月文化。

50. 陳桂明（2005），持續發展的動力──東莞工業產業升級之路，廣州，廣東人民出版社。

51. 陳德昇（2006），東莞與昆山台商治理策略、績效與轉型挑戰之比較，台商大陸投資：東莞與昆山經驗學術研討會，11月25-26日，政治大學國際關係研究中心。

52. 陳德昇（2007），中國區域經濟發展：政治意涵、偏好與整合挑戰，中國區域經濟發展與台商投資：變遷、趨勢與挑戰學術研討會，5月26-27日，政治大學國際關係研究中心。

53. 陳德昇主編（2005），經濟全球化與台商大陸投資：策略、佈局與比較，晶典文化事業出版社。

54. 陳德昇主編（2008），台日韓商大陸投資策略與佈局：跨國比較與效應，台北縣中和：印刻出版。

55. 楊淑娟（2006），Bye Bye中國，Hello印度！，天下雜誌，第408期。

56. 萬瑞君（2009），哇靠！這就是中國：新中國經濟貴族，聚財資訊。

57. 遠見雜誌(2009)，這些數字，讓全球無法忽略中國，第277期，7月號。

58. 劉震濤（2008），深化、活化兩岸經濟關係為兩岸和平發展增添新動力，中國區域經濟發展與台商未來研討會，4月24日，國策研究院、台灣產經建研社。

59. 蔡劍（2008），從中國價格到中國價值，寶鼎出版。

60. 韓秀雲（2009），看不懂的中國經濟：台灣經濟要變好，得看大陸？，大是文化。

61. 聶華林編（2009），中國區域經濟格局與發展戰略，中國社會科學出版社。

三、英文出版刊物、研究報告

1. Asian Development Bank（2009），Asia Economic Monitor 2009。

2. Asian Development Bank（2009），Asian Development Outlook 2009。

3. BusinessWeek（2009），The World's 50 Most Innovative Companies。

4. Economist Intelligence Unit（2009），2009 Country by Country。

5. Economist Intelligence Unit（2009），Global Outlook。

6. FORTUNE（2008），Best Cities for Business Study。

7. FORTUNE（2008），FORTUNE 500。

8. The Heritage Foundation（2009），2008 Index of Economic Freedom。

9. The International Monetary Fund（2009），World Economic Outlook。

10. The World Bank（2006），Governance, Investment Climate, and Harmonious Society: Competitiveness Enhancements for 120 Cities in China。

11. The World Bank（2009），China Quarterly Update。

12. The World Bank（2009），Global Development Finance 2009：Charting a Global Recovery。

13. The World Bank（2009），Global Economic Prospects 2009。

14. The World Bank（2009），The Doing Business。

15. UBS（2009），Asia Outlook second half 2009：Asia emerges stronger。

16. United Nations（2009），World Economic Situation and Prospects。

17. World Brand Lab（2008），The Asia's 500 Most Influential Brands。

18. 中國《中國企業家》（China Entrepreneur）（2009），專文：下沉的中國大陸，2009/06/14。

19. 法國《世界報》（Le Monde）（2009），專文：認為亞洲新興股市影響力逐步提升，2009/05/21。

20. 南韓《朝鮮日報》（2009），專文：兇猛追擊的Chaiwan，2009/05/30。

21. 美國《紐約時報》（Newsweek）（2009），專文：美國要學會適應中國的強大，2009/05/22。

22. 美國《紐約時報》（The New York Times）（2008），專文：中國行，…就行，2008/10/27。

23. 美國《國際先驅論壇報》（International Herald Tribune）（2009），專文：金融危機後，中國會更強大，2009/03/16。

24. 美國《華盛頓郵報》（The Washington Post）（2009），專文：中國利用金融危機向世界昭示其影響力，2009/04/23。

25. 美國微軟有線廣播電視（MSNBC）（2009），專文：救市計劃改變世界－迎接一個更強更獨立的中國，2009/03/14。

26. 英國《每日電訊報》（The Daily Telegraph）（2009），專文：在這場金融危機中我們必須將中國作為朋友和盟友對待，2009/01/29。

27. 英國《泰晤士報》（The Times)(2009)，專文：貨幣、文化和孔子：中國的權力將覆蓋全世界，2009/06/24。

28. 英國《衛報》（The Guardian）（2009），專文：全球經濟復甦取決美國對華的新態度，2009/02/13。

29. 英國《衛報》》（The Guardian），（2009），專文：中美將成為世界兩強，2009/05/18。

30. 英國《獨立報》（The Independent）（2008），專文：2008年中國新超級強國誕生，全球衰退的救星，2008/01/01。

31. 埃及《金字塔週刊》（Al-Ahram Weekly)（20099），專文：海灣朝向東方的時代，2009/05/26。

32. 德國《萊茵郵報》（Rheinische Post）（2009），專文：中國強大不利於歐美論，2009/05/06。

兩岸合贏創商機：2009中國大陸地區投資環境與風險調查.
2009年/台灣區電機電子工業同業公會.—初版.—臺
北市：商周編輯顧問,2009.09
　　面；　　公分
　　參考書目：面

ISBN 978-986-7877-28-4（平裝）

1.投資環境　2.經濟地理　3.中國
552.2　　　　　　　　　　　　　　　　98015429

兩岸合贏創商機
──2009中國大陸地區投資環境與風險調查

執 行 長　王文靜
總 編 輯　孫碧卿
作　　者　台灣區電機電子工業同業公會
理 事 長　焦佑鈞
副理事長　鄭富雄・歐正明
總 幹 事　陳文義
副總幹事　羅懷家
地　　址　台北市內湖區民權東路六段109號6樓
電　　話　(02) 8792-6666
傳　　真　(02) 8792-6137
文字編輯　阮大宏・孫景莉・董元雄・田美雲・陳秀梅・吳美諭・姚柏舟・簡上棋
　　　　　羅德禎・詹于瑤
美術編輯　黃立淳
出　　版　商周編輯顧問股份有限公司
地　　址　台北市中山區民生東路二段141號4樓
電　　話　(02) 2505-6789
傳　　真　(02) 2507-6773
劃　　撥　台灣區電機電子工業同業公會（帳號：50000105）
　　　　　商周編輯顧問股份有限公司（帳號：18963067）
總 經 銷　農學股份有限公司
印　　刷　台欣彩色印刷製版股份有限公司

出版日期2009年9月初版1刷
定價600元